Steueramnestien, Selbstanzeige und die verfassungsrechtliche Bewertung von Straffreiheitsgesetzen

# Frankfurter kriminalwissenschaftliche Studien



Bd./Vol. 150

*Zu Qualitätssicherung und Peer Review der vorliegenden Publikation*

Die Qualität der in dieser Reihe erscheinenden Arbeiten wird vor der Publikation durch Herausgeber der Reihe geprüft.

*Notes on the quality assurance and peer review of this publication*

Prior to publication, the quality of the work published in this series is reviewed by editors of the series.

Frederic Raue

# Steueramnestien, Selbstanzeige und die verfassungsrechtliche Bewertung von Straffreiheitsgesetzen

Eine Untersuchung anlässlich des gescheiterten deutsch-schweizerischen Steuerabkommens

PL ACADEMIC RESEARCH

**Bibliografische Information der Deutschen Nationalbibliothek**
Die Deutsche Nationalbibliothek verzeichnet diese Publikation in der Deutschen Nationalbibliografie; detaillierte bibliografische Daten sind im Internet über http://dnb.d-nb.de abrufbar.

Zugl.: Frankfurt (Main), Univ., Diss., 2015

D 30
ISSN 0170-6918
ISBN 978-3-631-66459-9 (Print)
E-ISBN 978-3-653-05655-6 (E-Book)
DOI 10.3726/ 978-3-653-05655-6


PL Academic Research ist ein Imprint der Peter Lang GmbH.

Peter Lang – Frankfurt am Main · Bern · Bruxelles · New York · Oxford · Warszawa · Wien



Diese Publikation wurde begutachtet.

www.peterlang.com

*„[…] se la grazia è equa la legge è cattiva; e se la legge è buona, la grazia è un attentato contro la legge […]“*

*Gaetano Filangieri*

*„[…] und wie der Schiffer die Ladung über Bord wirft, wenn es gilt, Schiff und Mannschaft zu retten, so darf und soll es auch die Staatsgewalt mit dem Gesetz thun, wenn dies der einzige Weg ist, um die Gesellschaft vor schwerer Gefahr zu bewahren.“*

*Rudolph von Jhering*

# Vorwort

Die vorliegende Arbeit wurde im Wintersemester 2014/15 von der Rechtswissenschaftlichen Fakultät der Johann Wolfgang Goethe-Universität Frankfurt als Dissertation angenommen. Rechtsprechung, Literatur und Gesetzeslage konnten bis August 2014 berücksichtigt werden. Entsprechend beziehen sich die allgemeinen Ausführungen zur Selbstanzeige auf die bis zum 31.12.2014 geltenden Fassungen der §§ 371, 398a AO, das heißt jene Fassungen, vor deren Hintergrund das Steuerabkommen geplant worden war. Die im Mai 2014 bekannt gewordenen Pläne zur zwischenzeitlich erfolgten Gesetzesverschärfung finden jedoch bereits Erwähnung.

Danken möchte ich meinem Doktorvater Herrn Prof. Dr. Peter-Alexis Albrecht für das in mich gesetzte Vertrauen sowie ihm und dem Zweitgutachter Herrn Prof. Dr. Wolfgang Naucke für die zügige Begutachtung und wohlwollende Bewertung der Arbeit.

Ferner gilt mein Dank den zahlreichen Freunden und Kollegen, die mir mit Anregungen und ihren jeweiligen spezifischen Fachkenntnissen zur Seite gestanden, mir bei der Formatierung von Graphiken und Tabellen sowie anderen technischen Fragen geholfen, die Arbeit abschnittsweise gegengelesen, mich während dieser Zeit bei meiner Tätigkeit als Rechtsanwalt logistisch unterstützt und entlastet oder auch einfach nur bekocht haben. Ich danke Mihai Balan, Canan Basol, Sascha Bokhari, Roman Büchler, Isabel Finkler, Maximilian Frey, Benjamin Hasan, Dr. Dominik Kreß, Dr. Dirk Kues, Johannes Kulenkampff, Dr. Philipp Lennert, Marius Matthäi, Emilie Müller-Veran und Felix Müller, Stephanie und Max Plagemann, Richard Schreiber, Christian Schwarz, Dr. Ralf Seinecke, Timo Tratzki, Alexandros Tsioupas, der Kanzlei Haack und meiner Familie. Meinen Eltern kann ich es nicht hoch genug anrechnen, dass ich mir, bei allem was ich je gemacht habe, ihrer bedingungslosen Unterstützung stets sicher sein durfte.

Besonderer Dank gebührt meinem guten und langjährigen Freund Dr. Stephan Wollbrink, der die gesamte Arbeit zu einem frühen Zeitpunkt im Laufe ihres Entstehungsprozesses gegengelesen hatte und mir einerseits mit seiner teils strengen Kritik ein wichtiger Gesprächspartner war, gleichzeitig aber auch immer eine moralische Stütze.

Abschließend gilt mein Dank Frau Elisabeth Fründt, stellvertretend für das gesamte Team der Deutschen Nationalbibliothek zu Frankfurt am Main, ohne dessen herzliche und hilfsbereite Art der tägliche Gang in die Bibliothek weniger leicht gefallen wäre.

Frankfurt am Main, im Juni 2015 *Frederic Raue*

# Inhaltsübersicht

# Inhaltsverzeichnis

# Abbildungs- und Tabellenverzeichnis

## Abbildungen



## Tabellen

# Abkürzungsverzeichnis

| | |
|---|---|
| a.A. | anderer Ansicht |
| a.F. | alter Fassung |
| AB | Amtliches Bulletin (Schweiz) |
| Abs. | Absatz |
| AG | Amtsgericht |
| Art. | Artikel |
| Antr. | Antrag |
| AO | Abgabenordnung |
| BB | Betriebs-Berater |
| BBl | Bundesblatt (Schweiz) |
| BDSG | Bundesdatenschutzgesetz |
| Beschl. | Beschluss |
| BFH | Bundesfinanzhof |
| BGBl. | Bundesgesetzblatt |
| BGH | Bundesgerichtshof |
| BT | Besonderer Teil |
| BT-Drs. | Bundestagsdrucksache |
| Büschft. | Bürgerschaft |
| BV | Bundesverfassung (der Schweizerischen Eidgenossenschaft) |
| BVerfG | Bundesverfassungsgericht |
| CHF | Schweizer Franken |
| DBA | Doppelbesteuerungsabkommen |
| DJZ | Deutsche Juristen-Zeitung |
| DStR | Deutsches Steuerrecht |
| DStZ | Deutsche Steuer-Zeitung |
| DVBl | Deutsches Verwaltungsblatt |
| DVO | Durchführungsverordnung |
| ESt | Einkommensteuer |
| ErbSt | Erbschaftsteuer |
| FAS | Frankfurter Allgemeine Sonntagszeitung |
| FAZ | Frankfurter Allgemeine Zeitung |
| FR | Finanz Rundschau |
| G. | Gesetz |
| GSt | Gewerbesteuer |

| | |
|---|---|
| GG | Grundgesetz |
| HH | Hamburg |
| HRRS | Onlinezeitschrift für Höchstrichterliche Rechtsprechung zum Strafrecht |
| Int.Q. | Internetquelle (Nachweis und Fundstelle entsprechend gekennzeichneter Verweise ergibt sich aus dem Internetquellenverzeichnis.) |
| iStR | Internationales Steuerrecht |
| iStR-LB | Internationales Steuerrecht-Länderbericht |
| iVm | in Verbindung mit |
| IWB | Internationale Wirtschaftsbriefe |
| JR | Juristische Rundschau |
| Jura | Juristische Ausbildung |
| JuS | Juristische Schulung |
| JZ | Juristen-Zeitung |
| KSt | Körperschaftsteuer |
| L.Reg. | Landesregierung |
| L.T. | Landtag |
| Leg.P. | Legislaturperiode |
| LG | Landgericht |
| LIE | (Fürstentum) Liechtenstein |
| LUX | (Großherzogtum) Luxemburg |
| m. | mit |
| n.F. | neuer Fassung |
| NBW | Neue Wirtschafts Briefe |
| NJW | Neue Juristische Wochenschrift |
| NStZ | Neue Zeitschrift für Strafrecht |
| OECD | Organisation for Economic Co-operation and Development |
| PH | Pharmazeutische Zeitung |
| R.P. | Reichspräsident |
| RAO | Reichsabgabenordnung |
| RAe | Rechtsanwälte |
| RGBl. | Reichsgesetzblatt |
| RJM | Reichsjustizminister |
| S. | Seite |
| SchSt | Schenkungsteuer |
| StBJb | Steuerberater-Jahrbuch |

| | |
|---|---|
| StBp | Die steuerliche Betriebsprüfung |
| StGB | Strafgesetzbuch |
| StGH | Staatsgerichtshof |
| StaM | Staatsministerium |
| SteuerA | Steueramnestie |
| StRÄG | Strafrechtsänderungsgesetz |
| StraBEG | Strafbefreiungserklärungsgesetz (2004) – so die offizielle Abkürzung „Gesetz über die strafbefreiende Erklärung" vom 23.12.2003<br>BGBl. I S. 2928 |
| StrbEG | Strafbefreiungserklärungsgesetz (1990) – so die offizielle Abkürzung „Gesetz über die strafbefreiende Erklärung von Einkünften aus Kapitalvermögen und von Kapitalvermögen" vom 25.07.1988<br>BGBl. I S. 1093 (1128) |
| StRefG | Strafrechtsreformgesetz |
| StrFG | Straffreiheitsgesetz |
| StrFVO | Straffreiheitsverordnung |
| StV | Strafverteidiger |
| StVj | Steuerliche Vierteljahresschrift |
| Urt. | Urteil |
| USt | Umsatzsteuer |
| UWG | Gesetz gegen den unlauteren Wettbewerb |
| vgl. | vergleiche |
| VO | Verordnung |
| VO d.F. | Verordnung „des Führers" |
| Wistra | Zeitschrift für Wirtschaft, Steuer und Strafrecht |
| WRV | Weimarer Reichsverfassung |
| ZRP | Zeitschrift für Rechtspolitik |
| ZStAmnG | Zinzsteueramnestiegesetz (= StrbEG) |
| Zust. | Zustimmung |

# A. Einleitung

## I. Untersuchungsgegenstand

Amnestien hat es immer gegeben und es wird sie wohl auch immer wieder geben. Im Deutschland der Weimarer Republik waren Amnestien fester Bestandteil der rechtspolitischen Tagesordnung. Nach Gründung der Bundesrepublik sind Amnestien in Deutschland zwar seltener geworden, gleichwohl traten sie auch weiterhin in verschiedensten Ausformungen in Erscheinung und können in der rechtspolitischen Geschichte des Staates nicht hinweggedacht werden.

Anlass für die vorliegende Untersuchung des Phänomens der Amnestie in Deutschland gaben die Verhandlungen über das letztendlich gescheiterte Steuerabkommen mit der Schweiz in den Jahren 2011 bis 2013, ein bizarres, bilaterales Vertragswerk, das zumindest in der deutschen Geschichte seinesgleichen sucht und sich nicht auf Anhieb einer gängigen Kategorie abschließend zuordnen lässt. Dieses wurde von Medien und Opposition vielfach als Steueramnestie identifiziert und bezeichnet, während Regierung und Bundesfinanzministerium nicht müde wurden, darauf hinzuweisen, es handele sich bei dem geplanten Abkommen gar nicht um eine Amnestie im eigentlichen Sinne.

Diesen Dissens aufgreifend, sei zunächst versucht, sich dem Konzept der Amnestie historisch und begrifflich anzunähern, um sodann Möglichkeiten und Grenzen der Amnestie als Rechtsinstitut, welches in Deutschland gesetzlich nicht geregelt ist, aufzuzeigen. Hierbei erscheinen vor allem die folgenden Fragen interessant: Was ist das Wesen einer Amnestie, beziehungsweise wie ist ein Straffreiheitsgesetz seiner Wirkung nach rechtsdogmatisch einzuordnen? Was sind dessen konkrete Rechtsfolgen? Wer darf Amnestien verfügen und sind dem Amnestiegeber dabei Grenzen gesetzt, zum einen hinsichtlich der Voraussetzungen, unter denen er sie erlassen kann, zum anderen in Bezug darauf, wie weit die Gewährung von Straffreiheit gehen darf? Sind einerseits Straferlass, also die Aussetzung der Vollstreckung rechtskräftiger Strafen, und andererseits die Niederschlagung anhängiger Verfahren respektive die Nichteinleitung neuer Verfahren (Abolition) dabei als gleichwertig anzusehen, oder bestehen qualitative Unterschiede? Bestehen ferner wesentliche Unterschiede zwischen allgemeinen Strafamnestien und Steueramnestien? Können solche Amnestien allein durch gewichtige kriminalpolitische oder auch durch rein fiskalpolitische Zielsetzungen gerechtfertigt werden? Oder sind diese im Falle des Steuerstrafrechts gar identisch, die zweiten hier notwendigerweise konkrete Ausformung der ersten? In welchem Verhältnis stehen Steueramnestien zur Selbstanzeige nach § 371 AO?

Wird nicht etwa die Diskussion über die Rechtmäßigkeit von Steueramnestien bereits durch die Existenz dieser Vorschrift obsolet?

Dabei kann der politische wie rechtswissenschaftliche Diskurs über das gescheiterte Steuerabkommen ein Beispiel dafür geben, inwieweit in Einzelfällen rechtsdogmatische Fragen, über die seit Jahrhunderten gestritten wurde, aber auch solche, die mangels konkreten Anwendungsbereichs lange Zeit nur von rein akademischem Interesse waren, bisweilen plötzlich wieder aus der „Mottenkiste der Geschichte“ geholt werden müssen, auf dass sich ein Machwerk des heutigen Gesetzgebers an ihnen messen lassen muss.

Die Arbeit versteht sich dabei als Beitrag für die Diskussion über mögliche zukünftige Amnestievorhaben in Deutschland – seien es allgemeine Amnestien, Steueramnestien oder gar Steueramnestien im Gewand bilateraler Verträge, wie im Falle des gescheiterten Abkommens, wenn nicht mit der schweizerischen Eidgenossenschaft, so vielleicht mit einem anderen Staat.

## II. Gang der Arbeit

Im ersten Teil der Arbeit (B) werden das Anlass gebende, gescheiterte Steuerabkommen mit der Schweiz als Gesetzeswerk sowie die hiermit verfolgten politischen Ziele und die daran geübte Kritik dargestellt.

Im zweiten Teil der Arbeit (C) sollen im Wege der rechtshistorischen Auseinandersetzung mit der Amnestiegesetzgebung in Deutschland seit dem Kaiserreich Antworten auf die zuvor aufgeworfenen Fragen zu Rechtsnatur, Reichweite, Erlasskompetenz und Auslegungsfragen des Rechtsinstituts Amnestie gefunden werden, wobei am Anfang der Versuch einer begrifflichen Eingrenzung des Topos Amnestie steht. Hierbei wird all jenen Aspekten besondere Aufmerksamkeit geschenkt, welche auch für eine rechtliche Einordnung und Bewertung des gescheiterten Steuerabkommens als Amnestie relevant sind, jeweils unter besonderer Berücksichtigung der Ausprägung als Steueramnestie, jener nach 1970 in Deutschland ausschließlich praktizierten Amnestieform.

Der dritte Teil der Arbeit (D) widmet sich der rechtsdogmatischen Herleitung und verfassungsrechtlichen Bewertung der strafbefreienden Selbstanzeige nach § 371 AO, die – ebenfalls ein Strafbefreiungsgrund – gewissermaßen natürliche Konkurrentin jeder Steueramnestie ist.

Der vierte Teil (E) betrachtet die Amnestie unter verfassungsrechtlichen Gesichtspunkten, wobei zunächst verfassungsrechtliche Voraussetzungen und Grenzen von Amnestiegesetzgebung im Allgemeinen und sodann von Steueramnestien im Besonderen herausgearbeitet werden. Vor dem Hintergrund der im Wege der rechtshistorischen Untersuchung erarbeiteten Erkenntnisse über

Wesen und Grenzen der Amnestie knüpft die Arbeit wieder an ihren Ausgangspunkt an und schließt mit einer verfassungsrechtlichen Bewertung des Anlass gebenden, gescheiterten Steuerabkommens.

Im fünften und letzten Teil der Arbeit (F) werden alternative kriminalpolitische Lösungsansätze diskutiert und Vorschläge zur Schaffung eines allgemeinen Strafaufhebungsgrundes im Falle der Wiedergutmachung durch den Täter unterbreitet.

# B. Darstellung des gescheiterten Abkommens Deutschland Schweiz

## I. Vorgeschichte

Als konkreter Anlass der letztlich gescheiterten Verhandlungen zu dem Steuerabkommen zwischen Deutschland und der Schweiz kann der vorangegangene Streit über die Steuer–Daten–CDs angesehen werden. Hintergrund ist, dass die Schweiz über Jahrzehnte als sicherer Hafen für deutsche Steuerflüchtlinge galt, welche unter dem Schutz des schweizerischen Bankgeheimnisses in der Summe wohl erhebliche Beträge an Schwarzgeld bei den dortigen Kreditinstituten anlegten und in der Folge auch dessen Erträge vor den deutschen Steuerbehörden verheimlichen und der ordnungsgemäßen Besteuerung entziehen konnten. Schätzungen schwankten zwischen 50 und 250 Milliarden Euro,[1] die von in Deutschland Steuerpflichtigen bis ins Jahr 2013 in der Schweiz unversteuert angelegt worden sein sollen.

Im Jahre 2008 wurde erstmals der Ankauf einer CD mit den Kundeninformationen deutscher Steuerpflichtiger, die bei der liechtensteinischen Bank LGT Stiftungen unterhielten, durch den BND bekannt. Dieser soll die Daten von einem ehemaligen Mitarbeiter der LGT für circa 4,5 Millionen Euro erworben haben.[2]

In der Folge kam es zu weiteren Ankäufen, nunmehr von Daten schweizerischer Kreditinstitute. Im Februar 2010 wurde erstmals der Ankauf einer CD mit den Kontoinformationen 1.500 deutscher Steuerpflichtiger bei der Credit Suisse durch nordrhein-westfälische Steuerfahnder für 2,5 Millonen Euro bekannt.[3] Diese Daten waren von Schweizer Bankmitarbeitern unter Verletzung schweizerischer Gesetze erlangt worden. Hierdurch konnten zahlreiche Steuerdelikte nachgewiesen werden, parallel führten die Ankäufe nach Medienberichten offenbar zu

---

1 Laut einem Focus-Bericht vom 23.09.2012 ging der Finanzexperte Mark Morris von 250 Milliarden Euro aus, während die Schätzungen der Regierung die Summe des unversteuerten deutschen Kapitals in der Schweiz auf 50 bis 75 Milliarden Euro bezifferten, jene der Deutschen Steuer-Gewerkschaft auf 130 bis 150 Milliarden Euro *Focus online* vom 23.09.2012 (Int.Q.).

2 Zum Sachverhalt *Trüg/Habetha*, NJW 2008, S. 887 (887); *Kölbel*, NStZ 2008, S. 241 (241) spricht von 4,2 Millionen Euro netto.

3 Vgl. *Samson/Langrock*, Wistra 2010, S. 201 (201); *Amann/Hank*, FAS vom 08.04.2012, S. 29 (29).

einer ganzen Welle von Selbstanzeigen.[4] Während die Literatur fast einhellig von einem Beweisverwertungsverbot für derart erlangte Daten ausging,[5] was damit begründet wurde, dass deutsche Behördenmitarbeiter sich durch deren Ankauf auch nach deutschem Recht strafbar machten,[6] bestätigte schließlich das BVerfG in seinem Nichtannahmebeschluss vom 09.11.2010[7] im Liechtensteiner Fall die strafprozessuale Verwertbarkeit solcher Daten als Beweismittel.

In der Schweiz lösten diese Vorgänge Empörung aus. In Ankaufaktivitäten deutscher Steuerbeamter sah man – wohl zutreffend – jedenfalls Beihilfehandlungen zu Straftaten nach dem schweizerischen Strafrecht, auf zwischenstaatlich-politischer Ebene einen Affront. Dem wurde von deutscher Seite entgegengehalten, die Ausgangslage, die zu einem solchen Vorgehen erst geführt habe, sei schließlich, dass Schweizer Kreditinstitute und deren Mitarbeiter unter dem Schutz des Bankgeheimnisses und damit quasi protegiert durch den Schweizer Staat vielfach – wenn nicht systematisch – Beihilfehandlungen zu Steuerstraftaten nach deutschem Recht begangen hätten und fortgesetzt begehen würden.[8] Dieser Streit über die Steuerflucht in die Schweiz, der das Verhältnis zwischen den Staaten nicht unerheblich belastete und schon vor dem Ankauf der ersten schweizerischen Steuer-CDs geführt wurde, fand seine deutlichste Eskalation wohl in den schrillen Äußerungen des damaligen Bundesfinanzministers Peer Steinbrück. Er hatte die Schweizer sinngemäß als „Indianer“ bezeichnet, denen mit „Kavallerie und Peitsche“ gedroht werden müsse.[9] Dies war nicht nur von Seiten

---

4 *Trüg,* StV 2011, S. 111 (120).

5 *Trüg/Habetha,* NJW 2008, S. 887 (890); *Schünemann,* NStZ 2008, S. 305 (309 f.); *Samson/Langrock,* Wistra 2010, S. 201 (205); *van Bühren,* Anwaltsblatt 2012, S. 906 (906); a.A. *Kölbel,* NStZ 2008, S. 241 (244); *Ambos,* FAZ vom 10.02.2010, S. 6; unentschieden *Lüderssen,* FAZ vom 10.02.2010, S. 6; *Trüg,* StV 2011, S. 111 (116 ff.).

6 Mangels Körperlichkeit der Daten nicht wegen Hehlerei, sondern vielmehr nach den §§ 257 Abs. 1, 266 StGB, § 17 Abs. 2 Nr. 2 UWG, § 44 Abs. 2 Nr. 2 BDSG, vgl. für alle *Trüg,* StV 2011, S. 111 (116 ff.).

7 BVerfG, NJW 2011, 2417.

8 Ob diese Gemengelage unter rein völkerrechtlichem Blickwinkel auch als eine Retorsion seitens der Schweizerischen Eidgenossenschaft betrachten werden könnte, welche durch eine eben solche von Seiten der Bundesrepublik beantwortet wurde, sei nur als Denkanstoß in den Raum gestellt.

9 Peer Steinbrück: „*Wir müssen nicht nur das Zuckerbrot benutzen, sondern auch die Peitsche.*“ OECD-Ministertreffen in Paris, so zitiert bei *Dunsch,* in FAZ.NET, Schweiz bestellt deutschen Botschafter ein vom 22.10.2008 (Int.Q.); „*Die Kavallerie in Fort Yuma muss nicht immer ausreiten, manchmal reicht es, wenn die Indianer wissen, dass sie da ist.*“ G20-Finanzministertreffen im März 2009, so zitiert in *Süddeutsche.de,* Im

der Schweiz, welche die Äußerungen zum Anlass nahm, wiederholt den deutschen Botschafter einzubestellen, als grober Affront aufgefasst worden. Auch in Deutschland wurde der Minister hierfür vielfach kritisiert und etwa der „*verbalen Kanonenbootpolitik*"[10] geziehen.

Vor dem Hintergrund dieses Streits wurden auf ministerialer Ebene zunächst geheime Verhandlungen zu einem Steuerabkommen[11] zwischen beiden Ländern aufgenommen, welches für die Zukunft die Verschleierung deutscher Vermögen in der Schweiz unterbinden, solche nachträglich der Besteuerung unterwerfen, weitere Datenankäufe damit obsolet machen und somit den Konflikt ein für alle Mal lösen sollte.

Der erste Entwurf wurde am 10.08.2011 in Bern paraphiert, sodann am 21.09.2011 in Berlin unterzeichnet und harrte fortan seiner Ratifizierung durch Zustimmung des Schweizerischen National- und des Ständerates, des Deutschen Bundestages, wie des Bundesrates, um, so der Wille der beiden Regierungen, Anfang 2013 in Kraft zu treten. Während der Gesetzentwurf in der Schweiz alle gesetzgeberischen Hürden nahm – eine Initiative hierüber per Volksentscheid[12] zu befinden scheiterte an der Beibringung der nötigen 50.000 Unterschriften, welche den Initiatoren nicht gelang, wobei das Quorum nur knapp verfehlt wurde,[13] sah sich in Deutschland das federführende Finanzministerium aufgrund der ablehnenden Haltung einer Mehrheit des Bundesrates gegenüber dem Abkommen zu Nachverhandlungen mit der Schweiz genötigt, deren Ergebnisse sich sodann in der Unterzeichnung des Zusatzprotokolls[14] am 05.04.2012 in Bern niederschlugen.[15] Hierin wurden im Wesentlichen die pauschalen Steuersätze erhöht und das Abkommen um eine Regelung für die Erbschaftsteuer ergänzt.

---

Steuerstreit „die Pferde satteln" vom 21.11.2011 (Int.Q.); vgl. *Steinbrück*, DIE ZEIT vom 21.09.2011, S. 37.

10 So durch Volker Wissing MDB (FDP), Plenarprotokoll 17/130, S. 15278.

11 Soweit nicht anderweitig bezeichnet, bezieht sich die Bezeichnung Abkommen im Folgenden stets auf das gescheiterte „Abkommen zwischen der Schweizerischen Eidgenossenschaft und der Bundesrepublik Deutschland über Zusammenarbeit in den Bereichen Steuern und Finanzmarkt".

12 Gemäß Art. 141 lit. d Nr. 3 BV (Bundesverfassung der Schweizerischen Eidgenossenschaft) „Fakultatives Referendum".

13 *swissinfo*, Referendum gescheitert vom 02.10.2012 (Int.Q.); *FAZ.NET*, Zu wenig Unterschriften vom 02.10.2012 (Int.Q.).

14 Das Abkommen in der Fassung durch das Zusatzprotokoll vom 05.04.2012: BT-Drs. 17/10059.

15 Vgl. *Samson/Wulf*, Wistra 2012, S. 245; zum Procedere des Abschlusses zwischenstaatlicher Steuerabkommen siehe *Vogel* in: Vogel/Lehner-DBA, Einl. Rn. 46–63.

Dennoch verweigerte der Deutsche Bundesrat in der Abstimmung vom 23.11.2012 seine Zustimmung. Auch durch Anrufung des Vermittlungsausschusses konnte keine Einigung erzielt werden, so dass das Vorhaben seit dem 12.12.2012 als endgültig gescheitert angesehen werden kann.

## II. Inhalt und Aufbau des Abkommens

Das gescheiterte Abkommen hatte im Wesentlichen die pauschale Besteuerung der in der Schweiz angelegten Vermögenswerte von in Deutschland steuerpflichtigen Personen sowie deren Kapitalerträge zum Inhalt. Für die Vergangenheit sollten Vermögenswerte deutscher Konto- und Depotinhaber in der Schweiz erfasst und nachträglich besteuert werden. Gleichzeitig sollte für die Zukunft mittels Erhebung einer Quellensteuer auf die Erträge deutscher Vermögen in der Schweiz durch schweizerische Banken und Eidgenössische Steuerverwaltung, welche diese an den deutschen Fiskus weiterzuleiten gehabt hätten, eine ordnungsgemäße Besteuerung sichergestellt werden.

Der Abkommensentwurf untergliedert sich dabei in vier Teile. Während die Teile 1 und 4 allgemeine Bestimmungen enthalten, sind in temporärer Hinsicht zwei wesentliche Regelungsbereiche zu unterscheiden. Teil 2 des Abkommens behandelt die Regularisierung vergangener Sachverhalte für Bankbeziehungen, welche bis zum 31.12.2010 begründet wurden, während Teil 3 des Abkommens die zukünftige Erhebung der pauschalen Abgeltungsteuer auf neu anfallende Kapitalerträge der betroffenen Vermögen vorsah. Beide Abschnitte nehmen dabei Bezug auf die in Teil I Art. 2 des Abkommens niedergelegten Begriffsbestimmungen, wie etwa jene zur Definition der betroffenen Personen.

Der sachliche Anwendungsbereich sollte sich dabei auf Vermögenswerte, die auf Konten und Depots bei schweizerischen Zahlstellen verbucht sind, erstrecken. In subjektiver Hinsicht von dem Abkommen betroffen sollten diejenigen natürlichen, in Deutschland steuerpflichtigen Personen sein, welche nutzungsberechtigt[16] an Vermögenswerten bei einer schweizerischen Zahlstelle waren. Das heißt, dass eine Person, um dem subjektiven Anwendungsbereich zu unterfallen, nicht zwingend selbst und unmittelbar Vertragsbeziehungen zu einer schweizerischen Bank hätte unterhallten müssen. Vielmehr sollte es auch ausreichen, dass sie etwa nutzungsberechtigt an entsprechenden Vermögenswerten gewesen wäre, welche von einer Sitzgesellschaft, einer Lebensversicherung im

---

16 Zum Begriff des Nutzungsberechtigten vgl. *Vogel* in: Vogel/Lehner-DBA, Vor Art. 10–12 Rn. 10 ff.

Rahmen eines Lebensversicherungsmantels oder einer dritten natürlichen Person gehalten wurden.[17]

Grundsätzlich sah das Abkommen für die betroffenen Personen zwei Handlungsoptionen vor, nachdem sie durch ihren Vertragspartner, das heißt die jeweilige schweizerische Zahlstelle, binnen zwei Monaten nach Inkrafttreten des Abkommens (Art. 4 Abs. 1) angeschrieben und über dieses sowie die sich hieraus ergebenden Rechte und Pflichten informiert worden wären:

- pauschale Abgeltung möglicher Steuerschulden durch Teilnahme an der anonymen Einmalzahlung nach Art. 7,
- freiwillige Meldung nach Art. 9 (analog einer Selbstanzeige), wobei die personen- wie kontobezogenen Daten der betroffenen Personen der deutschen Finanzverwaltung mitgeteilt worden wären.

Tatsächlich hätten den Betroffenen zwei weitere Handlungsoptionen zur Auswahl gestanden:

- Erstattung einer Selbstanzeige nach § 371 AO,
- Aufkündigung des Bankverhältnisses, „Abschleichen“ bis zum Inkrafttreten.[18]

Die nachfolgende Graphik berücksichtigt die Option einer „gewöhnlichen Selbstanzeige“ nach § 371 AO nicht, unterscheidet allerdings zwischen der freiwilligen Meldung durch steuerehrliche und steuerunehrliche betroffene Personen.

---

17 Zur Auseinandersetzung mit dem Abkommensentwurf und konkreten Auslegungsfragen vgl. *SwissBanking*, Abkommen vom 10.08.2011 (Int.Q.); *Stahl*, Selbstanzeige, 2011, S. 285 ff.; *Joecks*, Wistra 2011, S. 441; *Holenstein*, DStR 2012, S. 153; *Tippelhofer*, iStR 2011, S. 945; *Weinert*, Private 2011, S. 30; *Stöckli*, Private 2011, S. 28; *Kubaile/Probst*, IWB 2011, S. 753; *BDO*, Steuerabkommen vom 29.09.2011 (Int.Q.); *Tax Alert*, Abkommen vom 21.09.2011 (Int.Q.); *Ebner/Ebel/Hartrott*, BB 2012, S. 287; *Tax Justice Network*, Stellungnahme vom 17.09.2012 (Int.Q.); *Tax Justice Network*, Für eine Handvoll Euro und Daten vom 19.07.2012 (Int.Q.); *Schauf* in: Kohlmann-Steuerstrafrecht, vor § 371 AO, Rn. 1 ff., Lfg. 46, Juli 2012; zur Entwurfsfassung mit den Änderungen durch das Zusatzprotokoll: BT-Drs. 17/10059, S. 32 ff. „Denkschrift zum Abkommen“; *Jarass*, Stellungnahme Finanzausschuss vom 22.09.2012 (Int.Q.); *Hechtner*, Stellungnahme Finanzausschuss vom 19.09.2012 (Int.Q.); *Degen*, BB 2012, S. 1453.

18 Vgl. *SwissBanking*, Abkommen vom 10.08.2011, S. 8 (Int.Q.); *Tippelhofer*, iStR 2011, S. 945 (946).

*Abbildung 1: Rechtsfolgen des Abkommens und Handlungsoptionen betroffener Personen*[19]

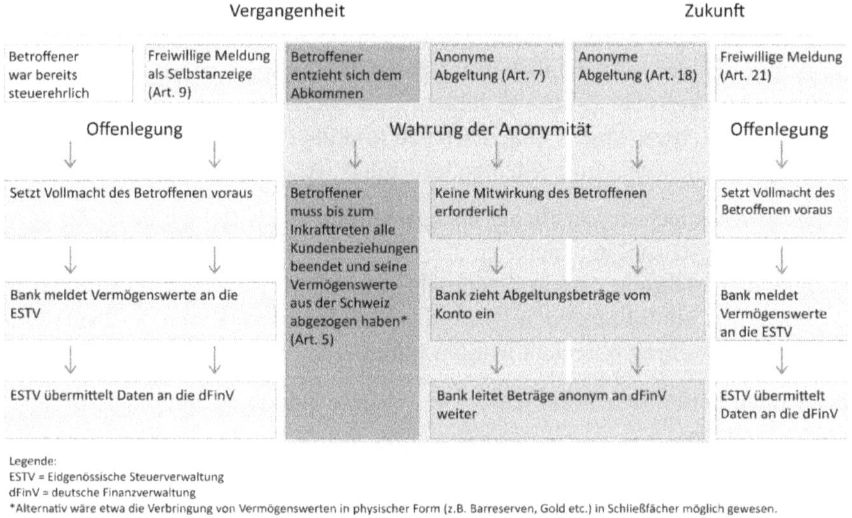


Soweit ein Betroffener nicht aktiv zu einer dieser Vorgehensvarianten gegenüber seinem schweizerischen Kreditinstitut optiert hätte, sollte dieses automatisch die pauschale anonyme Einmalzahlung veranlasst haben.

# III. Regularisierung der Vergangenheit – Teil 2 des Abkommens

## 1. Erhebung einer einmaligen Abgabe

Auf die gemäß Teil 1 des Abkommens erfassten Vermögen sollte eine einmalige anonyme Abgabe erhoben werden, grundsätzlich vollkommen ungeachtet der Frage, ob es sich bei dem Kernbestand des jeweiligen Vermögens um „deutsches Schwarzgeld" handelte oder ob dieses bereits ordnungsgemäß versteuert worden war. Ebenso sollte grundsätzlich bezüglich der Vermögenszuwächse aus Kapitaleinkünften nicht unterschieden werden, ob diese gegenüber dem deutschen Fiskus ordnungsgemäß angemeldet und versteuert worden waren oder nicht.

19 Vgl. ähnliche Darstellungen bei *SwissBanking*, Abkommen vom 10.08.2011, S. 5 (Int.Q.); *Stahl*, Selbstanzeige, 2011, S. 286 f.; *Tippelhofer*, iStR 2011, S. 945 (946).

### a) *Bemessungsgrundlage, Zeitraum und Berechnung*

Die Höhe der jeweiligen Steuerbelastung sollte effektiv zwischen 21 % und 34 % (bis 41 % bei relevantem Kapital von 7 Millionen Euro und mehr) liegen und sich aus der Formel[20] des Anhangs I des Abkommens ergeben,

$$SB = \max\left\{\begin{array}{c} s\cdot\left[\frac{2}{3}\cdot\left(K_r - \frac{n}{8}\cdot K_b\right) + \frac{1}{3}\left(\frac{n}{10}\cdot K_r + \frac{2}{10}\cdot\left(\frac{K_9' + K_{10}'}{2}\right)\right)\right] \\ s_{min}\cdot K_r \end{array}\right\}$$

welche im Wesentlichen auf die Zeiträume beziehungsweise die jeweiligen Kapitalbestände per Stichtag abstellt, weniger aber auf tatsächlich erzielte Einkünfte. Hierbei gilt ferner:

$$K_9' = K_r + K_r\cdot r$$

$$K_{10}' = K_r + K_r\cdot 2\cdot r$$

$$K_r = \left\{\begin{array}{lll} K_8 & & , falls \quad K_{10} < K_8 \\ K_{10} & 1{,}2\cdot K_8 & , falls\ K_8 \le K_{10} \le 1{,}2\cdot K_8 \\ \max\left\{K_8 + \sum_{i=9}^{10} Wertsteigerungen + \sum_{i=1}^{8} Rückflüsse\right\} & & , falls\ K_{10} > 1{,}2\cdot K_8 \end{array}\right.$$

Um Negativsteuern zu verhindern, gilt:

Falls $K_r - \frac{n}{8}\cdot K_b < 0,$ wird diese Größe gleich null gesetzt.

Zur Ermittlung der Bemessungsgrundlage sollte danach grundsätzlich vor allem der Kapitalbestand am 31.12.2010 oder 31.12.2012 auf dem schweizerischen Konto oder Depot, jedoch auch die Dauer der Kontobeziehung in Jahren und Vermögenszuwächse seit dessen Eröffnung herangezogen werden. Hierbei sollte nicht zwischen Vermögenszuwächsen in Form von Kapitalerträgen und solchen in Form von späteren Einzahlungen oder Überweisungen unterschieden werden. Berücksichtigt werden sollten lediglich Vermögensentwicklungen ab dem „Stichtag 1", dem 31.12.2002. Im Falle von Bankbeziehungen, welche bereits vor dem 01.01.2003 bestanden, wäre die Depotentwicklung vor diesem Stichtag bei der Berechnung insofern unberücksichtigt geblieben, als dass einzig auf den Depotbestand zum 31.12.2002 als fiktiven Anfangstatbestand abgestellt worden wäre.

20 Siehe unter Anhang I des Abkommens BT-Drs. 17/10059 (S. 23 der Drucksache).

Vereinfacht können die Prämissen, die der Berechnung zugrunde liegen, wie folgt umschrieben werden: Grundsätzlich war eine Substanzbesteuerung der Kapitalbeträge vorgesehen. Die Steuerbelastung hätte mindestens 21 % (*smin*) und höchstens 34 % (*S*)[21] des relevanten Kapitals ($K_r$) betragen. Kapital wäre abhängig vom Einlagezeitpunkt insofern privilegiert worden, als es umso stärker steuermindernd berücksichtigt wird, je näher dieser Zeitpunkt dem ersten Stichtag, dem 31.12.2002, und damit dem Zeitpunkt der Festsetzungsverjährung kommt. Soweit nicht bereits 21 % des $K_r$ den höheren Steuerbetrag ergibt, gilt, dass, bezogen auf den ersten Summanden des letztlich mit dem Steuersatz von 34 % zu multiplizierenden Wertes, der Vermögensstand zum 31.12.2002 dabei in voller Höhe steuermindernd von $K_r$ in Abzug gebracht wird, für später erfolgte Ersteinlagen allerdings nur noch ein um jeweils ein Achtel (für jedes weitere Jahr bis 2010) reduzierter Betrag.

Konkret führt die Anwendung der Formel laut *Hechtner* in den Fällen, dass einmalig Kapital in die Schweiz geschafft und dort angelegt wurde, dazu, dass bei jährlichen Zinsgewinnen zwischen (gleichverteilten) 0 % und 10 % der Minimalsteuersatz in Höhe von 21 % in 78 % der Fälle zur Anwendung käme. Selbst in der Konstellation, dass konstant 10 % Rendite jährlich erzielt worden wäre, betrage die durchschnittliche Steuerbelastung nur 25,36 %. Damit der erhöhte Steuersatz von 34 % (oder mehr) Anwendung finde, müsse das Endvermögen das Anfangsvermögen um das 222-Fache übersteigen, was einer Rendite von 71,66 % entspräche. Selbst in jenen Fällen, wenn sukzessive über Jahre unversteuerte Gelder auf schweizerische Konten eingezahlt wurden, läge die durchschnittliche Steuerbelastung nur zwischen 30,2 % und 32 %. Der Höchststeuersatz von 34 % werde erst bei hinzutretenden jährlichen Renditen von circa 76,66 % erreicht.[22]

Die eigentlichen Chancen hoher Steuerersparnisse für potentiell Betroffene hätten allerdings an anderer Stelle gelegen, nicht in den viel diskutierten Steuersätzen, sondern in der Ermittlung der Bemessungsgrundlage, des relevanten Kapitals ($K_r$). Dieses sollte sich grundsätzlich nach dem verbuchten Kapitalbestand am 31.12.2010 ($K_8$) bemessen; falls der Kapitalbestand am 31.12.2012 ($K_{10}$) höher sei, nach diesem. Nur für den Fall, dass $K_{10}$ um mehr als den Faktor 1,2 größer sei als $K_8$, dass also zwischen dem 31.12.2010 und dem 31.12.2012 eine Wertsteigerung von über 20 % stattgefunden hätte, wären frühere Wertsteigerungen und Rückflüsse in die Ermittlung des $K_r$ eingeflossen. Hiermit sollte offensichtlich

21 Durch das Zusatzprotokoll wurde der „Erhöhte Steuerbetrag" (*SB'*) eingeführt, wonach die erhöhte Steuerbelastung (sl') bis auf 41 % im Fall von relevantem Kapital über 7 Millionen Euro steigt, siehe B.VI.1.

22 Vgl. *Hechtner*, Stellungnahme Finanzausschuss vom 19.09.2012, S. 3 (Int.Q.).

verhindert werden, dass betroffene Personen nach Bekanntwerden der Bestimmungen des Abkommens am 21.11.2011 gezielt weiteres unversteuertes Vermögen auf ein bereits bestehendes schweizerisches Konto verbracht hätten, um von günstigen Abgeltungssätzen zu profitieren und solche Gelder „reinzuwaschen".

Das heißt aber zugleich, dass in den Fällen, in denen $K_8$ wie $K_{10}$ und damit $K_r$ im Vergleich zu früheren Kontoständen relativ niedrig ausgefallen wären, die Bemessungsgrundlage angesichts der theoretisch mit abgegoltenen Summen sehr klein hätte sein können. Soweit der Anfangskapitalbestand ($K_b$) das $K_r$ würde überstiegen haben, wäre darüber hinaus wohl regelmäßig nur der Minimalsteuersatz (*smin*) von 21 % zur Anwendung gekommen.

### b) Rechtsfolge der nachträglichen Pauschalbesteuerung

Für jene, die „weißes Geld" bei einem schweizerischen Kreditinstitut angelegt und auch dessen Erträge bisher ordnungsgemäß gegenüber dem deutschen Fiskus angegeben wie versteuert hätten, würde die pauschale Abgeltung nicht weniger als eine nochmalige und damit im Ergebnis doppelte Besteuerung zur Folge gehabt haben. Für bisher unversteuerte Vermögenswerte – gleich ob es sich dabei um Substanzvermögen gehandelt hätte, bei dessen Erlangung bereits Steuern hinterzogen wurden, um „legales Vermögen", dessen Erträge jedoch in der Vergangenheit nicht versteuert wurden, oder um beides – sollte die Steuerschuld durch Abführung der pauschal berechneten anonymen Abgabe als abgegolten gelten, eine strafrechtliche Verfolgung der betroffenen Personen wegen Steuerstraftaten nicht mehr stattfinden.

In steuerrechtlicher Hinsicht sollten gemäß Art. 7 Abs. 6 die deutschen Einkommen-, Umsatz-, Vermögen-, Gewerbe-, Erbschaft- und Schenkungsteueransprüche *„mit der vollständigen Gutschrift der Einmalzahlung auf dem bei der schweizerischen Zahlstelle dafür eingerichteten Abwicklungskonto"* als im Zeitpunkt ihres Entstehens erloschen gelten, und dies gemäß Art. 7 Abs. 8 mit Wirkung auch für alle Gesamtschuldner nach der AO. Weiter heißt es unter Art. 7 Abs. 6: *„Der im Zeitpunkt des Inkrafttretens dieses Abkommens von der Erlöschenswirkung erfasste Betrag im Konto oder Depot entspricht dem relevanten Kapital Kr […]"*.

Ausgeschlossen war die Abgeltungswirkung gemäß Art. 7 Abs. 9 a) nur für Vermögenswerte aus anderen Verbrechen als solchen nach § 370a AO[23] sowie

---

23 Ob es sich bei dem Verweis auf die bereits 2008 aufgehobene Norm (BGBl. 2007, Nr. 70, S. 3209) um ein redaktionelles Versehen oder eine Klarstellung für zurückliegende Sachverhalte handelt, bleibt unklar.

gemäß Art. 7 Abs. 9 b) für den Fall, dass die zuständige deutsche Behörde vor Unterzeichnung zureichende tatsächliche Anhaltspunkte im Sinne von § 152 Abs. 2 StPO für nicht versteuerte Vermögenswerte der betroffenen Person auf Konten oder Depots einer schweizerischen Zahlstelle gehabt hätte und die betroffene Person dies gewusst hätte oder bei verständiger Würdigung der Sachlage damit hätte rechnen müssen.[24]

In strafrechtlicher Hinsicht ordnete Art. 8 an, dass soweit Steueransprüche nach Art. 7 erloschen seien, auch keine Strafverfolgung wegen der verwirklichten Steuerdelikte mehr stattfinde, ebenfalls nicht wegen solcher Delikte, die im Wege der Konkurrenz zunächst hinter den Steuerdelikten zurücktreten würden. Auch diese sollten nicht wieder aufleben.[25] Insofern knüpfen das Erlöschen der Steuerschuld und der Ausschluss der Strafverfolgung an die gleichen Voraussetzungen an und hätten als Rechtsfolge nur gemeinsam eintreten können.

*Art. 8 Verfolgung von Steuerstraftaten und Steuerordnungswidrigkeiten bei der Einmalzahlung*

1. *Soweit Steueransprüche durch Einmalzahlung nach Artikel 7 erloschen sind, findet keine Verfolgung von Steuerstraftaten nach Paragraph 369 AO oder Steuerordnungswidrigkeiten nach Paragraph 377 AO statt.*
2. *Kann eine andere Straftat oder Ordnungswidrigkeit als eine Steuerstraftat oder Steuerordnungswidrigkeit wegen der Strafbarkeit einer Steuerstraftat oder Steuerordnungswidrigkeit nicht bestraft oder geahndet werden, so gilt dies auch dann, wenn die Strafbarkeit der Steuerstraftat oder die Ahndung der Steuerordnungswidrigkeit aufgrund dieses Abkommens entfällt.*[26]

## 2. Freiwillige Meldung

Im Falle der freiwilligen Meldung, welche im Regelfall die erste Wahl für jene gewesen sein dürfte, die ihren steuerrechtlichen Pflichten bereits in der Vergangenheit ordnungsgemäß nachgekommen waren, wäre gemäß Art. 9 Abs. 1 die Erhebung einer Einmalzahlung unterblieben.

Soweit die übermittelten Daten jedoch gezeigt hätten, dass die Vermögenswerte oder deren Erträge bisher nicht ordnungsgemäß gegenüber dem zuständigen

24 Vgl. zu der Frage des konkreten Verdachtgrads und dem Problem der Daten-CDs: D.II.5.b), Fn. 1011.

25 Die Erläuterung zum Gesetzentwurf der Bundesregierung verweist hier auf den Fall der Gesetzeskonkurrenz des § 261 Abs. 1 Nr. 3 iVm Abs. 9 S. 2 StGB bei der Geldwäsche. BT-Drs. 17/10059, S. 37 „Denkschrift zum Abkommen" B. Besonderer Teil, zu Art. 8, zu Abs. 2.

26 Sämtliche Hervorhebungen durch den Verfasser.

deutschen Finanzamt erklärt wurden, hätten sich die weiteren Rechtsfolgen aus Art. 10 ergeben:

*Art. 10 Verfolgung von Steuerstraftaten und Steuerordnungswidrigkeiten bei freiwilliger Meldung*

1. *Ergibt die Überprüfung der Angaben nach Artikel 9 Absatz 2, dass unrichtige oder unvollständige Angaben über steuerlich erhebliche Tatsachen gegenüber der nach deutschem Recht zuständigen Behörde gemacht wurden oder diese pflichtwidrig über die steuerlich erheblichen Tatsachen in Unkenntnis gelassen wurde und dadurch Steuern verkürzt oder für sich oder einen anderen nicht gerechtfertigte Steuervorteile erlangt wurden, so gilt die freiwillige Meldung ab dem Zeitpunkt der schriftlichen Ermächtigung nach Artikel 9 Absatz 1 als Abgabe einer wirksamen Selbstanzeige*[27] *nach Paragraph 371 AO bezogen auf die gemeldeten Konten oder Depots. Die Rechtsfolgen bestimmen sich nach Paragraph 371 oder Paragraph 398a AO.*
2. *Die in Absatz 1 genannten Rechtsfolgen treten nicht ein, soweit:*
   a) *die Vermögenswerte aus Verbrechen im Sinne des deutschen Strafrechts mit Ausnahme des Paragraph 370a AO herrühren; oder*
   b) *vor Unterzeichnung dieses Abkommens die nach deutschem Recht zuständige deutsche Behörde zureichende tatsächliche Anhaltspunkte im Sinne von Paragraph 152 Absatz 2 StPO für nicht versteuerte Vermögenswerte der betroffenen Person auf Konten oder Depots einer schweizerischen Zahlstelle hatte und die betroffene Person dies wusste oder bei verständiger Würdigung der Sachlage damit rechnen musste.*

Es handelt sich folglich um eine Rechtsfolgenverweisung[28] auf die Vorschriften der §§ 371, 398a AO. Wegen des insofern eindeutigen Wortlautes muss davon ausgegangen werden, dass aufgrund der Abgabe stets eine wirksame Selbstanzeige fingiert worden wäre. Dies findet insbesondere noch einmal darin ausdrückliche Bestätigung, dass Ausschlusstatbestände, welche die Fiktion der Wirksamkeit und damit den Eintritt der Rechtsfolge Straffreiheit verhindern, explizit in Art. 10 Abs. 2 geregelt sind und damit auch als *lex specialis* den positiven wie negativen Tatbestandsvoraussetzungen des § 371 AO[29] vorgehen dürften.

Im Ergebnis kann dies nur bedeuten, dass einerseits ein Nachzahlungserfordernis als Voraussetzung der Strafbefreiung nicht besteht[30] und andererseits eine wirksame Teilselbstanzeige in Form der freiwilligen Meldung wieder möglich würde.[31]

---

27 Hervorhebungen durch den Verfasser.

28 So auch ausdrücklich BT-Drs. 17/10059, S. 37 „Denkschrift zum Abkommen“ B. BT, Zu Art. 10, Zu Abs. 1.

29 Vgl. D.I.

30 Vgl. *Joecks,* Wistra 2011, S. 441 (442).

31 *Ebner/Ebel/Hartrott,* BB 2012, S. 287 (290 f.).

## 3. Alternative – Selbstanzeige

Als Alternative wäre betroffenen Personen geblieben, von der Regelung der Selbstanzeige nach § 371 AO direkt und initiativ Gebrauch zu machen, indem sie eine solche selbst an die zuständige Behörde gerichtet und nicht die Meldung ihrer Daten durch die schweizerischen Behörden abgewartet hätten. Dies wäre insbesondere für denjenigen sinnvoll gewesen, der den Zeitpunkt der Kenntniserlangung durch die Behörden selbst hätte wählen wollen, der vielleicht nicht gewillt gewesen wäre, bis zum Zeitpunkt der „freiwilligen“[32] Meldung zu warten, etwa weil er in der Zwischenzeit eine Entdeckung durch die Behörden befürchtet hätte. Eine weitere Erwägung, die eigene Selbstanzeige einer Selbstanzeige durch Meldung nach Art. 10 vorzuziehen, könnte darauf beruhen, dass Erstere im konkreten Fall umfangreicher ausgefallen wäre als Letztere. Dies ist denkbar, wenn sie sich auch auf Tatkomplexe bezogen haben würde, die nicht in direktem Zusammenhang mit den Vermögenswerten in der Schweiz stehen und damit über den Anwendungsbereich des Abkommens hinausgereicht hätten. Dies hätte zur Folge gehabt, dass solche Tatkomplexe einerseits aufgrund der Datenübermittlung nach Art. 9 zwar wahrscheinlich nicht entdeckt worden wären, andererseits jedenfalls für diese auch keine Strafbefreiung hätte eintreten können. Im für den Betroffenen ungünstigsten Fall wären Tatkomplexe zwar nicht vom Anwendungsbereich des Abkommens und dem Rechtsfolgenverweis des Art. 10 umfasst gewesen, würden jedoch gleichwohl aufgrund der übermittelten Daten indirekt entdeckt worden sein. Hier dürfte in Bezug auf die übermittelten Sachverhalte die Strafbefreiung gegriffen haben, nicht jedoch wegen der übrigen. Wäre dem Betroffen der Trost verblieben, dass er zumindest nach Art. 10 aufgrund des Rechtsfolgenverweises insoweit Teilstraflosigkeit würde erlangt haben, was gemeinhin im Rahmen einer Selbstanzeige aufgrund des Vollständigkeitsgebotes[33] nicht mehr möglich gewesen wäre. Derartige Konstellationen waren im Abkommen freilich nicht ausdrücklich geregelt. Ein Betroffener dürfte allerdings kein Interesse daran gehabt haben, es auf eine Klärung durch die Strafgerichte mit ungewissem Ausgang ankommen zu lassen.

---

32 Nach *Samson/Wulf*, Wistra 2012, S. 245 (246) *„stellt es […] ein Kabinettstück juristischer Spiegelfechterei dar, die Ermächtigung zur Meldung an die deutschen Behörden als ‚freiwillig‘ zu bezeichnen“*.

33 Siehe unter D.II.5.a).

## 4. Weiterer Strafverfolgungsverzicht gemäß Art. 17

Unter der Überschrift *„Verzicht auf die Verfolgung von Straftaten und Ordnungswidrigkeiten, Haftung"* bestimmt Art. 17 Abs. 1, dass *„Beteiligte an einer Steuerstraftat oder einer Steuerordnungswidrigkeit, die vor Unterzeichnung dieses Abkommens von einer betroffenen Person hinsichtlich von Vermögenswerten im Sinne dieses Abkommens begangen wurde"*, nicht verfolgt werden, soweit die zuständige deutsche Behörde im Zeitpunkt der Unterzeichnung keine *„zureichenden tatsächlichen Anhaltspunkte"* im Sinne des § 152 Abs. 2 StPO über die Beteiligung gehabt habe. Dies umfasse auch Ordnungswidrigkeiten und etwa die Verhängung von Geldbußen gegen juristische Personen.

Auffällig ist hier, dass der Verfolgungsverzicht – abgesehen von Ausschlusstatbestand und Stichtag – an keine weiteren Bedingungen anknüpft,[34] etwa weder eine pauschale Einmalzahlung nach Art. 7, noch eine freiwillige Meldung nach Art. 9 zur Voraussetzung hat. Dies lässt sich nur dahingehend verstehen, dass es sich dabei um ein Zugeständnis gegenüber dem eidgenössischen Vertragspartner handelt, welches jene schweizerischen natürlichen wie juristischen Personen, die sich in der Vergangenheit nach deutschem Recht wegen einer Beihilfe zu Steuerstraftaten strafbar gemacht haben könnten, vor Verfolgung grundsätzlich schützen sollte, unabhängig vom weiteren Verhalten ihrer deutschen Kunden. Ungeachtet dieser Stoßrichtung gibt der Wortlaut eine Beschränkung dahingehend, dass nur schweizerische Teilnehmer hiervon profitieren würden, nicht her.

*Samson* und *Wulf* weisen dabei überzeugend nach, dass aufgrund dieser Formulierung – offensichtlich ein redaktionelles Versehen – der Verfolgungsverzicht des Art. 17 Abs. 1 sehr viel weitreichender ist, als die Regelungen der Art. 8 und 10 und Letztere damit praktisch überflüssig machen würde. Soweit Art. 17 Abs. 1 von *„Beteiligten an einer Steuerstraftat"* spreche, führe eine Auslegung streng nach Wortlaut zu Gunsten der Betroffenen aufgrund der Definition der „Beteiligten" in § 28 Abs. 2 StGB dazu, dass eben nicht nur Teilnehmer sondern grundsätzlich auch (deutsche) Haupt- oder Einzeltäter von Steuerhinterziehungen dem Anwendungsbereich des Art. 17 Abs. 1 unterfielen.[35]

Reziprokerweise ordnete Art. 17 Abs. 3 einen Verfolgungsverzicht gegenüber *„Beteiligte[n] an Straftaten oder Ordnungswidrigkeiten"* nach schweizerischem wie auch nach deutschem Recht, *„die im Zusammenhang mit dem Erwerb steuererheblicher Daten von Bankkunden vor Unterzeichnung [...] begangen wurden"*,

34 Vgl. *Samson/Wulf*, Wistra 2012, S. 245 (249).

35 *Samson/Wulf*, Wistra 2012, S. 245 (247 ff.).

an, weiter ausdrücklich, dass bereits anhängige Verfahren einzustellen seien. Wäre hiermit doch sichergestellt gewesen, dass Mitarbeiter der deutschen Finanzverwaltung, die am Ankauf von Steuerdaten-CDs beteiligt waren, nicht etwa im Skiurlaub mit Verhaftung hätten rechnen müssen, nachdem von Seiten der schweizerischen Strafverfolgungsbehörden bereits mindestens drei Haftbefehle gegen solche erlassen worden waren.[36] Der Verfolgungsverzicht wird dabei jedoch gleichzeitig einseitig dahingehend eingeschränkt, dass „*Verfahren nach schweizerischem Recht gegen Mitarbeitende von Banken in der Schweiz*" hiervon ausgeschlossen seien (Art. 17 Abs. 3).

## IV. Zukunftsbezogener Regelungsgehalt – Teil 3 des Abkommens

Für die Zukunft sah das Abkommen ab 2013 für betroffene Vermögen die Erhebung einer pauschalen Abgeltungsteuer auf neu anfallende Kapitalerträge in Höhe von 26,38 % (28 % bei Entrichtung von Kirchensteuer auf Antrag des Kunden) vor. Hiervon umfasst wären alle denkbaren Einkünfte aus dem Vermögen, wie etwa Zinsen, Dividenden und Veräußerungsgewinne, gewesen. Dies entspricht zwar dem deutschen Abgeltungsteuersatz, steht jedoch möglicherweise im Widerspruch zum Zinsabkommen zwischen der Schweiz und der EU,[37] wonach seit 2011 ein Steuersatz von 35 % zwingend wäre.[38] Diese abgeltende Steuer sollte von den schweizerischen Finanzinstituten ebenfalls anonym – ohne Benennung des in Deutschland ansässigen Vermögensinhabers – abgeführt werden. Alternativ zu der abgeltenden Pauschalversteuerung hätte dem in Deutschland steuerpflichtigen Betroffenen auch hier die Möglichkeit offengestanden, durch Offenlegung der Erträge gegenüber den deutschen Finanzbehörden und Zuordnung dieser zu seiner Person eine individuelle Besteuerung zu veranlassen.

## V. Weitere Regelungen

### 1. Vorauszahlung durch Schweizer Banken

Art. 15 sah eine Garantiesumme in Höhe von 2 Milliarden CHF (circa 1,6 Milliarden Euro) vor, welche die Schweizer Zahlstellen über eine zu gründende

36 Vgl. hierzu *Amann/Hank,* FAS vom 08.04.2012, S. 29; *Samson/Wulf,* Wistra 2012, S. 245; BBl 2012, 4943 (4944, 4952).

37 Richtlinie des Rates 2003/48/EG vom 03.06.2003 im Bereich der Besteuerung von Zinserträgen.

38 Vgl. *Holenstein,* DStR 2012, S. 153 (153); *Joecks,* Wistra 2011, S. 441 (442).

Abwicklungsgesellschaft als einmalige Abschlagszahlung innerhalb von 25 Tagen nach Inkrafttreten des Abkommens an die zuständige schweizerische Behörde zu leisten gehabt hätten. Von dieser wiederum wäre diese Vorauszahlung bis zum Ende des ersten Monats nach dem Inkrafttreten des Abkommens an die zuständige deutsche Behörde zu überweisen gewesen. Hierdurch sollte sichergestellt werden, dass die Banken, welche das Abkommen letztlich umzusetzen gehabt hätten, dem auch im Sinne des deutschen Fiskus nachgekommen wären. Damit wäre bei diesen doch ein gehöriges Eingeninteresse entstanden, zumindest Steuereinnahmen in Höhe der Vorauszahlung für den deutschen Staat zu realisieren, da andernfalls, wenn die tatsächlichen Einnahmen unterhalb der Garantiesumme geblieben wären, am Ende die Differenz aus eigener Tasche hätten gezahlt werden müssen.[39]

## 2. Auskunftsersuchen und Auskünfte über Ziele der Abschleicher

Anstelle eines automatischen Datenaustauschs sah Art. 32 Abs. 9 *„zwischen 900 und 1300"* Auskunftsersuchen innerhalb einer Zweijahresperiode vor.

Gemäß Art. 16 „Zielstaaten abgezogener Vermögenswerte" hätte die zuständige schweizerische Behörde innerhalb von zwölf Monaten nach dem dritten Stichtag den entsprechenden deutschen Behörden – unter beidseitiger Geheimhaltung der Information gegenüber der Öffentlichkeit – mitzuteilen gehabt, wohin die Vermögenswerte aus zwischen Unterzeichnung und Inkrafttreten des Abkommens saldierten Konten und Depots maßgeblich transferiert worden wären. Dabei wären die zehn Staaten oder Territorien, in welche die größten Vermögensvolumen abgeflossen wären, in der Reihenfolge nach Höhe der jeweils verschobenen Summen zu benennen gewesen, außerdem die genaue Anzahl der „Abschleicher" – nach schweizerischer Sprechart „Verschwinder"[40] – je Staat oder Territorium nach Köpfen.

Hierbei kann davon ausgegangen werden, dass die Unterzeichnung des ursprünglichen Entwurfs des Abkommens gemeint bleiben sollte, mit der das gesamte Vorhaben der Öffentlichkeit erstmalig bekannt wurde. Würde man hier auf die Unterzeichnung des Zusatzprotokolls abgestellt haben, würden aus deutscher Sicht wesentliche Informationen – nämlich solche über Ziele und transferierte Vermögensvolumen all jener „Abschleicher" bis zur Unterzeichnung des Zusatzprotokolls – verloren gegangen sein.

---

39 Vgl. *Kippenberg*, iStR-LB 2011, S. 89 (90).

40 Vgl. Eveline Widmer-Schlumpf, Bundespräsidentin, im Ständerat – Sommersession 2012 – Erste Sitzung – 29.05.2012 – AB 2012 S 286.

## VI. Zusatzprotokoll vom 05.04.2012

Als Folge der teils heftig geführten politischen Auseinandersetzung über das geplante Abkommen und wohl letztlich aus der Einsicht heraus, angesichts der strikt ablehnenden Haltung der Oppositionsparteien, dass diese dem Abkommen in seiner ursprünglich Version die Zustimmung im Bundesrat verweigern würden, sah sich die Bundesregierung zu Nachverhandlungen mit der Schweiz genötigt, welche sich im Zusatzprotokoll vom 05.04.2012 niederschlugen.

Diese 24 Seiten starke, 25 Artikel und zwei Memoranden umfassende Vertragsergänzung beinhaltet im Wesentlichen fünf relevante Regelungsänderungen:[41]

- Die Steuerbelastung im Falle der pauschalen Nachversteuerung wurde erhöht.
- Das Abkommen wurde um die Pauschalbesteuerung von Erbschaften ergänzt.[42]
- Die Zahl möglicher Auskunftsersuchen wurde auf 1.300 erhöht.[43]
- Der Anwendungsbereich wurde durch Vorverlegung eines Stichtages erweitert.
- Es wurde vereinbart, die Missbrauchsbestimmungen durch gemeinsame Verwaltungsvorschriften zu konkretisieren.[44]

### 1. Erhöhter Steuersatz für pauschale Nachversteuerung

Mit Art. 6 des Ergänzungsprotokolls wurden die Grundlagen zur Berechnung der pauschalen Nachversteuerung des Art. 7 des Abkommens angepasst, gleichzeitig durch Art. 20 des Ergänzungsprotokolls die den Art. 7 konkretisierende Formel des Anhanges I des Abkommens ersetzt. Hierdurch wurde die Steuerbelastungsquote für das jeweilige Vermögen von der ursprünglichen

---

41 Vgl. zu den Änderungen durch das Zusatzprotokoll *Degen*, BB 2012, S. 1453; *Koblenzer/Günther*, iStR 2012, S. 872 (125); *Holenstein*, DStR 2012, S. 153 (155).

42 Durch Art. 13 Abs. 6 des Ergänzungsprotokolls wurde ein neuer Art. 31 „Erbschaftsfälle" eingefügt. Dieser hat im Wesentlichen die Verpflichtung der schweizerischen Zahlstellen zum Inhalt, bei Kenntniserlangung vom Tod einer betroffenen Person deren Konten zu sperren (Abs. 1) und eine Besteuerung in Höhe von 50 % vorzunehmen (Abs. 2), soweit sie durch die Erben nicht angewiesen würden, eine entsprechende Meldung an die deutschen Behörden zu veranlassen (Abs. 3). Gemäß Abs. 9 werden hierdurch deutsche Erbschaftsteueransprüche abgegolten. Eine damit verbundene weitere Strafbefreiungsvorschrift zu Gunsten von Erben oder sonstiger Teilnehmer ist in der Vorschrift nicht enthalten. Vgl. zum neuen Art. 31 *Degen*, BB 2012, S. 1453 (1455 ff.).

43 Durch Art. 14 des Ergänzungsprotokolls wurde die Anzahl zulässiger Auskunftsersuchen innerhalb einer Zweijahresperiode in Art. 32 Abs. 9 n.F. (Art. 31 Abs. 9 a.F.) von 999 auf „*zwischen 900 und 1300 Ersuchen*" erhöht.

44 Durch Art. 23 des Ergänzungsprotokolls wurde eine entsprechende Erklärung in die Schlussakte aufgenommen.

Spanne zwischen 19 und 34 % auf nunmehr mindestens 21 und höchstens 41 % erhöht. Die erhöhten Steuersätze von 35 bis 41 % kommen immer dann zum Tragen, wenn sich aufgrund der Anlagezeiträume grundsätzlich eine Steuerbelastung „sl" in Höhe von 34 % ergibt, das relevante Kapital jedoch einem Betrag zwischen einer und zwei Millionen Euro (dann 35 %) usw. beziehungsweise 7 Millionen Euro oder mehr (dann 41 %) entspricht.

## 2. Erweiterter Anwendungsbereich durch Vorverlegung eines Stichtages

Der Anwendungsbereich des Abkommens wurde in Bezug auf den Kreis der betroffenen Personen dahingehend erweitert, dass nicht mehr die Konto- oder Depotinhaberschaft am zweiten und dritten Stichtag Voraussetzung für die Maßnahmen nach Teil 2 ist, sondern dass nunmehr bereits eine Kundenbeziehung am zweiten Stichtag und beim Inkrafttreten des Abkommens eine Person zu dessen Adressaten gemacht hätte.[45]

Formal blieben die Definitionen der einzelnen Stichtage hierbei unangetastet, stattdessen wurden in den Art. 5 ff. die Formulierungen *„am zweiten und am dritten Stichtag"* durch *„am zweiten Stichtag und beim Inkrafttreten dieses Abkommens"* ersetzt. Dies hatte eine Vorverlegung des letztmöglichen „Abzugsdatums" um fünf Monate und damit eine Verschärfung des Abkommens insgesamt zur Folge, da der dritte Stichtag sich als *„letzter Tag des fünften Monats nach dem Inkrafttreten"* des Abkommens definierte. Ein Abschleichen, um sich dem Unterfallen unter das Abkommen gänzlich zu entziehen, hätte somit noch vor dessen Inkrafttreten stattfinden müssen und wäre nicht mehr binnen sechs Monaten hiernach möglich gewesen. Dies bedeutet auch, dass allein ein Reagieren auf die Planung des Abkommens in Konsequenz der medialen Berichterstattung hierüber, jedoch zwingend vor dessen Inkrafttreten eine rechtzeitige Flucht gewährleistet haben würde. Im Zeitpunkt der Mitteilung über die Pflichten und Handlungsoptionen durch die Bank gemäß Art. 4 wäre es im Gegensatz zur ursprünglichen Entwurfsfassung hierfür bereits zu spät gewesen.

In diesem verengten zeitlichen Rahmen sollte jedoch ein „Abschleichen" weiterhin sanktionslos möglich sein. Die vereinzelt vertretene Lesart, nach der das „Verschwinden" bereits nicht mehr hätte möglich sein sollen, nachdem allein am zweiten Stichtag (31.12.2010) eine Kundenbeziehung bestand,[46] kann

---

45 Art. 4 des Zusatzprotokolls bestimmt die entsprechende Änderung des Art. 5 Abs. 1 a.F./n.F.

46 So *Ebner/Ebel/Hartrott*, BB 2012, S. 287 (288).

schwerlich nachvollzogen werden und findet auch keinerlei Bestätigung im Wortlaut. Im Übrigen würde die Regelung des Art. 16 in diesem Fall jeder Sinnhaftigkeit entbehren.[47]

## VII. Günstigkeitsvergleich

Ungeachtet der großen Ungewissheit, was die genaue Anwendung der Formel und Bestimmung der einzusetzenden Variablen anbelangt,[48] können folgende Feststellungen wohl als unstreitig gelten:

In Fällen, in denen Betroffene bereits versteuertes Geld in der Schweiz anlegten und lediglich die Kapitaleinkünfte den deutschen Steuerbehörden verheimlichten, dürfte eine Selbstanzeige in vielen Fällen zu einer im Vergleich mit der Pauschalbesteuerung geringeren Steuerbelastung führen.[49]

In den Fällen, in denen jedoch bereits gegenüber dem Fiskus nicht deklarierte und somit unversteuerte Einkünfte – mithin „Schwarzgeld" – in der Schweiz angelegt wurden, dürfte die pauschale Abgeltung, abhängig vom persönlichen Steuersatz und der Frage, ob etwa neben der Einkommensteuer zusätzlich weitere Steuerarten wie etwa Umsatzsteuer hinterzogen wurde, regelmäßig günstiger als eine Selbstanzeige sein – selbst wenn Zinsvorteile und Hinterziehungszinsen unberücksichtigt bleiben.[50]

Dies gilt umso eher, je länger das Geld in der Schweiz angelegt war und je weniger Zuflüsse oder Wertsteigerungen durch Renditen der Vermögensbestand dabei erfahren hat. In vielen Fällen dürfte hier lediglich der neue Mindeststeuersatz von nunmehr 21 % (aufgrund des Zusatzprotokolls) Anwendung finden.

Auch der erhöhte Steuerbetrag SB' hätte praktisch wohl nur in absoluten Ausnahmefällen Anwendung finden können. Insofern kann diese Nachbesserung nur als weitgehend folgenlose „Kosmetik" verstanden werden. Die beiden Voraussetzungen hierfür, einerseits ein relevantes Kapital von mehr als 1 Millionen Euro und andererseits eine Steuerbelastung aufgrund der Formel von 34 %, hätten für die

---

47 Redaktionell unglücklich, da missverständlich, ist der Umstand, dass die Definition der betroffenen Personen gemäß Art. 2 h) keine zeitliche Komponente kennt. Personen, welche eine Kundenbeziehung, die unter dem 31.12.2010 noch bestanden hatte, beim Inkrafttreten des Abkommens nicht mehr aufgewiesen hätten, würden zwar formal als „betroffene Personen" im Sinne des Abkommens gegolten haben, gleichzeitig jedoch dem Anwendungsbereich der Maßnahmen nach Teil 2 und 3, mit Ausnahme des Art. 16, nicht mehr unterfallen sein.

48 Vgl. *Hechtner*, Stellungnahme Finanzausschuss vom 19.09.2012, S. 2 (Int.Q.).

49 Vgl. *Ebner/Ebel/Hartrott*, BB 2012, S. 287 (293).

50 Vgl. *Joecks*, Wistra 2011, S. 441 (433).

Anwendbarkeit des erhöhten Steuerbetrags nämlich kumulativ vorliegen müssen und wären jeweils nur notwendige, für sich noch nicht hinreichende Bedingung gewesen, wie sich aus dem Wortlaut zur Erläuterung der Formel des Anhangs I ergibt: *„Falls sl ≥ · 0.34 (d.h. 34 %) und: […]*“. Da aber, wie *Hechtner* darlegt, eine Steuerbelastung von 34 % des relevanten Kapitals nur in theoretischen Ausnahmefällen überhaupt erreicht worden wäre,[51] hätte auch nur in solchen Fällen bei Hinzutreten der Voraussetzung eines Vermögens von mehr als 1 Millionen Euro ein erhöhter Steuersatz zur Anwendung kommen können.

Die Ersparnismöglichkeiten durch das Abkommen mag das folgende, stark vereinfachte Beispiel verdeutlichen:

Es sei davon ausgegangen, ein umsatzsteuerpflichtiger Selbstständiger, der bei der Einkommensteuer dem Spitzensteuersatz unterliegt (Grenzsteuersatz = 42 %) hätte im Jahr 2009 ein Honorar in Höhe von 10.000 Euro schwarz vereinnahmt und auf ein schweizerisches Konto eingezahlt. Gleichzeitig wird fingiert, dieses Kapital habe keine Erträge erbracht.

*Tabelle 1: Steuerbelastungsvergleich*

| | **Steuerbelastung aufgrund des Abkommens** | | **Fiktive Steuerbelastung mit 34 % (S)** | | **Steuerbelastung aus Sofortversteuerung** | |
|---|---|---|---|---|---|---|
| | | **Euro** | | **Euro** | | **Euro** |
| **Bruttoumsatz** | | 10.000,00 | | 10.000 | | 10.000,00 |
| **Steuerbelastung** | 23,34 % | - 2.334,00 | 34 % | - 3.400,00 | USt 19 % | - 1.596,64 |
| **Netoumsatz** | | | | | | 8.403,36 |
| **Steuerbelastung** | | | | | ESt. 42 % | - 3.529,41 |
| **Gewinn nach Steuern** | | **7.666,00** | | **6.600,00** | | **4.873,95** |

**Belastungsvergleich**

| **Steuerbelastung** | **Euro** | **Steuerbelastung** | **Euro** |
|---|---|---|---|
| aus Sofortversteuerung | 5,126,05 | aus Sofortversteuerung | 5,126,05 |
| aufgrund des Abkommens | 2.334,00 | Belastung mit 34 % | 3.400,00 |
| **Unterschiedsbetrag** | **2.792,05** | **Unterschiedsbetrag** | **1.726,05** |

Annahme:
- Einkünfte aus selbstständiger Arbeit, Umsatzsteuerpflicht (z. B. Rechtsanwalt)
- Grenzsteuersatz = 42 %
- Kapitalanlage in der Schweiz vernachlässigt

51 *Hechtner*, Stellungnahme Finanzausschuss vom 19.09.2012, S. 3 (Int.Q.).

Für den Fall, dass tatsächlich Kapitalerträge erzielt werden, erhöht sich der Unterschiedsbetrag entsprechend, da solche durch die Formel bereits fingiert[52] und mit abgegolten werden. Das fiktive Berechnungsbeispiel auf Basis des Höchststeuersatzes des Abkommens in Höhe von 34 % verdeutlicht, dass selbst bei Anwendung dieses Steuersatzes, der tatsächlich fast nie erreicht worden wäre,[53] imme rnoch eine erhebliche Ersparnis vorgelegen hätte.[54]

Als Ergebnis lässt sich feststellen, dass ein Vergleich zwischen anonymer Abgeltung und eigentlichen Steueransprüchen wahrscheinlich in einer Vielzahl von Fällen eine Steuerersparnis für die ursprünglichen Steuerhinterzieher mit sich gebracht hätte.

## VIII. Zielsetzung der Vertragsstaaten und Kritik

### 1. Schweiz

#### *a) Offiziell verfolgter Zweck*

Positiv – wenn nicht euphemisierend – ausgedrückt, sollte das Abkommen einen logischen Schritt in der Konsequenz der neuen schweizerischen *Weissgeldstrategie* darstellen, als Finanzplatz *„künftig auf Qualität, auf Kompetenz, auf Stabilität und auf Rechtssicherheit“* setzen zu wollen.[55] Nach etwas nüchterner Betrachtung war man aus schweizerischer Sicht in dem Wissen um unversteuerte ausländische Gelder auf schweizerischen Konten zu dem Schluss gekommen, darauf reagieren zu müssen, von *„verschiedenen Staaten in den gleichen Fragen immer wieder konfrontiert und attackiert [zu] werden“*, was ein gewisses Entgegenkommen unausweichlich machte. Zielsetzung war es, etwa mit Deutschland und Großbritannien eine Regelung zu finden, *„um die Vergangenheit zu regularisieren und für die Zukunft eine Lösung zu finden“*. Gleichzeitig wurde es als zentrales nationales Anliegen angesehen, welches in den Verhandlungen auch erfolgreich

---

52 In Form des fiktiven Kapitals *K9'* (im Beispiel 10.300 Euro) und *K10'* (im Beispiel 10.600 Euro).

53 *Hechtner*, Stellungnahme Finanzausschuss vom 19.09.2012, S. 3 (Int.Q.).

54 Wegen der Berechnung in komplexeren Fällen und Günstigkeitsvergleichen zwischen der Steuerbelastung durch das Abkommen einerseits und der individuellen Belastung aufgrund einer Selbstanzeige andererseits wird auf weitere Rechenbeispiele für diverse Konstellationen in der übrige Literatur verwiesen: *Ebner/Ebel/Hartrott*, BB 2012, S. 287 (292 ff.); *BDO*, Steuerabkommen vom 29.09.2011, S. 4 f. (Int.Q.); *Joecks*, Wistra 2011, S. 441 (443).

55 Eveline Widmer-Schlumpf, AB 2012 S 286; vgl. auch Botschaft des Bundesrates (CH) vom 18.04.12, BBl 2012 4943 (4944, 4948).

behauptet worden sei, einen „*automatischen Informationsaustausch zu verhindern*", der mit schweizerischen „*Gesetzen und dem Schutz der Privatsphäre nicht [zu] vereinbaren*" sei. Die Vorteile, die das Abkommen dabei für die Schweiz mit sich brächte, seien etwa in einem „*verbesserten Marktzutritt*" für „*Schweizer Institute in den entsprechenden Ländern*" und einer Konsolidierung der internationalen Reputation zu sehen. Außerdem werde dem zukünftigen Ankauf von Steuerdaten-CDs ein Riegel vorgeschoben.[56]

Bei alledem könne die Privatsphäre der Bankkunden auch langfristig geschützt werden.[57] Bezogen auf das Vertrauen jener, die ihr Geld in der Schweiz angelegt hatten, würde es letztlich durch das Abkommen möglich, Altlasten zu bereinigen, „*ohne das eigene Recht brechen zu müssen und damit […] die Ehre der Schweiz wiederher[zu]stell[en]*".[58] Der Solothurner Ständerat *Roberto Zanetti* brachte dieses pikante moralische Dilemma in anerkennungswürdiger Ehrlichkeit wie folgt auf den Punkt:

> *„Ein Rechtsstaat ist meines Erachtens nämlich dadurch definiert, dass er Spielregeln definiert und auch einhält und dass er Treu und Glauben als Handlungsmaxime pflegt, und zwar allen Betroffenen gegenüber. Treu und Glauben und die Einhaltung von Spielregeln, das gilt auch gegenüber Spitzbuben, Rechtsbrechern und unsympathischen Gesellen, mithin also auch gegenüber Steuerhinterziehern. Wir können nicht während sechzig Jahren die Leute anziehen wie ein Misthaufen die Fliegen und sagen: ‚Bei uns habt ihr garantierte Diskretion!', und dann, wenn die Lage ein bisschen stürmisch wird, sagen wir: ‚Ja, Freunde, das war's!' Ich fände das ausgesprochen unfair und eines Rechtsstaates unwürdig, auch wenn ich jede Steuerhinterziehung ablehne. Deshalb hat ein Rechtsstaat auch gegenüber Rechtsbrechern gewisse Fairnessverpflichtungen. Das mag unangenehm und unpopulär sein, aber es gehört halt einfach dazu."*[59]

Letztlich bleibt noch zu erwähnen, dass interessanterweise auch von Seiten der schweizerischen Politik immer wieder betont wurde, es gäbe zu dem Abkommen faktisch keine Alternative.[60]

---

56 Konrad Graber, Ständerat des Kantons Luzern, AB 2012 S 279.

57 Konrad Graber, Ständerat des Kantons Luzern, AB 2012 S 279.

58 Roberto Zanetti, Ständerat Kanton Solothurn, AB 2012 S 281; vgl. auch BBl 2012 4943 (4944, 4956).

59 Roberto Zanetti, Ständerat Kanton Solothurn, AB 2012 S 281.

60 Vgl. Konrad Graber, Ständerat des Kantons Luzern, AB 2012 S 279; Pankraz Freitag, AB 2012 S 280; Pirmin Bischof, Ständerat Kanton Solothurn AB 2012 S 283; Stadler Markus, Ständerat Kanton Uri, AB 2012 S 285.

### b) *Öffentliche Kritik*

In der schweizerischen Bevölkerung wurde das geplante Abkommen mehrheitlich begrüßt. Eine Initiative von Gegnern des Abkommens, hierüber per Volksentscheid[61] zu befinden, scheiterte an der Beibringung der nötigen 50.000 Unterschriften durch die Initiatoren, wobei das Quorum nur knapp verfehlt wurde.[62] Nach einer repräsentativen Umfrage befürworteten circa 70 % der Befragten das Abkommen.[63] Die bei der Abstimmung in der vom Bundesrat mit der Ausarbeitung beauftragten Kommission unterlegene Minderheit der Gegner des Abkommens gründete ihre Kritik maßgeblich darauf, dieses sei zu einseitig sowie zu komplex. Weiter sei es *„für kleine Banken kaum umsetzbar"* und enthalte keinen expliziten *„Ausschluss von Steuerfahndern in der Schweiz"*.[64] Zudem wurde Unbehagen darüber geäußert, dass nun schweizerische *„Banken für andere Staaten den Steuereinzug machen"* sollten und *„dass das dann noch auf eigene Kosten"*.[65]

## 2. Deutschland

### a) *Offiziell verfolgter Zweck*

Die Bundesregierung konstatierte in ihrem Gesetzentwurf unter „Problem und Ziel", es sei trotz *„intensive[r] langjährige[r] Bemühungen" nicht gelungen, „die deutschen Steueransprüche gegenüber deutschen Steuerpflichtigen mit Vermögensanlagen in der Schweiz in der Vergangenheit umfassend durchzusetzen"*. Da für Deutschland keine Möglichkeit bestehe, *„durch einseitige Maßnahmen eine nachhaltige Lösung dieses Problems herbeizuführen"*, sei es *„erforderlich, die Durchsetzung der deutschen Steueransprüche für die Zukunft, aber auch für die Vergangenheit, einvernehmlich auf der Grundlage eines zwischenstaatlichen Abkommens zu erreichen"*.[66]

Zur Lösung dieses Problems – zu der es keine Alternativen gebe[67] – solle durch das geplante Abkommen sichergestellt werden, dass die Kapitalerträge deutscher Steuerpflichtiger in der Schweiz zukünftig genauso wie in Deutschland besteuert werden können und damit eine *„völlige Gleichbehandlung der Steuerpflichtigen"*

---

61 Gemäß Art. 141 lit. d Nr. 3 BV „Fakultatives Referendum".

62 Vgl. Fn. 13.

63 *Widmer/Burg*, SonntagsZeitung vom 22.07.2012, S. 1.

64 Diese Kritik zusammengefasst und zitiert durch Konrad Graber, AB 2012 S 279.

65 Pankraz Freitag, AB 2012 S 280.

66 BT-Drs. 17/10059 S. 1.

67 BT-Drs. 17/10059 S. 2.

geschaffen werden.[68] Gleichzeitig würde aufgrund des Abkommens die Inhaber unversteuerter Kapitalanlagen „*künftig einem nicht kalkulierbaren Entdeckungsrisiko unterliegen*“. Dies gewährleiste ein „*gegenüber dem OECD-Standard für Transparenz und effektiven Informationsaustausch in Steuersachen erweiterte[r] Informationsaustausch*“[69].

Durch die Vorauszahlung würden im Kalenderjahr 2013 bereits 1,62 Milliarden Euro den öffentlichen Kassen zufließen bei zu vernachlässigendem Erfüllungsaufwand.[70]

### b) *Öffentliche Kritik*

Gegen die Pläne wurde in Medien, Wissenschaft und Politik scharfe Kritik auf verschiedensten Ebenen laut, so bereits am politischen Stil, bezogen auf die Vorbereitung und Ausarbeitung des Abkommens, die bis zur Gesetzesvorlage geheim gehaltenen Verhandlungen ohne Einbeziehung des Parlament oder Konsultation des Bundesrates.[71] Die euphemisierende Wortwahl des Vertragstextes verschleiere die eigentlichen Intentionen seiner Autoren und damit die wesentlichen Inhalte des Abkommens.[72] Weiter wurde – unter Verweis auf handwerkliche Schwächen des Gesetzentwurfs – in Zweifel gezogen, dass der Vertrag geeignet sei, die von der Bundesregierung in Aussicht gestellten Ziele zu erreichen. Unabhängig davon wurde grundsätzliche Kritik, bezogen auf die Aspekte des teilweisen Steuerverzichts und des Straferlasses, geübt und in Frage gestellt, ob selbst ein Erfolg des Abkommens im erhofften Sinne der Bundesregierung geeignet sei, diese zu rechtfertigen.

Die handwerkliche Kritik unterstellte im Übrigen zahlreiche Schlupflöcher im Vertragswerk, die es Steuerhinterziehern ermöglichen würden, ihr Vermögen auch weiterhin zu verheimlichen und so einmaliger Abschlagszahlung sowie auch zukünftiger Quellenbesteuerung zu entgehen, dies zum einen, weil das Abkommen das „Abschleichen“ ermögliche, durch das Aufkündigen der Bankbeziehung bis zum Inkrafttreten, zum anderen, weil weiterhin Bankschließfächer und bestimmte Konstruktionen, die offiziell keinen wirtschaftlich Berechtigten

---

68 Wolfgang Schäuble (CDU), Plenarprotokoll 17/130, S. 15276.

69 BT-Drs. 17/10059 S. 1.

70 BT-Drs. 17/10059 S. 2.

71 Norbert Walter-Borjans (SPD), Plenarprotokoll 17/130, S. 15281; Martin Gerster (SPD), Plenarprotokoll 17/130, S. 15285; Lothar Binding (SPD), Plenarprotokoll 17/130, S. 15287; Nicolette Kressel (SPD), Plenarprotokoll 17/130, S. 15289.

72 Vgl. *Samson/Wulf*, Wistra 2012, S. 245 (246).

kennen, wie etwa die Liechtensteiner Ermessensstiftungen, vom Anwendungsbereich ausgenommen seien.[73] Weiter seien die Kontrollmechanismen unzureichend, obliege die Auslegung der Vertragsbestimmungen doch in erster Linie den Schweizer Zahlstellen selbst, welche diese aufgrund ihrer ständischen Sorgfaltsregeln und ohne hinreichende externe Kontrolle anwenden könnten. Hierdurch werde der „*Bock zum Gärtner*" gemacht.[74] Gerade die anonyme Besteuerung und Amnestierung sei kontraproduktiv, da sie Steuerhinterziehung erleichtere.[75] Die Begrenzung auf 999 bis 1.300 Anfragen sei ungenügend,[76] außerdem gingen die Vereinbarungen mitnichten über den OECD-Standard hinaus, da sie im Gegensatz zu diesem gerade kein automatisiertes System der Informationsabfrage vorsähen.[77] Ferner sei die Garantiesumme in Höhe von 2 Milliarden CHF zu niedrig. Es wurden ferner Zweifel geäußert, ob die Berechnungsmethodik aufgrund der Formel noch mit dem Grundsatz der Normenklarheit zu vereinbaren sei. Die zentralen Variablen seien nicht – zumindest nicht ausreichend – definiert, so dass deren Anwendung mit erheblichen Unsicherheiten behaftet sei.[78]

Im Übrigen wurde kritisiert,[79] die Abgeltungsteuer von 25 % auf Kapitalerträge (28 % inklusive Solidaritätszuschlag und Kirchensteuer) unterlaufe womöglich das Zinsabkommen zwischen der Schweiz und der EU,[80] mit welchem sich auch die Schweiz der Anwendung der Richtlinie 2003/48/EG[81] unterwirft, welche seit 2011 EU-weit verbindlich einen Abgeltungsteuersatz von 35 % vorsieht. Die Schweiz war der EU-Zinsrichtlinie durch das Zinssteuer-Abkommen

---

73 *Jarass*, Stellungnahme Finanzausschuss vom 22.09.2012, S. 1 ff. (Int.Q.); *Tax Justice Network*, Stellungnahme vom 17.09.2012, S. 3 ff. (Int.Q.); Nicolette Kressel (SPD), Plenarprotokoll 17/130, S. 15290.

74 Lothar Binding (SPD), Plenarprotokoll 17/130, S. 15288; Norbert Walter-Borjans (SPD), Plenarprotokoll 17/130, S. 15282.

75 *Jarass*, Stellungnahme Finanzausschuss vom 22.09.2012, S. 1, 3 (Int.Q.).

76 Norbert Walter-Borjans (SPD), Plenarprotokoll 17/130, S. 15282.

77 *Jarass*, Stellungnahme Finanzausschuss vom 22.09.2012, S. 3 (Int.Q.).

78 *Hechtner*, Stellungnahme Finanzausschuss vom 19.09.2012, S. 2 (Int.Q.).

79 *Joecks*, Wistra 2011, S. 441 (442); *Jarass*, Stellungnahme Finanzausschuss vom 22.09.2012, S. 3 (Int.Q.); vgl. *Holenstein*, DStR 2012, S. 153.

80 „Abkommen zwischen der Schweizerischen Eidgenossenschaft und der Europäischen Gemeinschaft über Regelungen, die den in der Richtlinie 2003/48/EG des Rates im Bereich der Besteuerung von Zinserträgen festgelegten Regelungen gleichwertig sind" vom 26.10.2004.

81 Richtlinie 2003/48/EG des Rates vom 03.06.2003 im Bereich der Besteuerung von Zinserträgen.

mit der EU beigetreten und hatte dieses durch das Zinsbesteuerungsgesetz vom 17.12.2004[82] in nationales Recht umgesetzt.

Während die Befürhworter den erweiterten Informationsaustausch lobten,[83] wurde die Frage aufgeworfen, ob das Steuerabkommen – genauer seine Regelungen bezüglich der Möglichkeiten des Informationsaustausches des Art. 16 –, wenn nicht in direktem Widerspruch, so doch zumindest in einem Spannungsverhältnis zu den Wertungen des Art. 26 OECD-MA des OECD-Musterkommentars[84] in seiner zuletzt 2012 geänderten Fassung stünde, da dieser zum einen keine zahlenmäßige Begrenzung möglicher Anfragen vorsehe, zum anderen auch Gruppenanfragen ausdrücklich zulasse.[85]

Daneben kann die zutreffende Feststellung von *Samson* und *Wulf*, dass es sich in Bezug auf die strafrechtlichen Regelungsaspeke um einen sprachlich wie inhaltlich vollkommen verunglückten Gesetzesentwurf handele, woraus sich auch ein Verstoß gegen das strafrechtliche Bestimmtheitsgebot ergebe, nicht ignoriert werden. Die Auslegungsbedürftigkeit des Abkommensentwurfs werfe insofern *„ein bedenkliches Licht auf die Gesetzgebungskunst unserer Zeit“*.[86]

Die allgemeine Kritik in Politik und Medien fußte im Kern darauf, das Abkommen lasse die Betroffenen zu günstig davonkommen und belohne die Täter der Steuerhinterziehung im Nachhinein noch. Die steuerehrlichen Bürger müssten sich *„verhohnepiepelt“* fühlen.[87] Es sei nicht hinnehmbar, dass ursprünglich Steuerkriminelle durch eine Steuerermäßigung privilegiert würden, gleichzeitig anonym und straffrei blieben.[88] Wohl nicht ganz zu Unrecht mussten SPD und Grüne sich durch die CDU/CSU/FDP-Regierung wiederholt entgegenhalten lassen – soweit sie sich nun über vermeintliche Steuergeschenke an die Reichen beklagten –, dass diese doch 2004 selbst die Regierung gestellt hatten, als unter der Ägide des damaligen Finanzministers Eichel das Strafbefreiungserklärungsgesetz[89] auf den Weg gebracht wurde und dass damals der Steuererlass höher

82 In Kraft getreten am 01.07.2005.

83 Vgl. BT-Drs. 17/10059 S. 1; so auch *Holenstein,* DStR 2012, S. 153 (157 f.).

84 http://www.oecd.org/ctp/exchange-of-tax-information/120718_Article%2026-ENG_no%20cover%20(2).pdf.

85 Im Ergebnis verneinend *Koblenzer/Günther,* iStR 2012, S. 872 (872 ff.).

86 *Samson/Wulf,* Wistra 2012, S. 245.

87 Norbert Walter-Borjans (SPD), Plenarprotokoll 17/130, S. 15282.

88 Joachim Poß (SPD), Plenarprotokoll 17/130, S. 15274; Thomas Gambke (Bündnis 90/die Grünen) MDB, Plenarprotokoll 17/130, S. 15279.

89 Siehe hierzu unter C.IV.6.g).

ausgefallen sei.[90] Dem wurde entgegnet, dies stimme nicht, vielmehr sehe das Abkommen einen umfangreicheren Steuererlass vor, Exfinanzminister Eichel habe es parallel zum StrFG 2004 geschafft, die Zinsrichtlinie durchzusetzen,[91] vor allem aber sei die anonyme Abgeltung, welche es 2004 nicht gegeben habe, in diesem Fall das Problem.[92]

Insbesondere die gutachterlichen Stellungnahmen der Sachverständigen im Auftrag des Finanzausschusses stellten dem Gesetzentwurf aufgrund der vorgenannten Kritikpunkte ein im Ergebnis vernichtendes Zeugnis aus.[93]

### c) *Stellungnahme zu den Kritikpunkten möglicher Schlupflöcher*

Zunächst ist festzustellen, dass aufgrund des Scheiterns des Abkommens nicht abschließend evaluiert werden kann, ob die geäußerten Befürchtungen zutreffend waren, in welchem tatsächlichen Umfang Umgehung stattgefunden hätte. Gleichzeitig ist festzustellen, dass die Bundesregierung solche Befürchtungen im Kern nicht zu entkräften vermochte. Dass das Abkommen ein Abschleichen erlaubt hätte, also bei rechtzeitiger Aufkündigung der Bankverbindung ein Transferieren der Vermögen ins Ausland oder auch die physische Verbringung in ein Bankschließfach in der Schweiz, blieb unbestritten. Ebenso kann in Bezug auf intransparente Konstruktionen – hier seien vor allem die liechtensteinischen Stiftungen genannt, die formal keinen wirtschaftlich Berechtigten ausweisen – davon ausgegangen werden, dass Betroffene, die ihre Vermögenswerte bereits in eine solche Stiftung eingebracht hatten oder die notwendige Kaltschnäuzigkeit besessen hätten, in Ansehung des Abkommens noch zügig eine solche errichtet hätten, dieses unbehelligt hätten aussitzen können. Hierfür spricht vor allem der Umstand, dass eine restriktive Auslegung durch die schweizerischen Zahlstellen,

---

90 So etwa Olav Gutting (CDU), Plenarprotokoll 17/130, S. 15281; Birgit Reinemund (FDP), Plenarprotokoll 17/130, S. 15284.

91 Nicolette Kressel (SPD), Plenarprotokoll 17/130, S. 15290.

92 Nicolette Kressel (SPD) – Zwischenruf – Plenarprotokoll 17/130, S. 15281.

93 Vgl. zu praktisch sämtlichen Kritikpunkten *Hechtner*, Stellungnahme Finanzausschuss vom 19.09.2012 (Int.Q.); *Jarass*, Stellungnahme Finanzausschuss vom 22.09.2012 (Int.Q.); *Tax Justice Network*, Stellungnahme vom 17.09.2012 (Int.Q.); *Tax Justice Network*, Für eine Handvoll Euro und Daten vom 19.07.2012 (Int.Q.); *Joecks*, Stellungnahme Finanzausschuss vom 12.09.2012 (Int.Q.). Gemeint sind hierbei jene Sachverständigen, die der Wissenschaft im weitesten Sinne zuzurechnen sind, nicht jene, die als Vertreter der Interessen schweizerischer Kreditinstitute ebenfalls zur Ausschusssitzung geladen waren. Vgl. auch *Parlamentsfernsehen*, Filmmitschnitt der Ausschusssitzung vom 24.09.2012 (Int.Q.).

welche ja zuallererst zu entscheiden gehabt hätten, ob ein Sachverhalt den Regelungen des Abkommens unterfällt und dementsprechende Aufforderungen an mögliche Betroffene, respektive Mitteilungen an deutsche Behörden zu besorgen seien, nicht zu erwarten gewesen wäre.

Insoweit das BFM einerseits mit zusätzlichen Einnahmen in Höhe von 10,8 Milliarden Euro durch das Akommen rechnete, andererseits die vielfach geäußerten Befürchtungen, aufgrund diverser Schlupflöcher werde es massiv zu Umgehungen kommen, offiziell nicht teilte, muss es sich fragen lassen, weshalb es sich mit einer Garantiesumme von nur 2 Milliarden CHF zufrieden gegeben hatte beziehungsweise warum wohl die schweizerischen Verhandlungspartner in diesem Punkt auch bei den Nachverhandlungen hart geblieben waren.[94] Zeigt dies doch deutlich, dass man auf schweizerischer Seite für einen Erlös, der über diese Summe hinausgehen würde, nicht die Hand ins Feuer legen wollte. Dies kann einerseits dahingehend interpretiert werden, dass man dort eine realistischere – oder wenigstens vorsichtigere – Einschätzung als die deutsche Regierung vertrat, schließlich hätte es auch aufgrund des Abkommens niemals allein in der Hand der Schweizer gelegen, wie viel Geld sie für den deutschen Fiskus tatsächlich würden eingesammelt haben. Die theoretische rechtzeitige Aufkündigung sämtlicher deutscher Schwarzgeldkonten in der Schweiz, welches gleichzeitig einen Totalausfall bezüglich der erhofften Einnahmen zur Folge gehabt hätte, hätten schweizerische Banken und Behörden aufgrund des Abkommens weder verhindern müssen, können noch dürfen. Andererseits lässt sich diese Ausgangslage auch dergestalt betrachten, dass eben jene Seite, die für Überwachung und Durchführung verantwortlich gewesen wäre und sich dabei ausschließlich selbst kontrolliert hätte, sich selbst nicht zutraute, mehr als ein Sechstel des Betrages einzusammeln, den durch das Abkommen zu vereinnahmen die deutsche Seite sich erhoffte. Dieser Umstand war naturgemäß nicht geeignet, die Kritiker aus den Reihen der Opposition beziehungsweise der Länder von den eigenen optimistischen Prognosen und der Redlichkeit der Gegenseite zu überzeugen.

Darüber hinaus nahm das Abkommen, etwa in Art. 2 bei der Frage der Zuordnung von Vermögenswerten zu betroffenen Personen und in Art. 3 Nr. 1, soweit es Pflichten für die schweizerischen Zahlstellen bestimmte, auf deren eigene Sorgfaltspflichten Bezug. Diese sind normiert als jeweils aktuelle Fassung der schweizerischen „Vereinbarung über die Standesregeln zur Sorgfaltspflicht der Banken",[95]

---

94 *Jarass*, Stellungnahme Finanzausschuss vom 22.09.2012, S. 4 (Int.Q.); vgl. auch *Jarras* in: *Parlamentsfernsehen*, Filmmitschnitt der Ausschusssitzung vom 24.09.2012, bei 01:53:20 (Int.Q.).

95 *SwissBanking*, VSB 08 vom 07.04.2008 (Int.Q.).

gegebenenfalls unter Rückgriff auf deren Kommentierung.[96] Weiter sollte die Schweizer Seite eine „Wegleitung" zur konkreten Umsetzung des Abkommens als Handlungsleitfaden für ihre Banken erlassen. Ungeachtet des gescheiterten Vertragsabschlusses mit der Bundesrepublik – die Wegleitung sollte von Anfang an die Umsetzung der Abkommen auch mit Österreich und dem Vereinigten Königreich gemeinsam regeln – wurde ein erster amtlicher Entwurf bereits unter dem 31.12.2012 veröffentlicht.[97]

Die weit gefassten, abstrakten Begriffsbestimmungen des Art. 2 standen jedenfalls zu einem gewissen Grad der Auslegung offen, wobei zu große Interpretationsspielräume respektive zu viele Fragen, welche der Abkommenswortlaut offenlässt, generell in zweierlei Hinsicht geeignet erschienen, das Abkommensziel zu gefährden. Zum einen sei hier auf die Befürchtung der Kritiker verwiesen, es könne erheblicher Umgehungsmissbrauch betrieben werden. Gleichzeitig wirken sich Unsicherheiten jedoch auch negativ auf die Partizipationsbereitschaft seitens der Adressaten aus. So führte *Joecks* anlässlich der StBEG 2004 etwa aus, dass für das Gelingen einer Steueramnestie von entscheidender Bedeutung sei, *„dass der Steuerunehrliche Vertrauen in die gesetzliche Amnestieregelung gewinnt. Je mehr Zweifelsfragen offen bleiben, umso eher wird der Hinterzieher von dem Projekt Abstand nehmen und darauf vertrauen wollen, dass seine Tat nicht entdeckt wird."*[98]

## IX. Rechtliche Qualität des Abkommens

### 1. Bilateraler völkerrechtlicher Vertrag – Begriff Doppelbesteuerungsabkommen

Bei dem Abkommen handelt es sich um einen völkerrechtlichen, bilateralen Vertrag *sui generis* auf dem Gebiete der Steuern und der Amtshilfe – keineswegs jedoch um ein Doppelbesteuerungsabkommen (DBA) im klassischen Sinne. Es wäre wohl noch nicht einmal zutreffend, davon zu sprechen, das Abkommen ergänze das bestehende DBA[99] der Vertragsstaaten. Richtigerweise setzt es dieses wohl eher voraus.

---

96 *SwissBanking*, Kommentar VSB 08 (Int.Q.).

97 *Eidgenössische Steuerverwaltung*, Wegleitung zu Abkommen (Int.Q.).

98 *Joecks/Randt*, DStR 2004, S. 337 (341); so auch *Bolz*, Steueramnestie, 2004, S. 3.

99 Den gescheiterten Verhandlungen über das Steuerabkommen waren bereits am 27.10.2010 die Unterzeichnung des Revisionsprotokolls zum DBA-Schweiz vorausgegangen, welches am 21.12.2011 in Kraft trat (BGBl. II 2011, Nr. 29, S. 1090) und das bis dahin in der Fassung des Revisionsprotokolls vom 12.03.2002 (BGBl. II 2003, Nr. 4, S. 67) gültige „Abkommen vom 11.08.1971 zwischen der Bundesrepublik

> *„Doppelbesteuerungsabkommen bilden […] ein eigenständiges Regelsystem, welches für den Bereich, in dem Überschneidungen zu erwarten sind, die – theoretisch möglichen – Steuertatbestände durch Zurücknahme des innerstaatlichen materiellen Steuerrechts unter den Vertragsstaaten aufteilt.“*[100]

Diese verpflichteten *„[…] sich gegenseitig, in den Fällen keine oder nur ermäßigte Steuern zu erheben, die das Abkommen dem anderen Vertragsstaat ganz oder teilweise zur Besteuerung vorbehält“.*[101] *Debatin* charakterisiert sie *„auf völkerrechtlicher Ebene als Verzichtsnormen“*[102] bezogen *„auf die Ausschöpfung staatlicher Steuerberechtigung“,* welche *„durch ihre Umsetzung in innerstaatliche Verbindlichkeit“* innerstaatlich zugleich als *„Schranken“* des Steuerrechts, genauer des staatlichen Steueranspruchs wirken.[103]

Das Abkommen ist dagegen wohl am ehesten als ein solches über zwischenstaatliche Amtshilfe zu qualifizieren. Es verpflichtet die Schweiz, die Bundesrepublik bei der Realisierung dieser unstreitig zustehender Steueransprüche gegenüber ihren Steuerpflichtigen zu unterstützen. Dies zum einen durch die Informationspflichten, welche mögliche Steueransprüche aus Sicht der deutschen Finanzverwaltung überhaupt erst feststellbar machen, zum anderen durch die pauschale Erhebung und Überweisung der Abgeltungsteuer. Der Begriff der *„‚Kollisionsnormen‘ nach dem Vorbild des Internationalen Privatrechts“*, den etwa *Vogel* in Bezug auf Doppelbesteuerungsabkommen ohnehin für *„irreführend“* hält,[104] ist hier somit nicht auf kollidierendes, innerstaatliches, eigentliches Steuerrecht (im Sinne von steuergesetzlichen Regelungen in zwei Staaten, welche in ihrer Summe zur doppelten Besteuerung eines Steuerpflichtigen führen würden) anwendbar, sondern – wenn überhaupt – auf den Interessenausgleich als

---

Deutschland und der Schweizerischen Eidgenossenschaft zur Vermeidung der Doppelbesteuerung auf dem Gebiete der Steuern vom Einkommen und vom Vermögen“ (BGBl. II 1972, Nr. 56, S. 1021) dahingehend ergänzte, dass es nunmehr grundsätzlich Auskunftsersuchen nach dem OECD-Standard für Zeiträume ab dem 01.01.2011 ermöglicht, wenn auch mit Einschränkungen, da etwa Art. 27 DBA weiterhin keinen automatischen Informationsaustausch vorsieht, vgl. *Kubaile,* IWB 2011, S. 20 (23); *Thöns,* iStR-LB 2011, S. 3 (3); *Schwartz/Tippelhofer,* iStR 2011, S. 249 (250), während die daneben enthaltenen Regelungen ab dem 01.01.2012 Anwendung finden. Zu Entwicklung und Historie der DBAs Deutschland-Schweiz, siehe Vogel/Lehner-DBA, Übersicht S. 70.

100 *Vogel* in: Vogel/Lehner-DBA, Einl. Rn. 70; Hervorhebungen durch den Verfasser.

101 *Vogel* in: Vogel/Lehner-DBA, Einl. Rn. 70; Hervorhebungen durch den Verfasser.

102 *Debatin,* DStR 1992 (Beihefter zu Heft 23, S. 1).

103 *Debatin,* DStR 1992 (Beihefter zu Heft 23, S. 2); Hervorhebungen durch den Verfasser.

104 *Vogel* in: Vogel/Lehner-DBA, Einl. Rn. 68.

Ergebnis politischen Verhandelns, welcher die vorbezeichnete Unterstützung durch die Schweiz als Gegenleistung für eine Nachsicht Deutschlands gegenüber seinen Steuerpflichtigen, welche zugleich Schweizer Bankkunden sind, zum Gegenstand hat. Diese Nachsicht manifestiert sich in Form der gewährten Straffreiheit wie der Option der Kunden, die Anonymität zu wahren, und stellt ein Zugeständnis gegenüber dem schweizerischen Bankgeheimnis dar.

## 2. Frage der Einordnung als Steueramnestie

In Medien, wissenschaftlicher Literatur[105] und der politischen Debatte[106] wurde das geplante und letztlich gescheiterte Abkommen regelmäßig als Amnestie, Amnestierung oder Amnestiegesetz bezeichnet, welches die den Gesetzentwurf einbringende Regierungskoalition wiederholt ausdrücklich zurückwies, ohne dies allerdings weiter zu begründen. Diese vertrat vielmehr die Auffassung, bei dem Abkommen handele es sich – im Gegensatz zu der durch die damalige rot-grüne Regierung im Jahr 2003 initiierte Steueramnestie[107] – gerade nicht um eine Amnestie.[108] Auch *Ebner, Ebel* und *Hartrott* meinten, die Nichtverfolgung von Steuerstraftaten aufgrund des Art. 8 Abs. 1 sei *„nicht in der Form einer ‚echten' Amnestierungsregelung geregelt, sondern lediglich in Form eines Strafverfolgungshindernisses"*.[109]

Festzustellen bleibt, dass Art. 8 Abs. 1 anordnet, es finde im Falle wirksamer Abgeltung nach Art. 7 *„keine Verfolgung"* statt. Der Wortlaut des Art. 8 Abs. 2 spricht von *„Strafbarkeit"*, die aufgrund des Abkommens *„entfällt"*. Die Überschrift des Art. 17 etwa lautet *„Verzicht auf die Verfolgung von Straftaten und Ordnungswidrigkeiten"*.

Es stellt sich die Frage, wie diese Regelungen strafrechtlich zu bewerten sind, ob sie das Abkommen zu einer Amnestie machen und, wenn ja, ob dem Gesetzgeber bei Erlass einer solchen bestimmte Grenzen gesetzt sind sowie ob er diese gewahrt hätte; weiter ob und woraus sich seine Kompetenz hierzu herleiten ließe.

---

105 So etwa *Schwartz/Tippelhofer*, iStR 2011, S. 249 (250); *Joecks*, Stellungnahme Finanzausschuss vom 12.09.2012, S. 5 (Int.Q.); *Samson/Wulf*, Wistra 2012, S. 245 (247).

106 So etwa MDB Barbara Höll (Die Linke) in der Debatte – Aktuelle Stunde – im Bundestag, 29.09.2011 BT-Drs. 17/15274 (15277).

107 StrFG 2004 / StraBEG 2004, siehe hierzu C.IV.6.g).

108 So etwa Bundesfinanzminister Wolfgang Schäuble (CDU) in der Debatte – Aktuelle Stunde – im Bundestag, 29.09.2011 BT-Drs. 17/15274 (15276); MDB Volker Wissing (FDP), ebenda (15278).

109 *Ebner/Ebel/Hartrott*, BB 2012, S. 287 (287).

# C. Amnestie – Abgrenzung des Untersuchungsgegenstandes

An die im vorherigen Abschnitt aufgeworfene Frage anknüpfend, muss der Ratsuchende beim naheliegenden ersten Blick ins Gesetz feststellen, dass dieses ihn insofern in Ratlosigkeit zurücklässt, als es sich zum Thema Amnestie weitgehend ausschweigt. Daher muss im Hinblick auf eine rechtliche wie rechtssystematische Einordnung des Steuerabkommens sowie eine abschließende kritische Prüfung desselben auch am Maßstab der Verfassungsmäßigkeit der Untersuchungsgegenstand Amnestie auf anderem Wege abgegrenzt, definiert und verglichen werden. Hierfür wird unter Annäherung über die etymologischen Ursprünge des Wortes „Amnestie“ zunächst ein Überblick über die Begrifflichkeiten und die Wandlung ihrer jeweiligen Bedeutung im Laufe der Geschichte sowie die bis heute bestehende Uneinheitlichkeit bei deren Verwendung gegeben. Im Folgenden wird die Fragestellung zu konkretisieren sein, um sodann aufgrund einer Untersuchung der historischen Vorläufer des Steuerabkommens, das heißt bisheriger Steuer- und Strafamnestien in Deutschland, diese nach Möglichkeit beantworten und das aktuelle Abkommen auch an seinen Vorläufern messen zu können.

Um das themenspezifische Problembewusstsein zu schärfen und die Notwendigkeit einer zunächst semantischen Auseinandersetzung mit dem Konzept Amnestie zu unterstreichen, ist bereits darauf hinzuweisen, dass mitunter vehement vertretene, vermeintlich konträre Positionen in der historischen rechtswissenschaftlichen und politischen Diskussion hierzu oft schlicht auf unterschiedlichen – teils stillschweigend – zu Grunde gelegten Prämissen beruhen. So lassen sich die zentralen Fragen zum Gegenstand der Amnestie, nämlich jene nach ihrem Wesen und ihrer Rechtsnatur, ob sie der Gnade im weitesten Sinne zuzuordnen ist oder nicht, ob sie originär Niederschlagung anhängiger Verfahren beinhaltet oder sich auf Vollstreckungsaussetzung zu beschränken hat, ob man besser von Straffreiheit oder von Amnestie sprechen sollte, und schließlich jene nach der Erlasskompetenz, insofern kaum sauber voneinander trennen, als sie stets eine wechselseitige Verschränkung dergestalt aufweisen, dass ihre Antworten sich gegenseitig bedingen. Die Zugrundelegung der Prämisse etwa, dass Amnestie und Straffreiheit keine Synonyme, sondern verschiedene Institute wären, geht einher mit der Auffassung, Amnestie könne nur die Aussetzung der Vollstreckung aus bereits rechtskräftigen Urteilen bewirken. Den Argumenten des historischen Streits über die Kompetenz zum Erlass von Amnestien lagen stets unterschiedliche Prämissen zu deren Rechtsnatur zugrunde, denn je nachdem ob man sie der Gnade, dem materiellen Strafrecht, dem Strafverfahrens- oder dem Strafvollstreckungsrecht zuordnet, ergaben und ergeben sich hieraus unterschiedliche Antworten auf die Kompetenzfrage. Soweit man wiederum Amnestie als dem Gnadenrecht im weitesten Sinne zugehörig betrachtet, lässt sich Verfahrensniederschlagung und Verfahrensnichteinleitung als deren Rechtsfolge kaum begründen.

## I. Fehlende gesetzliche Regelung in Deutschland

Im Gegensatz zur Weimarer Reichsverfassung, welche in Art. 49 WRV „*Reichsamnestien bedürfen eines Reichsgesetzes*" die Amnestie ausdrücklich erwähnte, verabsäumten es die bundesdeutschen Verfassungsväter ebenso wie spätere Gesetzgeber, Amnestien oder Straffreiheitsgesetze zu normieren. Das Grundgesetz schweigt sich hierzu aus. Ebenso sucht man im Allgemeinen Teil des StGB wie im GVG oder der StPO eine Legaldefinition oder auch nur eine Erwähnung vergeblich. Dessen ungeachtet wurde mit dem Amnestieren kaum ein halbes Jahr nach Inkrafttreten des Grundgesetzes „fröhlich begonnen"[110] und bis zum heutigen Tage nicht wieder aufgehört – ein Umstand, der auf den ersten Blick verwundern mag, – ist die Rede doch von einer Rechtsordnung, deren Autoren sich nicht scheuten, etwa ein Bundeskleingartengesetz zu erlassen,[111] andererseits das nachträgliche Außerkraftsetzen von Strafrechtsnormen – also die rückwirkende Annullierung eines der schwersten staatlichen Eingriffe in die Grundrechte der Bürger, die sie kennt – nicht für normierungswürdig hielten.

### 1. Vereinzelte Verwendung durch den Gesetzgeber

So findet der Begriff der Amnestie auch lediglich in drei formalen Gesetzen Verwendung, in zweien davon lediglich in der amtlichen Überschrift.[112] Ein einziges

110 Das Grundgesetz trat am 23.05.1949 in Kraft, das StrFG 1949 am 31.12.1949, wobei Stichtag der 21.09.1949 war.

111 BKleingG, vom 28.02.1983 (BGBl. Nr. 9, S. 210), zuletzt geändert durch Artikel 11 des Gesetzes vom 19.09.2006 (BGBl. Nr. 44, S. 2146).

112 Nach Kenntnisstand des Verfassers findet der Begriff der „Amnestie" in formalen deutschen Bundesgesetzen nicht mehr als dreimal Verwendung, nämlich: I. in § 14 BZRG; II. in Nr. 17 der Anlage 6 der Geschäftsordnung des Deutschen Bundestages, Grundsätze in Immunitätsangelegenheiten und in Fällen der Genehmigung gemäß § 50 Abs. 3 StPO und § 382 Abs. 3 ZPO sowie bei Ermächtigungen gemäß § 90b Abs. 2, § 194 Abs. 4 StGB, BGBl. 1980, Nr. 46, S. 1237; III. in dem sich auf § 4 JGG beziehenden Einigungsvertrag (EinigVtr) Anlage I, Kapitel III, Sachgebiet C, Abschnitt

Gesetz, die Geschäftsordnung des Deutschen Bundestages, benutzt ihn in Nr. 17 der Anlage 6 offenbar in der Form eines Rechtsbegriffs:

> *Nr. 17. Behandlung von Amnestiefällen*
> *Der Ausschuß für Wahlprüfung, Immunität und Geschäftsordnung ist ermächtigt, in allen Fällen, in denen eine gerichtliche Strafverfolgung gegen ein Mitglied des Bundestages infolge einer bereits ausgesprochenen Amnestie nicht zur Durchführung kommen würde, die gerichtliche Einstellung des Verfahrens auf Grund der Amnestie dadurch zu ermöglichen, daß er in solchen Fällen erklärt, der Bundestag werde gegen die Anwendung des Straffreiheitsgesetzes keine Einwendungen erheben. Solche Fälle bedürfen nicht der Vorlage an das Plenum des Bundestages.*[113]

Immerhin zeigt diese, wenn auch sehr sparsame Verwendung durch den Gesetzgeber – es handelt sich jeweils um die Konkretisierung beziehungsweise Klarstellung der Rechtsfolge eines anderen Sachzusammenhangs für den Fall einer hiermit kollidierenden Amnestie, – dass diese durchaus vorgesehen ist, ihre nächste Wiederkehr jeweils als derart wahrscheinlich antizipiert wurde, dass man es als notwendig erachtete, die entsprechenden Gesetze für diesen Fall zu wappnen, um eine Regelungslücke gar nicht erst entstehen zu lassen.

## 2. Unterbliebene Kompetenzzuschreibung im Grundgesetz durch den Parlamentarischen Rat 1948/1949

Es stellt sich die Frage, warum eine Kompetenzzuschreibung oder auch nur eine Erwähnung der Amnestie keinen Einzug in das Grundgesetz gefunden hat, gleichwohl eine solche ausführlich diskutiert worden war und der Hauptausschuss des Parlamentarischen Rates 1948/49 zu Bonn eigentlich bereits in wesentlichen Punkten Einigkeit hergestellt hatte.

So war der Passus *„Die Amnestie von Verstößen gegen Bundesgesetze bedarf eines Bundesgesetzes“* als Kompromissvorschlag des Ratsvorsitzenden Schmid (SPD) zwischenzeitlich durch Abstimmung in der 8. Sitzung des Hauptausschusses am 24.11.1948 in den Entwurf des Art. 83 (welcher aufgrund redaktioneller Umstellung letztlich als Art. 60 GG verabschiedet wurde) aufgenommen worden. Dieser ging auf die Initiative des Ratsmitgliedes Walter (CDU) *„Bundesamnestien bedürfen eines Bundesgesetzes“* zurück, wurde letztlich jedoch nicht umgesetzt.

III, Nr. 3, f), BGBl. II 1990, Nr. 35, S. 885, 889 (957), dieser Auszug abgedruckt als amtlicher „Anhang EV“ zum JGG. In allen drei Fällen ist der Amnestiebegriff Teil der amtlichen Überschrift. Nur im zweiten Fall findet er im Gesetzeswortlaut selbst Verwendung.

113 Sämtliche Hervorhebungen durch den Verfasser.

Dies ist insofern zunächst verwunderlich, als der grundsätzliche Wille, eine entsprechende Regelung aufzunehmen, eigentlich parteiübergreifend, wenn nicht einhellig war.[114]

Ratsvorsitzender Schmid (SPD): „*Auf alle Fälle muß das hinein.*"

Fecht (CDU): „*Eine Amnestie muss unbedingt durch Bundesgesetz angeordnet werden. Sonst bekommen wir Schwierigkeiten. Wir haben die Erfahrung in der Zeit vor 1933 gemacht.*"

Laforet (CSU): „*Das stand in Artikel 49 Absatz 2 der Weimarer Reichsverfassung. Es muß unter allen Umständen klargestellt werden, daß Sammelbegnadigungen, Amnestien und auch Abolitionen eines Reichsgesetzes bedürfen. Eine Unklarheit würde hier zu Schwierigkeiten führen. Ich empfehle die Annahme des Antrags Walter in Übereinstimmung mit Artikel 49 der Weimarer Verfassung.*"[115]

Dass ein entsprechender Passus dennoch keinen Einzug fand, ist im Ergebnis nur damit zu erklären, dass er zum einen teilweise als überflüssig betrachtet wurde…

Katz (SPD): „*Es war für uns eine Selbstverständlichkeit, daß Amnestien eines Gesetzes bedürfen; darum haben wir es weggelassen. Der Bundespräsident kann keine Amnestie erlassen. Nun hat Herr Zinn die Möglichkeit erwähnt, daß der Bundespräsident unter Umständen einen amnestieähnlichen Akt in der Weise vornimmt, daß er eine gewisse Kategorie von Delikten generell begnadigt. An diesen Fall heben wir nicht gedacht; aber wenn Zweifel entstehen sollten, wäre ich mit dem Vorschlag Zinn einverstanden.*"[116]

…zum anderen damit, dass keine Einigkeit darüber hergestellt werden konnte, ob neben Bundesamnestien, die unstreitig nur durch Bundesgesetz ergehen können sollten, noch Raum für Länderamnestien bleiben sollte. Das Ratsmitglied Dehler (FDP) verwehrte sich gegen den Passus „*Bundesamnestien bedürfen eines Bundesgesetzes*" aufgrund seiner strikten Ablehnung gegen Länderamnestien: „*Die Formulierung ‚Bundesamnestien' würde einschließen, daß Länderamnestien erlassen werden können.*"[117] Der Ratsvorsitzende Schmid (SPD) hingegen wollte unter Verweis auf Ordnungsstrafen oder Bestrafung aufgrund von Landesgesetzen solche keinesfalls ausgeschlossen wissen: „*Die muß es geben.*"[118] Seine Parteigenossen Zinn (SPD) und Katz (SPD) hingegen teilten die kategorische Ablehnung Dehlers (FDP) gegenüber Landesamnestien: „*Ich halte es für*

114 Vgl. Walter, Zinn in: *Parlamentarischer Rat*, 1949, S. 108.
115 Schmid, Fech, Laforet in: *Parlamentarischer Rat*, 1949, S. 108.
116 Katz in: *Parlamentarischer Rat*, 1949, S. 108.
117 Dehler in: *Parlamentarischer Rat*, 1949, S. 108.
118 Schmid in: *Parlamentarischer Rat*, 1949, S. 108.

*unmöglich, den Ländern neben dem Bund noch ein besonderes Amnestierecht einzuräumen.*"[119] Zustimmung für die Auffassung des Ratsvorsitzenden Schmid (SPD) kam hingegen von Laforet (CSU) unter Verweis auf das Dienststrafrecht der Länder, die als „*Gliedstrafen [hier] Herr der Strafgewalt*" seien. „*Es ginge zu weit, wenn Amnestien auf dem Gebiet des Dienststrafrechts durch Landesgesetzgeber nicht möglich wären.*"[120] In der 32. Sitzung vom 07.01.1949 wurde der zuvor beschlossene Abs. 2 „*Die Amnestie von Verstößen gegen Bundesgesetze bedarf eines Bundesgesetzes*" auf Antrag des Redaktionsausschusses wieder gestrichen und stattdessen dem Abs. 1 der Satz „*Bundesamnestien bedürfen eines Bundesgesetzes*" angefügt. Nach Auffassung des Ratsvorsitzenden Schmid (SPD) ließ der neue Passus im Gegensatz zum vorherigen auch zu, „*eine Bundesamnestie zu erlassen, durch die etwa Verstöße gegen Landesgesetze erfaßt werden*". Die von ihm favorisierte Amnestierestkompetenz der Länder wurde dabei nicht mehr thematisiert, wobei nach seiner mutmaßlichen Auffassung diese wohl aufgrund der neuen Formulierung im Kern gewahrt worden wäre, und zwar in dem Sinne, dass eine *ausschließliche Bundeskompetenz für Bundesamnestien* als *ausschließliche Bundeskompetenz für Bundesstrafrecht* bei konkurrierender Gesetzgebungskompetenz für Landesstrafrecht zu verstehen sei, dass folglich durch Landesamnestie Landesstrafrecht, durch Bundesamnestie Bundes- und Landesstrafrecht amnestiert werden könne.

Das Ratsmitglied Dehler (FDP) vermochte bereits der ersten Schlussfolgerung logisch nicht zu folgen,[121] und dies mit guten Gründen insofern, als beide Formulierungen tatsächlich beinahe inhaltsgleich sowie beide interpretationsbedürftig gewesen wären. Der bisherige Abs. 2 sagte rein gar nichts darüber aus, ob Landesamnestien zulässig seien oder ob der Bund Landesstrafrecht (mit) amnestieren dürfe, und schloss in der Konsequenz lediglich die abstrakte Möglichkeit aus, Verstöße gegen Bundesstrafrecht durch Landesgesetz zu amnestieren. Die neue Formulierung hingegen, dass *Bundesamnestien eines Bundesgesetzes bedürfen*, war ein Gemeinplatz und tautologisch kaum zu überbieten, hätte sie doch im Kern nicht mehr sicher hergegeben als die Aussage, dass solche nicht etwa dem Bundespräsidenten als Ausfluss seiner Gnadenkompetenz zustünden, was spätestens nach Klarstellung durch „*im Einzelfall*" in Abs. 1 ohnehin bereits feststand. Jedweder darüber hinausgehender Sinngehalt muss ihr insofern abgesprochen werden, als sich unter der Prämisse, dass die Amnestie der Gesetzesform bedarf,

119 Zinn in: *Parlamentarischer Rat*, 1949, S. 108.
120 Laforet in: *Parlamentarischer Rat*, 1949, S. 108, 109.
121 *Parlamentarischer Rat*, 1949, S. 405.

die Frage stellt, wie sich eine *Bundesamnestie* sonst definieren und als solche ausweisen möge, wenn nicht dadurch, dass sie durch *Bundesgesetz* erlassen würde.

Zusammenfassend lässt sich feststellen, dass im Hauptausschuss des Parlamentarischen Rates, inhaltliche Einigkeit dahingehend herrschte, dass

- Amnestien der Gesetzesform bedürften,
- Massenbegnadigungen verboten seien,
- Bundesamnestien eines Bundesgesetzes bedürften.

Letztlich fand keine der diskutierten und zwischenzeitlich beschlossenen Varianten Berücksichtigung – und damit auch die Amnestie insgesamt keine Erwähnung – in jener letzten Fassung des Allgemeinen Redaktionsausschusses, den der Hauptausschuss in seiner vierten Lesung annahm. Man könnte dieses Ergebnis dahingehend interpretieren, dass man sich auf den kleinsten gemeinsamen Nenner geeinigt hatte. Dieser würde darin bestanden haben, dass man zur Abgrenzung der Amnestie – als eine Mehrzahl von Fällen betreffend – von der Gnadengewalt sowie um zu verhindern, dass sich ein Bundespräsident durch Sammelbegnadigungen *de facto* Amnestiekompetenz anmaße, dessen Gnadenkompetenz in Art. 60 GG auf den Einzelfall begrenzt hatte.[122] Die Befürworter einer Restländerkompetenz hatten konsequenterweise eine Formulierung, wonach *Amnestien des Bundesgesetzes* bedürften, abgelehnt, die Gegner einer Restländerkompetenz eine Formulierung, wonach *Bundesamnestien des Bundesgesetzes* bedürften, da dies womöglich Restländerkompetenz gleichzeitig impliziere und sich im Übrigen, wie gezeigt, von selbst verstehe. Die Frage, ob neben dem Bund auch noch den Ländern eine eigene Amnestiekompetenz verbleibe, hatte man also mangels Einigung einfach offengelassen.

Dass dieser Dissens letztlich tatsächlich den Grund für das gänzliche Unterbleiben der Regelung darstellt, ist eine Vermutung, die sich aufgrund der Quellenlage weder mit Sicherheit bestätigen noch falsifizieren lässt.[123] So kann ebenfalls nicht gänzlich ausgeschlossen werden, dass das Vorhaben versehentlich unter die Räder kam beziehungsweise aus Gründen des Zeitdrucks eine weitere Behandlung unterblieb oder dies eher im Zusammenhang mit der sukzessiven Entschlackung und Kürzung des Grundgesetzentwurfs zu sehen ist. Insofern ist nur festzustellen, dass das plötzlich gänzliche Verschwinden der Amnestie aus dem Grundgesetzentwurf auf einen undatierten Entwurf der SPD aus dem Monat April 1949 zurückgeht, welcher die bisherigen Art. 82–84 in einem neuen Art. 82 zusammenfasste. Dieser Entwurf wurde fortan im Wesentlichen unverändert

122 Vgl. *Parlamentarischer Rat*, 1949, S. 108.

123 Von den Mitgliedern des Hauptausschusses ist niemand mehr am Leben.

beibehalten und als Ergebnis der abschließenden redaktionellen Umstellungen als Art. 60 GG unter dem 23.05.1949 angenommen. Über die Motive der Verfassungsväter Greve, Katz und Zinn, drei Monate nach der letzten protokollierten Aussprache zu dem Thema im Hauptausschuss die Amnestie aus der Verfassung zu streichen, schweigen sich nach Kenntnisstand des Verfassers die Quellen aus.

### 3. Resümee

Die Amnestie selbst ist in Deutschland gesetzlich nicht geregelt. Letztlich lässt sich jedoch aus der einzigen expliziten Thematisierung der Amnestie in einem Bundesgesetz (Nr. 17 der Anlage 6 der Geschäftsordnung des Deutschen Bundestages) doch noch der Erkenntnisgewinn ziehen, dass der Gesetzgeber den Erlass von Amnestien grundsätzlich als möglich, mithin legal erachtete. Gleiches gilt für das verfassungsgebende Organ, den Parlamentarischen Rat 1948/1949 zu Bonn. In dessen Rechtsausschuss herrschte zumindest dahingehend Einigkeit, dass Amnestien grundsätzlich möglich sein sollten, dass sie der Gesetzesform bedürften, dass hingegen massenweise Begnadigungen durch die Exekutive unzulässig seien und dass eine bundesweite Amnestie eines Bundesgesetzes bedürfe. Eine Aufnahme ins Grundgesetz scheiterte entweder an der fehlenden Einigung darüber, inwiefern den Ländern daneben eine eigene Amnestierestkompetenz verbleiben sollte oder wurde angesichts des Zeitdrucks bei Fertigstellung des Verfassungsentwurfs schlicht vergessen.

Als weitere Erkenntnis im Hinblick auf die noch offenen Fragen zum Gegenstand der Amnestie, insbesondere auch zur Prüfung ihrer Verfassungskonformität ist man *in puncto* Rechtsquellen allein auf Rechtsprechung, Lehrmeinungen, die immanent interpretative Auslegung im Lichte der einschlägigen Grundrechte, Justizgrundsätze und Staatsorganisationsnormen angewiesen, vor allem aber auch auf das Gewohnheitsrecht in Form der historischen Amnestiepraxis.

## II. Begriffsbestimmung – Amnestie, Gnade, Abolition, Straffreiheitsgesetze

### 1. Wortbedeutung und historische Ursprünge

#### *a) Amnestie*

Der deutsche Begriff Amnestie leitet sich von dem altgriechischen Wort ἀμνηστία ab, welches in seiner ursprünglichen Bedeutung Vergessen oder Vergeben meint[124]

124 *Duden*, Herkunftswörterbuch, 2007, S. 32.

und bezeichnet einen durch besonderes Gesetz verfügten Straferlass oder eine derart verfügte Strafmilderung für eine Gruppe bestimmter Fälle, insbesondere für politische Vergehen,[125] wobei sich der Begriff im Sinne seiner heutigen Bedeutung vermutlich seit dem *„Athener Sieg über die dreißig Tyrannen“*[126] im Jahre 403 v. Chr. im hellenistischen Raum etablierte.[127] Als juristischer *terminus technicus* ist der Begriff erstmals durch die Friedensverträge zwischen den Städten Milet und Magnesia 198 v. Chr. und sodann die Friedensverträge zwischen Milet und Heraklion 180 v. Chr. nachgewiesen.[128]

### *b) Abgrenzung zur Gnade*

Allerdings umfasste der Begriff ursprünglich auch die Gewährung von Gnade, da in der Antike insofern noch nicht zwischen der General- und Individualbegnadigung als jeweils eigene Konzepte unterschieden wurde,[129] eine Differenzierung, die sich erst später herausbilden sollte,[130] da der historische Souverän sowohl Einzelne begnadigen als auch Straffreiheit und Strafmilderung für alle verfügen konnte.[131] In demokratischen Rechtsstaaten, in denen es nicht mehr in der Hand eines Einzelnen liegt, generelle Straffreiheit zu gewähren, bedarf die Amnestie nach einhelliger Meinung in der neueren Literatur,[132] welche sich auch

---

125 *Duden*, Fremdwörterbuch, 2006, S. 59.

126 *Oppelt*, Amnestiegesetzgebung, 1957, S. 1; *Merten*, Gnade, 1978, S. 30.; vgl. *Chaniotis*, in: Vergeben und Vergessen, 2013, S. 47 (55).

127 *Waldstein*, Römisches Begnadigungsrecht, 1964, S. 16.

128 *Waldstein*, Römisches Begnadigungsrecht, 1964, S. 28 f., wobei *Süß*, Amnestiegesetzgebung, 2001, S. 36 darauf verweist, mit dem Ende des Römischen Reiches sei der Begriff aus dem europäischen Sprachgebrauch zunächst verschwunden, um erst im 16./17. Jahrhundert als Rechtsbegriff wieder aufgegriffen worden zu sein. Eine Ausnahme stelle insofern die Verwendung des Begriffs *„amneste“* im Jahre 1348 in Art. 6 des Friedensvertrages zwischen England und Flandern dar. Dem ist entgegenzuhalten, dass die Annahme einer Ausnahme insofern nicht zu überzeugen vermag, als die konkrete Verwendung vielmehr darauf schließen lässt, dass der Begriff den Rechtsgelehrten zu diesem Zeitpunkt offenbar sehr wohl (noch) geläufig war und den Verfassern des Kontraktes für den konkreten offiziellen Anlass angemessen und zutreffend erschien.

129 *Merten*, Gnade, 1978, S. 30.

130 *Schätzler*, Gnadenrecht, 1992, Einführung, S. 2.

131 *Schätzler*, Gnadenrecht, 1992, Ziff. 30.1.

132 *Schätzler*, Gnadenrecht, 1992, Einführung 1, S. 2.

mit den im Parlamentarischen Rat geäußerten Auffassungen deckt,[133] konsequenterweise der Gesetzesform, was im weiteren Verlauf der Arbeit noch weiter zu begründen sein wird. Dabei sollten Amnestiegesetze stets eine seltene Ausnahme bleiben, die einer *justa causa* – eines gerechten Grundes – bedürfen.[134]

Somit kann heute, auch wenn nach wie vor die gegenteilige Auffassung vertreten wird,[135] sowohl ihrer jeweiligen Wirkung als auch ihrer Rechtsnatur nach klar zwischen Gnade und Amnestie unterschieden werden. Ein Amnestiegesetz, verabschiedet durch die Legislative, kann alles anordnen, was ein Gnadenerweis bewirken könnte – eine Begnadigung, als Einzelfallentscheidung Akt der Exekutive, kann dagegen nicht alles bewirken, was im Wege eines Amnestiegesetzes möglich wäre.[136]

Wesentliche äußere Unterscheidungskriterien zwischen den „alten Schwestern" Amnestie und Gnade bleiben also der Normcharakter der Ersteren sowie nach modernem Verständnis ihre Erstreckung auf Fälle, die weder entschieden noch (nicht einmal) entdeckt zu sein brauchen und die Beschränkung der Gnade auf Einzelfälle.[137] *Schätzler*, der den Begriff der Amnestie mit *Straffreiheit* gleichsetzt, definiert diese daher als:

> *„Rechtsnormen, die für eine unbestimmte Vielzahl von Fällen den Erlass und (oder) die Milderung rechtskräftig erkannter Strafen (und anderer strafrechtlicher und quasistrafrechtlicher Rechtsfolgen) aussprechen sowie die Niederschlagung anhängiger und die Nichteinleitung neuer Verfahren anordnen."*[138]

Ob eine Amnestie tatsächlich auch Niederschlagung beinhalten darf beziehungsweise ihrer Definition nach beinhalten kann oder ob sie sich auf Vollstreckungsverzicht bereits erkannter Strafen zu beschränken hat, war dabei jedoch lange Zeit gerade umstritten.[139]

---

133 Vgl. C.I.2.

134 *Schätzler*, Gnadenrecht, 1992, vor 1, S. 2.

135 *Birkhoff/Lemk*, Gnadenrecht, 2012, Rn. 46, die Amnestie und Gnade *„im Ganzen genommen dem Regelungsgehalt der Gnade"* zuordnen.

136 *Schätzler*, Gnadenrecht, 1992, Ziff. 1.6.1, 1.6.4.

137 *Schätzler*, Gnadenrecht, 1992, Ziff. 30.1.

138 *Schätzler*, Gnadenrecht, 1992, Ziff. 30.1.

139 Einen engen Amnestiebegriff, welcher die Niederschlagung von Verfahren nicht mit umfasste, vertraten etwa *Stier-Somlo*, Deutsches Reichs- und Landesstaatsrecht I, 1924, S. 618; *Poetzsch-Heffter*, HK-Reichsverfassung, 1928, Art. 49, Nr. 3, S. 250; *Giese*, Staatsrecht, 1930, § 24 C 2, S. 145; *Anschütz*, Reichsverfassung, 1933, Art. 49, Nr. 2, S. 301.

### c) Abolition

Eine solche Niederschlagung von Verfahren wird zudem mit dem Rechtsbegriff der *Abolition* bezeichnet. *Waldstein* kommt auf Basis seiner umfangreichen Quellenanalyse[140] zu dem Schluss, dass der Begriff der *abolitio* sich als juristisch/politischer *terminus technicus* zu Beginn der klassischen Periode in der Rhetorensprache ursprünglich als römische Entsprechung der griechischen ἀμνηστία herausgebildet habe.[141] Laut *Oppelt* waren Amnestie und Abolition bereits in den hellenistischen Diadochenstaaten zu geläufigen Rechtsbegriffen geworden.[142] Nach *Stier-Somlo* verzichtet die Aboliton

> *„auf das Strafklagerecht, auf die richterliche Feststellung des staatlichen Strafanspruchs, bedeutet mithin Verzicht auf den eventuellen Strafanspruch, stellt Niederschlagung erst anhängiger, nicht schon durch rechtskräftiges Urteil beendigter Strafprozesse dar, nach anderer Formulierung die Befreiung von der Einleitung, Fortführung oder Beendigung eines strafgerichtlichen Verfahrens bis zum Erlaß des Urteils".*[143]

### d) Begriff der justa causa

Für Amnestien typisch, jedoch nicht zwingend notwendig, ist ihre Eigenart, ihren Anlass und Zweck – etwa mittels einer Präambel oder einleitenden Vorschrift – kundzutun, um ihren Ausnahmecharakter zu betonen und den Eingriff in das bestehende Recht nach außen zu rechtfertigen. Dabei dürfte eine explizite Zweckangabe umso eher entbehrlich sein, als entweder der Zweck offensichtlich oder die Öffentlichkeit hinreichend informiert und vorbereitet ist.[144] Um der Ziele des Verfassungsfriedens und des Vertrauens in den Rechtsstaat wegen ist dabei weniger der begünstigte Adressatenkreis des Amnestiegesetzes als vielmehr die hiervon nicht direkt betroffene Restbevölkerung als primärer Adressat der kundzutuenden *justa causa* anzusehen, da ihr gegenüber der Gesetzgeber zu rechtfertigen hat, warum er eine bestimmte Gruppe von Delinquenten privilegiert. Denn schließlich behandelt er Ungleiches gleich, indem er diese – den Rechtstreuen gleich – straffrei stellt.

---

140 *Waldstein*, Römisches Begnadigungsrecht, 1964, S. 78 ff.

141 *Waldstein*, Römisches Begnadigungsrecht, 1964, S. 153; zustimmend *Gamauf*, in: Vergeben und Vergessen, 2013, S. 299 (300).

142 *Oppelt*, Amnestiegesetzgebung, 1957, S. 1.

143 *Stier-Somlo*, Deutsches Reichs- und Landesstaatsrecht I, 1924, S. 618.

144 *Schätzler*, Gnadenrecht, 1992, Ziff. 30.4.1.; *Petrick-Rump*, Steueramnestien, 1996, S. 13; *Süß*, Amnestiegesetzgebung, 2001, S. 150.

Dabei werden die Anforderungen an eine *justa causa* uneinheitlich bewertet.[145] *Schätzler* etwa will diese nicht zu hoch anzusetzen, was er damit begründet, diese selbst sei eher mit zweckmäßiger Grund denn mit gerechter Grund übersetzt, womit auch jedwede Förderung der Staatsraison als staatspolitische Zweckmäßigkeit legitimer Weise erfasst sein dürfe. Diese Auslegung decke sich auch durchaus mit der Bedeutung des lateinischen Wortes *justus,* welches auch mit wohlbegründet, berechtigt, triftig, der Sitte, dem Herkömmlichen entsprechend übersetzt werde.[146]

Die Amnestie hat als Gesetz einen bestimmten – nach Auffassung *Schätzlers* notwendig vorübergehenden – Zweck zu erfüllen, sei damit Maßnahme- und Zeitgesetz, da transitorischen Charakters. So wie Strafgesetze dem Schutz bestehender Ordnungen dienen, könne Amnestie als legislatorisches Mittel die Wiederherstellung einer gestörten Ordnung bezwecken oder sonstige soziale Sachverhalte steuern.[147] *Süß* hingegen plädiert für eine Vermeidung der Bezeichnung einer Amnestie als Zeitgesetz, da dieser Begriff missverständlich sei. Üblicherweise bezeichne er Reglungen im Sinne des § 2 Abs. 4 StGB, welche in der Tat zeitlich beschränkt seien, jedoch grundsätzlich zukünftige Sachverhalte beträfen. Ein Amnestiegesetz sei jedoch vergangenheitsbezogen und in der Regel gerade nicht zeitlich beschränkt.[148] Ohne diesen Streit entscheiden zu wollen, bleibt festzustellen, dass jedenfalls Steueramnestien, sei es aufgrund eines fixen Stichtages oder zumindest eines bestimmbaren Zeitpunktes in der Zukunft, bis zu welchem den Adressaten eine bestimmte Handlung abverlangt wird, durchaus zutreffend als Zeitgesetze bezeichnet werden können.

Diese Aspekte werden im Verlauf der Untersuchung noch weiter zu hinterfragen und zu konkretisieren sein, wobei sich bereits abzeichnet, dass dabei Legitimität und soziale Akzeptanz einer Amnestie als Maßnahme- und Zeitgesetz stets an ihrer Zweck-Mittel-Relation gemessen werden und mit der Frage, ob ein jeweiliger Amnestiegeber im konkreten Fall maßvoll und nachvollziehbar abgewogen habe, stehen und fallen werden.

---

145 Siehe hierzu ausführlich unter E.I.3.c); E.II.1; E.III.1.c).

146 So *Schätzler*, Gnadenrecht, 1992, 30.4.4. Bei Langenscheidt finden sich die Übersetzungsvarianten: 1. gerecht, 2. rechtmäßig, gesetzmäßig, recht, 3. gebührend, herkömmlich, wohl begründet (causa iusta = triftiger Grund), 4. (formal) richtig, förmlich, ordentlich, vollständig. *Langenscheidt*, Latein-Deutsch, 2008, S. 454.

147 *Schätzler*, Gnadenrecht, 1992, Ziff. 30.4.1.

148 *Süß*, Amnestiegesetzgebung, 2001, S. 106.

### e) *Begriff der Steueramnestie*

Der Begriff der Steueramnestie ist juristisch weder zufriedenstellend noch abschließend definiert. Vielmehr ist fraglich, ob es sich dabei bisher überhaupt um einen juristischen Begriff handelt, wenn er auch ganz vereinzelt – zuletzt 1931 – in Gesetzeswortlauten[149] zu finden ist. Daher sei hierzu, bei weiterer Differenzierung des Begriffs, im Folgenden ein Versuch unterbreitet.

Danach können mit dem, was der Volksmund als Steueramnestie bezeichnet, grundsätzlich drei verschiedene gesetzliche Regelungsgehalte gemeint sein:

- Die *(reine) Steueramnestie* bezeichnet dabei den staatlichen Verzicht auf entstandene, fällige Steuerschulden und stellt damit – mangels strafrechtlichen Bezugs – keine Amnestie im eigentlichen Sinne dar, ist vielmehr bloßer Erlass einer öffentlich-rechtlichen Leistungsschuld – ἀμνηστία nur insofern, als dass sie die Steuerschuld oder wenigstens einen Teil von ihr „vergeben und vergessen“ macht. Man könnte demnach auch von einer Amnestierung der Steuerschulden oder von *Steuerschuldamnestie* sprechen.
- Die *(reine) Steuerstrafamnestie* ist Straffreiheitsgesetz in seiner originärsten Form, Gewährung von Straffreiheit – und dies im konkreten Fall auf dem Gebiete des Steuerstrafrechts – allerdings unter der vom Adressaten noch zu erfüllenden Bedingung der Nachentrichtung hinterzogener Beträge, welche zusätzlich auch die Zahlung eines Straf- oder Säumnisaufschlags beinhalten kann und/oder Offenlegung der zugrunde liegenden steuerbaren Sachverhalte, etwa zuvor verheimlichter Vermögenswerte.
- Bei der *Steuer- und Steuerstrafamnestie* handelt es sich um die Kombination der beiden vorgenannten Typen, Gewährung von Straffreiheit auf dem Gebiete des Steuerstrafrechts bei gleichzeitigem (zumindest Teil-)Erlass der Steuerschuld.

Der letzte Fall ist zweifelsohne die am häufigsten praktizierte Variante und gleichzeitig die einzige, welche aufgrund der derzeitigen bundesdeutschen Gesetzeslage – der Existenz und Ausformung des § 370 AO einerseits und 371 AO andererseits – geeignet erscheint, den gewünschten Erfolg zu zeitigen.

Eine reine Steueramnestie, welche als Belohnung für die Nacherklärung allein einen Rabatt auf die hierauf nachzuentrichtenden Steuern ohne Straffreiheit vorsieht, mag auf den ersten Blick als rein theoretischer Natur, wenn nicht als abwegig erscheinen. Ist doch kaum anzunehmen, dass sich jemand durch einen

---

149 So in den *Steuer<u>amnestie</u>verordnungen* 1931 sogar in den amtlichen Überschriften, RGBl. 1931, Nr. 35, S. 373 (375); RGBl. 1931, Nr. 57, S. 449 (451); RGBl. 1931, Nr. 63, S. 493 (503); RGBl. 1931, Nr. 69, S. 581.

Rabatt zur Nachversteuerung bewegen lassen würde, in dem Wissen, dass er hierfür unter Umständen trotzdem ins Gefängnis gehen müsste.[150] Dies aber nur deshalb, weil die Steuerhinterziehung in Deutschland als Straftatbestand ausgestaltet ist. In einer Rechtsordnung hingegen, welche diese als bloße Ordnungswidrigkeit behandelt oder gar die entdeckte Hinterziehung statt durch Bußgeld lediglich durch entsprechende Hinterziehungszinsen oder Strafzuschläge ahndet, hätte die reine Steueramnestie ihren Platz. Ebenso wäre sie in Deutschland eben doch denkbar – nur unter der Prämisse freilich, dass sie auf die Selbstanzeige nach § 371 AO Bezug nähme und sich mit dieser gewissermaßen kombinierte. Hiernach könnte eine zeitlich begrenzte Amnestierung der Steuerschulden etwa derart ausgestaltet sein, dass nachzuentrichtende Steuerschulden aufgrund sämtlicher Selbstanzeigen, die zwischen zwei festzulegenden Stichtagen ergingen, nur in Höhe von beispielsweise 50 % der eigentlichen gesetzlich zu ermittelnden Höhe festgesetzt und/oder Hinterziehungszinsen nicht erhoben würden. In dieser Kombination mit der Selbstanzeigevorschrift würde die Amnestierung von Steuerschulden im Ergebnis allerdings einer Steuer- und Steuerstrafamnestie gleichkommen. Dies jedoch mit dem entscheidenden Unterschied, dass das Gesetz, mittels dessen unter Verweis auf § 371 AO die Steuerschuldamnestie angeordnet werden würde, kein Straffreiheitsgesetz und somit keine Amnestie im eigentlichen Sinne wäre, sondern lediglich Gesetzgebung auf dem Gebiete des Steuerrechts. Mithin wären an dieses weniger hohe formelle und verfassungsrechtliche Anforderungen zu stellen. Es würde nicht im Nachhinein durch eine *lex posterior* vormals eigentlich strafbares Verhalten straffrei gestellt. Die strafrechtliche Relevanz würde sich auf Bezugnahme und Zugrundelegung eines bereits bestehenden, persönlichen Strafaufhebungsgrundes beschränken.[151]

Die Verabschiedung einer reinen Steuerstrafamnestie, also die Gewährung von Straffreiheit, nicht jedoch eines gleichzeitigen Rabatts auf die nachzuentrichtenden Steuern wäre vor dem Hintergrund der Selbstanzeige ebenfalls überflüssig und damit sinnlos.

---

150 Rein praktisch müsste wohl auch schon in dieser Konstellation, bei Erfüllung von deren formellen Voraussetzungen, insbesondere des Vollständigkeitserfordernisses (vgl. hierzu D.I) im Wege einer Gesetzesauslegung zu Gunsten des Beschuldigten, die Nacherklärung als Selbstanzeige bewertet werden.

151 Wobei dieser – dies darf nicht gänzlich unberücksichtigt bleiben – in Bezug auf das Nachzahlungserfordernis des Abs. 3 temporär dahingehend modifiziert und erweitert würde, dass eben nicht mehr die Entrichtung der „*aus der Tat zu seinen Gunsten hinterzogenen Steuern*" in voller Höhe zur Erlangung der Strafbefreiung notwendig wären sondern bereits ein entsprechend ermäßigter Betrag ausreichen würde.

## 2. Historische Begriffskonfusion – Straffreiheit und Amnestie

Die Terminologie der Rechtssphäre von Amnestie und Straffreiheit ist bis heute uneinheitlich geblieben. Häufig werden in der jüngeren Literatur die Begriffe Amnestie und Straffreiheitsgesetz synonym verwendet.[152] Mit jeweils ausdrücklicher Begründung bevorzugen einige Autoren den Begriff der Amnestie, etwa weil dieser lebendiger oder vielseitiger sei,[153] andere den des Straffreiheitsgesetzes, weil er abhängig vom Kontext präziser[154] sei. Die Entscheidung für einen der Begriffe setzt jedoch notwendig eine Auseinandersetzung mit Rechtsnatur und Wesen der Amnestie voraus sowie der hierauf erst möglichen Beantwortung der Frage, ob die Begriffe der Amnestie und der Straffreiheit das Gleiche meinen. Gleichzeitig ist dabei seit jeher die Frage nach dem Wesen des Amnestiegesetzes eng mit der Kompetenzfrage verknüpft,[155] da gerade in der Weimarer Republik und der jungen Bundesrepublik die verschiedenen Auffassungen zu dessen Rechtsnatur immer dann praktische Relevanz entwickelten, wenn über die Gesetzgebungskompetenz gestritten wurde.[156]

### *a) Rechtsnatur und Begriff*

Die ältere Literatur und Rechtsprechung gingen einhellig davon aus, dass es sich bei Amnestien und Straffreiheitsgesetzen um Normen handelt, die dem Strafverfahrensrecht beziehungsweise Strafvollstreckungsrecht zuzuordnen sind, da sie in eben jene eingreifen würden.[157]

Hier vertritt etwa *Schätzler* unter Berufung auch auf *Bachof*[158] eine von dieser – unter Umständen noch immer als vorherrschend anzusehenden – Meinung abweichende Ansicht:

---

152 So etwa ausdrücklich *Brandstetter*, Straffreiheitsgesetz, 1954, S. 25.

153 So *Schätzler*, Gnadenrecht, 1992, Ziff. 30.1.

154 So *Blum*, Strafbefreiungsgründe, 1996, S. 61.

155 *Schätzler*, Gnadenrecht, 1992, Ziff. 30.3.3; vgl. *Frhr. v. d. Heydte*, JZ 1953, S. 508.

156 Vgl. *Wunderlich*, DJZ 1928, Sp. 1171 (1172); *Hachenburg*, DJZ 1928, Sp. 497 (500); *Meyer*, DJZ 1933, Sp. 129 (130); BVerfG 2, 213 = NJW 1953, 777; BVerfGE 10, 234 = NJW 1960, 235.

157 *Wunderlich*, DJZ 1928, Sp. 1171 (1172); *Hachenburg*, DJZ 1928, Sp. 497 (500); *Meyer*, DJZ 1933, Sp. 129 (130); vgl. BVerfGE 2, 213 (220); differenzierend *Anschütz*, Reichsverfassung, 1933, § 49, S. 300 ff.; *Poetzsch-Heffter*, HK-Reichsverfassung, 1928, S. 331 f.

158 Wobei *Bachof*, JZ 1983, S. 469 (475), sich mit der Kompetenz der Einzelbegnadigung auseinandersetzt und letztendlich offenlässt, ob Gnadenkompetenz unter *Strafrecht*

Danach sei die Amnestie im Gegensatz zur Strafvollstreckung im Kern gerade keine Regelung des Strafverfahrens. Auch die Gebote zur Niederschlagung und Nichteinleitung von Verfahren seien keine bloße Modifizierung des Strafverfahrens – etwa eine Einschränkung des Legalitätsprinzips. Die Amnestie setze auf höherer Ebene an, sei vielmehr nach ihrer Form und Wirkung selbst Gesetzgebung auf dem Gebiete des Strafrechts; da das Legalitätsprinzip zu verfolgen gebiete, was bestraft werden könne und müsse, käme dies gar nicht mehr in Betracht, soweit das Gesetz Bestrafung nicht zuließe. Somit sei der Erlass eines Amnestiegesetzes ein strafrechtspolitischer Akt, stets mit der Qualität einer „*kriminalpolitischen Resektion*", ungeachtet der jeweiligen Motivation des Gesetzgebers.[159]

Bei genauerem Hinsehen wurde allerdings eine nahezu identische Auffassung zur Rechtsnatur des von *Schätzler* als Amnestie bezeichneten Konzepts[160] bereits von *Anschütz,* dem großen Staatsrechtslehrer der Weimarer Republik vertreten – allein unter anderem Namen.

*Anschütz* trennte noch strikt zwischen den vier eigenständigen Rechtsinstituten, der *Begnadigung*, der *Amnestie*, der *Gewährung von Straffreiheit oder Strafmilderung* sowie letztlich der *Abolition* – eine Differenzierung, die sich heute wohl in dieser Form nicht mehr aufrechterhalten lässt. Danach sei:

> *Begnadigung* Straferlass im Einzelfall, der Verzicht des Staates auf einen ihm zuerkannten Strafvollstreckungsanspruch,
>
> *Amnestie* Straferlass für eine generell bezeichnete Vielzahl von Fällen, ihrer Voraussetzung und rechtlichen Natur nach der Begnadigung gleich, nämlich rechtskräftige Verurteilungen voraussetzend,
>
> *Gewährung von Straffreiheit oder Strafmilderung*, das Außerkraftsetzen eines Strafgesetzes, für einzelne oder eine unbestimmte oder bestimmte Vielzahl von Fällen (und keineswegs Verzicht auf Strafverfolgung oder -vollstreckung), wobei dies auch beinhalte, bereits entstandene Strafansprüche zu vernichten, unabhängig davon, ob über diese bereits rechtskräftig geurteilt wurde,
>
> *Abolition oder Niederschlagung* der Verzicht auf Fortführung eines begonnenen Strafverfahrens, Verzicht des Staates auf einen ihm aktuell zustehenden Strafanspruch als Strafverfolgungsanspruch.[161]

---

oder *Strafvollzug* zu subsumieren sei, da § 452 StPO „*als einfaches Gesetz [...] auch einfach gesetzlich geändert werden*" könne.

159 *Schätzler*, Gnadenrecht, 1992, Ziff. 30.3.3.

160 *Schätzler*, Gnadenrecht, 1992, Ziff. 30.1, der den Begriff der Amnestie dem der Straffreiheit aus ästhetischen Gründen vorzieht.

161 *Anschütz*, Reichsverfassung, 1933, § 49, S. 300 ff.; zustimmend *Grewe*, Gnade, 1936, S. 12; ebenso *Poetzsch-Heffter*, HK-Reichsverfassung, 1928, S. 331 f.

Es zeigt sich, dass *Anschütz* mit *Gewährung von Straffreiheit* das meinte, was *Schätzler* als *Amnestie* bezeichnet, einen Akt (negativer) materieller Strafrechtssetzung, dessen Anwendungsbereich von noch gänzlich unentdeckten Taten bis zu rechtskräftigen Urteilen jedes Verfahrensstadium umfasst. Den Begriff der Amnestie gebraucht *Anschütz* dagegen noch in seiner archaischen Bedeutung als der Gnade große Schwester.

Damit ist die *Gewährung von Straffreiheit* für *Anschütz* ein eigenes Rechtsinstitut, das – auch wenn er dies so nicht sagt – die Rechtsfolgen der *Amnestie* und der *Abolition* in sich vereint.[162] Anders ausgedrückt ist die *Abolition* als eine typische Folge, als ein Aspekt der praktischen Anwendung – wenn nicht Reflex – der *Amnestie* im Sinne *Schätzlers* beziehungsweise der *Straffreiheit* im Sinne *Anschützens* zu sehen. Was auf materiellrechtlicher Ebene dem Strafrecht entzogen wurde, kann, soll und darf danach auch nicht mehr verfolgt werden.

### *b) Verwendung der Begriffe Amnestie und Straffreiheit in der neueren Literatur*

Es stellt sich die Frage, welcher Begriff dem Rechtsinstitut der nachträglichen Außerkraftsetzung eines Strafgesetzes für eine Vielzahl von Fällen am ehesten gerecht wird. Hierfür sei ein kurzer, nicht abschließender Überblick über die neuere Literatur und die von den jeweiligen Autoren verwendeten Termini sowie die Argumente gegeben, aufgrund derer sich für einen der Begriffe entschieden wurde:

162 Soweit *Anschütz* besonderen Wert darauf legt, dass es sich bei der Gewährung von Straffreiheit ausdrücklich nicht um den *„Verzicht auf Strafverfolgung oder -vollstreckung“* handele, ist dies gewissermaßen missverständlich und muss allein bezogen auf die Rechtsnatur – nicht auf die Rechtsfolge – verstanden werden. Gemeint ist, dass der Verzicht weder im Ermessen der Exekutive noch der Judikative liegt. Von einem Verzicht des Gesetzgebers könnte dagegen durchaus gesprochen werden. Wenn er sagt, dies beinhalte auch, *„bereits entstandene Strafansprüche zu vernichten, unabhängig davon, ob über diese bereits rechtskräftig geurteilt wurde“*, so impliziert dies ja gerade die (abolitionsgleiche) Wirkung vor rechtskräftigem Abschluss eines Strafverfahrens durch Urteil, das heißt auch während eines Ermittlungsverfahrens und selbst vor dessen Einleitung als Normalfall. Es bleibt jedoch anzumerken, dass *Anschützens* Definition der Straffreiheit mit den heute einhellig anerkannten verfassungsrechtlichen Grenzen einer Amnestie – respektive eines Straffreiheitsgesetzes – nicht zu vereinbaren ist, soweit sie auch die Straffreiheit für einzelne Fälle umfasst.

*Brandstetter* stellt mit dem ersten Satz der Einleitung seines Kommentars zum Straffreiheitsgesetz 1954 fest, dass *„Straffreiheit […] das deutsche Wort für Amnestie [sei]. Ein sachlicher Unterschied besteh[e] nicht.“*[163]

*Hüser* etwa spricht noch primär von Amnestie und ordnet diesen Begriff *„unter […] ‚Begnadigung im weitesten Sinne‘ ein […]“*, wobei sie *„anders als die Begnadigung […] einer generell bezeichneten Vielzahl von Tätern zugute [komme und eben] der Form des Gesetzes bedürfe […],“*[164] und bezeichnet solche konkreten Gesetze als Straffreiheitsgesetz.[165]

*Petrick-Rump* spricht ausschließlich von Amnestien, wobei Untersuchungsgegenstand Steueramnestien aus einem wirtschaftswissenschaftlichen Blickwinkel sind und strafrechtliche Aspekte nicht im Fokus stehen.[166]

Auch *Thomsen* verwendet im Rahmen der Untersuchung des StrFG 1990 für dieses pauschal den Begriff *„Amnestiegesetz“*, was bereits durch den Titel der Abhandlung *„Das Amnestiegesetz aus steuerstrafrechtlicher Sicht“*[167] herausgestellt wird.

*Blum* hält den Begriff der Amnestie zum Zwecke seiner Untersuchungen für *„wenig fruchtbar“*. Er erachtet die Begriffe der Amnestie und der Straffreiheit zwar als inhaltlich gleichbedeutend, hält jedoch den zweiten aufgrund der abweichenden historischen Konnotation des ersten für rechtstechnisch präziser. Bei Amnestie ginge es *„um einen Bestrafungsverzicht (Absehen von Strafe im weitesten Sinne)“*. Er entscheidet sich daher für die Verwendung des Begriffs der Straffreiheit, da dieser Amnestiegesetze als umfassende Bestrafungshindernisse, die von Amts wegen zu berücksichtigen sind, zutreffend von ihrer rechtlichen Wirkung her erklären würde, nämlich *„als Gesetze, die positivrechtlich einen Straflosigkeitsgrund schaffen und dem Täter Straffreiheit gewähren“*.[168]

*Schätzler* setzt die Amnestie mit Straffreiheit synonym. In der Gesetzessprache hätten sich die Begriffe der Straffreiheit und des Straffreiheitsgesetzes eine Zeit lang vorgedrängt,[169] jedoch seien diese blasser. Zuletzt habe sich der Begriff der Amnestie – jedenfalls in der öffentlichen Diskussion über Steueramnestie

163 *Brandstetter*, Straffreiheitsgesetz, 1954, S. 25.
164 *Hüser*, Begnadigung und Amnestie, 1973, S. 143, 145.
165 *Hüser*, Begnadigung und Amnestie, 1973, S. 146.
166 *Petrick-Rump*, Steueramnestien, 1996, S. 12 ff., 55 ff.
167 *Thomsen*, Das Amnestiegesetz, 1995, S. 1.
168 *Blum*, Strafbefreiungsgründe, 1996, S. 60 f.
169 Hier ist offenbar die Weimarer Zeit gemeint und auf die abweichende Begriffsdefinition, wie von *Anschütz* vertreten, Bezug genommen.

und Parteispendenamnestie[170] – wieder durchgesetzt, er sei populärer, lebendiger, sage über die Idee mehr aus und sei somit genauer und vielseitiger als der der Straffreiheit. Amnestie sei einer der wenigen Rechtsbegriffe, die *„volkstümlich“* sind.[171]

*Süß'* akribische Auseinandersetzung mit dem Amnestiebegriff lässt sich für die Beantwortung der Frage, ob ein bestimmter Gesetzestypus besser als Amnestie oder Straffreiheit zu bezeichnen wäre, nur schwerlich fruchtbar machen, verzichtet er doch auf den Versuch einer prägnanten Definition zu Gunsten einer umfassenden Phänotypisierung der Erscheinungsformen.[172] Im Ergebnis lässt sich jedoch feststellen, dass er etwa das Straffreiheitsgesetz 1990, insofern *Schünemann*[173] und *Spieß*[174] beipflichtend, als Amnestie bezeichnet.[175]

*Hammel*, dessen Arbeit bereits die *„Amnestie“* im Titel führt, verwendet diese *„als Oberbegriff für eine allgemeine Straffreiheit“*, was auch konsequent ist, angesichts der internationalen Ausrichtung der Untersuchung und dem Fokus auf der Vereinbarkeit von Amnestien, mit internationalem- und Völkerrecht; weist er nämlich doch gleichzeitig unter Bezug auf *Schätzler* und *Marxen* darauf hin, in der Bundesrepublik werde gewissermaßen umgekehrt *„die Straffreiheit [...] als umfassender Oberbegriff verwendet, unabhängig vom Verfahrensstand gegen die begünstigten Personen. International [...habe] sich daneben der Begriff der ‚Generalsamnestie‘ herausgebildet, soweit sich die Begünstigung sowohl auf rechtskräftig verurteilte Personen erstreckt als auch auf diejenigen, die ein strafrechtliches Verfahren zu erwarten haben.“*[176]

---

170 Siehe unter E.I.2.c).

171 *Schätzler*, Gnadenrecht, 1992, Ziff. 30.1.

172 Vielmehr hat die gesamte Arbeit empirische Annäherung an den Begriff sowie die Abgrenzung desselben, eine Bestandsaufnahme der Verwendungsformen sowie die Phänomenologie von Unterformen, die Ermittlung notwendiger Bestandteile, zwingender Verbote und Ausschlusskriterien zum Inhalt, ohne dabei den unbedingten Fokus auf die aktuelle Verwendung in der deutschen Rechtsordnung zu richten. Sein gewissermaßen umgekehrter Ansatz stellt den Begriff ins Zentrum und untersucht die vielfältigen Erscheinungsformen. Die Thematik der Steueramnestien werden dabei etwa nur sehr knapp, als Beispiel der Kategorie „D. Ressourcenamnestie / Fiskal-Amnestie“ (siehe S. 246 f.) sowie mittels Verweis als Beispiel der Kategorie „d) Bedingte Amnestie / aa) Adressatenabhängige Amnestie“ (siehe S. 168) absatzweise angeschnitten. *Süß*, Amnestiegesetzgebung, 2001.

173 *Schünemann,* StVj 1989, S. 3 (3 ff.).

174 *Spies*, Amnestiemaßnahme, 1991, S. 245.

175 *Süß*, Amnestiegesetzgebung, 2001, S. 246 f.

176 *Hammel*, Innerstaatliche Amnestien, 1993, S. 9.

Für *Marxen* existieren schlichtweg zwei Arten der Amnestie, nämlich die klassische und jene neuere in Form des Straffreiheitsgesetzes, welche die Abolition mit einschließt.[177] Er legt eingangs ausdrücklich dar, den weitgefassten Amnestiebegriff des wissenschaftlichen wie politischen Sprachgebrauchs zunächst zu übernehmen, um dies später zu korrigieren,[178] was er sodann auf Basis der Erkenntnis, dass deutlich *„zwischen einer Amnestie, die sich auf Strafvollstreckung und den Strafvollzug bezieht"*, zu unterscheiden sei, vornimmt: Er plädiert für eine Rückkehr zu der Terminologie der früheren Staatsrechtswissenschaft – das heißt etwa *Anschützens*. Danach solle Amnestie *„dem Bereich der Strafvollstreckung und des Strafvollzugs vorbehalten bleiben. Als Gesamtbegriff [sei] er entbehrlich"*, da ihn in dieser Funktion der Begriff der Straffreiheit ersetzen könne. Die durch Straffreiheitsgesetz angeordnete Niederschlagung von Verfahren sei wieder als Abolition zu bezeichnen – besser noch als Generalabolition –, um die Unzulässigkeit der Niederschlagung eines einzelnen Verfahrens deutlich herauszustellen.[179]

Bis zu dieser Frage nach einer Untersuchung der historischen Amnestiepraxis abschließend Stellung bezogen werden soll, können die Begriffe hier einstweilen synonym verwendet werden.

## III. Strafrechtssystematische Stellung der Amnestie unter den Strafbefreiungsgründen

Wie die Amnestierung von Straftaten rechtsdogmatisch zu bewerten ist, wird sehr unterschiedlich beurteilt. Nach *Schätzler* etwa setzen Amnestiegesetze der rechtlichen Wirkung nach weder Strafvorschriften außer Kraft, noch machen sie im Nachhinein Straftaten ungeschehen; weder löschen sie Schuld, noch heben sie Urteile auf,[180] bezweckten und seien auch keine Rechtskorrektur.[181]

Es stellt sich die Frage, wie ein solches Verfolgungs- und Vollstreckungshindernis im Übrigen zu erklären und herzuleiten sei, wenn man davon ausgeht, dass ein Amnestiegesetz den verwirklichten Tatbestand nicht *ex post* legalisieren beziehungsweise entkriminalisieren würde. Zumindest die Aussage *Schätzlers*, dass die Amnestie Strafvorschriften generell nicht (auch nicht rückwirkend, vorübergehend und punktuell) außer Kraft setze erscheint in gewissem Maße

177 *Marxen*, Amnestie, 1984, S. 56 f.
178 *Marxen*, Amnestie, 1984, S. 8 f.
179 *Marxen*, Amnestie, 1984, S. 56.
180 *Schätzler*, Gnadenrecht, 1992, Ziff. 30.2.1.
181 *Schätzler*, Gnadenrecht, 1992, Ziff. 30.4.2.

widersprüchlich, soweit er an anderer Stelle im Zusammenhang mit der Spiegelkompetenz von Rücknahme des Strafrechts und kriminalpolitischer Resektion spricht.[182] Bis auf Weiteres kann lediglich konstatiert werden, dass die umfassten Taten jedenfalls in irgendeiner Form entpönalisiert werden.

Strafbefreiungsgründe finden sich im Übrigen in unterschiedlichster Ausgestaltung über den gesamten Gesetzeskanon des Kern- und Nebenstrafrechts sowie der Strafprozessordnung verteilt, wobei eine einheitliche Struktur nicht auszumachen ist. Terminologisch werden dabei die Begriffspaare Strafbefreiungsgrund – Strafausschließungsgrund sowie Strafbefreiungsgrund – Strafaufhebungsgrund teils synonym verwendet. Logisch sauberer erscheint dagegen die Verwendung der Strafbefreiungsgründe als Oberbegriff, wobei weiter innerhalb dieser Kategorie zwischen Strafausschließungsgründen und Strafaufhebungsgründen differenziert werden kann, ohne dass dem ein zwingend abschließender Charakter zukäme, stellt sich doch die Frage, ob auch (besondere) objektive Bedingungen der Strafbarkeit, soweit diese nicht bereits der Tatbestandsebene zuzuordnen wären, oder das Fehlen von Strafverfolgungsvoraussetzungen respektive das Vorliegen von Strafverfolgungshindernissen hierzu zu rechnen wären.

Dogmatisch wird insofern auch von einer dritten[183] oder vierten[184] Deliktskategorie gesprochen,[185] welche zu den Kategorien der Tatbestandsmäßigkeit, der Rechtswidrigkeit und der Schuld hinzutrete. Zu der Frage, welche strafbefreienden Normen dieser Kategorie zuzuordnen wären und ob es einer solchen eigenen Kategorie überhaupt bedarf, vertritt die Literatur keine einheitliche Linie.[186]

---

182 *Schätzler*, Gnadenrecht, 1992, Ziff. 30.3.3.

183 So *Langer*, Sonderstraftat, 2007, S. 141; ohne tatsächlich zu zählen *Jescheck/Weigend*, Strafrecht, 1996, S. 552 ff.; ohne letztendlich Stellung zu beziehen *Bloy*, Strafausschliessungsgründe, 1976. Diese zählen die Tatbestandsmäßigkeit nicht als eigene Kategorie und diskutieren daher die Existenz einer dritten Deliktskategorie neben Rechtswidrigkeit und Schuld.

184 *Blum*, Strafbefreiungsgründe, 1996, S. 1; *Wessels/Beulke*, Strafrecht AT, 2011, Rn. 148.

185 *Blum*, Strafbefreiungsgründe, 1996, S. 1; *Blum* stellt *„jene Deliktskategorie, die dem Täter unter bestimmten Voraussetzungen Strafbefreiung zubilligt beziehungsweise ihm Straffreiheit gewährt"*, und die Frage nach Handhabung, Umfang und Abgrenzung dieser *„vierte Deliktskategorie"* ins Zentrum seiner Arbeit.

186 Vgl. *Bloy*, Strafausschliessungsgründe, 1976, S. 16 ff., 254; *Blum*, Strafbefreiungsgründe, 1996, S. 2; *Wessels/Beulke*, Strafrecht AT, 2011, Rn. 148; *Jescheck/Weigend*, Strafrecht, 1996, S. 552 ff.

Grundsätzlich werden Einteilungen vertreten, welche eine Abgrenzung danach vornehmen,[187] ob die jeweilige Norm dem materiellen Strafrecht oder dem Strafverfahrensrecht zuzuordnen sei,[188] ob sie obligatorisch oder fakultativ Straffreiheit gewähre,[189] andererseits welcher *„rechtfertigende Grund für die Strafbefreiung"* ihr zugrunde liege,[190] oder auch allgemein aufgrund ihrer systematischen Stellung.[191]

*Jescheck* etwa verortet unter der Rubrik *„Voraussetzungen der Strafbarkeit außerhalb von Unrecht und Schuld"* die objektiven Bedingungen für Strafbarkeit sowie persönliche[192] Strafausschließungs- und Strafaufhebungsgründe, wobei er auf deren Zugehörigkeit zum materiellen Strafrecht als entscheidendes Kriterium abstellt und diese somit von *„Prozessvoraussetzungen oder Prozesshindernissen (wie Strafantrag oder Amnestie), die nicht die Strafbarkeit, sondern die Verfolgbarkeit der Tat berühren"*, strikt abgrenzt.[193]

*Blums* Lesart, wonach *Wessels* (im Gegensatz zu *Jescheck*) sämtliche Strafverfolgungsvoraussetzungen und Hindernisse, Strafausschließungs-, Strafaufhebungs- und Strafeinschränkungsgründe dazu zähle,[194] findet sich bei dessen Lektüre nur eingeschränkt bestätigt. Dieser stellt thematisch die objektiven Bedingungen der Strafbarkeit, welche er als *„Tatbestandsannex"* bezeichnet, im Zusammenhang mit den prozessualen Strafverfolgungsvoraussetzungen dar, die jedoch voneinander

---

187 Zum gesamten Streitstand sowie mit einer Übersicht der Lehrmeinungen: *Blum*, Strafbefreiungsgründe, 1996, S. 2 ff.; *Bloy*, Strafausschliessungsgründe, 1976, S. 16 ff.

188 *Jescheck/Weigend*, Strafrecht, 1996, S. 552 ff.

189 *Naucke*, Kriminalpolitik, 1999, S. 119 ff.; *Naucke,* Jura 1979, S. 426 (426 ff.).

190 *Blum*, Strafbefreiungsgründe, 1996, S. 2.

191 *Bloy*, Strafausschliessungsgründe, 1976, S. 212.

192 *Bloy* sieht in der zusätzlichen Kennzeichnung der Strafausschließungs- und Strafaufhebungsgründe als „persönliche" ein *Epitheton ornans*, da sich die persönliche Wirkung der einzelnen Umstände bereits unmittelbar aus dem Gesetz ergebe. *Bloy*, Strafausschliessungsgründe, 1976, S. 13. Zumindest im Kontext des Versuchs einer Klassifizierung der Strafbefreiungsvorschriften erscheint diese Kritik nicht abwegig. Zwar beschreibt das Attribut „persönlich" den Anwendungsbereich der Vorschriften zutreffend, jedoch stehen den „persönlichen Strafausschließungs- und Strafaufhebungsgründen" soweit man diese bereits in Gegensatz zu den „objektiven Bedingungen von Strafbarkeit" setzt, keine „unpersönlichen Strafausschließungs- und Strafaufhebungsgründe" gegenüber. Insofern wird der Begriff in diesem Zusammenhang tautologisch.

193 *Jescheck/Weigend*, Strafrecht, 1996, S. 552 ff.; vgl. *Bloy*, Strafausschliessungsgründe, 1976; *Blum*, Strafbefreiungsgründe, 1996, S. 2.

194 *Blum*, Strafbefreiungsgründe, 1996, S. 2.

zu unterscheiden seien. An anderer Stelle behandelt er die persönlichen Ausnahmen von der Strafbarkeit neben Strafeinschränkungsgründen und Fragen der Zulässigkeit der Strafverfolgung.[195]

*Naucke* spricht nicht von einer eigenen Kategorie sondern vom „*Grenzgebiet zwischen Strafbarkeit und Straflosigkeit*",[196] was angesichts seiner Feststellung, dass man in dieses über die verschiedensten Normen gelangen könne, eine übergeordnete Systematik dabei aber nicht zu erkennen sei, nur konsequent ist. *Naucke*, der Studenten für rechtswissenschaftliche Übungsarbeiten einen Leitfaden zur Navigation durch dieses „Gebiet" geben will, nähert sich der Thematik daher

---

195 *Wessels/Beulke*, Strafrecht AT, 2011, S. 185, 54; *Wessels*, Strafrecht AT, 1994, S. 135, 43. Tatsächlich thematisiert *Wessels* die Frage, ob es sich insofern um eine eigene Kategorie handelt, genauso wenig wie den möglichen Umfang einer solchen. Es lässt sich jedoch feststellen, dass *Wessels* Strafausschließungsgründe und Strafaufhebungsgründe unter § 12 seines Lehrbuches „Persönliche Strafausschließungs- und Strafaufhebungsgründe. Der Irrtum über strafausschließende Umstände und Strafverfolgungsvoraussetzungen", „I. Persönliche Ausnahmen von der Strafbarkeit" (1. Strafausschließungsgründe, 2. Strafaufhebungsgründe) neben „II. Strafeinschränkungsgründe und Zulässigkeit der Strafverfolgung" darstellt und andererseits unter § 5 „IV. Besondere Voraussetzung der Strafbarkeit und der Verfolgbarkeit" „1. Objektive Bedingungen der Strafbarkeit (sog. Annex)" neben den „2. Strafverfolgungsvoraussetzungen". Dass er diese insgesamt zu einer Kategorie zusammenfassen möchte, kann nicht nachvollzogen werden. Somit kommt *Wessels'* Einteilung, soweit sie sich aus der von ihm gewählten Systematik ergibt, zu einem völlig anderen Ergebnis als jene *Jeschecks*. *Wessels* stellt die „objektiven Strafbarkeitsbedingungen", bei deren „Nichtvorliegen die Tat für jedermann straflos ist" vielmehr in Gegensatz zu den „persönlichen Strafausschließungs- und Strafaufhebungsgründen". Für ihn handelt es sich um einen „Tatbestandsannex". Von Letztgenannten seien weiter die Strafverfolgungshindernisse zu unterscheiden, jedoch werden diese unter dem gemeinsamen Kapitel „IV. Besondere Voraussetzung der Strafbarkeit und der Verfolgbarkeit" abgehandelt.
So kann *Blums* Einschätzung, *Wessels* wolle die „Strafausschließungs-, Strafaufhebungs- und Strafeinschränkungsgründe sowie die Strafverfolgungsvoraussetzungen und -hindernisse jener Kategorie" zuordnen, nicht bestätigt werden. *Wessels* spricht vielmehr allgemein von „Ausnahmefällen, in denen die Strafbarkeit des Verhaltens von zusätzlichen Voraussetzungen" abhänge, und verweist hierbei auch auf die „objektiven Bedingungen der Strafbarkeit". Als andere Ausnahmefälle existierten daneben die „streng personenbezogenen Gründe, die jenseits von Unrecht und Schuld" stünden und „kraft gesetzlicher Sonderregelung strafausschließend oder strafaufhebend wirk[t]en". *Wessels* bezeichnet folglich die objektiven Bedingungen der Strafbarkeit als „Tatbestandsannex" außerhalb des Unrechtstatbestandes – die personenbezogenen Gründe als jenseits von Unrecht und Schuld stehend.

196 *Naucke*, Kriminalpolitik, 1999, S. 120; *Naucke,* Jura 1979, S. 426 (426).

auch pragmatisch-anwendungsbezogen unter dem Aspekt klausurtaktischer Erwägungen. Da obligatorische Strafbefreiungsgründe nach gängiger Vorstellung in universitären Klausuren stets berücksichtigt werden müssten, die Behandlung fakultativer jedoch unterbleiben könne,[197] biete es sich an, Strafbefreiungsgründe nach diesem Kriterium zu unterscheiden, unabhängig davon, ob sie dem Straf-, Nebenstraf- oder dem Strafprozessrecht entstammten. Zu erkennen seien die obligatorischen Strafbefreiungsgründe jedenfalls an den insofern eindeutigen Formulierungen wie *„gilt nicht"*, *„ist nicht anzuwenden"*, *„wird (aus einer bestimmten Vorschrift) nicht bestraft"* oder *„ist straffrei"*,[198] wobei eine Bestimmung aufgrund dieser Formulierungen dem Bereich Tatbestandsmäßigkeit, Rechtswidrigkeit oder Schuld zuzuordnen sei. Obligatorische Straffreiheit aufgrund tatbezogener Kriterien sei dabei grundsätzlich dem Tatbestand oder der Rechtswidrigkeit zuzuordnen, solche aufgrund täterbezogener Kriterien hingegen der Schuld.[199] Zu verstehen seien die Fälle obligatorischer gesetzlicher Straffreiheit dabei am besten *„als strafrechtswissenschaftlich kaum beachteter Niederschlag aktueller gesellschaftspolitischer Diskussion"*.[200]

*Bloy*[201] kommt im Zuge seiner strafrechtssystematischen Analyse der Strafausschließungs- und Strafaufhebungsgründe zu dem Ergebnis, diese[202] in fünf Gruppen unterteilen zu können, nämlich:

1. Vorschriften des *Strafverfahrensrechts* ohne materiellrechtliche Bedeutung,[203]
2. Unrechtsausschluss, *„bei dessen Vorliegen es bereits an den unrechtsbegründeten Merkmalen der Pflichtwidrigkeit und Sozialwidrigkeit des Verhaltens"* fehle,[204]
3. qualitative Unrechtsmodifizierung, in deren Fall *„der Unrechtsgehalt der Tat zwar weder gemindert noch gar ausgeschlossen [sei], doch auf der Ebene des Unrechts insofern eine Besonderheit [vorliege], als das verwirklichte Unrecht*

197 Dies selbst bezweifelnd *Naucke*, Kriminalpolitik, 1999, S. 128; *Naucke,* Jura 1979, S. 426 (431).

198 *Naucke*, Kriminalpolitik, 1999, S. 123; *Naucke,* Jura 1979, S. 426 (428).

199 *Naucke*, Kriminalpolitik, 1999, S. 128; *Naucke,* Jura 1979, S. 426 (430 f.).

200 *Naucke*, Kriminalpolitik, 1999, S. 124; *Naucke,* Jura 1979, S. 426 (428).

201 *Bloy*, Strafausschliessungsgründe, 1976, S. 212.

202 Zumindest die von ihm untersuchten Strafausschließungs- und Strafaufhebungsgründe.

203 Immunitätsschutz vor der Untersuchungshaft.

204 § 139 Abs. 4 StGB.

*sich unter Strafzweckgesichtspunkten als ungeeignet [erweise], es zum Anlass für einen Strafanspruch zu nehme“,*[205]

4. *Schuld*gesichtspunkte, auf denen bestimmte Straffreistellungen beruhten,[206]
5. materielle Bestrafungshindernisse außerhalb von Unrecht und Schuld, *„die Straffreiheit aufgrund einer außerordentlichen Interessenabwägung“*[207] gewährten.[208]

Zu der Frage, ob die Strafbefreiungsgründe, welche außerhalb von Tatunrecht, Rechtswidrigkeit und Schuld liegen, eine eigene Kategorie bilden und – wenn ja – welche Vorschriften dieser unterfallen, soll an dieser Stelle keine abschließende Entscheidung getroffen werden. Allerdings konnte festgestellt werden, dass die bekannten Strafbefreiungsgründe stark heterogener Natur sind.[209] Weiter ist zu erwägen, ob eine solche Kategorisierung überhaupt notwendig oder auch nur sinnvoll ist. Womöglich reicht es, zu akzeptieren, dass es Gründe jenseits von Rechtswidrigkeit und Schuld gibt, welche eine Strafbarkeit entfallen lassen können. Soweit dies Probleme im Hinblick auf den klassischen Deliktsaufbau bereitet, erscheint es tunlich, diese, soweit sie eindeutig dem materiellen Strafrecht zuzuordnen sind, auf Tatbestandsebene zu behandeln, oder sie andernfalls gewissermaßen vor die Klammer zu ziehen.[210]

Auch auf Basis dieser verschiedenen Kategorisierungsversuche scheint eine Einordnung der Amnestie *ad hoc* sich nicht aufzudrängen. Wenn *Jescheck* die Amnestie der rechtlichen Wirkung nach dem Strafantrag gleichstellt und in ihr ein Prozesshindernis sieht, das sich lediglich auf die Verfolgbarkeit der Tat auswirkt, so wäre dem entgegenzuhalten, dass eine Amnestie bis auf ihre konkrete prozessuale Rechtsfolge doch mit dem Strafantrag wenig gemein hat, es sei denn, man wollte in ihr quasi die ausnahmsweise Rücknahme eines sonst implizierten staatlichen

205 *„§ 247 Abs. 2 StGB a.F. und die ihm nachgebildeten Vorschriften, beim Rücktritt, der Verjährung und bedingt auch beim Strafantrag“.*

206 §§ 173 Abs. 3, 258 Abs. 3 S. 1 StGB.

207 Exterritorialität, Indemnität, Immunität (soweit sie vor der Verfahrensdurchführung und Strafverfolgung schütze), § 238 Abs. 2 StGB sowie Fälle eines Gnadenerweises im materiellen Sinne.

208 *Bloy*, Strafausschliessungsgründe, 1976, S. 212 f.; Hervorhebungen durch den Verfasser.

209 Vgl. etwa *Naucke*, Kriminalpolitik, 1999, S. 123, 128; *Naucke,* Jura 1979, S. 426 (428, 431).

210 *Nauckes* Unterteilung erscheint als allgemeines Kriterium schon insofern weniger geeignet, als sie sich speziell auf die Aufgabenstellungen und Lösungsanforderungen universitärer Prüfungen beziehungsweise solcher zum 1. juristischen Staatsexamen bezieht und deren Besonderheiten Rechnung tragen soll.

Strafantrags sehen. Bei diesem handelt es sich im Gegensatz zur Amnestie um eine zusätzliche Bedingung der späteren Verfolgung, die schon bei Tatbegehung bestimmt war.

Es sei auf Basis der nachfolgenden Untersuchung der historischen Amnestiepraxis sodann versucht, die Amnestie im Kontext der Strafbefreiungsgründe einzuordnen.

## IV. Amnestien und Steueramnestien – Historische Vorläufer

Es sei der Versuch unternommen, die historischen Amnestien in Deutschland, soweit als Reichs- beziehungsweise Bundesgesetz ergangen, möglichst vollständig zu erfassen, ohne diese sämtlich umfassend darzustellen, was den Rahmen dieser Arbeit sprengen würde. Zu diesem Zwecke möge zunächst die nachfolgende Tabelle einen kursorischen Überblick ermöglichen, wobei zu Gunsten einer streng chronologischen Darstellung nicht nach Steueramnestien und allgemeinen Strafamnestien unterschieden wurde. Hierauf folgen allgemeinere, zusammenfassende Ausführungen zu den Amnestien bis 1949. Sodann seien die Amnestiegesetze der Bundesrepublik eingehender beleuchtet.

Für ausführlichere Darstellungen historischer Steueramnestien, gerade auch jener der Zwischenkriegsjahre sei auf deren Behandlung bei *Petrick-Rump*[211] verwiesen, für die Amnestien in der Weimarer Republik[212] und während der NS-Zeit[213] im Allgemeinen auf die Ausführungen bei *Hildebrandt, Hüser, Christoph, Oppelt, Höfig* und *Schätzler*. Insbesondere zu den einzelnen Spezialamnestien in der Zeit des Nationalsozialismus[214] und Amnestien der Alliierten in deren jeweiligen Besatzungszonen in den Jahren 1947/48[215] wird auf die Arbeit von *Hildebrandt* verwiesen, welche die deutsche Amenstiegesetzgebung zwischen 1939 und 1949 untersucht; zu den Amnestien der Weimarer Republik auf die akribische Untersuchung der „*politischen Reichsamnestien 1918–1933*“[216] von

---

211 *Petrick-Rump*, Steueramnestien, 1996, S. 18 ff.

212 *Christoph*, Politische Reichsamnestien, 1988, *Hüser*, Begnadigung und Amnestie, 1973, S. 149 ff.; *Oppelt*, Amnestiegesetzgebung, 1957, S. 65; *Schätzler*, Gnadenrecht, 1992, Ziff. 31.3.

213 *Hüser*, Begnadigung und Amnestie, 1973, S. 155 ff.; *Oppelt*, Amnestiegesetzgebung, 1957, S. 105; *Schätzler*, Gnadenrecht, 1992, Ziff. 32; *Hildebrandt*, Amnestien, 1951; *Höfig*, Reichs- und Bundesamnestien, 1963, S. 35 ff.

214 *Hildebrandt*, Amnestien, 1951, S. 34.

215 *Hildebrandt*, Amnestien, 1951, S. 47.

216 *Christoph*, Politische Reichsamnestien, 1988.

*Christoph*, welcher diese ausführlich im Lichte ihres jeweiligen politisch-historischen Kontextes darstellt.

Auf die Darstellung von Amnestien der Bundesländer sowie solcher in anderen Staaten wird verzichtet und auf die übrige Literatur verwiesen.

*Tabelle 2: Historische Amnestien in Deutschland*

| Epoche | **Verkündung** | **Gesetz** | **Fundstelle** | |
|---|---|---|---|---|
| Kaiserreich | 1913–12.07. | Gesetz über einen einmaligen außerordentlichen Wehrbeitrag „Generalpardon" | RGBl. 1913, Nr. 41 [4250], S. 505 (520) G.v. 03.07.1913 (§ 68)* | B |
| Regierung des Rates der Volksbeauftragten | 1918–12.11. (mündlich) | Aufruf des Rates der Volksbeauftragten an das deutsche Volk | RGBl. 1918, Nr. 153 [6528], S. 1303 (ausgegeben 14.11.1918) | P |
| | 1918–05.12. | „Zivilamnestie" | RGBl. 1918, Nr. 171 [6564], S. 1393 VO.v. 03.12.1918 | R |
| | 1918–12.12. | „Militäramnestie" | RGBl. 1918, Nr. 178, [6578], S. 1415 VO.v. 07.12.1918 | R |
| | 1918–16.12. | „Entwaffnungsamnestie" | RGBl. 1918, Nr. 181 [6584], S. 1425 (1426) VO.v. 14.12.1918 (§ 4) | B |
| | 1919–13.01. | ErgänzungsVO (Verlängerung bis 31.01.1919) zur „Militäramnestie" | RGBl. 1919, Nr. 6, [6634], S. 30 | |
| | 1919–27.01. | StrFVO vaterländischer Hilfsdienst | RGBl. 1919, Nr. 17 [6661], S. 95, VO.v. 13.01.1919 | |
| Weimarer Republik | 1920–15.01. | Gesetz über Steuernachsicht | RGBl. 1920, Nr. 9 [7241], S. 45 G.v. 03.01.1920 | B |
| | 1920–12.05. | StrFG in Disziplinarsachen | RGBl. 1920, Nr. 104 [7512], S. 910 G.v. 08.05.1920 | R |
| | 1920–04.08. | „Kapp-Amnestie" | RGBl. 1920, Nr. 163 [7702] S. 1487 G.v. 04.08.1920 | P/R |
| | 1921–19.07. | deutsch-polnischer Amnestievertrag vom 01.10.1919 | RGBl. 1921, Nr. 75 [8222] S. 921 iVm Nr. 114 [8408] S. 1540 G.v. 07.07.1921/09.12.1921 | V |
| | 1921 | Massenbegnadigung (der kommunistischen Putschisten) - **KEIN FORMELLES GESETZ** - | Vgl. RJM Schiffer in Reichstagsprotokoll: 1. Leg.P., 121. Sitzung v. 23.06.1921, S. 4105 (C) Bd. 350 (1920/24,7) | P |
| | 1922–23.07. | „Rathenau-Amnestie" | RGBl. 1922, Nr. 52, S. 595 G.v. 21.07.1922 | P/R |
| | 1922–20.10. | deutsch-polnischers Abkommen über StrF in Oberschlesien vom 21.07./07.09.1922 | RGBl. II 1922, Nr. 21, S. 715 iVm Nr. 28, S. 767 Bkm.v. 29.09.1922 | V/R |

| | | | | |
|---|---|---|---|---|
| | 1924–30.08. | Gesetz über die Londoner Konferenz v. 16.08.1924 | RGBl. II 1924, Nr. 32, S. 289 (344) Schlussprotokoll Anl. III Art. 7 | P/V |
| | 1925–20.08. | „Hindenburg-Amnestie“ | RGBl. 1925, Nr. 41, S. 313 G.v. 17.08.1925 | P |
| | 1928–16.07. | „Koch-Amnestie“ | RGBl. 1928, Nr. 27, S. 195 G.v. 14.07.1925 | P/R |
| | 1930–19.03. | „Rheinlandräumungsamnestie“ Gesetz über die Haager Konferenz | RGBl. II 1930, Nr. 7, S. 45 (348) G.v. 13.03.1930 | P/V |
| | 1930–25.10. | Verlängerung der Koch-Amnestie | RGBl. 1930, Nr. 43, 467 G.v. 24.10.1930 | P |
| | 1931–18.07. | VO des Reichspräsidenten gegen die Kapital- und Steuerflucht | RGBl. 1931, Nr. 35, 373 (375) G.v. 18.07.1931 (§ 8) | B |
| | 1931–25.08. | Steueramnestieverordnung | RGBl. 1931, Nr. 57, 449 (451) VO.v. 23.08.1931 (§ 15 ff.) | B |
| | 1931–21.09. | Steueramnestie durch Reichsbahnanleihe u. Verlängerung | RGBl. 1931, Nr. 63, S. 493, (503 f.) G.v. 19.09.1931 | B |
| | 1931–17.10. | VO des R.P. über Verl. d. SteuerA (v. 19.09.1931 bis 26.10.1931) | RGBl. 1931, Nr. 69, S. 581 G.v. 17.10.1931 | |
| | 1932–21.12. | „Schleicher-Amnestie“ | RGBl. 1932, Nr. 81, S. 559 G.v. 20.12.1925 | p |
| Nationalsozialismus | 1933–21.03. | StrFVO des Reichspräsidenten | RGBl. 1933, Nr. 24, S. 134 (§ 3) | P |
| | 1933–02.06. | Arbeitsspendengesetz | RGBl. 1933, Nr. 62, 323 (324) G.v. 01.06.1933 | B |
| | 1933–13.06. | Volksverratsgesetz | RGBl. 1933, Nr. 63, 360 (362) (§ 7) | B |
| | 1934–09.08. | StrFG anlässlich Personalunion Reichspräsident u. Reichskanzler | RGBl. 1934, Nr. 95, S. 769 G.v. 07.08.1934 | |
| | 1934–17–10. | Steueranpassungsgesetz Änderung des § 7 Volksverratsgesetzes | RGBl. 1934, Nr. 115, S. 925 (937) G.v.16.10.1934 (§ 23) | |
| | 1935–01.03. | Saarland-Amnestie | RGBl. 1935, Nr. 23, S. 309 G.v. 28.02.1935 | |
| | 1936–24.03. | StrFG | RGBl. 1936, Nr. 42, S. 378 G.v. 23.03.1936 (S. 384 = DVO) | |
| | 1936–16.12. | Gesetz ü. die Gewährung v StrFH bei Devisenzuwiderhandlungen | RGBl. 1936, Nr. 118, S. 1015 | B |
| | 1938–01.05. | Österreich-Annektions-Amnestie | RGBl. 1938, Nr. 69, S. 433 G.v. 30.04.1938 | |
| | 1939–19.06. | Sudetenlande-Annektions-Amnestie | RGBl. 1939, Nr. 108, S. 1023 G.v. 07.06.1939 | |

| | | | | |
|---|---|---|---|---|
| | 1939–06.10. | StrFVO für Jäger | RGBl. 1939, Nr. 197, S. 1989<br>VO.v. 20.09.1939 | |
| | 1939–28.10. | Gnadenerlasse für Beamte | RGBl. 1939, Nr. 213, S. 2103<br>G.v. 21.10.1939 | |
| | 1939–04.12. | Gnadenerlasse für RAe und Notare | RGBl. 1939, Nr. 241, S. 2342<br>G.v. 30.11.1939 | |
| | 1940–08.03. | Gnadenerlasse für Patentanwälte | RGBl. 1940, Nr. 41, S. 459<br>G.v. 01.03.1940 | |
| | 1940–18.04. | Gnadenerlasse für Ärzte u.a. | RGBl. 1940, Nr. 68, S. 643<br>G.v.06.04.1940 | |
| | 1942–09.04. | VO d.F. zum Schutze der Rüstungswirtschaft | RGBl. 1942, Nr. 34, S. 165<br>VO.v. 21.03.1942 | B |
| | 1942–27.05. | 2. VO zur Durchführung und Ergänzung der VO v. 09.04.1942 | RGBl. I 1942, Nr. 56, S. 342<br>VO.v. 23.05.1942 | B |
| Besatzungszeit | 1949–25.04. | Zweites Gesetz zur vorläufigen Neuordnung von Steuern | WiGBl. 1949, Nr. 15, S. 69<br>G.v. 20.04.1949 (§ 5) | B |
| | 1949–18.08. | „Soforthilfegesetz - SHG“ Gesetz zur Milderung dringender sozialer Notstände | WiGBl. 1949, Nr. 28, S. 205<br>G.v. 08.08.1949 (§ 18 Abs. 4) | B |
| Bundesrepublik | 1949–31.12. | StrFG 1949 | BGBl. 1949, Nr. 9, S. 37<br>G.v. 31.12.1949 | p |
| | 1954–17.07. | StrFG 1954 | BGBl. 1954, Nr. 21, S. 203<br>G.v. 17.07.1954 | r |
| | 1968–12.07. | StrFG 1968 | BGBl. 1968, Nr. 46, S. 773<br>G.v. 09.07.1968 | p |
| | 1969–30.06. | 1. StrRG | BGBl. 1969, Nr. 52, S. 645 (679)<br>G.v. 25.06.1969 (Art. 96–98) | A/R |
| | 1970–21.05. | StrFG 1970 | BGBl. 1979, Nr. 45, S. 509<br>G.v. 20.05.1970 | a/p |
| | 1973–27.11. | 4. StrRG | BGBl. 1973, Nr. 98, S. 1725 (1733)<br>G.v. 23.11.1973 (Art. 7, 8) | A |
| | 1974–09.03. | EGStGB | BGBl. 1974, Nr. 22, S. 469 (642)<br>G.v. 02.03.1974 (Art. 313) | A |
| | 1974–21.06. | 5. StrRG | BGBl. 1974, Nr. 63, S. 1297 (1299)<br>G.v. 18.06.1974 (Art. 9, 10) | A |
| | 1976–21.05. | 15. StrÄndG | BGBl. 1976, Nr. 56, S. 1213 (1215)<br>G.v. 18.05.1976 (Art. 4) | A |
| | 1988–02.08. | StrFG 1990 / StrbEG / ZStAmnG | BGBl. 1988, Nr. 36, S. 1093 (1128)<br>G.v. 25.07.1988 (Art. 17) | B |
| | 2003–30.12. | StrFG 2004 / StraBEG | BGBl. 2003, Nr. 66, S. 2928<br>G.v. 23.12.2003 (Art. 1) | B |

| | | | |
|---|---|---|---|
| 2012/2013 | **Entwurf**: Gesetz zu dem Abkommen v. 21.09.2011 zwischen der Bundesrepublik Deutschland und der Schweizerischen Eidgenossenschaft über Zusammenarbeit in den Bereichen Steuern und Finanzmarkt | **- nicht ratifiziert -** Gesetzentwurf: BT-Drs. 17/10059 Fassung v. 05.04.2012 | B/V |

| | | | |
|---|---|---|---|
| * | Im Falle umfangreicherer Gesetze, bei denen nur einzelne Paragraphen die Amnestieregelung betreffen, werden diese genannt. G.v. (Gesetz vom) und VO.v. (Verordnung vom) bezeichnet den Erlasszeitpunkt soweit dieser vom Verkündungsdatum abweicht. | | |
| [Zahl] | bezieht sich auf die bis ins Jahr 1921 übliche fortlaufende Durchnummerierung der erlassenen Gesetze. | | |
| A | Annexamnestie | | |
| B | Bedingungsamnestie | (dunkelgrau) | Steueramnestie |
| P | politische Amnestie | (hellgrau) | Steueramnestie beinhaltet |
| p | teilweise oder im weitesten Sinne politisch | (mittelgrau) | Verlängerung/Ergänzung/ Abänderung einer Amnestie |
| R | Bestimmung über Registerlöschung | | |
| r | eingeschränkte Registerlöschung | | |
| V | Umsetzung eines völkerrechtlichen Vertrages | | |

## 1. Amnestien im Kaiserreich

Zu Amnestie und Begnadigung schwieg sich die Reichsverfassung von 1871 aus, jedoch gewährte seit Inkrafttreten der StPO am 01.10.1879 deren § 484 StPO in der Fassung vom 01.02.1877[217] dem Kaiser das Begnadigungsrecht in Sachen, in denen das Reichsgericht in erster Instanz erkannt hatte. Zugleich unterstellte § 485 StPO, dass in sämtlichen Ländern des Reiches dem jeweiligen Staatsoberhaupt die Gnadenkompetenz zustünde. So ermächtigte etwa Art. 49 Abs. 1 der Preußischen Verfassung den König, Begnadigung und Strafmilderung zu verfügen. Gleichzeitig gebot bereits damals Abs. 3, dass der König eingeleitete Untersuchungen nur aufgrund eines besonderen Gesetzes niederschlagen dürfe.[218]

Zwischen 1871 und 1914 ergingen durch die preußischen Könige insgesamt vier Strafamnestien. 1871 wurden auf Geheiß Wilhelms I. Strafen für Forst-, Weide und Feldfrevel erlassen, in Anerkennung des Umstandes, dass sich der Krieg negativ

217 RGBl. 1877, Nr. 8, S. 253–346.

218 Vgl. *Schätzler*, Gnadenrecht, 1992, Ziff. 31.1.1 f.

auf die Nahrungsmittelversorgung der Landbevölkerung ausgewirkt hatte. Weiter ergingen Jubelamnestien durch Friedrich III. anlässlich seines Regierungsantritts 1888 sowie durch Wilhelm II. anlässlich des 25-jährigen Jubiläums der Reichsgründung 1896 und schließlich der Geburt eines Thronfolgers, des Königsenkels 1906. Dass die Kompetenz des Königs zum Erlass dieser Amnestien sich aus dessen Gnadenkompetenz ergebe, wurde nicht in Zweifel gezogen. Rechtstechnisch handelte es sich folglich um die Anordnung von Massenbegnadigungen. In Konsequenz des Art. 49 Abs. 3 der Preußischen Verfassung waren nur bereits rechtskräftige Urteile umfasst, und zwar Freiheitsstrafen von bis zu sechs Wochen sowie Geldstrafen bis 150 Mark für allgemeine Straftaten sowie Strafen für bestimmte Delikte, wie etwa Widerstand gegen die Staatsgewalt, Verletzung der öffentlichen Ordnung, Beleidigung und Majestätsbeleidigung unabhängig von der Strafhöhe. Die jeweiligen preußischen Könige und Kaiser des Deutschen Reiches erließen parallel zu den Amnestien in Preußen 1888 und 1896 kaiserliche Amnestien für die Marine und die Reichslande Elsaß-Lothringen sowie zwei Militäramnestien für Disziplinar- und Arreststrafen, 1894 anlässlich des 25. Dienstjubiläums Wilhelms II. als Angehöriger des preußischen Heeres und 1913 anlässlich seines 25. Krönungsjubiläums.[219]

### *a) 1913 – Generalpardon – Erste Steueramnestie des Reiches*

Als erste Steueramnestie mit Geltung für das gesamte Deutsche Reich kann die Verabschiedung des Gesetzes über einen einmaligen außerordentlichen Wehrbeitrag[220] am 03.07.1913 angesehen werden. In dessen § 68 war geregelt, dass derjenige „*Beitragspflichtige[, der] bei der Veranlagung zum Wehrbeitrag [...] Vermögen oder Einkommen an[gab], das bisher der Besteuerung durch einen Bundesstaat oder eine Gemeinde entzogen worden [war], [...] von der landesgesetzlichen Strafe und der Verpflichtung zur Nachzahlung der Steuer für frühere Jahre frei*“ blieb. Diese, als Generalpardon bezeichnete[221] Regelung sollte die Steuereinnahmen aus dem Wehrbeitrag erhöhen, dessen Bemessungsgrundlage sich primär auf das Vermögen – ausnahmsweise auf das Einkommen – bezog.[222]

---

219 *Christoph*, Politische Reichsamnestien, 1988; *Schätzler*, Gnadenrecht, 1992, Ziff. 31.1.2.

220 RGBl. 1913, Nr. 41 [4250], S. 505.

221 Vgl. etwa Reichstagsprotokolle: 13. Leg.P., 170. Sitzung vom 26.06.1913, S. 5817(B), (1912/14,8); 13. Leg.P., 192. Sitzung vom 16.01.1914, S. 6553(A), 6555(B), 6557(A), 6559(D), (1912/14,9).

222 Vgl. *Hoffmann*, Wehrbeitragsgesetz, 1913, S. 93 ff.

Während die §§ 59 und 60 Abs. 2 klassische Selbstanzeigevorschriften enthielten, bezogen auf unrichtige oder unvollständige Angaben bei Erfassung der Bemessungsgrundlage für den Wehrbeitrag, wonach im Falle der Berichtigung oder Ergänzung Straffreiheit gewährt wurde, handelt es sich bei § 68 um eine echte Amnestie, welche nachträglich einen durch den Adressaten herbeizuführenden persönlichen Strafaufhebungsgrund für zurückliegende wie abgeschlossene Sachverhalte schaffte.

Die Berichtigungsvorschriften, bezogen auf falsche Angaben für den Wehrbeitrag selbst, enthielten bereits Ausschlusstatbestände, wonach nur derjenige straffrei gestellt sein sollte, der *„seine unrichtigen [...] Angaben, bevor eine Anzeige erstattet oder eine Untersuchung gegen ihn eingeleitet [war], bei der zuständigen Behörde berichtigt[e...]"*. Dagegen sah das Gesetz für die Steueramnestie des § 68 solche Ausschlusstatbestände für die Fälle, in denen die Finanzverwaltung bereits Ermittlungen aufgenommen oder ein Strafverfahren eingeleitet hatte, noch nicht vor. Dieses offensichtliche redaktionelle Versehen wurde durch § 15 Abs. 2 der Ausführungsbestimmung des Bundesrates[223] behoben, welche die Vorschrift um einen eben solchen Ausschluss bei bereits eingeleiteten Strafverfahren, Steuerneuveranlagungen oder Nachveranlagungen ergänzte.

### *b) 1914 bis Oktober 1918 – Kriegsamnestien der Länder*

Anlässlich des Ausbruchs des Ersten Weltkrieges und der damit verbundenen Generalmobilmachung wurden in sämtlichen Bundesländern Amnestien für Kriegsteilnehmer erlassen,[224] wobei diese ab 1915 auch erstmals die Abolition inbegriffen,[225] um den Kriegsdienstleistenden den Druck durch gegen sie anhängige Verfahren zu nehmen.[226]

Kurz vor Ende des Krieges erging auf Vorschlag des Kriegskabinetts unter dem 12.10.1918 noch ein kaiserlicher Erlass, wonach im gesamten Reich sämtliche wegen politischer Straftaten Verurteilte *„im weiten Umfang zur Begnadigung vorzuschlagen"* seien, also die Anordnung massenhafter Einzelbegnadigungen. Doch dieser Gnadenakt vermochte die Monarchie nicht mehr zu retten. Nur

---

223 Ausführungsbestimmung des Bundesrates 1913 zum Gesetz über einen einmaligen außerordentlichen Wehrbeitrag vom 03.07.1913, Bekanntmachung des Reichskanzlers vom 08.11.1913, Zentralblatt für das Deutsche Reich, S. 1087 (1090); abgedruckt bei *Hoffmann*, Wehrbeitragsgesetz, 1913, 98 (100); vgl. *Petrick-Rump*, Steueramnestien, 1996, S. 18.

224 *Uhle*, Amnestie, 1935, S. 23.

225 *Oppelt*, Amnestiegesetzgebung, 1957, S. 6; hier auch Nachweise.

226 *Schätzler*, Gnadenrecht, 1992, Ziff. 31.1.3.

zehn Tage darauf am 22.11.1918 forderte der spätere Reichspräsident Friedrich Ebert[227] im Reichstag für die *„Verfolgten, Verfemten und Verurteilten"* statt kaiserlicher Gnade, diese *„durch den Willen der Volksvertretung in Freiheit"* zu setzen. Die meuternden Matrosen in Kiel, denen man in Verhandlungen ebenfalls Gnade für die ihnen vorgeworfenen Dienstvergehen wie Meuterei und Gehorsamsverweigerung angeboten hatte, wollten sich mit Gnadengewährung nicht mehr zufrieden geben, sondern forderten stattdessen ebenfalls die Zusage einer vollständigen Amnestie, wie der durch den Reichskanzler Prinz Max von Baden nach Kiel entsandte Gustav Noske am 05.11.1918 dem Kabinett berichtete. Auch diese war das Kabinett bereit zu gewähren, wozu es jedoch nicht mehr kam, da das Vorhaben durch die Revolution überholt wurde.[228]

## 2. Amnestien des Rates der Volksbeauftragten und der Weimarer Republik – 1918 bis 1933

Die Zeit zwischen Ausrufung der Republik und ihrer Wiederabschaffung durch die Nationalsozialisten stellt zweifelsohne die Epoche der höchsten Amnestiedichte in der deutschen Geschichte dar.[229]

### *a) 12.11.1918 – Aufruf des Rates der Volksbeauftragten an das deutsche Volk*

Die Umsetzung jener umfassenden politischen Amnestie, zu deren Gewährung die letzte monarchische Regierung nicht mehr die Gelegenheit gehabt hatte, war zugleich eine der ersten Amtshandlungen der neuen Regierung der nur drei Tage alten Republik:

> *„Die aus der Revolution hervorgegangene Regierung [...] verkündet schon jetzt mit Gesetzeskraft folgendes:*
> *[...]*
> *6. Für alle politischen Straftaten wird Amnestie gewährt. Die wegen solcher Straftaten anhängigen Verfahren werden niedergeschlagen."*

---

227 Diesem wurde das Amt nur 17 Tage später, am 09.11.1918, dem Tag der Ausrufung der Republik durch den bis dahin als Reichskanzler amtierenden Prinz Max von Baden abgetreten, vgl. hierzu *Sturm* in: bbp Weimarer Republik, S. 4 ff.

228 *Schätzler*, Gnadenrecht, 1992, Ziff. 31.1.4.; Vgl. hierzu *Sturm* in: bbp Weimarer Republik, S. 6.

229 Wobei *Hüser*, Begnadigung und Amnestie, 1973, S. 155 darauf aufmerksam macht, dass gerade unmittelbar nach der Machtergreifung durch die Nationalsozialisten in den Jahren 1933/1934 noch eine ganze Serie von Straffreiheitsgesetzen erging, welche angesichts deren Kritik an der Amnestiepraxis der Weimarer Republik erstaune.

### *b) 1918 – Zivil-, Militär- und Entwaffnungsamnestie*

Bei der Zivilamnestie vom 03.12.1918 und der Militäramnestie vom 07.12.1918 handelte es sich um allgemeine Amnestien, die generell alle Arten von Delikten bis zu jeweiligen Strafrahmenobergrenzen und darüber hinaus Fälle, in denen bestimmte täterbezogene Umstände vorlagen, betrafen und somit auch Steuerstraftaten nicht grundsätzlich ausschlossen. Der Systematik der Gesetze nach war die Niederschlagung anhängiger und die Nichteinleitung neuer Verfahren in den Vordergrund gerückt, der Erlass bereits verhängter Strafen erst hinter der Abolitionsanordnung geregelt. Die Zivilamnestie nahm jedoch Straftaten, bei denen der Täter einen Gewinn erstrebte, aus, soweit die Verfehlung nicht geringfügig und keine höhere Strafe als ein Monat Gefängnis oder 500 Mark Geldstrafe zu erwarten war. Im Ergebnis stellte sie damit lediglich absichtslos begangene sowie sehr geringfügige Steuerverkürzungen von Strafe frei. Die Militäramnestie hingegen beinhaltete kein solches Ausschlusskriterium und damit strafbefreiende Wirkung für jegliche Steuerdelikte – allerdings nur für aktive Kriegsteilnehmer. In beiden Fällen wurden die Steuerpflichtigen jedoch nicht von der Nachzahlungspflicht befreit.[230] Die Nachzahlung wurde allerdings andererseits jedoch auch nicht zur Bedingung für den Eintritt der Straffreiheit gemacht. Dies ist Folge des Umstandes, dass diese Generalamnestien nicht speziell auf die Behandlung von Steuerdelikten ausgerichtet, diese aber umgekehrt auch nicht ausdrücklich ausgeschlossen waren. Der Ausschlusstatbestand der Zivilamnestie in nicht geringfügigen Fällen des Gewinnstrebens war nicht steuerstrafrechtsspezifisch ausgestaltet, sondern auf sämtliche Vermögensdelikte anwendbar.

Die Entwaffnungsamnestie vom 14.12.1918 erscheint deshalb erwähnenswert, da es sich hier wohl um die einzige, jemals in Deutschland umgesetzte Bedingungs- beziehungsweise Appellamnestie handelt, welche nicht gleichzeitig eine Steueramnestie war. Ziel war es, Waffen und anderes Heeresgut, welches die Frontheimkehrer im Zuge der ungeordneten Demobilisierung vielfach mit sich genommen, selbst behalten oder weiterverkauft hatten, wieder in Staatsbesitz zurückzuführen. Der spezielle neu geschaffene Straftatbestand des § 3, welcher im Falle der Nichtablieferung binnen noch durch die Landesbehörden zu setzender Frist Gefängnisstrafe bis zu fünf Jahren vorsah, stellt für sich genommen noch keine Amnestie dar, wohl aber die Bestimmung des § 4, wonach bei fristgerechter Abgabe auch wegen vor Ablieferung bereits verwirklichter Straftaten im Zusammenhang der unbefugten Aneignung solcher Gegenstände Straffreiheit gewährt wurde. Nachdem sich die Verordnung zunächst nur auf die Zurückführung von

230 Vgl. *Petrick-Rump*, Steueramnestien, 1996, S. 18 f.

Heeresbesitz bezogen hatte und sich nach wie vor eine Vielzahl von Waffen in den Händen von Zivilisten befand, schickte der Rat der Volksbeauftragten dieser nur einen Monat später, in Form der Verordnung über Waffenbesitz[231], noch ein allgemeines Verbot des Besitzes von Schusswaffen samt weiterer Abgabefrist hinterher.

### *c) 1919 bis 1931 – Politische Amnestien*

Hierauf folgte eine Vielzahl weiterer Amnestien, wobei deren Zählweise in der Literatur uneinheitlich behandelt wird,[232] da zum einen neben den eigentlichen Straffreiheitsgesetzen vielfach Gesetze ergingen, welche diese erweiterten, verlängerten, ergänzten oder konkretisierten, und da zum anderen teils nur unmittelbare Reichsamnestien berücksichtigt werden, teils auch solche Beschlüsse des Reiches, welche noch einer Umsetzung durch die Länder bedurften[233]. Die Mehrzahl dieser Amnestien können dabei als politische Amnestien im weitesten Sinne betrachtet werden, als politische Amnestien im engeren Sinne solche, welche ausdrücklich Straffreiheit für politische Straftaten anordneten. Allein die Revolutionsamnestien 1918 und die *Schleicher-Amnestie1932* umfassten (außer

231 RGBl. 1919, Nr. 7 [6635], S. 31.

232 *Meyer*, DJZ 1933, Sp. 129 (130), zählt zwischen November 1918 und Januar 1933 *„**11** größere“* und *„etwa **10** kleinere“* Reichsamnestien, *Hachenburg*, DJZ 1921, Sp. 471 (473), allein in der Zeit von November 1918 bis Juni 1921 *„nicht weniger als **115** […] größere und kleinere Amnestien“* im Reich und den Ländern, wobei *„die steuerlichen Generalspardons nicht mitgerechnet“* seien, *Ebermayer*, DJZ 1927, Sp. 481 (482), unter Bezugnahme auf *Lobe* in: LK-1925 Ebermayer (Hrsg.), S. 94 insgesamt **24** Reichsamnestien bis 1925. *Schätzler*, Gnadenrecht, 1992, Ziff. 31.3 kommt, die Amnestien des Rates der Volksbeauftragten nicht mitzählend, auf **18** Reichsamnestien in der Weimarer Republik, beginnend mit der Steueramnestie 1920 und endend mit der Schleicheramnestie 1932, wobei derer fünf *„wichtige allgemeine Amnestien [gewesen seien,] das Änderungsgesetz von 1930 mitgezählt […] sechs“. Christoph*, Politische Reichsamnestien, 1988, S. 13 spricht von *„**22** Gesetzen, die in mehr oder weniger großem Umfang Amnestie gewährten, […] Amnestien in […] völkerrechtlichen Verträgen [und Amnestiegesetze der Länder] noch nicht mitgezählt [,…davon] acht große Reichsamnestien“. Uhle*, Amnestie, 1935, S. 24 zählt 1935 insgesamt **30** *„mehr oder weniger umfassende Straffreiheitsgesetze“* des Reiches seit Kriegsende. *Oppelt*, Amnestiegesetzgebung, 1957, S. 7 kommt auf *„nicht weniger als **14** umfassende Reichsamnestien“* (sämtliche Hervorhebungen durch den Verfasser).

233 So etwa der Massenbegnadigungserlass vom 04.06.1921, Nachweis bei *Christoph*, Politische Reichsamnestien, 1988, S. 112.

den reinen Steueramnestien 1920 und 1931) auch gänzlich unpolitische Taten.[234] So gewährten die *Kapp-Amnestie 1920* und die *Rathenau-Amnestie 1922*, welche nach dem Vorbild der Ersteren verfasst war und auch in § 1 Abs. 3 auf deren Vorschriften Bezug nahm, zwar nicht wie der *Aufruf des Rates der Volksbeauftragten 1918* ausdrücklich Amnestie *„für alle politische Straftaten"*, wohl aber Straffreiheit für hochverräterische Unternehmen gegen das Reich, folglich ein staatsgefährdendes und damit auch politisches Delikt. Die Straffreiheit erstreckte sich ferner auf solche Straftaten, welche mit den hochverräterischen Unternehmen in Zusammenhang standen, *„sofern die Handlungen nicht lediglich auf Roheit, Eigennutz oder sonstigen nicht politischen Beweggründen beruhten"*.

Insgesamt glich ansonsten kaum eine der Weimarer Amnestien in ihrer konkreten Ausformung den anderen. Wie erwähnt, erfassten die meisten nur politische Straftaten.[235] Teils gab es Strafobergrenzen wie im Falle der *Hindenburg-Amnestie 1925* – nicht so bei der *Koch-Amnestie 1928*, teils waren einzelne Delikte von der Amnestierung ausgeschlossen, teils wurden nur bestimmte Delikte amnestiert. Die meisten politischen Amnestien wie etwa die *Kapp-Amnestie 1920* kannten ein subjektives Ausschlusskriterium – nicht so die *Schleicher-Amnestie 1932*. Die Besonderheit der *Rathenau-Amnestie 1922* war es, dass gemäß § 2 des Gesetzes ein durch den Reichsjustizminister eingesetzter Ausschuss in den Fällen, bei denen die Gerichte die Amnestie nicht für anwendbar befunden hatten, diese Entscheidungen überprüfte. Befand dieser die Tat für amnestierungswürdig, so schlug der Reichsjustizminister den Fall zur Niederschlagung dem Reichspräsidenten vor.[236] Insofern verstieß die *Rathenau-Amnestie* gegen das mittlerweile anerkannte Unmittelbarkeitsgebot.[237] Der *Massenbegnadigungserlass 1921* dagegen war keine eigentliche Amnestie und zeitigte auch nicht die von seinen Initiatoren intendierte Wirkung, da dessen technische Umsetzung an mangelnder personeller Ausstattung der Justizbehörden krankte.[238] Eine umfassende Amnestierung der durch die *ad hoc* eingerichteten Sondergerichte verurteilten kommunistischen

---

234 Die Hindenburgamnestie war als Reichsamnestie nur politische Amnestie, wurde jedoch in den Ländern teils auf aus wirtschaftlicher Not begangene Straftaten ausgeweitet. *Schätzler*, Gnadenrecht, 1992, Ziff. 31.3.4.

235 Außer jenen von 1918, 1932 und den Steueramnestien.

236 *Schätzler*, Gnadenrecht, 1992, Ziff. 31.3.3; *Christoph*, Politische Reichsamnestien, 1988, S. 153.

237 Vgl. E.I.2.c).

238 Vgl. Reichsjustizminister Schiffer in den Reichstagsprotokollen: 1. Leg.P., 121. Sitzung vom 23.06.1921, S. 4105 (C) Bd. 350 (1920/24,7); *Schätzler*, Gnadenrecht, 1992, Ziff. 31.3.1; *Christoph*, Politische Reichsamnestien, 1988, S. 111 f.

Aufständischen der „Märzaktion“ von 1921[239] erfolgte somit auch erst durch die Amnestie von 1922. § 3 der *Kapp-Amnestie 1920* enthielt die unbedingte Anordnung, Vermerke über die erlassenen Strafen im Register zu löschen, § 1 Abs. 3 der *Rathenau-Amnestie 1922* sah die Tilgung im Strafregister nur auf Antrag des Betroffenen vor. Die *Amnestie 1924* aufgrund der Londoner Konferenz und die *Rheinlandräumungsamnestie 1930* waren Ausfluss völkerrechtlicher Verträge und stellten sowohl Straftaten gegen die Besatzungsmächte straffrei als auch aus Sicht der deutschen Strafverfolgung die Kollaboration mit diesen.

Eben jene politischen Amnestien, welche nach dem Willen der staatstragenden Parteien der Befriedung und Aussöhnung der verfeindeten Lager dienen sollten und aus der Sicht der Extremisten als Klientelpolitik für ihre Anhängerschaft verstanden werden konnten, waren es, welche die Rechtssicherheit in der jungen Republik aushöhlten und möglicherweise ihrem Todesstoß mit den Weg bereiteten. Gesetzgebung von unerbittlicher Härte und überbordender Gnade wechselten sich ab.[240] Bezeichnend ist es sicher auch, dass die Republik in ihrem nur 15-jährigen Bestehen 19 Justizminister kommen und gehen sah.[241] Die inflationäre Amnestierungspraxis hatte nichts mehr mit Kriminalpolitik im eigentlichen Sinne zu tun. Vielmehr war die Amnestie zu einer fortwährend reproduzierbaren Handelsware alltagspolitischer Ränkespiele und Kuhhandel, einem *„Tauschobjekt des Koalitionsgeschäfts in einem pluralistischen Parteienstaat“*[242] oder einem *„Gefangenenaustausch zwischen zwei streitenden Parteien“*[243] verkommen. Nicht

239 *Christoph*, Politische Reichsamnestien, 1988, S. 101 ff.

240 Hier sei auf die Einrichtung der Sondergerichte im März 1921 verwiesen, auf welche die Begnadigungsaktion im selben Jahr sowie die Rathenau-Amnestie 1922 folgten, wobei wiederum gleichzeitig mit dieser zunächst die Verordnung zum Schutz der Republik (RGBl. 1922, Nr. 44, S. 521) erging, welche in § 5 neue Straftatbestände mit der Androhung von Freiheitsstrafen bis zu fünf Jahren vorsah und sodann das Gesetz zum Schutz der Republik (RGBl. 1922, Nr. 52, S. 585), welches in § 1 selbst die Androhung der Todesstrafe beinhaltete.

241 Wobei Gustav Radbruch (SPD) das Amt zweimal innehatte, vom 26.10.1921 bis 14.11.1922 und wieder vom 13.08.1923 bis zum 03.11.1923 – unterbrochen durch die Amtszeit von Rudolf Heinze (DVP).

242 *Grewe*, Gnade, 1936, S. 14; zustimmend *Hüser*, Begnadigung und Amnestie, 1973, S. 152.

243 So etwa Reichsminister Koch-Weser in Bezug auf die Amnestie 1932, zitiert bei *Meyer*, DJZ 1933, Sp. 129 (132). Dieser Bonmot spielt auf den grotesken Umstand an, dass die Initiative zu jener Amnestie auf das parallele Betreiben der Kommunisten wie der Deutschnationalen zurückgeht, wobei Erstere zum Ziel hatten, ihre wegen Landesverrats verurteilten Anhänger straffrei zu stellen, Letztere die Fememörder

allein die direkten Anfeindungen von links wie von rechts[244] gegen die Institutionen der Republik gefährdeten diese, sondern der parlamentarische Gesetzgeber beteiligte sich selbst an deren Demontage, sägte gleichsam an dem Ast, auf dem er saß, indem er in kürzesten Abständen Verbrechen bis hin zum Mord, die im Zuge der politischen Auseinandersetzungen begangen wurden, mittels Straffreiheitsgesetzen vergessen machen wollte, in dessen Folge die Täter über ihre Opfer triumphierten.

Weiter erwies sich gerade das subjektive Element der politischen Straftaten als Amnestierungskriterium auch als Nachteil für die linken wie gemäßigten Kräfte, stellten es doch damit selbst linke Regierungen einer als tendenziell rechts und republikfeindlich eingestellten Justiz[245] anheim, nach freiem Gutdünken darüber zu befinden, ob eine Straftat als politische anzusehen sei oder ob sie etwa aus *„eigennützigen Beweggründen"*[246], welches ein übliches Ausschlusskriterium darstellte,[247] begangen worden war. Der konservativen Richterschaft, welcher vielfach vorgeworfen wird, ohnehin auf dem rechten Auge blind gewesen zu sein,[248] lieferte der Gesetzgeber mit diesem weichen, subjektiven Kriterium eine Steilvorlage, um etwa linke Aufständische zu harten Zuchthausstrafen oder sogar zur Todesstrafe zu verurteilen, rechte Gewalttäter straffrei zu stellen.[249]

---

„begnadigt" wissen wollten. Vgl. hierzu *Wunderlich,* DJZ 1928, Sp. 1171 (1172); *Hachenburg,* DJZ 1928, Sp. 497 (499).

244 Vgl. hierzu etwa bbp Weimarer Republik.

245 So etwa *Sturm* in: bbp Weimarer Republik, S. 25. Dem widerspricht *Ebermayer,* DJZ 1927, Sp. 481 (483 f.), vehement, wobei er die Härte der Justiz gegen die Linke weniger ableugnet, denn vielmehr als notwendige Reaktion des Staates zum Schutze der republikanischen Verfassung zu legitimieren sucht, beabsichtigten doch gerade die Kommunisten nichts weniger als deren Umsturz.

246 Allgemeine Verordnung über die Durchführung der Amnestie vom 26.11.1918 des preußischen Justizministers, JMBl. S. 439, zitiert nach *Schätzler*, Gnadenrecht, 1992, Ziff. 31.2.

247 Vgl. *„[…] sofern sie nicht lediglich auf Rohheit, Eigennutz oder sonstigen nichtpolitischen Beweggründen Beruhen."* § 1 Abs. 3 Kappamnestie 1920, ähnlich § 4 Abs. 2 Hindenburg-Amnestie 1925; *„aus Grausamkeit, aus ehrloser Gesinnung oder aus Gewinnsucht"* § 9 StrFG 1949.

248 Vgl. *Sturm* in: bbp Weimarer Republik, S. 25; zum Vorwurf der Klassenjustiz, der Abgeordnete Rosenfeld, Reichstagsprotokoll, 1. Leg.P., 121. Sitzung vom 23.06.1921, S. 4096 (D), Bd. 350 (1920/24,7).

249 Vgl. hierzu *Hüser*, Begnadigung und Amnestie, 1973, S. 150 ff.; *Marxen*, Amnestie, 1984, S. 47; *Schätzler*, Gnadenrecht, 1992, Ziff. 31.2.

Soweit man diese Amnestien formal als Befriedungsamnestien qualifizieren mag, *„als Versuch einer Aussöhnung auch mit dem politischen Gegner der Revolution“*[250], kann im Ergebnis nicht ausgeschlossen werden, dass sie das Gegenteil einer Befriedung bewirkten. Der politische Kampf wurde in die Gerichtssäle verlagert, wo er unter Verletzung der Waffengleichheit weitergeführt wurde; gleichzeitig dürften sich vor allem rechte Gewalttäter durch ihre Amnestierung bestätigt und ermuntert gefühlt haben, ihren Kampf fortzusetzen, da die Mechanismen von General- und Spezialprävention aufgehoben waren, ihre *ratio* konterkariert wurde. Die damit in den Köpfen einhergehende Bagatellisierung oder gar Glorifizierung auch schwerster Straftaten – seien sie nur politisch motiviert – bewirkte eine Verrohung der politischen Auseinandersetzung, welche insofern auch mit als Wegbereiterin der nationalsozialistischen Machtergreifung verstanden werden kann, als der Terror, mit dem die SA diese vor und nach der politischen Machtübernahme auf den Straßen flankierte, nicht als etwas grundsätzlich Neues erschien. Wie auf bereits gesetzlichem Wege zu verhindern sei, dass ihre Anhänger gerichtlich zur Verantwortung gezogen wurden, hatten die Nationalsozialisten in den 15 Jahren zuvor gelernt.

### *d) 1932 – Schleicher-Amnestie*

Das StrFG 1932 stellt die letzte und zugleich umfassendste[251] Amnestie der Weimarer Republik dar. Straffrei gestellt wurden durch die §§ 1–4 politische Straftaten, in den §§ 5–7 solche, die aus wirtschaftlicher Not begangen wurden. Steuerdelikte waren nicht umfasst. Erstmalig enthielten die Strafbefreiungsbestimmungen für die politischen Straftaten keinerlei Ausschlusskriterien, weder in Form einer allgemeinen Strafobergrenze noch für Mord oder bestimmte Begehungsarten oder Beweggründe wie Rohheit, Gemeinheit und Gefährlichkeit der Tat, Begehung aus Eigennutz oder sonstiger Niedrigkeit der Gesinnung.

Gleichzeitig wird zu Recht kritisiert, dass die Amnestierung der Notdelikte, gerade auf dem Höhepunkt der Wirtschaftskrise und der damit verbundenen sozialen Not, aus kriminalpolitischer Sicht zur Unzeit, da zu früh erfolgte. Eine Schlussstrichamnestie hätte nach Überwindung dieses sozialen Ausnahmezustandes erfolgen können. Gerade jene Täter die aus Not handelten, durften sich nach Auffassung *Hüsers* bestätigt statt abgeschreckt sowie zur weiteren

250 So etwa *Hüser*, Begnadigung und Amnestie, 1973, S. 149.
251 *Meyer*, DJZ 1933, Sp. 129 (131).

Tatbegehung ermuntert fühlen, war doch auf eine weitere Amnestie nach Überwindung der Krise zu hoffen.[252]

### e) *Resümee zur Amnestiepraxis in der Weimarer Republik*

Abschließend kann festgestellt werden, dass die Amnestiepraxis in der Weimarer Republik gänzlich aus dem Ruder gelaufen war. Die inflationäre Gewährung von Straffreiheit hatte den Staat geschwächt, Rechtsstaatlichkeit und Demokratie unterminiert. Es kann davon ausgegangen werden, dass die Vielzahl von Straffreiheitsgesetzen, statt zu versöhnen und zu befrieden, vielmehr allgemeines Chaos und Rücksichtslosigkeit noch befördert, gleichzeitig das Vertrauen der Bürger in den Staat, insbesondere in die Rechtspflege, nachhaltig erschüttert hatte.[253]

Hierbei ist es leicht, dem historischen Gesetzgeber in der *ex post* Betrachtung rechtspolitische Fehler vorzuwerfen. Allerdings sollte nicht unterstellt werden, dass die gemäßigten parlamentarischen Kräfte bei Erlass der Straffreiheitsgesetze nicht mit den besten Absichten gehandelt hatten. Die politische Zersplitterung hatte Mehrheitsfindungen erschwert und zwang jene, die für den Bestand der Republik eintraten, fortwährend zu Kompromissen, was auch ein Paktieren mit den Extremisten einschloss und diesen ein gehöriges Erpressungspotential in die Hand gab.

Aus der Zeit vor der Republik hatte man nur auf rudimentäre Erfahrungen mit dem Erlass von Amnestien zurückgreifen können. Im Kaiserreich waren sie bis zum Ausbruch des Ersten Weltkrieges weniger als rechtspolitisches Instrument denn eher als Mittel der Selbstbeweihräucherung des Fürsten eingesetzt worden. Deren Erlass nunmehr durch Parlamentsgesetz ebenso wie die hinzutretende Abolition waren ein Novum, die ursprünglich siamesischen Zwillingsschwestern Amnestie und Gnade eben erst getrennt worden. Während Amnestien vor dem Krieg in der öffentlichen Wahrnehmung „*meist als Staatsakte auf dem Höhepunkt staatlichen Lebens*" verstanden worden waren, wurden sie nunmehr als „*Handlungen auf einem staatlichen Tiefpunkt*" empfunden.[254]

---

252 *Hüser*, Begnadigung und Amnestie, 1973, S. 154; *Meyer*, DJZ 1933, Sp. 129 (131).

253 So die absolut herrschende Meinung in der juristischen Literatur jener Zeit, welche die durch die Politik betriebene Amnestiepraxis aus verschiedensten Gründen praktisch einhellig ablehnte und teils bereits seit den Anfängen der Republik vor deren möglichen Folgen eindringlich gewarnt hatte, vgl. *Stein*, Begnadigungsrecht, 1919, S. 68; *Hachenburg*, DJZ 1921, Sp. 471 (473); *Ebermayer*, DJZ 1927, Sp. 481 (482); *Wunderlich*, DJZ 1928, Sp. 1171 (1172); *Hachenburg*, DJZ 1928, Sp. 497 (500); *Meyer*, DJZ 1933, Sp. 129 (130).

254 *Hüser*, Begnadigung und Amnestie, 1973, S. 149.

Dem Zauberlehrling gleich hatte man an dem neuen Spielzeug zu schnell Gefallen gefunden und den rechten Zeitpunkt verpasst, mit dem Zündeln wieder aufzuhören.

## 3. Amnestien im Nationalsozialismus – 1933 bis 1945

Mit der Machtergreifung der Nationalsozialisten wurde die Amnestie zu ihrem Werkzeug der innerstaatlichen politischen Siegerjustiz.

Die Amnestien im Dritten Reich ergingen nach Übertragung der gesetzgeberischen Gewalt auf die nationalsozialistische Regierung im Wege des Ermächtigungsgesetzes vom 24.03.1933[255] durch dieselbe in Gesetzesform – seit 1939 als „*Gnadenerlasse des Führers und Reichskanzlers*".[256]

Mit der ersten Amnestie zur Exkulpierung der eigenen Anhängerschaft wartete man jedoch gar nicht so lange ab, sondern gönnte sich die *VO des Reichspräsidenten* [Hindenburg] *über die Gewährung von Straffreiheit* bereits am 21.03.1933 in Form der Notverordnung. Mit ihr wurden sämtliche Verbrechen von rechten Gewalttätern an politischen Gegnern, nach dem nationalsozialistischen Verordnungswortlaut solche „*Straftaten, die im Kampfe für die nationale Erhebung des Deutschen Volkes, zu ihrer Vorbereitung oder im Kampfe für die deutsche Scholle begangen*" worden waren – inklusive Mord – straffrei gestellt.

Fadenscheinigerweise suchte man dieser VO gleichzeitig noch formal den Deckmantel einer allgemeinen Befriedungsamnestie überzuwerfen, wenn es in der amtlichen Verlautbarung hieß,

> „*in der Zeit der Kämpfe [habe] […] sich […] mancher zu Handlungen hinreißen lassen […]. Diese Zeit gehör[e] der Vergangenheit an [, nachdem] der Reichskanzler […] jedem weiteren Übergriff Halt geboten [habe]. Für die Zukunft [könne das Reich] keine Milde walten lassen. Für Verstöße der vergangenen Zeit, die [wohlgemerkt] aus bestem Wollen für das Wohl des Reiches begangen worden [seien, könne] es aber auf strafrechtliche Sühne verzichten […].*"[257]

Tatsächlich handelte es sich augenscheinlich um eine politische Zweckamnestie, die sich in der „*einseitige[n] Begünstigung der politischen Kampfgefährten und Mitläufer*"[258] erschöpfte.

---

255 RGBl. 1933, Nr. 25, S. 141, hier der Art. 1.

256 *Schätzler*, Gnadenrecht, 1992, Ziff. 32.

257 So die amtliche Verlautbarung zur Amnestieverordnung (RGBl. 1933, Nr. 24, S. 134), zitiert nach *Hoche*, DJZ 1933, Sp. 469 (470); vgl. *Hüser*, Begnadigung und Amnestie, 1973, S. 156 f.

258 *Hüser*, Begnadigung und Amnestie, 1973, S. 157.

Wegen der insgesamt zehn[259] größeren und eigenständigen Amnestien der NS-Zeit – hinzu kommen noch einige kleine Anordnungen in Form von Verordnungen und Erlassen, die nicht als formelles Gesetz ergingen[260] – sei im Übrigen auf die Tabelle 2 sowie die Ausführungen bei *Hildebrandt*[261] und *Hüser*[262] verwiesen. Hervorzuheben ist, dass die Amnestien der Nationalsozialisten seit 1939, beginnend mit der Sudeten-Amnestie vom 19.06.1939,[263] als „*Gnadenerlasse des Führers*" ergingen, jedoch dessen ungeachtet als echte Amnestien in Form des Straffreiheitsgesetzes zu betrachten sind. Der Begriff des Gnadenerlasses sollte offensichtlich herausstellen, dass die Begünstigten die jeweilig zu erlangende Straffreiheit allein dem Wohlwollen Adolf Hitlers zu verdanken hätten. Gleichwohl waren diese Erlasse allgemein generell gehalten, auf größere Personengruppen zugeschnitten und ergingen in Gesetzesform. Die Bezeichnung als Gnadenerlass spiegelt dabei lediglich den Umstand wider, dass die Gesetzgebungskompetenz auf die Regierung übertragen worden war, die somit fortan exekutive und legislative Gewalt auf sich vereinte.

Mit dem Arbeitsspendengesetz und dem Volksverratsgesetz 1933, dem Devisenzuwiderhandlungsgesetz 1936 und der 2. VO zur Durchführung und Ergänzung der VO des Führers zum Schutze der Rüstungswirtschaft 1942 ergingen unter den Nationalsozialisten insgesamt vier Steueramnestien.

Die Amnestien im Dritten Reich können dabei teilweise auch als Komplementärerscheinung des rigiden Abschreckungsstrafrechts verstanden werden, als Korrektiv der drakonischen, sukzessive immer wieder verschärften Strafen, mit der Intention, die Akzeptanz in der Bevölkerung für diese zu wahren, gleichzeitig als perfides kriminalpolitisches „*Instrument der Feinsteuerung*", welches vor dem Hintergrund der allgemeinen Einschüchterung und Repression „*Differenzierungen zwischen politischen Freunden und politischen Feinden*" erlaubte.[264]

---

259 Nicht mitgezählt sind das Steueranpassungsgesetz vom 16.10.1934 (als bloße Modifizierung und Verlängerung des Volksverratsgesetzes vom 12.06.1933) sowie die StFVO und die vier Gnadenerlasse für einzelne Berufsgruppen 1939 und 1940. Das Gesetz zum Schutze der Rüstungswirtschaft 1942 und dessen 2. VO, welche dieses erst um eine Steueramnestie erweiterte, wurden nur einfach berücksichtigt.

260 Abgedruckt bei *Menschell*, Gnadenrecht, 1943.

261 *Hildebrandt*, Amnestien, 1951.

262 *Hüser*, Begnadigung und Amnestie, 1973, S. 155 ff.; *Schätzler*, Gnadenrecht, 1992, Ziff. 32.

263 Die allerdings noch nicht als Gnadenerlass, sondern als Erlass bezeichnet war. Die Bezeichnung des Gnadenerlasses fand seit dem Straffreiheitsgesetz vom 01.09.1939 regelmäßig Verwendung.

264 *Marxen*, Amnestie, 1984, S. 6, 7, 8.

Der staatlich gewünschten, ideologischen Justizwillkür wurde ein roter Teppich ausgerollt.

## 4. Zehn Steueramnestien zwischen 1913 und 1945

Einschließlich des Generalpardons und der 2. VO zur Durchführung und Ergänzung der VO des Führers zum Schutze der Rüstungswirtschaft 1942 ergingen zwischen 1913 und 1945 insgesamt zehn[265] gesamtdeutsche Steueramnestien, welche größtenteils ähnlich ausgestaltet waren, wobei der Generalpardon 1913 und jene der Weimarer Zeit den Adressaten die Steuerschulden weitgehend erließen. Das Gesetz über Steuernachsicht 1920 befreite von der Nachzahlungspflicht für Zeiträume vor dem 01.04.1915, die insgesamt vier Steueramnestieverordnungen 1931 je nach Steuerart für Zeiträume bis zu verschiedenen Stichtagen zwischen dem 01.01.1930 und dem 15.08.1931.

Hervorzuheben ist dabei lediglich die Steueramnestie vom 21.09.1931, die letzte eigentliche solche der Weimarer Zeit, welche die Steueramnestieverordnung vom 25.08.1931 ergänzte und um einen wesentlichen Aspekt modifizierte. Nach § 2 konnten Steuerhinterzieher nunmehr „*Steueramnestie anstatt durch Selbstanzeige [...] auch dadurch*“ erlangen, dass sie innerhalb der Amnestiefrist steuerfreie Reichsbahnanleihen in Höhe der jeweiligen bisher nicht angegebenen steuerpflichtigen Werte erwarben und diese gemäß § 10 mindestens bis zum 01.04.1937 hielten. Die Rechtsfolgen umfassten gemäß § 7 die Befreiung von der Selbstanzeigepflicht (der vorausgegangenen Steueramnestieverordnung), Befreiung von sämtlichen Steuernachzahlungen sowie Befreiung von der Strafe. Die §§ 3 bis 5 enthielten konkrete Berechnungsbeispiele für die Ermittlung des jeweiligen Betrags, der in Reichsbahnanleihen zu zeichnen war.

Die nationalsozialistischen Steueramnestien waren hingegen in puncto Abgeltung der Steuerschuld weniger großzügig. Das Arbeitsspendengesetz 1933, das Volksverratsgesetz 1933, das Steueranpassungsgesetz 1934 und die 2. VO zum Schutze der Rüstungswirtschaft 1942 bestimmten die volle Nachzahlung der hinterzogenen Steuern und verzichteten lediglich auf die Erhebung von Verzugszuschlägen und Zinsen.

Allein das Arbeitsspendengesetz 1933, welches in § 6 Steuerabgeltung durch den Erwerb von Spendencoupons und deren Weiterleitung an das Finanzamt zuzüglich Leistung eines Aufgeldes zwischen 15 und 25 % ermöglichte, gewährte Straffreiheit für Steuerzuwiderhandlungen bereits, soweit die Steuerschulden mindestens zur Hälfte abgelöst wurden, nicht jedoch Erlass der

265 Acht eigenständige sowie zwei ergänzende.

Reststeuerschuld.[266] Darüber hinaus eröffnete die Regelung des § 4 die „*Wahrung des Amnestiegeheimnisses*"[267] des Spenders durch Zwischenschaltung eines Notars, der in dessen Auftrag die Beträge an das Finanzamt weiterleitete. Der Notar hatte dem Spender hierfür eine personalisierte Geldempfangsquittung auszustellen und den Spendenschein des Finanzamtes an diesen weiterzuleiten. Gleichzeitig war der Notar gemäß § 4 Abs. 2 ausdrücklich gehalten, die Person des Spenders auch gegenüber dem Finanzamt und anderen Behörden geheim zu halten.

Damit konnte aufgrund der Arbeitsspende ebenso wie knapp zwei Jahre zuvor durch Erwerb der Reichsbahnanleihe anonym Straffreiheit erlangt werden.

## 5. Amnestiegesetze unter alliierter Verwaltung

Die ersten beiden Amnestien im Nachkriegsdeutschland vom 20.04.1949 und 08.08.1949 ergingen noch durch den zweiten Wirtschaftsrat des Vereinigten Wirtschaftsgebietes zu Frankfurt am Main. Zentrale Aufgabe des Wirtschaftsrates, der auf Initiative der Amerikaner als Organ der deutschen Selbstverwaltung für die amerikanische und britische Besatzungszone installiert worden war und sich paritätisch aus Abgeordneten zusammensetze, die durch die Landtage delegiert wurden, war vor allem, die Kosten für die alliierte Besatzung zu senken, indem effektive Strukturen – insbesondere auch einer eigenständigen Finanzverwaltung – aufgebaut wurden.

Aktuell mussten die Maßnahmen der Soforthilfe und des Lastenausgleichs gegenfinanziert, die Steuereinnahmen gesteigert werden und dies angesichts einer in den Nachkriegswirren erheblich gesunkenen Steuermoral. Erste Voraussetzung für die Erreichung dieser Ziele war es, aus Sicht der Finanzverwaltung einen möglichst genauen Überblick über die vorhandenen Vermögensbestände zu erhalten. Vor diesem Hintergrund sind das Zweite Steuerneuordnungsgesetz und das Soforthilfegesetz zu verstehen.[268]

Beide Gesetze stellen sich als ungewöhnliche Mischformen von Steueramnestien dar, wobei die Amnestieregelung des Zweiten Steuerneuordnungsgesetzes[269] an eine wirksame Selbstanzeige nach § 410 RAO anknüpfte und bei deren Wirksamkeit zusätzlich weitere Finanzdelikte amnestierte. Das Soforthilfegesetz[270]

266 *Petrick-Rump*, Steueramnestien, 1996, S. 23 f.

267 *Rohmer*, PH 1934, S. 335.

268 *Petrick-Rump*, Steueramnestien, 1996, S. 31 ff.

269 WiGBl. 1949, Nr. 15, S. 69.

270 Gesetz zur Milderung dringender sozialer Notstände, WiGBl. 1949, Nr. 28, S. 205.

enthielt einen Amnestietatbestand, welcher die Berichtigung vorangegangener Falschangaben im Rahmen der Vermögensbestandsaufnahme zur Bedingung hatte, und amnestierte ebenfalls verschiedene Steuer- und Abgabenvergehen, die im Zusammenhang mit den Falschangaben verwirklicht worden waren. Beide Amnestien sahen zehnprozentige Säumniszuschläge vor, das Soforthilfegesetz gleichzeitig aber auch Nachentrichtungserlass für bestimmte Steuern und Zeiträume, so dass die Anwendung je nach Einzelfall insgesamt zu einer Höher- oder Minderbelastung gegenüber dem Steuerehrlichen führen konnte.

### *a) 1949 – Zweites Steuerneuordnungsgesetz*

Mit § 4 des Zweiten Steuerneuordnungsgesetzes wurden zunächst die Ausschlusstatbestände der Selbstanzeige nach § 410 RAO entschärft. Nunmehr schloss nur noch die vorherige „*Einleitung einer Untersuchung durch die Steuerbehörde*“ die Wirksamkeit der Selbstanzeige in den Fällen der Abs. 1 und 2 aus. Sie musste nicht mehr, wie in § 410 AO a.F.,[271] erfolgen, „*ohne [dass der Erstattende allgemein] dazu durch eine unmittelbare Gefahr der Entdeckung [sich] veranlasst*“ sah.

Die §§ 5 und 6 des Gesetzes bestimmten, dass durch Abgabe einer wirksamen (in § 4 neu gefassten) Selbstanzeige nach § 410 AO bis zum zweiten Stichtag, dem 01.07.1949 bei zusätzlicher Entrichtung eines Reuezuschlags zugleich Straffreiheit für Verstöße gegen die Pflichten zur Bestandsaufnahme (gemäß Art. IX des Anhangs zum Gesetz Nr. 64)[272] sowie für vor dem ersten Stichtag, dem 21.06.1948 begangene Verstöße gegen Preis- und Bewirtschaftungsvorschriften erlangt werden konnte.

### *b) 1949 – Soforthilfegesetz*

Das Soforthilfegesetz verfügte eine Sonderabgabe auf Betriebs- und Grundvermögen[273], mit dem Ziel, die Lasten der Kriegsschäden breiter zu verteilen, und war insofern Vorläufer des Lastenausgleichsgesetzes[274]. Als Bemessungsgrundlage für die

271 Fassung vom 22.05.1931, RGBl. Nr. 20, S. 161 (213).

272 Artikel IX – Sicherung von Besteuerungsgrundlagen (Bestandsaufnahme) – des Anhangs zum Gesetz Nr. 64 vom 20.07.1948, abgedruckt in: WiGBl. 1948, Beilage Nr. 4, S. 1 (11); Strafandrohung hier in § 8 S. 12.

273 Der persönliche Anwendungsbereich war in § 2, der sachliche Anwendungsbereich in § 3 ff. geregelt. WiGBl. 1949, Nr. 28, S. 205.

274 Gesetz über den Lastenausgleich vom 14.08.1952 (BGBl. Nr. 34, S. 446); vgl. *Petrick-Rump*, Steueramnestien, 1996, S. 32.

Ermittlung der individuellen Höhe der Soforthilfesonderabgabe nach § 18 Abs. 1 bis 3 SHG wurde auf die Angaben zurückgegriffen, welche die Abgabenpflichtigen im Rahmen der Bestandsaufnahme des Vorratsvermögens gemäß Art. IX des Anhangs zum Gesetz Nr. 64[275] bereits zu erbringen gehabt hatten. Für diejenigen Abgabenzedenten, welche bisher anlässlich der Bestandsaufnahme Vorratsvermögen verschwiegen oder zu niedrig angegeben hatten, sahen die Abs. 4 und 5 des § 18 SHG unter komplex ausdifferenzierten Bedingungen verschiedene Rechtsfolgen vor, wenn diese die Angaben bis zum 20.10.1949[276] berichtigten und somit noch eine Festsetzung der Soforthilfesonderabgabe auf Basis der tatsächlichen Vorratsvermögensbestände ermöglicht wurde. Dem Abgabenpflichtigen wurde gemäß § 18 Abs. 4 Nr. 1. a) SHG auferlegt, einen Reuezuschlag in Höhe von 10 % des Wertes des nachgemeldeten Vorratsvermögens bis zum 20.11.1949 zu entrichten.

Soweit ein Zusammenhang mit dem nachgemeldeten Vermögen bestand, wurde dem Abgabenpflichtigen im Übrigen gemäß § 18 Abs. 4 Nr. 1. b) SHG Straffreiheit für alle Steuervergehen sowie für jene Verstöße gewährt, welche bereits mittels der §§ 5 und 6 des Zweiten Steuerneuordnungsgesetzes amnestiert worden waren,[277] sofern diese vor Amnestieverkündung begangen worden waren, gemäß § 18 Abs. 4 Nr. 1. c) SHG die Nacherhebung von Steuern jeder Art erlassen, die er bis zum 20.07.1948 ordnungsgemäß hätte entrichten müssen, sowie gemäß § 18 Abs. 4 Nr. 1. d) SHG auch Säumnis und Strafzuschläge für die Zeit ab dem 21.07.1948.

§ 18 Abs. 4 Nr. 1 S. 2 SHG schloss Straffreiheit und Vergünstigungen für den Fall aus, dass dem Abgabenpflichtigen die Einleitung behördlicher Untersuchungen eröffnet worden war. Gleichzeitig wurden in § 18 Abs. 4 Nr. 2 SHG die Sanktionen für (nicht korrigierte) Falschangaben verschärft, so etwa die Anwendung der „*Tätigen Reue nach § 410 RAO*“[278] ausgeschlossen, und ein

275 Artikel IX – Sicherung von Besteuerungsgrundlagen (Bestandsaufnahme) – des Anhangs zum Gesetz Nr. 64 vom 20.07.1948, abgedruckt in: WiGBl. 1948, Beilage Nr. 4, S. 1 (11).

276 Ursprünglich bis zum 20.08.1949, jedoch durch Anordnung des Direktors der Verwaltung für Finanzen vom 08.08.1949 geändert; WiGBl. 1949, Nr. 28, S. 208, 229.

277 Alle Vergehen gegen die Pflichten zur Bestandsaufnahme (gemäß Art. IX des Anhangs zum Gesetz Nr. 64) sowie alle Verstöße gegen Preis- und Bewirtschaftungsvorschriften.

278 Hier als solche bezeichnet, obwohl man erst am 20.04. desselben Jahres die amtliche Überschrift Selbstanzeige bei Änderung des § 410 RAO eingeführt hatte.

Strafzuschlag in Höhe von 50 % des Wertes des nicht angegebenen Vorratsvermögens erhoben.[279]

## 6. Amnestiegesetze in der Bundesrepublik

### *a) 1949 – Straffreiheitsgesetz*

Bei dem „Gesetz über Gewährung von Straffreiheit"[280] vom 31.12.1949 handelt es sich um das erste Bundesjustizgesetz der jungen Bundesrepublik.[281] In 14 Paragraphen regelt es die Voraussetzungen, unter denen für vor dem Stichtag 15.09.1949 begangene Straftaten und Ordnungswidrigkeiten Straffreiheit gewährt würde. Steuervergehen waren gemäß § 12 StFG 1949 von der Amnestierung ausdrücklich ausgeschlossen.[282] Dies wurde damit begründet, dass den Betroffenen die Möglichkeit der Selbstanzeige (damals noch als tätige Reue bezeichnet) gemäß des § 410 RAO zur Verfügung stünde. Soweit jemand hiervon keinen Gebrauch mache, bestünde *„kein Anlaß, ihm hierüber hinaus Straffreiheit zu gewähren"*, so der damalige Bundesjustizminister Dehler im Bundestag.[283] Im Kern sah die Regelung gemäß § 2 einen Straferlass für rechtskräftig erkannte Freiheitsstrafen bis zu sechs Monaten und daneben ausgesprochene Geldstrafen bis zu 5.000 DM, sowie für Geldstrafen, deren Ersatzfreiheitsstrafe sechs Monate nicht überstieg, für jeglichen verhängten Jugendarrest sowie für Nebenstrafen vor, soweit die Freiheitsstrafe und der Jugendarrest noch nicht verbüßt, die Nebenstrafen noch nicht vollstreckt oder die Geldstrafen noch nicht bezahlt waren. Die Niederschlagung schwebender Verfahren war in § 3 StFG 1949 dergestalt geregelt, dass dieser die Einstellung solcher bei Gericht oder der Staatsanwaltschaft anhängiger Verfahren anordnete, bei denen eine über die vorgenannten Strafmaßgrenzen hinausgehende Strafe nicht zu erwarten sei.[284] Weiter sah § 9 StFG 1949 Straffreiheit im selben Umfang, mithin Straferlass und Niederschlagung für politische Straftaten ohne Ansehung des Strafrahmens vor, soweit diese zwischen den Stichtagen 08.05.1945 (Kriegsende) und 15.09.1949 begangen wurden, vorbehaltlich dass sie nicht unter eine der Ausnahmeregelungen des § 9 Abs. 3 StFG fielen, die an Begehungsweise und Tatmotive anknüpfen. Hiernach waren einzelne Delikte wie

---

279 Vgl. zum Soforthilfegesetz die Darstellung bei *Petrick-Rump*, Steueramnestien, 1996, S. 32.

280 BGBl. 1949, Nr. 9, S. 37, im Folgenden: StFG 1949.

281 *Blum*, Strafbefreiungsgründe, 1996, S. 63.

282 § 12 StFG 1949; vgl. auch *Brandstetter*, Straffreiheitsgesetz 49, 1950, S. 3, 179 ff.

283 Plenarprotokoll vom 02.12.1949, 19. Sitzung, BT.-Drs. 1949, S. 529 (574).

284 Vgl. §§ 2 und 3 StFG 1949.

Mord, Raub und einige gemeingefährliche Straftaten ebenso ausgeschlossen wie alle Verbrechen, die *„aus Grausamkeit, aus ehrloser Gesinnung oder aus Gewinnsucht“* verübt worden waren.[285]

Zweckbestimmungen enthält das Gesetz weder in Form einer Präambel noch im Rahmen seiner einleitenden Paragraphen. Ein Blick auf die Gesetzesbegründung zeigt jedoch, dass der Gesetzgeber einen Schlussstrich unter *„Jahre der Not, der sittlichen Verwilderung und der Rechtsverwirrung“* ziehen und solche delinquente Personen rehabilitieren wollte, die *„unter normalen wirtschaftlichen Verhältnissen sich nicht gegen Strafgesetze vergangen hätten“*.[286] Hierbei ist zwischen der allgemeinen Straffreiheit für sämtliche zwischen den Stichtagen verwirklichte Delikte mit der Strafobergrenze von sechs Monaten Freiheitsstrafe und solcher für politisch motivierte Straftaten zu unterscheiden,[287] welche ohne Rücksicht auf Art und Höhe der Strafe amnestiert wurden. Diese politische Strafamnestie sollte in erster Linie politisch Verfolgte straffrei stellen, die sich nach dem Fall des nationalsozialistischen Regimes gegen ihre vormaligen Peiniger gewandt hatten.[288] Allerdings war der Anwendungsbereich des § 9 ausdrücklich nicht auf solche politisch motivierten Straftaten beschränkt, sondern stellte Taten aller politischen Richtungen straffrei, auch wenn die Privilegierung von Nationalsozialisten nicht intendiert war.[289]

### *b) 1954 – Straffreiheitsgesetz*

Das „Gesetz über den Erlaß von Strafen und Geldbußen und die Niederschlagung von Strafverfahren und Bußgeldverfahren“[290] vom 17.07.1954 stellt den zweiten Versuch einer Schlussstrichziehung angesichts der *„durch Kriegs- oder Nachkriegsereignisse geschaffenen außergewöhnlichen Verhältnisse“*[291] dar. Die Bereinigung dieser Verhältnisse ist sodann auch als ausdrückliche Zweckbestimmung in der einleitenden Vorschrift des § 1 StFG 1954 niedergelegt. Es hatte sich gezeigt, dass die mit dem StFG 1949 verfolgten Ziele nicht voll erreicht[292] worden waren, die Bereinigung auf dem Gebiete der Strafrechtspflege nur lückenhaft gelungen war,[293]

---

285 Siehe hierzu *Seibert*, NJW 1950, S. 173.
286 BT-Drs. Nr. 01/251, S. 5.
287 *Blum*, Strafbefreiungsgründe, 1996, S. 63 f.
288 *Schätzler*, Gnadenrecht, 1992, Ziff. 34.1.
289 *Brandstetter*, Straffreiheitsgesetz 49, 1950, S. 161 f.
290 BGBl. 1954, Nr. 21, S. 203; im Folgenden: StFG 1954.
291 § 1 StFG 1954.
292 *Schätzler*, Gnadenrecht, 1992, Ziff. 34.2.
293 *Blum*, Strafbefreiungsgründe, 1996, S. 65.

da der Zustand unmittelbarer wirtschaftlicher Not vieler Menschen über den Stichtag des StFG 1949 fortgedauert hatte und weiterhin eine Vielzahl von Personen ohne feste Lebensgrundlage sich aufgrund eben dieser persönlichen Notlage zu Straftaten hatte hinreißen lassen.[294] Stichtag war der 01.12.1953; umfasst waren Straftaten, die bis vor diesem Datum begangen worden waren. § 2 Abs. I StFG ordnete Straferlass für rechtskräftig verhängte und noch nicht vollstreckte Freiheitsstrafen bis zu drei Monaten und für Geldstrafen, deren Ersatzfreiheitsstrafe drei Monate nicht überstieg, an.[295] Abermals war auch die Niederschlagung anhängiger Verfahren und die Nichteinleitung neuer Verfahren vorgesehen, § 2 Abs. II StFG, soweit eine über das in Abs. 1 bezeichnete Strafmaß hinausgehende Strafe nicht zu erwarten sei. Registerlöschungen im Falle bereits rechtskräftig erkannter Strafen waren nicht vorgesehen.[296]

Das StFG 1954 unterschied sich vom StFG 1949 durch die Benennung einer Zweckbestimmung;[297] einerseits war es enger gefasst als dieses, zumindest was die Strafrahmengrenzen der allgemeinen Straffreiheit anbelangte,[298] andererseits war es weitreichender und umfassender,[299] was bereits aus dem Gesetzesumfang, 30 gegenüber 14 Paragraphen, deutlich wird. § 3 sah abweichend von § 2 Straffreiheit für Freiheitsstrafen bis zu einem Jahr bei solchen Straftaten vor, die der Täter aufgrund einer unverschuldeten Notlage begangen hatte. Straffreiheit für Straftaten bis zu einem Jahr wurde auch für Wirtschaftsstraftaten aus Interzonengeschäften gewährt, welche in § 5 gesondert geregelt wurden. Ebenso fand die Straffreiheit für Jugendliche und Heranwachsende in § 15 eine eigenständige Regelung. Für die Straffreiheit von Steuer- und Monopolvergehen wurden mit den §§ 4 und 14 StFG 1954 weitere Voraussetzungen bestimmt und Ausschlussgründe[300] geschaffen. So etwa wurde Straffreiheit gemäß § 4 Abs. II Nr. 2 StFG nicht gewährt *„für Steuervergehen, für die der Täter nach § 3 Abs. 3 des Gesetzes über die drei Abkommen zwischen der Bundesrepublik Deutschland und der Schweizerischen Eidgenossenschaft über die deutschen Vermögenswerte in der Schweiz, über die Regelung der Forderung der Schweizerischen Eidgenossenschaft gegen das*

---

294 *Schätzler*, Gnadenrecht, 1992, Ziff. 34.2.
295 § 2 StFG 1954.
296 Kritik hieran übend *Brandstetter*, JZ 1954, S. 597 (603).
297 *Blum*, Strafbefreiungsgründe, 1996, S. 65.
298 *Schätzler*, Gnadenrecht, 1992, S. Ziff. 34.2.
299 *Blum*, Strafbefreiungsgründe, 1996, S. 65.
300 § 2 Abs. II StFG 1954.

*damalige Deutsche Reich und zum deutschen Lastenausgleich vom 07.03 1953*[301] *Straffreiheit erlangen konnte*".

### c) 1968 – Straffreiheitsgesetz

Das StrFG 1968[302] stellt eine klassische Annexamnestie als Begleitmaßnahme einer Strafrechtsentschärfung – hier durch das Achte Strafrechtsänderungsgesetz[303] – dar und kann ferner im weitesten Sinne als Rechtskorrekturamnestie[304] und Spezialamnestie charakterisiert werden.

Diese Reform des politischen Strafrechts, auf Basis „*einer Fülle neuer Erkenntnisse [...] auf den Gebieten des strafrechtlichen Staatsschutzes [...] in Verbindung mit einer neuen politischen Sicht*", mit welcher die Tatbestände der Staatsschutzdelikte neu gefasst wurden, ist vor dem Hintergrund des Versuches zu verstehen, einerseits allgemein staatliche Eingriffe in die bürgerliche Freiheitssphäre zu reduzieren, etwa den politische Journalisten, der „*aus nicht selten anerkennenswerten Motiven ein Staatsgeheimnis offenlegt*", strafrechtlich nicht mehr dem Agenten oder Spion gleichzustellen und damit die Pressefreiheit zu stärken, andererseits das innerdeutsche Verhältnis zu entspannen und rechtliche Hindernisse in der Interaktion der beiden deutschen Staaten zu reduzieren. So sollte die Reform

> „*unter größtmöglicher Präzisierung so weit, wie es kriminalpolitisch vertretbar [erschien, die Staatsschutzdelikte] einschränken, insbesondere das Gesetz von allem freihalten, was förderliche Kontakte zwischen den Menschen aus beiden Teilen Deutschlands und die notwendige geistige Auseinandersetzung mit dem Kommunismus behindern könnte*".[305]

Das StrFG 1968 gewährte Straffreiheit für vor dem 01.07.1968 begangene Straftaten nach Vorschriften, die durch das StrÄndG aufgehoben oder ersetzt wurden, allerdings mit einzelnen Einschränkungen, etwa wegen Taten, die auch nach den neuen Vorschriften weiterhin strafbar blieben (§§ 1, 2 StrFG 1968). Im Falle des § 100e StGB galt eine Strafobergrenze von sechs Monaten Freiheitsstrafe. Für Fälle, die unter die Strafschärfung des § 94 StGB fielen, wurde lediglich Strafmilderung angeordnet.

---

301 BGBl. II 1953, Nr. 3, S. 15.

302 Gesetz über Straffreiheit vom 09.07.1968, BGBl. Nr. 46, S. 773.

303 Vom 25.06.1968, BGBl. Nr. 43, S. 741; zu dessen Hintergründen *Holtz*, Strafrechtsreformen, 1989, S. 67 ff.; *Blum*, Strafbefreiungsgründe, 1996, S. 67.

304 So *Schätzler*, Gnadenrecht, 1992, Ziff. 34.3.

305 Gesetzesbegründung in: Drucksache V/898, S. 15.

Auffällig ist, dass in den §§ 3 bis 10 dieses Amnestiegesetzes seine prozessualen Konsequenzen sehr ausführlich bestimmt waren. Diese acht der insgesamt zwölf Paragraphen regeln erschöpfend die Modalitäten bei Straferlass und Niederschlagung beziehungsweise Nichteinleitung von Verfahren sowie die jeweilige Entscheidungskompetenz und den Rechtsweg. Die Erstreckung des Straferlasses auch auf Nebenfolgen, wie Berufsverbote oder Maßnahmen der Besserung und Sicherung, war ebenso ausdrücklich angeordnet, wie auch § 10 ein „Begehren auf Freispruch“ derjenigen Angeklagten vorsah, deren gerichtlich anhängiges Verfahren außerhalb der Hauptverhandlung aufgrund der Amnestieregelung eingestellt wurde und denen zur Geltendmachung ihrer Unschuld ein Antrag auf Fortsetzung des Verfahrens zustand.

### *d) 1970 – Straffreiheitsgesetz*

Das StrFG 1970 weist in mehrfacher Hinsicht Parallelen zu dem nur zwei Jahre zuvor ergangenen StrFG 1968 auf. Wieder handelte es sich um die Begleitmaßnahme einer Strafrechtsliberalisierung, diesmal in Form des Dritten Gesetzes zur Reform des Strafrechts.[306] Es kann ebenfalls als Rechtskorrektur- und Spezialamnestie[307] kategorisiert werden, darüber hinaus als politische und Befriedungsamnestie.[308] Wieder ist die Reformierung des Strafrechts und das sie flankierende Straffreiheitsgesetz letztlich als Konsequenz einer rechtspolitischen Neuausrichtung vor dem Hintergrund im Wandel begriffener sozial-gesellschaftlicher Vorstellungen zu sehen. Dabei war es jedoch zum einen von größerer Reichweite, insofern als es weit mehr amnestierte als jene Tatbestände, die ohnehin der Reform zum Opfer fielen, gleichzeitig war das „Thema der Amnestie“ ungleich tagespolitischer – handelte es sich doch um kein geringeres Konfliktfeld als das Aufeinanderprallen der Studentenbewegung und des antiquiert-restriktiven Versammlungsstrafrechts[309] anlässlich der unzähligen Demonstrationen jener Tage.

Die Amnestie gewährte nicht nur Straffreiheit „*wegen Straftaten nach Vorschriften, die durch das Dritte Gesetz zur Reform des Strafrechts aufgehoben oder*

306 Gesetz vom 21.05.1970, BGBl. Nr. 45, S. 505; zu dessen Hintergründen und dem politischen Entscheidungsprozess *Holtz*, Strafrechtsreformen, 1989, S. 102 ff.

307 *Hüser*, Begnadigung und Amnestie, 1973, S. 210.

308 Vgl. *Schätzler*, Gnadenrecht, 1992, Ziff. 34.4.

309 Gemeint sind nicht bloß das Nebenstrafrecht der Straftaten gegen dasVersG, sondern auch die in thematischem Zusammenhang stehenden Vorschriften des 6. und 7. Abschnitts des StGB a.F.

*ersetzt*[310] *worden [waren] (§ 2 Abs. 1)*", sondern unter den entsprechenden Voraussetzungen vor allem auch „*wegen Straftaten, die in der Zeit vom 1. Januar 1965 bis zum 31. Dezember 1969 durch Demonstrationen oder im Zusammenhang hiermit begangen worden [waren] (§ 2 Abs. 2)*".[311]

Seit 1965 war es im Zuge von Demonstrationen immer häufiger und massiver zu gewaltsamen Auseinandersetzungen zwischen den studentischen Demonstranten und der Staatsmacht gekommen. Die anfangs wohl regelmäßig von der neuen Situation überforderte Polizei reagierte oftmals mit unbotmäßiger Härte auf diese Form des politischen und gesellschaftlichen Protests. Zwar war die Versammlungsfreiheit durch Art. 8 GG verbrieft und das Versammlungsrecht durch Einführung des Versammlungsgesetzes 1953[312] weiter konkretisiert worden, jedoch war dieses seit Gründung der Bundesrepublik noch keinem ernstzunehmenden Praxistest ausgesetzt gewesen, galt vielmehr als „*totes Recht*"[313], während die Idee, von diesem Recht praktischen Gebrauch zu machen, in den konservativen Augen weiter Teile der Bevölkerung schlichtweg eine Unverfrorenheit darstellte. Eine reaktionäre und einseitig berichtende Presse tat das ihre, um den Konflikt weiter zu eskalieren und die Fronten, die maßgeblich zwischen den Generationen verliefen, zu verhärten.

Die Strafvorschriften des 6. und 7. Abschnitts des StGB – Widerstand gegen die Staatsgewalt sowie Verbrechen und Vergehen wider die öffentliche Ordnung – entstammten weitgehend noch der Erstfassung des deutschen Strafgesetzbuches von 1871 und standen teils in Widerspruch zum Grundrecht der Versammlungsfreiheit beziehungsweise in einem derartigen Spannungsverhältnis zur Realität der Demonstrationen, dass nach strenger Auslegung zahlreiche Straftatbestände von einer Vielzahl, wenn nicht der Gesamtheit der Demonstrationsteilnehmer regelmäßig verwirklicht wurde. Die Frage, ob die Straftatbestände der Aufforderung

---

310 Etwa wurde die Straftatbestände der Aufforderung zum Ungehorsam (§ 110 StGB a.F.), des Aufruhrs (§ 115 StGB a.F.) und des Auflaufs (§ 116 StGB a.F.) mit der Strafrechtsreform ersatzlos aufgehoben, der des Landfriedensbruchs (§ 125 StGB a.F.) dahingehend wesentlich entschärft, dass fortan nicht mehr die bloße Teilnahme an einer „*Zusammenrottung*", aus der heraus Gewalttätigkeiten begangen werden, unter Strafe stand, sondern nur noch die aktive oder anstachelnde Beteiligung hieran, „*in einer die öffentliche Sicherheit gefährdenden Weise*", BGBl. 1970, Nr. 45, S. 505 (506).

311 BGBl. 1970, Nr. 45, S. 509.

312 Vom 24.07.1953, BGBl. Nr. 40, S. 684.

313 *Hüser*, Begnadigung und Amnestie, 1973, S. 207 zitiert weiter den Hamburger Pressesprecher des Geneneral Staatsanwalts im Januar 1970 mit der Äußerung: „*Das Versammlungsrecht war für uns alle ein Buch mit sieben Siegeln.*"

zum Ungehorsam (§ 110 StGB a.F.), des Aufruhrs (§ 115 StGB a.F.), des Auflaufs (§ 116 StGB a.F.) und des Landfriedensbruchs (§ 125 StGB a.F.) auf einzelne Demonstrationsteilnehmer anzuwenden seien und, wenn ja, wie diese verfassungskonform auszulegen wären, stellte die Justiz vor große Probleme und machte den Ausgang der Verfahren von der individuellen und subjektiven – fraglicherweise politischen – Einstellung einzelner Richter abhängig.[314]

Die Politik erkannte dieses Problem und schickte sich an, Abhilfe zu schaffen. Dabei standen zwei rechtspolitische Ziele im Raum. Zum einen sollte das Strafrecht rund um den Topos der Versammlung grundsätzlich reformiert werden, entschlackt um die nicht mehr zeitgemäßen, restriktiven Vorschriften aus totalitären Tagen, welche erst anlässlich der jüngsten gesellschaftlichen Ereignisse in den Fokus der Rechtspolitik gerückt waren, und zudem auch gleichzeitig Rechtssicherheit und Rechtseinheitlichkeit in Bezug auf die aktuellen Fälle hergestellt werden. Zum anderen war gerade der im September 1969 frisch gewählten sozial-liberalen Koalition unter dem Bundeskanzler, der in seiner Antrittsrede bekundet hatte, man wolle *„mehr Demokratie wagen"*, insgesamt an einer Deeskalation auf der Straße, an Aussöhnung oder zumindest einer Annäherung an die protestierende Generation, mithin an einer Befriedung der Verhältnisse gelegen – konnte man doch Positionen und Kritik der Protestierenden zumindest in Teilen nachvollziehen.

Die *ratio legis* des StrFG 1970 bestand folglich in dem Bestreben einer umfassenden gesellschaftlichen Befriedung. Insofern kann unter dem Aspekt der *justa causa* von einer gelungenen und sinnvollen Amnestie gesprochen werden.[315] Sollte sie doch eine teils tiefe Spaltung der Gesellschaft überwinden helfen. Auch wenn die Amnestie etwa die zeitgleiche Gründung der RAF nicht verhinderte, so lässt sich doch mutmaßen, dass sie einer insgesamt ungleich weitreichenderen Radikalisierung größerer Gruppen erfolgreich entgegenwirkte, indem sie junge und gebildete Menschen, die aus gutem Grund gegen das System rebelliert hatten, nicht dauerhaft ausgrenzte. Ohne die Amnestie wäre womöglich vielen, denen, mit dem Makel von Vorstrafen belastet, ein bürgerliches Leben erschwert geblieben wäre, der weitere Bruch mit dem Staate bis hin zum Gang in den Untergrund – sei es aus Trotz oder Perspektivlosigkeit – leichter gefallen.

Wie bereits das StrFG 1968 enthielt das StrFG 1970 weit ausziselierte prozessuale Ausführungsbestimmungen, so etwa § 1 S. 2 den Passus: *„Die Straffreiheit*

---

314 *Hüser*, Begnadigung und Amnestie, 1973, S. 207.

315 A.A. *Merten*, Gnade, 1978, S. 27, der das StrFG 1970 für verfehlt erachtet und scharf verurteilt.

*erfaßt rechtskräftig verhängte Strafen, soweit sie noch nicht vollstreckt sind, sowie zu erwartende Strafen.*" § 3 – Auswirkungen der Straffreiheit – besagte:

> *„Strafen, die beim Inkrafttreten dieses Gesetzes rechtskräftig verhängt sind, werden erlassen, soweit sie noch nicht vollstreckt sind. Anhängige Verfahren werden eingestellt, neue nicht eingeleitet."*

§ 11 normierte einen Antrag auf Freispruch:

> *„Auf Antrag des Beschuldigten, der seine Unschuld geltend macht, wird ein gerichtlich anhängiges Strafverfahren, das auf Grund dieses Gesetzes außerhalb der Hauptverhandlung eingestellt wird, fortgesetzt, wenn die Fortsetzung geboten erscheint, weil wegen besonderer Nachteile, die mit dem erhobenen Vorwurf verbunden sind, der Beschuldigte ein überwiegendes Interesse hat, von diesem Vorwurf freigesprochen zu werden."*

Eine ausführliche Auseinandersetzung mit den Hintergründen und weiteren Besonderheiten des StrFG 1970, insbesondere des frühen öffentlichen Bekanntwerdens der Amnestiepläne weit vor dem Stichtag, findet sich bei *Hüser*.[316]

### e) 1969 bis 1976 – Kleinere Annexamnestien zu Strafrechtsreformen

In den Jahren 1969 bis 1976 wurden in ähnlicher Weise wie im Falle des bereits thematisierten StrFG 1968 im Zusammenhang mit Strafrechtsliberalisierungen insgesamt fünf kleinere Annexamnestien als deren jeweilige Begleitmaßnahme erlassen. Im Unterschied zum StrFG 1968 wurden diese jedoch nicht mehr als eigenständiges StrFG verabschiedet, sondern waren in das Artikelgesetz der jeweiligen Strafrechtsnovellen inkorporiert. Hierbei handelte es sich namentlich um die Art. 96 bis 98 des 1. StrRG vom 25.06.1969[317], die Art. 7 und 8 des 4. StrRG vom 23.11.1973[318], den Art. 313 des EGStGB vom 02.03.1974[319], die Art. 9 und 10 des 5. StrRG vom 18.06.1974[320] und den Art. 4 des 15. StrÄndG vom 18.06.1976[321], welcher die Art. 9 und 10 des 5. StrRG für entsprechend anwendbar erklärte.[322] Das 1. und 4. StrRG hatten, was die jeweiligen Neuerungen im Besonderen Teil des StGB betraf, im Wesentlichen eine Entschärfung des

316 *Hüser*, Begnadigung und Amnestie, 1973, S. 206–230.
317 BGBl. 1969, Nr. 52, S. 645 (679).
318 BGBl. 1973, Nr. 98, S. 1725 (1734).
319 BGBl. 1974, Nr. 22, S. 469 (642).
320 BGBl. 1974, Nr. 63, S. 1297 (1299).
321 BGBl. 1976, Nr. 56, S. 1213 (1215).
322 Zu den Hintergründen und zu den politischen Entscheidungsprozessen der jeweiligen Reformen *Holtz*, Strafrechtsreformen, 1989, S. 92 ff., 126 ff., 153 ff.

Sexualstrafrechts zum Gegenstand, während das 5. StrRG und das 15. StrÄndG jeweils alleine den Schwangerschaftsabbruch teilentkriminalisierten.[323]

### f) 1988 – Steueramnestie 1990

Das „Gesetz über die strafbefreiende Erklärung von Einkünften aus Kapitalvermögen und von Kapitalvermögen"[324] wurde im Rahmen des Steuerreformgesetzes 1990[325] als eine Teilregelung innerhalb der bis dato letzten größeren Steuerreform – niedergelegt in Art. 17 StRefG 1990 – am 25.07.1988 verabschiedet und trat mit dem 03.08.1988 in Kraft. Erklärte Ziele dieser Steuerreform waren vorrangig eine breite Steuerentlastung und eine gleichmäßigere Behandlung von Einkunftsarten und Besteuerung für die Zukunft.[326]

Das in diesem Artikelgesetz enthaltene, nur drei Paragraphen zählende StrbEG 1990 sah in § 1 die Möglichkeit der Abgabe einer strafbefreienden Erklärung von „Einkünften aus Kapitalvermögen und von Kapitalvermögen" befristet vom 14.10.1987 bis zum 31.12.1990[327] vor. Voraussetzung war die Nachholung, Ergänzung oder Berichtigung unterlassener oder falscher Angaben in den Steuererklärungen für die Veranlagungszeiträume ab 1986. Soweit Steuererklärungen für die Jahre 1986 und 1987 noch nicht abgegeben waren, hatten diese wahrheitsgemäß und vollständig zu erfolgen.[328] Lagen diese Voraussetzungen vor, so erstreckte sich die erlangte Straffreiheit für die Hinterziehung der Steuern auf Einkünfte aus Kapitalvermögen gemäß § 1 Abs. 1 StrbEG 1990 auch auf die Zeiträume davor, also die Veranlagungszeiträume vor 1986, für die selbst keine Nachholungspflicht bestand. Darüber hinaus galt gemäß § 2 Abs. 1 StrbEG 1990 auch die entsprechende Steuerschuld für die Veranlagungszeiträume vor 1986 mit wirksamer Abgabe der Erklärung für die Veranlagungszeiträume ab 1986 als abgegolten.[329] Unrichtige Angaben im Rahmen der Erklärung führten jedoch nicht zu einer Teilamnestierung. Wer die Erklärung nicht vollständig und zutreffend abgab, gelangte weder in den Genuss des Straferlasses noch des Steuerverzichts. Im Falle bereits

---

323 Vgl. *Schätzler*, Gnadenrecht, 1992, Ziff. 34.5.

324 BGBl. 1988, Nr. 36, S. 1128; im Folgenden: StrbEG 1990 / StrFG 1990 / ZStAmnG / Steueramnestie1990.

325 BGBl. 1988, Nr. 36, S. 1093; im Folgenden: StRefG 1990.

326 *Thomsen*, Das Amnestiegesetz, 1995, S. 1.

327 *Blum*, Strafbefreiungsgründe, 1996, S. 71; *Petrick-Rump*, Steueramnestien, 1996, S. 36, 38.

328 *Richter*, Steuerreform 1990, 1989, S. 81, Rn. 299 ff., mit Beispielen.

329 *Joecks*, Steuer-Amnestiegesetz, 1989, S. 31, Rn. 67; *Petrick-Rump*, Steueramnestien, 1996, S. 37; *Blum*, Strafbefreiungsgründe, 1996, S. 71.

eingetretener Steuerverkürzungen waren die entsprechenden Beträge zuzüglich Zinsen innerhalb einer angemessenen, durch die zuständige Finanzbehörde festzusetzenden Frist zu erstatten. Die konkrete Formulierung in § 1 Abs. 1 StrbEG 1990 lautete: „*Wer […] nachholt, berichtigt oder ergänzt […], wird […] straffrei.*"

Dass der Beginn der Abgabefrist auf den 14.10.1987 gewissermaßen rückdatiert wurde – Verabschiedung und Inkrafttreten fielen auf den Sommer 1988 –, hat seine Ursache darin, dass solche Betroffenen nicht schlechter gestellt werden sollten, die in den zehneinhalb Monaten vor Inkrafttreten den Weg der Selbstanzeige nach § 371 AO gewählt hatten.[330] Denn es kann unterstellt werden, dass das Wissen um die Steuerpflichtigkeit der Kapitalerträge in der Bevölkerung bis dahin wenig verbreitet war[331]. Der Bundesrechnungshof hatte veranschlagt, dass etwa 1981 nur rund 21 % der Einkünfte aus Kapitalvermögen deklariert worden waren,[332] und für diese Missstände, bezogen auf Erbschaftsteuer[333] und Kapitalertragsteuer[334], unzureichende Ausschöpfung von Anzeigepflichten der Banken und Erbschaftsteuerstellen gegenüber den Finanzbehörden[335] sowie ein zu Recht als gering wahrgenommenes Entdeckungsrisiko[336] als Problemfelder identifiziert. Folglich sollten jene von der Rückwirkung profitieren, die durch die öffentliche Debatte im Zuge des Gesetzgebungsverfahrens erst sensibilisiert worden waren und sich unmittelbar offenbart hatten.[337]

Die Gesetzesinitiative ist dabei im Kontext der erstmaligen Einführung einer zehnprozentigen Quellensteuer auf Kapitalerträge zu sehen.[338] Gleichzeitig hielt der Bankenerlass Einzug in die Abgabenordnung,[339] welcher das Bankgeheimnis stärkte und den Finanzbehörden größte Zurückhaltung bezüglich allgemeiner, verdachtsunabhängiger Erfassung und Kontrolle von Konten auferlegte.[340] Dieser

330 Vgl. *Thomsen*, Das Amnestiegesetz, 1995, S. 43.
331 BT-Drs. 11/2157, S. 117.
332 Bundesrechnungshof 1985, Tz. 44.1.2.
333 Bundesrechnungshof 1985, Tz. 44.2.
334 Bundesrechnungshof 1985, Tz. 44.1, 44.3.
335 Bundesrechnungshof 1985, Tz. 44.2.2.
336 Bundesrechnungshof 1985, Tz. 44.3.2.
337 *Petrick-Rump*, Steueramnestien, 1996, S. 38.
338 *Richter*, Steuerreform 1990, 1989, S. 74, Rn. 273; *Joecks*, Steuer-Amnestiegesetz, 1989, S. 2, Rn. 5; *Thomsen*, Das Amnestiegesetz, 1995, S. 1; *Petrick-Rump*, Steueramnestien, 1996, S. 37.
339 *Thomsen*, Das Amnestiegesetz, 1995, S. 2; *Petrick-Rump*, Steueramnestien, 1996, S. 38.
340 Vgl. Bundesrechnungshof 1985, Tz. 44.2.5.

war bereits 1949 ergangen, wurde nunmehr jedoch in der zuletzt 1979 reformierten Fassung[341] als neuer § 30a in die Abgabenordnung eingefügt.[342] Das Steueramnestiegesetz 1990 war somit von einem Konglomerat[343] aus grundsätzlich konträren Begleitmaßnahmen teils in Form von Einzelgesetzen flankiert, welche einerseits, im Falle des Bankenerlasses, schwache Kontrollmechanismen als Ausprägung des Bankgeheimnisses zementierten, andererseits den nachhaltigen Erfolg sicherstellen und Umgehungen für die Zukunft entgegenwirken sollten, wie die freiwillige Selbstverpflichtung der Banken, ihre Kunden zukünftig auf die Steuerpflichtigkeit von Kapitalerträgen hinzuweisen.[344] Weiter wurde die Beifügung der Anlage KSO[345] zur Erklärung der Einkünfte aus Kapitalvermögen für jede Einkommensteuererklärung und Anträge auf Lohnsteuerjahresausgleich verpflichtend.[346]

In der Begründung des Gesetzentwurfs heißt es zu § 1 StrbEG 1990, es solle demjenigen der Weg in die Steuerehrlichkeit erleichtert werden, der durch fehlende oder falsche Angaben vorsätzlich oder leichtfertig die Einkommensteuer auf Kapitalerträge oder die Vermögensteuer auf Kapitalvermögen verkürzt habe[347]. Somit wurde die Rückführung bestimmter Bevölkerungsgruppen in die Steuerehrlichkeit zur *justa causa* erklärt, was in der Literatur zu der Kritik führte, die „Steuerehrlichkeit" sei als Begriff ungenau,[348] der Gesetzgeber habe offengelassen, weshalb er dieser in dem Zusammenhang so viel Gewicht beimesse, dass er primär hiermit das Gesetz rechtfertige, zumal die einzelnen Ziele des StRefG 1990 in sich widersprüchlich wären.[349] *Balke* kritisierte etwa, *„die vom Gesetzgeber verfolgten Zwecke ‚Wegbereitung hin zur Steuerehrlichkeit' und ‚Unterstützung der Steuerunehrlichkeit' [höben] sich gegenseitig auf"*.[350] Der allgemeine Teil der Begründung zum Entwurf des StRefG 1990 benennt als Ziele der angestrebten Steuererleichterungen und Vereinfachung unter anderem

341 Vgl. Schreiben des Bundesministers der Finanzen an die Finanzminister (Finanzsenatoren) der Länder betr. Ermittlungen bei Kreditinstituten, IV A7 – S 0230 – 11/79 vom 31.08.1975, BStBl. I 1979, S. 590.

342 BGBl. 1988, Nr. 36, S. 1126, Art. 15 StRefG; vgl. *Thomsen*, Das Amnestiegesetz, 1995, S. 2; *Petrick-Rump*, Steueramnestien, 1996, S. 38.

343 Ausführlich zu den Auswirkungen des StRefG 1990 auf die steuerrechtliche Praxis *Richter*, Steuerreform 1990, 1989.

344 *Joecks*, Steuer-Amnestiegesetz, 1989, S. 2, Rn. 5.

345 Heute: KAP.

346 *Petrick-Rump*, Steueramnestien, 1996, S. 38.

347 BT-Drs. 11/2157, S. 197.

348 *Blum*, Strafbefreiungsgründe, 1996, S. 72.

349 *Thomsen*, Das Amnestiegesetz, 1995, S. 2.

350 *Balke,* FR 1989, S. 33 (33).

wirtschaftspolitische Erwägungen;[351] die steuerliche Erfassung von Zinseinkünften mildere eine faktisch bestehende steuerliche Benachteiligung des arbeitsplatzbeschaffenden Unternehmenskapitals gegenüber reinen Finanzprodukten unter Anlagegesichtspunkten. Dies möge zu einer Belebung des Risikokapitalmarktes sowie zu einer Stärkung des unternehmerischen Eigenkapitals führen.[352] Somit wurde die Korrektur unerwünschter Anreizstrukturen bezogen auf die individuellen zukünftigen Entscheidungen der Steuerbürger für oder gegen einzelne Kapitalanlageformen ins Zentrum der Begründung gerückt. Wie *Blum* bereits zutreffend feststellt, kann davon ausgegangen werden, dass den tatsächlichen gesetzgeberischen Hauptmotiven der Steueramnestie 1990 wirtschafts- und fiskalpolitische Erwägungen zugrunde lagen.[353] Letztlich machten gut 785.000 Steuerpflichtige von der Steueramnestie Gebrauch, deren betroffenes Kapitalvermögen sich auf insgesamt circa 21,89 Milliarden DM belief, bei Einkünfte hieraus in Höhe von circa 2,4 Milliarden DM belief.[354]

Bei der Amnestie 1990 handelte es sich somit um eine Steuer- und Steuerstrafamnestie, die Betroffenen bei Vorliegen der entsprechenden Voraussetzungen Steuererlass und Straffreiheit gewährte. Die Regelung weist Parallelen zu der Vorschrift des § 371 AO auf, etwa in Form der in § 1 Abs. 3 StrbEG geregelten, beinahe identischen Ausschlussgründe und der generellen Verpflichtung, die nachzuentrichtenden Steuern zuzüglich Zinsen fristgerecht zu zahlen,[355] geht aber über diese hinaus,[356] in dem Sinne, dass sie sich für Betroffene als günstiger darstellte,[357] da zum einen Steuernachzahlungen für Veranlagungszeiträume vor 1986 erlassen wurden und in subjektiver Hinsicht sich der Adressatenkreis des StrbEG – insofern weiter als bei § 371 AO – gemäß § 1 Abs. 1 S. 4 StrbEG auch auf *„die mit dem Erklärenden zusammen veranlagten Personen“* erstreckte, die ebenfalls in den Genuss der Straffreiheit kamen.[358]

---

351 BT-Drs. 11/2157, S. 117 ff.

352 BT-Drs. 11/2157, S. 118; vgl. *Blum*, Strafbefreiungsgründe, 1996, S. 72.

353 *Blum*, Strafbefreiungsgründe, 1996, S. 72.

354 *Bolz*, Steueramnestie, 2004, S. 2. Laut *Petrick-Rump*, Steueramnestien, 1996, S. 164 wurden lediglich 758.913 strafbefreiende Erklärungen abgegeben.

355 *Thomsen*, Das Amnestiegesetz, 1995, S. 41.

356 Wäre dem nicht so, entzöge dies der Amnestie gewissermaßen die Existenzberechtigung.

357 *Thomsen*, Das Amnestiegesetz, 1995, S. 91.

358 *Blum*, Strafbefreiungsgründe, 1996, S. 71.

### g) *2004 Steueramnestie*

Das Gesetz über die strafbefreiende Erklärung (Strafbefreiungserklärungsgesetz = StraBEG) wurde im Rahmen des Gesetzes zur Förderung der Steuerehrlichkeit vom 23.12.2003 verabschiedet und trat am 30.12.2003 in Kraft.[359]

Dieses Gesetz mit einer Befristung vom 01.01.2004 bis zum 31.03.2005 ging, was den subjektiven wie objektiven Anwendungsbereich anbelangt, weit über das Amnestiegesetz von 1988 hinaus. In subjektiver Hinsicht konnten Arbeitnehmer ebenso wie Selbstständige, Gewerbetreibende und Freiberufler dem Anwendungsbereich unterfallen und von der Regelung profitieren. Der objektive Anwendungsbereich umfasste die meisten relevanten Steuerarten.

#### aa) *Erfasste Steuerarten*

Sachlich waren gemäß § 1 Abs. 1 S. 1 StraBEG von der strafbefreienden und steuerabgeltenden Wirkung der Steueramnestie

- o Einkommen- und Körperschaftsteuer
- o Umsatzsteuer
- o Vermögensteuer
- o Gewerbesteuer
- o Erbschaft- und Schenkungsteuer
- o Abzugsteuern (Lohnsteuer, Kapitalertragsteuer, Bauabzugsteuer und Abzugsteuern bei beschränkt Steuerpflichtigen nach § 50a EStG)

umfasst, wobei dies aufgrund des abschließenden Charakters der Aufzählung gleichzeitig klarstellte, dass etwa Grunderwerbsteuer, Kraftfahrzeugsteuer, besondere Verbrauchsteuern und Zölle nicht unter die Amnestie fielen.[360]

#### bb) *Zeitlicher Anwendungsbereich*

Das StraBEG umfasste Taten, welche vor dem Stichtag 18.10.2003[361] begangen waren und zu Steuerverkürzungen in den Veranlagungszeiträumen 1993 bis 2002 geführt hatten.[362] Wie bereits bei der Steueramnestie 1990 begann demnach der zeitliche Anwendungsbereich mit jenem Veranlagungszeitraum, der aufgrund der zehnjährigen Festsetzungsfrist des § 169 Abs. 2, Satz 2 AO im Falle von Steuerhinterziehung im Zeitpunkt des Inkrafttretens des Amnestiegesetzes noch

359 BGBl. 2003, Nr. 66, S. 2928 = FNA 611-1-32; *Kaligin*, StraBEG, 2004, S. 8 f.

360 *Bolz*, Steueramnestie, 2004, S. 5.

361 § 1 Abs. 7 StraBEG.

362 § 1 Abs. 2 bis 5 StraBEG.

nicht festsetzungsverjährt war.[363] Das Erfordernis, dass die Tat bis spätestens mit Ablauf des 17.10.2003 begangen sein musste, sollte dem Missbrauch vorbeugen, da aufgrund der attraktiven Abgeltungsteuersätze – wohl zu Recht – befürchtet wurde, die Amnestie könnte dem findigen Steuerpflichtigen, der das Gesetzgebungsverfahren verfolgt hatte,[364] zum Anlass gereichen, im Jahr 2003 absichtlich noch eine unrichtige Steuererklärung abzugeben, um sodann von der günstigeren Veranlagung aufgrund der strafbefreienden Erklärung zu profitieren. Maßgeblich war hier, soweit § 1 Abs. 7 StraBEG von „begangen" sprach, der Zeitpunkt der Tathandlung, also der Abgabe einer unzutreffenden Steuererklärung beziehungsweise in Fällen des Unterlassens der Zeitpunkt, an dem eine nicht erfolgte Steuererklärung spätestens hätte abgegeben sein müssen. Der hier üblicherweise nachgelagerte Zeitpunkt der Deliktsvollendung, welcher in den meisten Fällen von einem Handeln der jeweiligen Finanzbehörde abhängig und somit der unmittelbaren Einflussnahme des Täters entzogen ist, besaß keine Relevanz für die Befristung der Amnestieregelung, war aber für deren Anwendbarkeit insofern erheblich, als die Deliktsvollendung gleichsam materielle Wirksamkeitsvoraussetzung für die Abgabe der strafbefreiende Erklärung war.[365]

### *cc) Sachliche Anwendungsvoraussetzungen*

Wer gegenüber den Finanzbehörden unrichtige oder unvollständige Angaben über steuerlich erhebliche Tatsachen gemacht oder diese pflichtwidrig über solche in Unkenntnis gelassen und hierdurch eine der vorgenannten Steuerarten verkürzt hatte, konnte gemäß § 1 StraBEG Straffreiheit – *„wird nicht bestraft"* – und Abgeltung der Steuerschuld erlangen, wenn er zwischen dem 01.01.2004 und dem 31.03.2005[366] eine sogenannte strafbefreiende Erklärung abgab und den hierin selbst berechneten[367] und erklärten Betrag binnen zehn Tagen[368] nach Eingang der Erklärung entrichtete.[369] Voraussetzung war damit grundsätzlich das Vorliegen

363 Wobei aufgrund von Anlauf- und/oder Ablaufhemmung in Ausnahmefällen durchaus auch mehr als zehn Jahre zurückliegende Veranlagungszeiträume noch nicht festsetzungsverjährt sein können.

364 Am 17.10.2003 wurde das Gesetz im Bundestag beschlossen.

365 *Bolz*, Steueramnestie, 2004, S. 10.

366 § 1 Satz 1 Nr. 1 StraBEG.

367 § 3 Abs. 1 Satz 1 StraBEG; vgl. *Bolz*, Steueramnestie, 2004, S. 29.

368 Die Fristberechnung richtete sich nach § 108 AO, vgl. *Bundesministerium der Finanzen*, BMF Merkblatt, 2004, Tz. 2.3; vgl. *Mahlberg/Braun/Jöckel*, Steuer-Amnestie, 2004, S. 32.

369 § 1 S. 1 Nr. 2 StraBEG.

einer vollendeten Steuerstraftat nach § 370 AO, § 370a AO oder § 26c UStG[370] beziehungsweise einer Steuerordnungswidrigkeit nach § 378 AO, § 379 AO, § 380 AO oder § 26b UStG.[371] Dies hatte zur Folge, dass ein Gebrauchmachen von der Amnestie für Betroffene ausgeschlossen war, soweit die Tat noch nicht über das Versuchsstadium hinaus fortgeschritten war.[372] Hierauf weist das Merkblatt des BFM hin und konkretisiert weiter, eine solche Verkürzung sei *„spätestens in dem Zeitpunkt vollendet, in dem die Veranlagungsarbeiten für das betreffende Kalenderjahr im Wesentlichen abgeschlossen sind*".[373] Dass diese Vereinfachung der tatsächlich weit komplexeren Rechtslage nicht gerecht wird, wie *Bolz* treffend feststellt,[374] wird deutlich, wenn man sich vergegenwärtigt, dass dies primär nur für Tatvorwürfe der verspäteten oder gar nicht erfolgten Abgabe der Steuererklärung gilt, und dass die Tatvollendungszeitpunkte im Übrigen auseinanderfallen können, nämlich bei Veranlagungsteuern auf das Ergehen eines Steuerbescheids mit zu niedriger Festsetzung, im Falle der Abgabe einer unrichtigen Steuererklärung als Tathandlung und bei Fälligkeitsteuern im Regelfall bereits durch die Abgabe einer unzutreffenden Steueranmeldung.[375]

In subjektiver Hinsicht war gemäß § 2 Abs. 1 Satz 1 StraBEG allein der Täter einer Steuerverkürzung oder -hinterziehung, nicht jedoch der Anstifter oder Gehilfe zur Abgabe der strafbefreienden Erklärung berechtigt, auch wenn er selbst nicht zugleich Schuldner der verkürzten Steuer war.[376] Diese hatte er gemäß § 3 StraBEG *„nach amtlich vorgeschriebenem Vordruck abzugeben und eigenhändig zu unterschreiben*",[377] wobei *„die erklärten Einnahmen nach Kalenderjahren und zugrunde liegenden Lebenssachverhalten zu spezifizieren*"[378] waren. Dieses – nur als vernünftig zu bezeichnende – Erfordernis hatte erst im Zuge des Ermittlungsausschusses Einzug in das StraBEG gefunden und sollte den Umfang von Straffreiheit und Erlöschenswirkung im Nachhinein überprüfbar machen.[379] Dass ohne dieses Erfordernis dem Missbrauch Tür und Tor geöffnet gewesen

370 Siehe § 1 Abs. 1 Satz 1 StraBEG.

371 Siehe § 6 iVm § 1 Abs. 1 Satz 1 StraBEG.

372 *Bundesministerium der Finanzen*, BMF Merkblatt, 2004, Tz. 2.1; *Bolz*, Steueramnestie, 2004, S. 7.

373 *Bundesministerium der Finanzen*, BMF Merkblatt, 2004, Tz. 2.1.

374 *Bolz*, Steueramnestie, 2004, S. 7.

375 *Bolz*, Steueramnestie, 2004, S. 7.

376 *Bundesministerium der Finanzen*, BMF Merkblatt, 2004, Tz. 4.1; *Bolz*, Steueramnestie, 2004, S. 26.

377 § 3 Abs. 1 Satz 2 StraBEG.

378 § 3 Abs. 1 Satz 3 StraBEG.

379 *Bolz*, Steueramnestie, 2004, S. 30.

wären, liegt auf der Hand. Es hätte dem Erklärenden freigestanden, im Falle verschiedener Verkürzungstaten und zugrunde liegender Lebenssachverhalte eine „Blankoerklärung" in ausreichender Höhe abzugeben, um sodann im Falle, dass einer der Sachverhalte den Finanzbehörden bekannt werden würde, zu behaupten, die Erklärung hätte sich auf eben diesen Sachverhalt bezogen. Dieser Form des Missbrauchs war durch die Überarbeitung des Gesetzentwurfs nun wirksam ein Riegel vorgeschoben. Es lag nunmehr aufgrund der Konkretisierungspflicht und der ebenfalls nachgebesserten Anordnung der Beweislastumkehr des § 8 Abs. 3 StraBEG im vitalen Interesse des Erklärenden, den Lebenssachverhalt so gut als möglich zu spezifizieren und individualisierbar zu machen. Hiernach galt, soweit die Finanzbehörden anderweitig von den Taten Kenntnis erlangten, für die Frage, ob die Steuerschuld abgegolten sei, die gesetzliche Vermutung, diese Taten seien von der strafbefreienden Erklärung nicht umfasst.[380] Es oblag dem Erklärenden, das Gegenteil zu beweisen.[381] Diese Beweislastregelung entfaltete jedoch keine Wirksamkeit in Bezug auf etwaige Straf- oder Bußgeldverfahren, in denen aufgrund des Grundsatzes *in dubio pro reo* bei fehlenden konkreten Hinweisen dafür, die Erklärung könnte sich auf einen anderen Sachverhalt bezogen haben, weiterhin davon auszugehen war, dass durch die Erklärung Straffreiheit erlangt worden sei.[382] Belege brauchten der strafbefreienden Erklärung nicht beigefügt zu werden, was insofern nur konsequent erscheint, als eine inhaltliche Überprüfung derselben durch die Finanzverwaltung grundsätzlich nicht vorgesehen war.[383] Wurden solche dennoch mit eingereicht, so unterlagen sie nicht den Verwertungs- und Weitergabeverboten des § 13 StraBEG.[384]

#### *dd) Rechtsfolgen*

Waren die vorgenannten Voraussetzungen erfüllt, kam der Betroffene sowohl in den Genuss von Straffreiheit als auch der Abgeltungswirkung.

Die pauschalierte Abschlagsteuer war dabei gemäß § 10 Abs. 1 StraBEG als fingierte Einkommensteuer ausgestaltet.[385] Von der Nacherhebung der Hinterziehungszinsen in Höhe von 6 % p.a. wurde abgesehen.[386] Auch eine Nacherhebung

---

380 § 8 Abs. 3 Satz 1 StraBEG.

381 § 8 Abs. 3 Satz 2 StraBEG; *Bolz*, Steueramnestie, 2004, S. 31.

382 *Bundesministerium der Finanzen*, BMF Merkblatt, 2004, Tz. 10.4; *Bolz*, Steueramnestie, 2004, S. 31.

383 *Bolz*, Steueramnestie, 2004, S. 33.

384 *Bolz*, Steueramnestie, 2004, S. 34.

385 *Bolz*, Steueramnestie, 2004, S. 42.

386 Vgl. *Haug/Hölscher/Schweinberger*, Analyse Steueramnestiedaten, 2008, S. 10.

vorenthaltener Sozialabgaben war nicht vorgesehen, gleichzeitig aber auch nicht von der Straffreiheitsanordnung umfasst. Dabei war die jeweilige Höhe der auf den pauschalierten Bruttobetrag zu leistenden Abschlagsteuer in zwei Prozentsätze gestaffelt, abhängig vom Zeitpunkt des Erklärungseingangs, und sah gewissermaßen einen „Frühbucherrabatt" vor. Sofern die strafbefreiende Erklärung bis zum 31.12.2004 bei der zuständigen Steuerbehörde abgeben wurde, betrug der Abgeltungssatz lediglich 25 %.[387] In der zweiten Amnestieperiode vom 01.05.2005 bis zum 31.03.2005 führte die Abgabe zu einer Abgeltungsteuer von 35 % auf die erklärten Einnahmen.[388] Die Abgeltungswirkung umfasste sämtliche Abgaben für den Zeitraum von 1993 bis 2002.[389] Zur Ermittlung der Bemessungsgrundlage legte der Gesetzgeber für den Begriff der „Einnahmen" eine typisierende Betrachtung zu Grunde, welche aus Gründen der Vereinfachung - nicht ganz rechtssystematisch - zu Unrecht berücksichtigte Ausgaben oder Vorsteuerbeträge „Einnahmen" gleich stellte:[390]

*Tabelle 3: Abgeltungssätze des StFG 2004*[391]

| Steuerart | Bemessungsgrundlage | Abgeltungssatz |
|---|---|---|
| ESt/KSt | Einnahmen / Betriebsvermögensmehrung | 60 % |
| ESt/KSt | Betriebsvermögensminderung, BA, Veräußerungskosten, WK, SA, agB | 100 % |
| GewSt | Einnahmen / Betriebsvermögensmehrung | 10 % |
| GewSt | Gegenleistungen für Lieferungen, sonstige Leistungen und innergemeinschaftliche Erwerbe | 100 % |
| | (soweit die Ausgaben bereits bei der Est/KSt angesetzt waren) | 0 % |
| USt | Gegenleistungen für Lieferungen, sonstige Leistungen und innergemeinschaftliche Erwerbe | 30 % |
| USt | Vorsteuern | 200 % |
| ErbSt/SchSt | steuerpflichtige Erwerbe | 20 % |

387 § 1 Satz 1 Nr. 2 StraBEG; vgl. *Haug/Hölscher/Schweinberger*, Analyse Steueramnestiedaten, 2008, S. 9.

388 § 1 Abs. 6 StraBEG; vgl. *Haug/Hölscher/Schweinberger*, Analyse Steueramnestiedaten, 2008, S. 9.

389 *Haug/Hölscher/Schweinberger*, Analyse Steueramnestiedaten, 2008, S. 10.

390 *Bolz*, Steueramnestie, 2004, S. 13; vgl. § 1 Abs. 2 Nr. 2, Abs. 3 Nr. 2, Abs. 4 Nr. 2 StraBEG.

391 Quelle: *Bolz*, Steueramnestie, 2004, S. 14; ähnlich *Lausterer/Haisch*, DStZ 2004, S. 215 (218).

Auf diese prozentualen Anteile an den tatsächlichen Zuflüssen, welche die fiktive Bemessungsgrundlage bildeten, wurden sodann je nach Zeitpunkt der Erklärung die Abgeltungsteuersätze von 25 beziehungsweise 35 % angewendet. Aufgrund dieses strengen Bruttoprinzips galten sämtliche mit den Einnahmen in Zusammenhang stehenden Aufwendungen – aber auch etwa bereits abgeführte ausländische Quellensteuern auf Zins- oder Kapitalerträge – mit Anwendung des pauschalen Abgeltungssatzes als abgegolten.[392] In den allermeisten Fällen dürfte die 25-prozentige Besteuerung auf die fiktiven Einnahmen zu sehr attraktiven effektiven Steuersätzen für die Nutznießer der strafbefreienden Erklärung geführt und diese somit gegenüber den Steuerehrlichen evident besser gestellt haben.[393]

Die Möglichkeit der Kombinierung von strafbefreiender Erklärung und Selbstanzeige nach § 371 AO erlaubte es, beispielsweise für unzutreffende Steuererklärungen, eingereicht bis einschließlich zum 17.10.2003, eine strafbefreiende Erklärung und parallel hierzu für solche nach dem Stichtag eine Selbstanzeige abzugeben. Gleiches galt im Falle von Berichtigungen, die auch Veranlagungszeiträume vor und ab 2004 gleichermaßen umfassten. Auch hier konnte die Erklärung für Erstere und die Selbstanzeige für Letztere abgegeben werden.[394]

Eine unterbliebene oder nicht fristgerecht bei der Steuerbehörde eingegangene Zahlung der Abschlagsteuer führte zur Unwirksamkeit der strafbefreienden Erklärung.[395] Darüber, wie mit Teilzahlungen zu verfahren sei, schwiegen sich das Gesetz wie auch die Merkblätter des BMF aus. Die Literatur nahm unter Verweis auf die „Soweit"-Formulierung der §§ 1 Abs. 1 Satz 1 und 10 Abs. 3 StraBEG und des Gesetzeszwecks an, eine solche müsse zur Teilwirksamkeit führen.[396] *Bolz* argumentiert in diesem Zusammenhang mit der „Soweit-Wirksamkeit" einer unvollständigen Selbstanzeige und dem Umstand, dass hier eine andere Auslegung den Steuerpflichtigen, der den nacherklärten Betrag nur teilweise zahlen konnte, schlechter stellen würde gegenüber demjenigen, der seine Nacherklärung von vornherein seinen Zahlungsmöglichkeiten angepasst hatte, verweist jedoch im gleichen Atemzug[397] auf die taktische Empfehlung *Lausterers* und *Haischs* an Betroffene, sich eben diese Priviligierung zu sichern, durch Beschränkung der

---

392 *Streck* in: Streck, S. 20; *Bolz*, Steueramnestie, 2004, S. 14.

393 Zur jeweiligen Ermittlung der verschiedenen Bemessungsgrundlagen im Einzelnen *Bolz*, Steueramnestie, 2004, S. 13–26; mit Beispielen *Bolz*, Steueramnestie, 2004, S. 18.

394 Beispiel hierzu bei *Bolz*, Steueramnestie, 2004, S. 10.

395 *Bolz*, Steueramnestie, 2004, S. 12.

396 *Baum*, NBW 2004, S. 2141 (2141 (2180), Fach 2, 8435 (8474), Rn. 12.4); *Joecks/Randt*, Steueramnestie, 2004, S. 147 f.

397 *Bolz*, Steueramnestie, 2004, S. 13.

Amnestieerklärung auf solche Einnahmen, deren Abgeltungsbetrag sie sich auch leisten könnten.[398]

Der Umfang der Straffreiheit, die durch Abgabe der strafbefreienden Erklärung erlangt werden konnte, erstreckte sich ausschließlich auf Steuerstraftaten. Andere Delikte wie der typischerweise im Falle der Schwarzarbeit durch den die Lohnsteuer hinterziehenden Arbeitgeber mit verwirklichten § 266a StGB, das „Vorenthalten und Veruntreuen von Arbeitsentgelt" waren nicht von der Straffreiheit umfasst.

In subjektiver Hinsicht erstreckte sich gemäß § 4 Abs. 2 StraBEG die Strafbefreiungswirkung der wirksamen Erklärung nur eines Erklärungsberechtigten auf sämtliche Tatbeteiligte, soweit für diese nicht bereits individuell einer der Sperrtatbestände eingetreten war, solange sie also selbst noch wirksam eine strafbefreienden Erklärung hätten abgeben können.[399] Analog hierzu wirkte gemäß § 9 StraBEG auch die Abgeltung gegenüber sämtlichen Gesamtschuldnern der Steuerschuld.[400]

#### *ee) Ausschlussgründe und sonstige Regelungen*

Die in § 7 StraBEG normierten Ausschlusstatbestände waren abermals[401] an jene des § 371 AO angelehnt und schlossen die Straffreiheit in den Fällen aus, in denen bei dem Erklärenden ein Amtsträger zur steuerrechtlichen Prüfung oder Ermittlung einer Steuerstraftat erschienen war,[402] die Tat bereits entdeckt war und der Erklärende dies wusste oder hätte wissen müssen,[403] dem Erklärenden oder einem anderen Tatbeteiligten die Einleitung eines Ermittlungsverfahrens bekannt gegeben wurde und der Erklärende dies wusste oder hätte wissen müssen[404] sowie wenn „*der Erklärende unrichtige oder unvollständige Angaben bei der Finanzbehörde*" bereits „*berichtigt oder ergänzt oder unterlassene Angaben nachgeholt*" hatte.[405] Das heißt, dass eine bereits erfolgte Selbstanzeige nach § 371 AO die wirksame Abgabe einer strafbefreienden Erklärung für die gleiche Tat ausschloss und dies unabhängig davon, ob die Selbstanzeige wirksam gewesen war. Gleiches galt auch für eine „einfache" Berichtigung nach § 153 AO, wenn der Betroffene

---

398 *Lausterer/Haisch*, DStZ 2004, S. 215 (224).
399 § 4 Abs. 2 Satz 3 StraBEG iVm § 7 StraBEG; vgl. *Bolz*, Steueramnestie, 2004, S. 39.
400 *Bolz*, Steueramnestie, 2004, S. 42.
401 Wie schon bei der Amnestie 1990.
402 § 7 Satz 1 Nr. 1 a) StraBEG.
403 § 7 Satz 1 Nr. 1 b) StraBEG.
404 § 7 Satz 1 Nr. 2 StraBEG.
405 § 7 Satz 1 Nr. 3 StraBEG.

in der Annahme, keine Steuerstraftat oder -ordnungswidrigkeit begangen zu haben, Angaben korrigiert hatte.[406] Auch eine Umdeutung der Selbstanzeige in eine strafbefreiende Erklärung war folglich nicht vorgesehen.

Gemäß § 5 StraBEG wirkte die Subsidiarität anderer Delikte wie etwa der Geldwäsche oder Verschleierung nach § 261 Abs. 1 bis 5 StGB fort, wenn diese aufgrund der in § 261 Abs. 9 Satz 2 StGB angeordneten Gesetzeskonkurrenz hinter Vortaten nach § 370 oder § 370a AO zunächst zurückgetreten waren, so dass diese trotz der durch die strafbefreiende Erklärung erlangten Straffreiheit für die sie ursprünglich verdrängenden Delikte nicht wieder auflebten.[407]

In verfahrensrechtlicher Hinsicht ordnete § 10 Abs. 2 StraBEG die Fiktion der Erklärung als Steuerfestsetzung ohne Vorbehalt der Nachprüfung gleich, was eine abweichende Festsetzung durch das Finanzamt nach § 164 Abs. 2 AO ausschloss.[408] Weiter konnte der Erklärende nach den §§ 347 ff. AO binnen Monatsfrist ab Eingang der strafbefreienden Erklärung bei der Behörde Einspruch[409] gegen diese einlegen, was allerdings die Vollziehbarkeit nicht hemmte.[410] Zusätzlich gewährte die Amnestie 2004 bei Abgabe einer strafbefreienden Erklärung – unabhängig von deren Vollständigkeit – nach § 11 StraBEG eine Verfolgungsverjährung auch für solche Steuerstraftaten, die sich auf Veranlagungszeiträume vor dem 01.01.1993 bezogen und somit von der Amnestie eigentlich nicht umfasst waren.[411] Diese Besserstellung gegenüber der gesetzlichen Verjährung nach den §§ 78 ff. StGB und § 376 AO galt gemäß § 11 Abs. 1 Satz 2 StraBEG selbst dann, wenn die Tathandlung nach dem 31.12.1992 begangen wurde. Gleiches ordnete § 12 StraBEG für die steuerrechtliche Festsetzungsverjährung an.[412]

### *ff) Gesetzeszweck und Kritik*

Eine justa causa benennt auch das StraBEG nicht. Allerdings geht aus der Gesetzesbegründung hervor, man wolle *„durch eine attraktive Regelung für die Vergangenheit einen Anreiz [...] bieten, in die Steuerehrlichkeit zurückzukehren [, um] damit einen Beitrag zum Rechtsfrieden zu leisten“*. Gleichzeitig wollte man *„die*

406 *Bundesministerium der Finanzen*, BMF Merkblatt, 2004, Tz. 9.6.

407 *Bundesministerium der Finanzen*, BMF Merkblatt, 2004, Tz. 7.

408 *Bundesministerium der Finanzen*, BMF Merkblatt, 2004, Tz. 12.10.

409 Dem entspricht im deutsch-schweizerischen Steuerabkommen die Regelung des Art. 7 Abs. 3 Satz 3.

410 *Bundesministerium der Finanzen*, BMF Merkblatt, 2004, Tz. 12.7.

411 *Spatscheck* in: Streck, S. 131.

412 *Bolz*, Steueramnestie, 2004, S. 45 f.

*Überprüfungsmöglichkeiten der Finanzverwaltung maßvoll verbesser[n], um Steuerhinterziehung in der Zukunft zu erschweren*".[413]

Ein Blick auf die weiteren, durch das Gesetz zur Förderung der Steuerehrlichkeit besorgten Gesetzesänderungen zeigt, dass der Gesetzgeber, durch den Erlass flankierender Begleitmaßnahmen, wie etwa der Einführung des neuen § 93b AO, im Sinne einer „Politik des Zuckerbrots für die Vergangenheit und der Peitsche für die Zukunft", durchaus auch intendiert hatte, hier einen Schlussstrich zu ziehen oder zumindest diese Botschaft an die Normadressaten gesandt wissen wollte. Durch den in § 93b AO normierten „Automatisierten Abruf von Kontoinformationen", welcher dem Bundesfinanzamt auf Anfrage der Finanzämter oder anderer Behörden ab dem 01.03.2005 mittels eines automatisierten Verfahrens erstmals den unmittelbaren Zugriff auf Kontostammdaten erlaubte und der damit einen weitreichenden Eingriff in das Bankgeheimnis darstellte, sollte der Druck auf Kapitalflüchtige im Ausland erhöht werden.[414]

Insofern konnte dem Gesetz zur Förderung der Steuerehrlichkeit im Gegensatz zum StRefG 1990 nicht vorgeworfen werden, die in ihm beinhaltete Steueramnestie werde durch die anderen Gesetzesänderungen teils konterkariert.[415] Jedoch wurden Vorwürfe dergestalt erhoben, die flankierenden Maßnahmen seien nicht ausreichend, um dem Ziel einer besseren Erfassung und damit gerechteren Besteuerung in der Zukunft gerecht zu werden. Insbesondere die Abkopplung der ursprünglich[416] ebenfalls im Rahmen des „Gesetzes zur Förderung der Steuerehrlichkeit" geplanten Einführung einer Quellensteuer auf Zinserträge[417] von der Steueramnestie wurde kritisiert.[418] Diese wurde erst mit Inkrafttreten der EU-Zinsrichtlinie[419] am 01.07.2005[420] in Form der EU-weit einheitlichen[421] Quellenbesteuerung eingeführt.

413 BT-Drs. 15/1309, S. 1.

414 *Bolz*, Steueramnestie, 2004, S. 3.

415 Vgl. Fn. 350.

416 Noch im Frühjahr 2003, vgl. hierzu *Bolz*, Steueramnestie, 2004, S. 3.

417 Sogenannte Zinsabgeltungsteuer.

418 *Pezzer*, DStZ 2003, S. 724 (727); *Bolz*, Steueramnestie, 2004, S. 4.

419 Richtlinie 2003/48/EG des Rates vom 03.06.2003 im Bereich der Besteuerung von Zinserträgen.

420 Entscheidung des Rates vom 19.07 2004.

421 Vorbehaltlich der Ausnahmen- und Übergangsvorschriften für Österreich, Belgien und Luxemburg, siehe hierzu *Bundeszentralamt für Steuern*, EU-Zinsrichtlinie, ohne Jahr, (Int.Q.).

Eine für sämtliche mit der Materie der Steueramnestie befassten Praktiker hilfreiche Konkretisierung, bezogen auf die von der Finanzverwaltung intendierte Auslegung, erhielt das StraBEG durch das „Merkblatt“[422], welches das BMF unter dem 03.02.2004 veröffentlichte, sowie die „Ergänzenden Informationen zum StraBEG“[423] vom 20.07. / 16.11.2004, Letztere jeweils in Form eines Frage-Antwort-Katalogs. Diese Auslegungshilfen waren insgesamt sehr wohlwollend gehalten und offenbarten den Willen zu einer liberalen Anwendung, *„in dubio pro cive“*[424], welche dem potentiellen Nacherklärungswilligen keine Steine in den Weg legen wolle.[425] So positiv, wie die hieraus resultierende (vermeintliche) Rechtssicherheit für den Betroffenen auch sein mag, wurde zu Recht die kritische Frage nach dem Rechtscharakter derartiger Verwaltungsverlautbarungen gestellt und in Zweifel gezogen, dass der Finanzverwaltung hier eine Weisungskompetenz zustehe, jedenfalls soweit die Merkblätter die exakten Voraussetzungen für die Erlangung der Straffreiheit in Zweifelsfällen zu normieren sich anmaßten.[426] Im Ergebnis dürfte sie die Grenzen ihrer Kompetenz verkannt haben, da die Merkblätter, die weder im Range eines formellen Gesetzes noch einer Verordnung stehen und nicht einmal ein „klassisches“ BMF-Schreiben darstellen,[427] ein Strafgericht – schon aus Gründen der Gewaltenteilung – nicht binden dürften.[428] Es wäre dem Betroffenen geblieben, sich in einem solchen Fall im Rahmen eines Strafprozesses gegenüber dem Gericht auf einen wohl geschaffenen Vertrauenstatbestand zu berufen.[429]

Weiteren Anlass zur Kritik gaben Einzelaspekte des Gesetzes, wie der bereits erwähnte Amnestieausschluss von Verkürzungstatbeständen im Versuchsstadium, da zum einen schwer einzusehen sei, weshalb ein Steuerpflichtiger nur deshalb nicht in den Genuss der Amnestie kommen sollte, weil beim Finanzamt seine unrichtige Steuererklärung noch nicht bearbeitet wurde und da zum anderen dies den Zwecken des Amnestiegesetzes, Mehrung des Steueraufkommens und

---

422 *Bundesministerium der Finanzen*, BMF Merkblatt, 2004.

423 *Bundesministerium der Finanzen*, BMF Ergänzende Informationen, 2004.

424 *Joecks/Randt*, DStR 2004, S. 337 (337).

425 So auch *Bolz*, Steueramnestie, 2004, S. 4.

426 *Bolz*, Steueramnestie, 2004, S. 5; *Joecks/Randt*, DStR 2004, S. 337 (337).

427 *Joecks/Randt*, DStR 2004, S. 337 (337).

428 So auch *Joecks/Randt*, DStR 2004, S. 337 (337 ff.).

429 Eine veröffentlichte Entscheidung zu diesem Problemkreis ist dem Verfasser nicht bekannt geworden.

Rückkehrerleichterung in die Steuerehrlichkeit, zuwiderlaufe.[430] In einigen weiteren Konstellationen führte das Amnestiegesetz 2004 zu schwerlich nachvollziehbaren Ergebnissen. So waren durch den Arbeitgeber nicht abgeführte Lohnsteuern etwa abgegolten, wenn dieser die Lohnsteuer aus Schwarzeinnahmen bestritten und diese nacherklärt hatte. In dem Fall, dass die nicht besteuerten Lohnzahlungen aus ordnungsgemäß versteuerten oder nicht steuerpflichtigen Einnahmen stammten, blieb dem Arbeitgeber nur die Möglichkeit, diese als eigene Einnahmen zu deklarieren, um sie mittels der strafbefreienden Erklärung abzugelten.[431] Einzelne Regelungen wie die gemäß der §§ 11 und 12 StraBEG angeordnete strafrechtliche wie steuerrechtliche Verjährung bot erhebliches Missbrauchspotential.[432]

### *gg) Vergleich mit der Selbstanzeige nach § 371 AO*

Die Steueramnestie 2004 stellte sich für die Betroffenen im Vergleich mit der Selbstanzeige nach § 371 AO in vielerlei Hinsicht als ungleich günstiger dar, wobei sie sich sowohl in Bezug auf den jeweiligen Anwendungsbereich wie auch hinsichtlich der Rechtsfolgen deutlich unterschieden[433] und – insofern ungewöhnlich – sogar kombinieren ließen.[434] In subjektiver Hinsicht konnten, wie dargestellt, alle Tatbeteiligten von der strafbefreienden Erklärung nur eines Erklärungsberechtigten vollumfänglich profitieren, soweit nur für sie persönlich kein Ausschlussgrund des § 7 StraBEG eingetreten war, während bei der Selbstanzeige nur jeder Tatbeteiligte für sich selbst oder durch ausdrückliche Bevollmächtigung des Anzeigenerstatters und formell ordnungsgemäße Anzeige derselben Straffreiheit erlangen kann.[435] Auch die ausdrücklich vorgesehene Möglichkeit

---

430 *Schwedhelm/Spatscheck*, DStR 2004, S. 109 (113); zustimmend *Bolz*, Steueramnestie, 2004, S. 7 f.

431 *Bolz*, Steueramnestie, 2004, S. 25.

432 So konnten Erklärende, die in den Jahren vor 1993 Steuerhinterziehungen in erheblicher Höhe begangen hatten, hiervon massiv profitieren. *Bolz*, Steueramnestie, 2004, S. 46 demonstriert dies anhand des Fallbeispiels, dass ein Steuerhinterzieher, der eine Schenkung im Jahre 1990 über 30 Millionen DM nicht deklarierte, hierfür Straf- wie auch Steuerfreiheit erlangen konnte, indem er nur eine Erklärung über zu Unrecht geltend gemachte Werbungskosten (für die Reinigung von Arbeitskleidung) in Höhe von 100 DM für das Jahr 1998 abgab.

433 *Bolz*, Steueramnestie, 2004, S. 4, 52.

434 *Joecks/Randt*, DStR 2004, S. 337 (341); *Mahlberg/Braun/Jöckel*, Steuer-Amnestie, 2004, S. 52; *Bolz*, Steueramnestie, 2004, S. 11; *Akkermann* in: *Birk/Pöllath/Saenger* (Hrsg.), Forum Steuerrecht 2004, 2005, S. 20.

435 *Bolz*, Steueramnestie, 2004, S. 40.

der Teilabgeltung und teilweisen Erlangung von Straffreiheit in den Fällen, in denen nicht in Bezug auf alle verkürzten Steuerschulden die Einnahmen nacherklärt wurden,[436] unterscheidet die Amnestie 2004 von der Selbstanzeige – zumindest in ihrer Ausformung, wie sie sie durch das vom Urteil 20.05.2010[437] und die sich hieran anschließende Gesetzesänderung[438] erfuhr.[439]

#### *hh) Vergleich mit der Steueramnestie 1990*

Es ist festzustellen, dass die Steueramnestie 2004 sehr viel umfassender war und weitaus mehr Lebens- und Steuersachverhalte einbezog als die Steueramnestie 1990, welche ausschließlich hinterzogene Steuern auf Einkünfte aus Kapitalvermögen und von Kapitalvermögen betraf. Was die Behandlung von Selbstanzeigen nach § 371 AO anbelangt, die sich auf von den Amnestien umfasste Veranlagungszeiträume bezogen, jedoch von den Betroffenen bereits vor Inkrafttreten des jeweiligen Amnestiegesetzes erstattet worden waren, so wurden diese diametral unterschiedlich behandelt. Während die „verfrüht Reumütigen" durch die Amnestie 1990 belohnt wurden und nachträglich in den Genuss ihrer Vergünstigungen gelangen konnten, gingen diese bei der Amnestie 2004 leer aus und hatten zu vergegenwärtigen, in diesem Fall gewissermaßen die höchste aller „Dummensteuern"[440] entrichtet zu haben.

## 7. Vergleichende Zusammenfassung der historischen Amnestien

### *a) Erscheinungsformen von Amnestien in Deutschland*

Es zeigt sich bei vergleichender Betrachtung der historischen Amnestien der Bundesrepublik, dass die Straffreiheitsgesetze 1949 und 1954 allgemeine Strafamnestien waren, die den besonderen Verhältnissen der Nachkriegszeit Rechnung tragen sollten.

Bei den Amnestien 1990 und 2004 handelt es sich dagegen um echte Steueramnestien im Sinne von Steuer- und Steuerstrafamnestien, die jeweils als adressatenabhängige Bedingungsamnestien ausgestaltet waren. Gewissermaßen stehen die Steueramnestien 1990 und 2004 wie auch das 2013 gescheiterte

---

436 *Bolz*, Steueramnestie, 2004, S. 40.

437 BGH, Beschl. v. 20.05.2010 – 1 StR 577/09, S. 14 (abrufbar unter: http://juris.bundesgerichtshof.de).

438 BGBl. 2011, Nr. 19, S. 676.

439 Vgl. D.II.5.a).

440 Vgl. zu dem Begriff Fn. 884.

Steuerabkommen in einer Tradition, welche bereits 1913 mit dem „Generalpardon" des § 68 Wehrbeitragsgesetz begründet wurde.

Sämtliche Steueramnestien traten dabei in Form der Bedingungsamnestie auf. Die einzigen Beispiele für Bedingungsamnestien, welche keine Steueramnestien waren, sind die Entwaffnungsamnestie 1918 und die VO d.F. zum Schutze der Rüstungswirtschaft 1942. In beiden Fällen sollten die Adressaten jedoch ebenfalls zu einem bestimmten straatsräsonal gewünschten Verhalten bewegt werden. Verknüpft wurde meist[441] eine Strafrechtsverschärfung beziehungsweise die Neueinführung von Straftatbeständen für die Zukunft mit dem gleichzeitigen Angebot der Straffreiheit für solche Tatbestände, welche durch das gleiche Verhalten bereits in der Vergangenheit verwirklicht worden waren, im Falle der Bedingungserfüllung bis zum jeweiligen Stichtag. Im Falle der Entwaffnungsamnestie war dies die Ablieferung von Waffen und sonstigem Militärgerät, im Falle der VO d.F. zum Schutze der Rüstungswirtschaft die Berichtigung falscher Angaben über den Bedarf oder den Bestand an Arbeitskräften sowie den Bedarf oder die Vorräte an rüstungsrelevanten Ressourcen. Die RüstungsschutzVO war somit ähnlich einer Steueramnestie ebenfalls Ressourcenamnestie.[442] Angesichts des „totalen Kriegs" sollte die Informationslage des Staates zu rüstungsrelevanten Ressourcen und damit auch seine Zugriffsmöglichkeit auf diese sichergestellt werden.[443]

Eine gewisse Sonderrolle unter den Steueramnestien nehmen die Steueramnestie durch Erwerb von Reichsbahnanleihen 1931, das Arbeitsspendengesetz 1933 und das gescheiterte Steuerabkommen ein, da nur in diesen drei Fällen eine Abgeltung der hinterzogenen Steuerschuld auch durch Alternativen zur direkten Nachzahlung auf diese an die Finanzbehörde möglich war. Im Falle des Arbeitsspendengesetzes war dies der Erwerb eines Spendenscheins bei der Finanzbehörde, was jedoch unter vertraulicher Zwischenschaltung eines Notars erfolgen konnte. Bei der Amnestie 1931 bestand die Alternative im Erwerb und Halten von Reichsbahnanleihen, im Falle des gescheiterten Abkommens in Berechnung und Abführung eines Pauschalbetrags durch die schweizerischen Zahlstellen.

Die Möglichkeit einer anonymen Abgeltung hatte es demnach vor dem gescheiterten Abkommen ausschließlich im Falle der Reichsbahnanleihe und der Arbeitsspende gegeben.

---

441 Nicht so im Falle des StrbEG 1990, vgl. C.IV.6.f).

442 Vgl. zu Begriff und Erscheinungsformen der Ressourcenamnestie *Süß*, Amnestiegesetzgebung, 2001, S. 185, 238 ff.

443 Vgl. *Petrick-Rump*, Steueramnestien, 1996, S. 29.

### b) *Vergleich der Steueramnestien 1990, 2004 und des Abkommens*

Bei vergleichender Betrachtung der beiden letzten realisierten Steueramnestien und des gescheiterten Abkommens werden sowohl zahlreiche Gemeinsamkeiten als auch eklatante Unterschiede in Ausgestaltung und Reichweite deutlich.

Im Vergleich zur Steueramnestie 1990 stellt sich das gescheiterte Abkommen als sehr viel weitreichender dar. Das StrbEG umfasste ausschließlich die damals noch erhobene Vermögensteuer sowie die Einkommensteuer auf Einkünfte aus Kapitalerträgen, soweit diese noch nicht erklärt waren. Letztere spielen zwar auch für das Abkommen eine zentrale Rolle, bezogen auf die Regelungen zur pauschalen Besteuerung dieser für die Zukunft wie die Vergangenheit. Eine pauschale Abgeltung der Steueransprüche, welche sich aus der Generierung des jeweiligen Stammkapitals ergeben hatten und Straffreiheit für in diesem Zusammenhang begangene Steuerstraftaten sah die Amnestie 1990 jedoch nicht vor. Das heißt, dass die Fälle, in denen die Vermögensbildung auf Schwarzgeld beruhte, nicht umfasst waren. Auch war die Erlangung von Straffreiheit und abgeltender Wirkung strikt an die dem Gesetz namensgebende Erklärung gebunden. Als vergleichsweise vorteilhafter für die Betroffenen stellt sich die Amnestie 1990 nur insoweit dar, als auch sämtliche Hinterziehungen und Verkürzungen der unverjährten Veranlagungszeiträume vor 1986 von der Straffreiheit mit umfasst waren und sie auch für diese Zeiträume von der Nachzahlungspflicht komplett entbunden waren, ohne dass diese von der abzugebenden Erklärung umfasst sein mussten.

Die Steueramnestie 2004 hingegen umfasste – insofern ähnlich dem Abkommen – ebenfalls praktisch sämtliche Steuerarten. Insbesondere die Abgeltungssätze für den ersten Erklärungszeitraum waren mit 25 % und in Kombination mit der fiktiven Bemessungsgrundlage sehr günstig. Das Abkommen und die Steueramnestie 2004 weisen insofern Parallelen auf, als beide sowohl die tatsächlichen persönlichen Steuersätze der Betroffenen gänzlich unberücksichtigt ließen als auch auf pauschaliert ermittelte, fiktive Bemessungsgrundlagen zurückgriffen, wobei der Weg zu deren Ermittlung im Falle des Steuerabkommens (in der Formel: der Zähler des Bruchs in eckigen Klammern)[444] ungleich komplexer war.

In ihrem jeweiligen Verhältnis zur Selbstanzeigevorschrift weichen die drei Steueramnestien stark voneinander ab. Das StrbEG 1990 ordnete in Form der Rückwirkung eine teilnehmende Privilegierung bereits ergangener Selbstanzeigen an, deren Erstatter somit auch noch nachträglich von den günstigeren

444 Siehe unter B.III.1.a).

Abgeltungssätzen profitieren konnten. Das StraBEG 2004 ging hier den umgekehrten Weg und schloss durch den zurückliegenden Stichtag 17.10.2003 bereits ausdrücklich aus, dass Taten missbräuchlich allein in Erwartung des Amnestieerlasses begangen wurden, um diese dann anzuzeigen und von den Abgeltungssätzen zu profitieren. Nur solche strafbefreienden Erklärungen, die ab dem 01.01.2004 abgegeben wurden, unterfielen der Amnestie. Derjenige, der kurz zuvor eine Selbstanzeige erstattet hatte, hatte schlicht Pech gehabt. Andererseits ließ das StraBEG 2004 eine Kombination von Selbstanzeige und strafbefreiender Erklärung zu, gewährte so einen in seiner Reichweite fragwürdigen Gestaltungsspielraum und ermöglichte ein „Rosinenpicken" bezogen auf verschiedene Lebenssachverhalte. Das gescheiterte Steuerabkommen hingegen bezieht über den Rechtsfolgenverweis des Art. 10 Abs. 1 die Selbstanzeige in das Gesamtregelungswerk ein, in der Form, dass die durch das schweizerische Kreditinstitut auf Optieren des Betroffenen alternativ zur anonymen Abgeltung durchgeführte Meldung als bereits wirksam fingierte und somit erheblich privilegierte Selbstanzeige behandelt wird.

Alle drei Steueramnestien enthalten Ausschlusstatbestände, wobei diese im Falle des § 1 Abs. 3 StrbEG 1990 und des § 7 StraBEG 2004 im Wesentlichen denen des § 371 AO nachempfunden waren. Das Abkommen hingegen definiert den Ausschlusstatbestand sehr viel allgemeiner für den Fall, dass der zuständigen deutschen Behörde „*zureichende tatsächliche Anhaltspunkte im Sinne von Paragraph 152 Absatz 2 StPO*" in Bezug auf den zugrunde liegenden Sachverhalt vorlagen „*und die betroffene Person dies wusste oder bei verständiger Würdigung der Sachlage damit rechnen musste*". Unter diesen Voraussetzungen tritt gemäß Art. 7 Abs. 9 durch die anonyme Einmalzahlung keine Abgeltung und damit auch kein Verfolgungsausschluss nach Art. 8, als hieran geknüpft, ein. Das gleiche Ausschlusskriterium findet sich in Art. 10 Abs. 2 b), welcher für den Fall der freiwilligen Meldung den Ausschluss der Fiktion einer wirksamen Selbstanzeige anordnet, und in Art. 17 Abs. 1 für die Beteiligten an Steuerstraftaten und Steuerordnungswidrigkeiten.

Eine Möglichkeit, die steuerrechtlichen und strafrechtlichen Vorteile der Amnestie auch anonym, ohne Offenbarung der tatsächlichen Verhältnisse zu erlangen, sahen die – bezeichnenderweise jeweils als Strafbefreiungserklärungsgesetz benannten – Amnestien 1990 und 2004 im Gegensatz zum Deutsch-Schweizer-Steuerabkommen nicht vor. In Bezug auf die jeweilige Adressatenabhängigkeit ist ferner festzustellen, dass die beiden älteren Steueramnestien von ihren Adressaten ein aktives Handeln, nämlich Abgabe der Erklärung und Nachzahlung, notwendigerweise voraussetzten, während das gescheiterte Abkommen bei ausreichend vorhandenen Barmittel auf einem betroffenen Konto ohne aktives Zutun des Betroffenen, vielmehr allein aufgrund eines passiven Geschehenlassens, für diesen strafbefreiende Wirkung entfalten sollte.

Im Gegensatz zum Abkommen erstreckte sich dagegen der potentielle Anwendungsbereich der Steueramnestien 1990 und 2004 auf sämtliche in Deutschland steuerpflichtigen Personen, soweit diese in einem bestimmten Zeitraum falsche Angaben gegenüber dem Finanzamt gemacht hatten. Eine Beschränkung auf Sachverhalte mit einem bestimmten territorialen Bezug war nicht vorgesehen.

Beim Blick auf den konkreten Gesetzeswortlaut, soweit die Steueramnestien Straffreiheit anordnen, fällt auf, dass das StrbEG 1990 von „*wird straffrei*" spricht und das StraBEG 2004 von „*wird nicht bestraft*", während im gescheiterten Abkommen mit der Formulierung „*findet keine Verfolgung von Steuerstraftaten [...] statt*" formal zunächst auf einen Verfolgungsverzicht abgestellt wird, um dann jedoch, wie folgt, auf diese Rechtsfolge Bezug zu nehmen: „*wenn die Strafbarkeit [...] entfällt*".[445]

### c) Fazit

Das gescheiterte Abkommen unterscheidet sich von den Amnestien 1990 und 2004 zum einen darin, dass bereits eine anonyme und pauschale Einmalzahlung, welche bei Vorliegen ausreichender flüssiger Mittel durch die schweizerische Zahlstelle veranlasst wird, zu Straffreiheit und Abgeltung der Steueransprüche führt, ohne dass der Betroffene sich in irgendeiner Form aktiv erklären müsste, zum anderen durch die territoriale Beschränkung auf Vermögenswerte in der Schweiz. Der Gesetzeswortlaut des Abkommens spricht primär von zu unterbleibender Strafverfolgung, während die beiden vorangegangenen Steueramnestien von Straffreiheit sprachen.

## V. Historischer Kompetenzstreit

Grundsätzlich besaßen in Deutschland nach bis heute vertretener Auffassung[446] der Bund wie die Länder die Kompetenz, Amnestiegesetze zu erlassen, wobei diese Auffassung als ein Relikt aus Epochen, mit einem von dem heutigen grundverschiedenen Föderalismuskonzept, nicht mehr zeitgemäß erscheint. Wie gezeigt wurde, führte wohl der Dissens im Parlamentarischen Rat zu dieser Frage dazu, dass die Amnestie letztlich nicht im GG geregelt wurde.

---

445 Sämtliche Hervorhebungen durch den Verfasser.

446 *Marxen*, Amnestie, 1984, S. 21; *Schätzler*, Gnadenrecht, 1992, Ziff. 30.3.1.

## 1. Herleitung aus den Kompetenzen für Gnade, Strafverfahren und Strafvollzug

Der jeweilige Umfang der Amnestiekompetenz von Reich und Ländern war dabei jedoch schon in der Weimarer Republik umstritten.[447] Während die Länder zunächst ihre Gesetzgebungskompetenz aus der ihnen obliegenden Gnadenhoheit ableiteten, setzte sich die Reichsregierung, gestützt auf die grundsätzliche Zustimmung des Reichsgerichts,[448] das in den neueren Straffreiheitsgesetzen zumindest ebenfalls keinen Ausfluss des Gnadenrechts mehr sehen wollte, mit ihrer unitarischen Auffassung durch. „Zur Vermeidung von Zweifeln" erließ der Reichstag Amnestiegesetze jedoch stets mit verfassungsändernder Mehrheit,[449] was teils auf

---

447 Vgl. *Wunderlich,* DJZ 1928, Sp. 1171 (1172 ff.); *Hachenburg,* DJZ 1928, Sp. 497 (500); *Meyer,* DJZ 1933, Sp. 129 (130 f.).

448 Beschluss v. 28.04.1919 III. Strafsenat, RGSt 53, 39 (41); Beschluss v. 28.04.1919 III. Strafsenat, RGSt 53, 52 (53); Urteil v. 08.01.1921 RGSt 55, 217 (218). In allen drei Entscheidungen stellte das RG fest, dass die Amnestie durch das Reich, die auch Strafverfahren der Länder einbezögen, jedenfalls eines Reichsgesetzes bedürften. Insofern stellten sie keinen Eingriff in die Gnadenbefugnisse der Länder dar. In letztgenanntem Urteil wird ein Recht des Angeklagten auf Verfahrensniederschlagung aufgrund der Amnestie-VO der Interalliierten Regierungs- und Plebizitkommission für Oberschlesien gerade deswegen abgelehnt, weil kein Reichsgesetz vorlag.

449 Vgl. *Uhle,* Amnestie, 1935, S. 45; *Schätzler,* Gnadenrecht, 1992, Ziff. 30.3.1. In der Weimarer Republik war das Rangverhältnis zwischen Reichsverfassung und einfachem Parlamentsgesetz umstritten. Die Tendenz ging jedoch zum einen dahin, davon auszugehen, mit der entsprechenden parlamentarischen 2/3-Mehrheit des Art. 76 WRV könne die Verfassung beliebig geändert werden, bis hin zu ihrer Abschaffung. *Gusy,* Weimarer Reichsverfassung, 1997, S. 148 spricht in diesem Zusammenhang von *„Neutralität bis zum Selbstmord"*. Ohne dass eine *„dem heutigen Bundesverfassungsgericht vergleichbare Institution als Hüterin der Verfassung"* (*Sturm* in: bbp Weimarer Republik, S. 16) hierüber gewacht hätte, konnten auch einfache Gesetze mit 2/3-Mehrheit die Verfassung durchbrechen, ohne sie selbst explizit zu ändern. In der überwiegenden Zahl der Fälle wurde in der Praxis von diesem Instrument der *Durchbrechung* Gebrauch gemacht. Dabei wurde zwischen *ausdrücklichen, klarstellenden* und *stillschweigenden Durchbrechungen* unterschieden. Im Falle der klarstellenden Durchbrechungen, wenn also der verfassungsändernde Charakter eines Gesetzes unklar war, wurde dies durch die Formel im *Vorspruch „nachdem zur Vermeidung von Zweifeln festgestellt ist, daß die Erfordernisse verfassungsändernder Gesetzgebung erfüllt sind"* klargestellt. *Poetzsch-Heffter,* HK-Reichsverfassung, 1928, S. 331 f.; *Giese,* Staatsrecht, 1930, § 30 A, S. 183; *Anschütz,* Reichsverfassung, 1933, S. 400 ff.; *Gusy,* Weimarer Reichsverfassung, 1997, S. 146. Vgl. hierzu etwa die Debatte zum Gesetzentwurf zur Verlängerung des Sperrgesetzes vom 30.06.1927, welches letztlich an der

empörten Widerspruch aus den Ländern stieß, wobei sich insbesondere die bayrische Landesjustiz und Regierung schwer tat, diesen Kunstgriff und die dadurch aus ihrer Sicht ermöglichten Eingriffe in die Landesjustizhoheit zu akzeptieren.[450] Gerade die abolitionistische Wirkung der Reichsamnestien war es dabei, welche den Widerspruch aus den Ländern befeuerte und deren verfassungsrechtlicher Kritik argumentative Munition lieferte. So wurde etwa von bayrischer Seite darauf verwiesen, dass solche Amnestien *„dem Grundsatz [der Landesverfassung widersprächen,] dass in Strafverfahren nicht eingegriffen werden dürfe"*.[451]

Während jene eher liberal-progressiv eingestellten Gelehrten, die auch als Abgeordnete in der Reichspolitik aktiv waren, wie der zeitweilige Vorsitzender des Strafrechtsausschusses *Kahl (DVP)*[452] und der Reichsjustizminister *Radbruch (SPD)*, die Amnestiekompetenz des Reiches verteidigten,[453] wurden die Vertreter der staatsrechtlichen Wissenschaft wie *Anschütz*[454], *Giese*[455] und *Potzsch-Heffter*[456] immer wieder zu Zeugen für die Position der Länder

---

nicht erreichten 2/3 Mehrheit scheiterte, RT-Bd. 393, S. 11131. Gemäß § 78 Abs. 1 der alten RV hatte die einfache Mehrheit im Reichstag hierfür genügt, gleichzeitig konnten 14 Stimmen der Länder im Bundesrat ein solches Gesetz verhindern. Insofern hatte durch Einführung der WRV eine Verschiebung der Kompetenz-Kompetenz zu Gunsten des Reiches stattgefunden. Vgl. hierzu *Hatschek*, Staatsrecht, 1922, Bd. 1, S. 67 f. In seinem Urteil vom 08.01.1921, RGSt 55, 217 (218) hatte das Reichsgericht dabei für die Amnestien vom 03. und 07.12.1918 ausgeführt, dass diese ausnahmsweise ohne die formelle verfassungsdurchbrechende Mehrheit zulässig gewesen seien, da der Rat der Volksbeauftragten bis zum Zusammentritt der verfassungsgebenden Nationalversammlung nicht nur die gesetzgeberische Gewalt im Reiche innegehabt habe, sondern sämtliche Reichsorgane – so auch den Bundesrat – zwischenzeitlich verdrängt habe und an deren Stelle getreten sei.

450 *Meyer*, DJZ 1933, Sp. 129 (130); dem widersprechend *Hachenburg*, DJZ 1928, Sp. 497 (499 f.).

451 *Meyer*, DJZ 1933, Sp. 129 (129).

452 *Kahl*, DJZ 1925, Sp. 1281 (1283). Gleichwohl dieser sich mit Radbruch in der Kompetenzfrage einig war, sah er die Praxis der Amnestien wesentlich kritischer als Radbruch, diese eher als *„Leichensteine auf dem Grabe des Rechts"* denn als *„Meilensteine am Wege der Revolution"* a.a.O. Sp. 1281 und gehörte zu den frühsten Mahnern, vgl. *Kahl*, DJZ 1918, Sp. 665 (666) wie auch etwa *Stein*, Begnadigungsrecht, 1919, S. 68.

453 Vgl. zu dieser Lagerbildung *Wunderlich*, DJZ 1928, Sp. 1171 (1172); *Uhle*, Amnestie, 1935, S. 43; *Oppelt*, Amnestiegesetzgebung, 1957, S. 73 ff.; *Schätzler*, Gnadenrecht, 1992, Ziff. 30.3.1.

454 *Anschütz*, Reichsverfassung, 1933, Art. 49, Nr. 3, 4, S. 303 f.

455 *Giese*, Staatsrecht, 1930, S. 145 (§ 24 C 2), S. 183 (§ 30 A).

456 *Poetzsch-Heffter*, HK-Reichsverfassung, 1928, Art. 49, S. 247 ff.

berufen,[457] soweit in der Praxis der Reichamnestiepolitik eine Kompetenzanmaßung gesehen wurde.

## 2. Exkurs – Unitaristen, Föderalisten und die Lehre Anschützens

Gleichwohl bleibt an dieser Stelle zu vermuten, dass der in diesem Zusammenhang so häufig zum Zeugen berufene und von den Verfechtern des Föderalismus vereinnahmte große Staatsrechtslehrer der Weimarer Republik zugleich auch der am häufigsten missverstandene sein dürfte. *Anschütz* hatte sich von Beginn an *„zum reinen Unitarismus“*[458] bekannt[459] und die föderalistischen Ausprägungen der WRV stets als ein einstweilen hinzunehmendes notwendiges Übel begriffen, eine Konzession an die Gegner der Reichseinheit, um dem *„Überhandnehmen zentrifugaler, separatistischer Strömungen“* vorzubeugen. So bekannte er, *„das Reich [sei für ihn] alles, der Einzelstaat nichts“*, auch wenn die *„Reichsmaschine“* noch auf absehbare Zeit *„mit einem beträchtlichen Quantum föderalistischen Oels geschmiert“* werden müsse.[460] Während dies von späteren Autoren teilweise verkannt wurde,[461] mag die Bezugnahme auf die Lehrmeinung des bekennenden Unitaristen zur Untermauerung föderalistischer Positionen in den Augen seiner Zeitgenossen umso mehr Gewicht gehabt haben; ehrt *Anschütz* als wissenschaftlichen Autor und Kommentator der Reichsverfassung doch seine Professionalität, sich hierbei stets als Interpret der geltenden, nicht Apologet der von ihm ersehnten verstanden zu haben. Gleichzeitig müssen jene, die seine Lehren auch im Sinne ihrer föderalistischen Rechtsauffassungen im Kompetenzstreit um die Amnestie vereinnahmen wollten, der Ignoranz geziehen oder des Rosinenpickens für schuldig befunden werden.

Denn richtig: (1) Zum einen hielt *Anschütz* die Reichskompetenz für *Amnestien* (in seinem Sinne: ausschließlich Vollstreckung betreffend und massenweiser Gnadenakt in Gesetzesform) nur bei solchen Fällen für gegeben, in denen die Gerichte des Reiches bereits in erster Instanz geurteilt hatten.[462] (2) Gleiches Kriterium sei auch im Falle der *Abolitionen* anzuwenden.[463] (3) *Die Gewährung von Straffreiheit oder Strafmilderung* (das Außerkraftsetzen eines Strafgesetzes kraft

457 *Wunderlich,* DJZ 1928, Sp. 1171 (1172).
458 *Anschütz,* DJZ 1919, Sp. 113 (116).
459 Vgl. auch *Anschütz,* DJZ 1919, Sp. 199 (200).
460 *Anschütz* zitiert nach *Pauly* in: *Anschütz,* Aus meinem Leben, 2008, S. XXXVI ff.
461 Vgl. etwa *Uhle,* Amnestie, 1935, S. 45.
462 *Anschütz,* Reichsverfassung, 1933, Art 49, Nr. 2, S. 301 f.
463 *Anschütz,* Reichsverfassung, 1933, Art 49, Nr. 4, S. 304.

Reichskompetenz für das Strafrecht mit den Folgen Vollstreckungserlass und Niederschlagung) dürfe sich auf Fälle, in denen die Gerichte der Länder zuständig waren, nur so weit erstrecken, wie diese noch nicht rechtkräftig entschieden seien – also allein Abolitionswirkung entfalten, nur Strafverfolgungsansprüche, nicht aber rechtskräftige Strafvollstreckungsansprüche der Länder vernichten.[464]

Soweit mag es den Anschein haben, als sei hier eine Lanze für den Föderalismus gebrochen worden – doch weit gefehlt: Letzten Endes war auch nach der Lehre *Anschützens* grundsätzlich jedes kriminalpolitische Vorhaben, Suspendierungen von Strafverfolgungs- wie Vollstreckungsansprüchen betreffend – auch originärer solche der Länder – durch Reichsgesetz möglich, wobei hier zur Wahrung der Form lediglich auf die Wahl des richtigen Etikettes oder die erforderliche Abstimmungsmehrheit zu achten war:

Soweit der Reichsgesetzgeber (5) Verfahren im Zuständigkeitsbereich der Ländergerichte niederzuschlagen beabsichtigte, brauchte er nur das Vehikel des Straffreiheitsgesetzes zu wählen. (6) Soweit er rechtskräftig durch die Gerichte der Länder verhängte Strafen erlassen wollte, musste er eine Amnestie lediglich mit verfassungsdurchbrechender Mehrheit – die Legalität solchen Verfahrens war unbestritten – erlassen.

Allein *Anschützens* Postulat, wonach einerseits die Niederschlagung von Verfahren, die Vernichtung der Strafverfolgungsansprüche durch Reichskompetenz aufgrund von Art. 7 Abs. 2 WRV und § 2 Abs. 2 StGB a.F. (entsprach dem Regelungsgehalt der Abs. 2 und 3 des § 2 StGB n.F.[465]) gedeckt sei, andererseits jedoch die Vernichtung der Strafvollstreckungsansprüche durch die Rechtskraft zu Gunsten der Länder gewissermaßen gehemmt werde (hierfür also notfalls eine verfassungsändernde Reichsamnestie nötig sei), überzeugt nicht. Er begründet dies wie folgt: *„Es wäre sinnwidrig, anzunehmen, daß Eingriffe in die Justizhoheit der Länder, die dem Reiche durch Art. 49 verboten sind, ihm durch Art. 7 Nr. 2 haben erlaubt werden wollen.“*[466] Letztlich kann diese Argumentation nur unter Zugrundelegung gleich mehrerer jeweils für sich bereits fragwürdiger Prämissen nachvollzogen werden, nämlich erstens, dass der zweite Satz des Art. 49 WRV einerseits ein Verbot für Amnestien des Reiches, Urteile der Länder betreffend, enthalte, zweitens, dass der abolitionistische Aspekt von diesem Verbot nicht umfasst – da eben vom

464 *Anschütz*, Reichsverfassung, 1933, Art 49, Nr. 3, S. 303 f.

465 § 2 Abs. 2 StGB in der Fassung vom 15.05.1871: *„Bei Verschiedenheit der Gesetze von der Zeit der begangenen Handlung bis zu deren Aburtheilung ist das mildeste Gesetz anzuwenden.“* RGBl. 1871, Nr. 24, S. 127 (128).

466 *Anschütz*, Reichsverfassung, 1933, Art. 49, Nr. 3, S. 304.

Amnestiebegriff nicht umfasst – sei.[467] Somit ist notwendige Voraussetzung dieses Arguments doch auch wieder die Zugrundelegung einer subjektiven – alles andere als konsensfähigen[468] – Begriffsdefinition der Amnestie. Soweit Anschütz ein hiervon zu unterscheidendes Konzept der Straffreiheit ersann und dem Amnestiebegriff entgegensetzte, mangelt es ihm an letzter Konsequenz, dieses der Kompetenz nach rein strafrechtlich zu denken. Bleibt für ihn die Rechtskraft eines landesgerichtlichen Urteils auf der Zeitschiene doch eine unüberwindliche rote Linie, bis zu jener der Reichsgesetzgeber mit einfacher Gesetzesmehrheit zwar materielles Strafrecht beliebig setzen, ändern und zurücknehmen kann. Parallel zur Rechtskraft des Urteils jedoch soll auch der Strafvollstreckungsanspruch eines Landes derart erstarken und damit für das Reich seine Disponibilität einbüßen, dass dieses ihn dem Land nicht wieder fortnehmen kann.

Gleichzeitig stellte *Anschütz* keine allgemeinen Regeln auf, unter welchen Voraussetzungen ein Gesetz Straffreiheitsgesetz und nicht bloß Amnestie oder Abolition sei. Demzufolge wäre der Gesetzgeber keinen Bedingungen, etwa was die Art der betroffenen Delikte oder Intention eines Gesetzes anbelangt, unterworfen gewesen, sondern vielmehr frei, es als Straffreiheits-, Abolitions- oder Amnestiegesetz zu deklarieren.

### 3. Amnestie- und Gnadenverbandskompetenzen der Länder – Stand 1926

Wenn auch Länderamnestien im Rahmen dieser Untersuchung weitgehend ausgeklammert bleiben sollen, erscheint ein knapper Blick darauf, was die Verfassungen der Gliedstaaten des Deutschen Reiches hierzu bestimmten, lohnenswert.

Eine Betrachtung derselben zeichnet nämlich das Bild eines an Buntheit kaum zu übertreffenden Flickenteppichs. Dies ergibt sich zum einen aus der durch und durch uneinheitlichen Begriffsverwendung. Der Straferlass in einer Vielzahl von Fällen wird als *Allgemeine Begnadigung*[469], *Allgemeiner Straferlass*[470], *Straferlass*

---

467 Das *Anschütz* hier dem Art. 49 WRV ein Verbot entnehmen möchte, steht in eklatantem Widerspruch zu seiner nur zwei und drei Seiten früher getroffenen Feststellung, so wie Abs. 1 nur frage, „*wer ‚für das Reich' zuständig*" sei, bestimme dieser jedoch „*nichts über den gegenständlichen Umfang*" (Art 49, Nr. 1, S. 301); „*so bestimme auch Abs. 2 nur das zuständige Reichs o r g a n, dagegen nichts über die Zuständigkeit des Reiches als solchen [sic]*", so *Anschütz*, Reichsverfassung, 1933, Art. 49, Nr. 3, S. 302.

468 Vgl. *Uhle*, Amnestie, 1935, S. 45.

469 Anhalt, Mecklenburg-Schwerin, Mecklenburg-Strelitz, Oldenburg, Sachsen und Würtemberg.

470 Braunschweig, Danzig, Lippe, Preußen, Schaumburg-Lippe.

*für alle bestraften Personen oder besondere Gruppen*[471] sowie als *Amnestie*[472] bezeichnet. Zum anderen benennen einige Verfassungen lediglich Gnade, Straferlass oder Amnestie und schweigen sich zu Niederschlagungen gänzlich aus.[473] Andere normieren dezidiert Gnade im Einzelfall, Amnestie, Einzel- und Massenabolition, womit gleichzeitig klargestellt war, dass alle vier Institute nicht nur voneinander zu unterscheiden, sondern auch grundsätzlich zulässig seien.[474] Die übrigen Verfassungen, welche Voraussetzungen und Verbandskompetenz der Niederschlagung bestimmen, unterscheiden hier jedoch nicht nach Einzel- und Massenabolition, lassen also offen, ob diese gleichermaßen oder nur eine der Varianten zulässig seien.[475] Allein Art. 31 Abs. 2 der Verfassung des Freistaates Lippe spricht explizit nur von der „Niederschlagung eines Verfahrens" und schweigt sich zur Massenabolition aus. Letztlich findet sich bei den Kompetenzzuschreibungen für allgemeine Straferlasse sowie Niederschlagungen beiderlei Art fast jede nur erdenkliche Spielart – ausschließlich legislative oder exekutive Kompetenzen sowie Kombinationen aus beiden. So erlaubten die meisten Landesverfassungen die Amnestie nur durch Gesetz – jene Badens und Hessens jedoch allein durch ministerialen Erlass – jene Lübecks, Mecklenburg-Schwerins und Thüringens ebenfalls durch Exekutivakt, jedoch mit Zustimmungserfordernis des Landtags (beziehungsweise der Bürgerschaft). Die Verfassungen von Hamburg, Oldenburg und Thüringen wiesen die Gnadenbefugnis in Einzelfällen zwar grundsätzlich – ebenso wie in den übrigen Ländern – der Landesregierung zu, verlangten jedoch für Straferlasse bei Verurteilung durch den Staatsgerichtshof zusätzlich eine Zustimmung der Bürgerschaft beziehungsweise machten einen entsprechenden Antrag des Landtags zur Voraussetzung. Weiter sind verschiedenste Sonderregelungen zu beobachten, die jeweils für sich wohl Einzigartigkeit beanspruchen können, wie etwa die Bestimmung des § 57 der Verfassung Mecklenburg-Schwerins, wonach Niederschlagungen anhängiger Verfahren, welche durch das Staatsministerium zu erfolgen hatten, ausschließlich bei Personen möglich waren, welche zur Zeit der Tat das achtzehnte Lebensjahr noch nicht vollendet hatten, oder in § 34 der Verfassung des Freistaates Schaumburg-Lippe, wonach es zur Niederschlagung anhängiger Strafverfahren der Zustimmung des Landtags mit Zweidrittelmehrheit bedurfte.[476]

471 Bayern.

472 Bremen, Hamburg, Lübeck, Thüringen.

473 So etwa Bayern, Bremen, Danzig, Lübeck und Thüringen.

474 So etwa Mecklenburg-Strelitz, Oldenburg, Preußen und Württemberg.

475 So etwa Anhalt, Baden, Hamburg, Hessen (Lippe), Sachsen und Schaumburg-Lippe.

476 Die meisten abgedruckt bei *Ruthenberg*, Verfassungsgesetze Reich und Länder, 1926; sämtliche bei *Wittreck*, Weimarer Landesverfassungen, 2004.

Die nachfolgende Tabelle mag einen Überblick über die Amnestie- und Gnadenverbandskompetenzen der Länder – Stand 1926 – geben.

*Tabelle 4: Amnestie- und Gnadenverbandskompetenzen der Länder – Stand 1926*

| Land | Fassung vom: | Straferlass | | | Niederschlagung | |
|---|---|---|---|---|---|---|
| | | Einzelfälle | | Mehrzahl | Einzelfälle | Mehrzahl |
| **Anhalt** | 18.07.1919 | § 36 (Staatsministerium) | | § 36 (Gesetz) | § 36 (besondere gesetzliche Ermächtigung) | |
| **Baden** | 21.03.1919 | § 16 (Staatsministerium) | | | § 16 (StaM, gesetzlicher Ermächtigung) | |
| **Bayern** | 14.08.1919 | § 51 Abs. 1 (Gesamtministerium) | | § 51 Abs. (L.T. d. Gesetz) | | |
| **Braunschweig** | 06.01.1922 | Art. 36 (Staatsministerium) | | § 36 (Gesetz) | § 36 (Gesetz) | |
| **Bremen** | 18.05.1920 | § 60 (Senat)* | | § 60 (Gesetz) | | |
| **Danzig** | 14.06.1922 | Art. 40 (Senat) | | § 45 (Gesetz) | | |
| **Hamburg** | 07.01.1921 | Art. 47 (Senat) | Art. 47 (Senat)** | Art. 47 (Gesetz) | Art. 47 (Senat – aufgrund eines Gesetzes) | |
| **Hessen** | 12.12.1919 | § 61 (Gesamtministerium) | | | § 61 (Gesamtministerium mit Zust. d. Landtags) | |
| **Lippe** | 21.12.1920 | Art. 31 Abs. 1 (Landespräsidium) | | Art. 31 Abs. 4 (Gesetz) | Art. 31 Abs. 2 *** | |
| **Lübeck** | 04.04.1925 | Art. 47 Nr. 4 (Senat) | | Art. 44 Nr. 4 (Senat/ Büschft.) | | |
| **Mecklenburg-Schwerin** | 17.05.1920 | § 57 (Staatsministerium) | | § 57 (Zust. des Landtags) | § 57 (StaM) **** | |
| **Mecklenburg-Strelitz** | 24.05.1923 | § 46 (Staatsministerium) | | § 46 (Gesetz) | § 46 (StaM) | § 46 (Gesetz) |
| **Oldenburg** | 17.06.1919 | § 34 (StaM) | § 74** | § 34 (Gesetz) | § 34 (StaM) | § 34 (Gesetz) |
| **Preußen** | 30.11.1920 | Art. 54 Abs. 1 (Gesamtministerium) | | Art. 54 Abs. 3 (Gesetz) | Art. 54 Abs. 3 (Gesetz) | Art. 54 Abs. 3 (Gesetz) |
| **Sachsen** | 04.11.1920 | Art. 31 (Gesamtministerium) | | Art. 31 (Gesetz) | Art. 31 (Gesamtministerium) | |
| **Schaumburg-Lippe** | 24.02.1922 | § 34 (Landesregierung) | | § 34 (Gesetz) | § 34 (Zustimmung Landtag, mit 2/3 Mehrheit) | |
| **Thüringen** | 11.03.1921 | § 47 Nr. 5 (L.Reg.) | § 53** | § 47 Nr. 5 (Zust. des Landtag) | | |
| **Württemberg** | 25.11.1919 | § 33 Abs. 1 (Staatspräsident) | | § 33 Abs. 2 (Gesetz) | § 33 Abs. 1***** | § 33 Abs. 2 (Gesetz) |

Legislative
Exekutive
Kombination Exekutive/Legislative
keine Angaben / ausdrückliches oder konkludentes Verbot

* nach Einholung eines Gutachtens des Gerichts
** Urteile des StGHs nur auf Antr. d. L.T., HH auf Antr. oder m. Zust. d. Bürgerschaft
*** Landespräsident mit Genehmigung des Landtags
**** nur bei Personen bis zum 18. Lebensjahr
***** Staatspräsident auf Vorschlag des Staatsministers

### 4. Amnestiekompetenz in der Bundesrepublik

In der jungen Bundesrepublik – der Weg der Verfassungsdurchbrechung[477] stand der Legislative nun nicht mehr offen – entzündete sich der Streit 1949 anlässlich eines der ersten Bundesgesetze, des StFG 1949[478] erneut. Mit seinem Beschluss vom 22.04.1953 erklärte das BVerfG das StFG für verfassungskonform und leitete die Gesetzgebungskompetenz des Bundes aus Art. 74 Ziff. 1 iVm Art. 72 Abs. 2 Nr. 3 GG a.F.[479] her, wonach konkurrierende Gesetzgebungskompetenz für das Strafverfahren gegeben sei, soweit Niederschlagung angeordnet würde, für den Strafvollzug, soweit die Amnestie rechtskräftige Erkenntnisse fasse.[480] Die Kernaussage dieses Urteils lässt sich dabei durchaus verallgemeinert als eine generelle Kompetenzzuschreibung zu Gunsten des Bundes verstehen, eine Ansicht, die sechs Jahre später durch einen weiteren Beschluss des BVerfG, diesmal zum StFG 1954, die sogenannte *„Platow-Entscheidung"* bestätigt wurde.[481]

Dieser Herleitung wurde jedoch durch die Föderalismusreform 2006, welche die Gesetzgebung für den Strafvollzug in den Kompetenzbereich der Länder überführte, zwischenzeitlich die Grundlage entzogen. Seither war in Deutschland keine Amnestie mehr erlassen worden. Welche Auswirkungen dies jedoch in Bezug auf die aktuelle Amnestiekompetenz in Deutschland zeitigt, sei sodann im Zuge der abschließenden verfassungsrechtlichen Bewertung des gescheiterten Steuerabkommens eingehend untersucht.[482]

## VI. Erkenntnisgewinn zum Wesen der Amnestie

Im Folgenden sei versucht, auf Basis der vorangegangenen historischen Betrachtung Antworten auf die zuvor aufgeworfenen Fragen zu finden, wobei zuallererst die Feststellung getroffen werden kann, dass in Bezug auf die Fragen nach Reichweite, Rechtsnatur und Rechtsfolge eine pauschale Aussage für alle Formen von Amnestiegesetzen nicht getroffen werden kann. Grund hierfür sind die Heterogenität ihrer Erscheinungsformen, die mannigfachen Unterschiede bezogen auf gesetzgeberische Intention, konkrete Ausformung und Gesetzeswortlaut. Dieses

477 Vgl. Fn. 449.

478 BGBl. 1949, Nr. 9, S. 37.

479 Fassung des Art. 72 (24.05.1949 bis 15.11.1994), Fassung des Art. 74 (24.05.1949 bis 24.12.1959).

480 BVerfG NJW 1953, 777 (777) = BVerfGE 2, 213.

481 BVerfG NJW 1960, 235 = BVerfGE 2, 213. Bereits in einem Beschluss vom 18.09.1952 war es stillschweigend von der Bundeskompetenz ausgegangen, BVerfGE 1, 418 (429).

482 Siehe unter E.III.1.a)bb).

äußert sich etwa darin, dass manche Amnestien primär oder ausschließlich auf Niederschlagung von Verfahren abzielen, andere auf Straferlass oder aber beide Rechtsfolgen gleichermaßen bezwecken.

So scheinen manche Amnestien dem materiellen Recht, andere dem Verfahrens- oder Vollstreckungsrecht näher. Weiter lassen einzelne Amnestien Ursprünge aus der Sphäre des Gnadenrechts noch eher erahnen, soweit ihr Zweck zumindest auch vom Gnadengedanken mitgetragen scheint.

Darüber hinaus ist festzustellen, dass Amnestien aus spezifischen kriminalpolitischen – im Kern jedoch vor allem aus politischen – Motiven erlassen wurden. Rechtswissenschaft und Jurisprudenz konnten dabei stets nur hinterherhinken mit ihren selten befriedigenden Versuchen, dies rechtsdogmatisch einzuordnen. Nicht zuletzt äußerte sich dieser Umstand auch darin, dass wohl die meisten erlassenen Amnestien zur Folge hatten, dass im Rahmen nachfolgender Strafverfahren über deren Reichweite gestritten wurde, darüber, ob und inwieweit sie auf einen konkreten Fall anwendbar seien.[483]

## 1. Vollstreckungserlass und Niederschlagung

Nach dem ursprünglichen Verständnis in Deutschland stellte die Amnestie, wie man sie aus ihrem gelegentlichen Auftauchen im Kaiserreich kannte, auf Straferlass ab,[484] auch wenn sich diese Einordnung seit 1913, also bereits kurz vor dem Zeitpunkt, als Amnestien häufiger und zum Politikum wurden, nicht mehr mit der Praxis deckte. Nach dieser alten Auffassung konnte hierunter demnach primär die Suspendierung der (weiteren) Strafvollstreckung verstanden werden. Da die formale Trennung von Straf- und Strafvollstreckungsverfahren erst eine Errungenschaft der Moderne darstellt, hatte sich jedenfalls in „archaischer Zeit" eine diesbezügliche Unterscheidung im Hinblick auf die Rechtsfolgen einer Amnestie erübrigt.[485] Wer in ihren Genuss kam, wurde nicht mehr verfolgt oder verurteilt; wenn es so weit schon gekommen war, nicht (weiter) bestraft, sondern im besten Falle freigelassen.[486] Für Amnestien der Moderne, die nun vor dem Hintergrund

483 Vgl. etwa RGSt 53, 39; 53, 52; 53, 53; 55, 217; BVerfGE 25, 230. Im Falle des StrFG 1990 weist *Thomsen*, Das Amnestiegesetz, 1995, S. 2, Fn. 7 allein vier Entscheidungen bis Ende des Jahres 1989 nach.

484 Vgl. *Hüser*, Begnadigung und Amnestie, 1973, S. 140.

485 Vgl. *Süß*, Amnestiegesetzgebung, 2001, S. 173.

486 Vgl. *Strobel*, in: Vergeben und Vergessen, 2013, S. 286 (289 f.), legt anhand eines Beispiel aus dem Römischen Reich zur Zeit des Soldatenkaisers Gallienus (262–268 n.Chr.) dar, dass es allein der Person des Herrschers oblag, im Rahmen einer Amnestie jedwede Rechtsfolge anzuordnen, die ihm beliebte.

von Rechtsordnungen erlassen wurden, die eine solche Unterscheidung kannten, bekam die Frage jedoch Relevanz. Dabei wurde festgestellt, dass die Amnestien im Deutschen Reich sich bis 1913 stets auf Vollstreckungserlass beschränkt hatten. Allerdings waren diese mit Ausnahme der Amnestie 1871 auch ausschließlich als Jubelamnestien in Erscheinung getreten[487] und verfolgten damit keinen oiginär rechtspolitischen Zweck. Für die Zeit seit Ausrufung der Republik lässt sich sodann jedenfalls feststellen, dass Amnestien stets eine Niederschlagung anhängiger Verfahren als Entsprechung der Straferlasse in den Fällen, welche bereits abgeurteilt waren, beinhalteten. Die überwiegende Mehrheit der Rechtsgelehrten sah hierin denn auch eine sich aufdrängende, wenn nicht zwingend notwendige Konsequenz.[488] Insofern hatte sich in der Weimarer Republik zumindest umgehend ein Gewohnheitsrecht dahingehend herausgebildet, dass Reichsamnestien Niederschlagungen beinhalten konnten, auch wenn dessen Kritiker monierten, dass eben dies durch den Verfassungswortlaut nicht gedeckt gewesen sei.[489]

Es stellt sich die Frage, ob eine strikte Trennung, der Amnestievarianten nach solchen der Abolition, die allein in das Verfahrensrecht eingreifen würden, solchen der Strafvollstreckung und solchen, eine partielle Rücknahme das materielle Strafrecht betreffend, wie etwa *Anschütz* sie vertrat,[490] nach alledem aufrechterhalten werden kann. Dagegen spricht der Umstand, dass es im Kern stets darum geht, dass begangene Straftaten nicht mehr geahndet werden sollen. Dabei wird eine Unterscheidung nach dem jeweiligen Verfahrensstand in der Regel zu materiellen – letztlich kaum zu rechtfertigenden – Ungerechtigkeiten führen. Liegt der Schwerpunkt auf Straferlass, beziehungsweise ordnet der Gesetzeswortlaut solchen an, ohne ihn ausdrücklich auf rechtskräftig erkannte Strafen zu beschränken, so ist auch eine weitere Verfolgung sinnlos. Ordnet ein Gesetz an, bestimmte Straftaten nicht weiter zu verfolgen, so erscheint es unerträglich, rechtskräftig verhängte Strafen weiter zu vollstrecken, soweit Straftaten und Sachverhalte, die diesen zugrunde liegen, vergleichbar sind und nicht nach Stichtagen oder einer geforderten Bedingung, welche nicht erfüllt wäre, von den Fällen der niedergeschlagenen Verfahren abweichen.

Eine strenge Unterscheidung durch das jeweilige Straffreiheitsgesetz selbst bis hin zu einer Drei- oder Vierteilung, wie sie etwa die Zivilamnestie 1918 nach

487 Vgl. C.IV.1.

488 So *Oppelt*, Amnestiegesetzgebung, 1957, S. 9; *Süß*, Amnestiegesetzgebung, 2001, S. 175.

489 *Uhle*, Amnestie, 1935, S. 44.

490 *Anschütz*, Reichsverfassung, 1933, § 49, S. 300 ff.; zustimmend *Grewe*, Gnade, 1936, S. 12, ebenso *Poetzsch-Heffter*, HK-Reichsverfassung, 1928, S. 331 f.

Verfahrensabschnitten vornahm, hat sich nicht durchgesetzt und erscheint überflüssig. Diese umfasste gleichermaßen anhängige wie noch nicht eingeleitete Verfahren, rechtskräftig erkannte sowie binnen zwei Wochen nach ihrem Inkrafttreten rechtskräftig werdende Strafen, wobei sämtliche unterschiedlichen Rechtsfolgen einzeln normiert waren. Der Gesetzeswortlaut sprach bei den anhängigen Verfahren von Niederschlagung, im Falle der Nichteinleitung von Straffreiheit und für die bereits erkannten Strafen von deren Erlass. Es bleibt zu konstatieren, dass der historische Gesetzgeber jedenfalls bereits bei dieser ersten[491] allgemeinen Reichsamnestie der Republik im Ergebnis sämtliche Verfahrensstadien umfasst wissen wollte. Die ausdrückliche Benennung aller Varianten, in denen sich die Amnestie auswirken konnte und sollte, war hierbei wohl noch dem Umstand geschuldet, dass man sich auf gesetzgeberisches Neuland begab und Zweifeln bei der Auslegung vorbeugen wollte.

Letztlich kann aufgrund der zuvor betrachteten Amnestiepraxis der Bundesrepublik festgestellt werden, dass es sich bei diesen ausnahmslos um einen neuen, modernen Typ der Amnestie handelte, der das umfasste, was *Anschütz* „Straffreiheit“ nannte, also Vollstreckungserlass und Abolition beinhaltete und der – so die Gesetzessprache – stets in Form von Straffreiheitsgesetzen erlassen wurde. Eine andere Form, die reine Amnestie oder reine Abolition erscheint nicht angebracht. Im Übrigen lässt sich auch der Begriffsursprung ἀμνηστία – also Vergessen – auf alle Amnestievarianten anwenden. Eine Straftat wird vergessen gemacht, gleich ob der Staat im konkreten Fall auf seinen Strafverfolgungs- oder Strafvollstreckungsanspruch verzichtet.

## 2. Stellungnahme zum vorzugswürdigen Begriff – Amnestie oder Straffreiheit

Von dieser Prämisse ausgehend, dass es nur noch diese eine Amnestie gibt und geben sollte, kann auf die zunächst offengelassene Frage der Terminologie zurückgekommen und zu einer angemessenen Begriffsverwendung Stellung genommen werden.

Der Auffassung *Schätzlers* ist entgegenzuhalten, dass die Begriffe im 19. Jahrhundert sowie in weiten Teilen des 20. Jahrhunderts gerade nicht ausschließlich synonym gebraucht wurden, sondern auch Unterschiedliches bezeichneten.[492] Eine solche Unterscheidung war auch erst durch den modernen Staat und die ihm eigene Gewaltentrennung, wenn nicht notwendig, so doch zumindest „sinnvoll“

491 Den „Aufruf des Rates der Volksbeauftragten an das deutsche Volk“ nicht mitgezählt.
492 Vgl. *Anschütz*, Reichsverfassung, 1933, § 49, S. 300 ff.

geworden. In einem absolutistischen System brauchte der Souverän nicht zwischen Amnestie und Gewährung von Straffreiheit zu unterscheiden.[493] Mit der gleichen Konsequenz und Konsistenz wie – stellvertretend und prägend für den Volksmund zugleich – die Medien[494] in der zweiten Hälfte des 20. Jahrhunderts Phänomen und zugrunde liegendes Konzept beharrlich als Amnestie bezeichneten, verwendete die Politik in Form des deutschen Nachkriegsgesetzgebers den Begriff des Straffreiheitsgesetzes in der Gesetzessprache. Der Ansicht, dass lediglich eine „Mode" den Begriff der Straffreiheit vorzog, kann somit nicht gefolgt werden.[495] Andererseits wurden die jeweiligen Straffreiheitsgesetze durch die wissenschaftliche Literatur[496] und in den politischen Debatten auch durch die Politik selbst[497] stets synonym als Amnestien bezeichnet. Auch kann nur schwerlich nachvollzogen werden, wie der Begriff der Amnestie gleichzeitig genauer und vielseitiger als der der Straffreiheit sein könnte. Genauer ist sicherlich jener der Straffreiheit. Gleichwohl ist *Schätzler* im Ergebnis zu folgen. Wie *Marxen* zutreffend feststellt, existieren zwei Amnestiebegriffe.[498] Da jedoch einerseits der Begriff in seiner klassischen Bedeutung, zumindest für das deutsche Recht, keinerlei

493 Vgl. C.VI.1.

494 Für alle *Der Spiegel*, Kollision in Karlsruhe, vom 12.01.1955, S. 15–21; *FAZ*, Auswirkung der Amnestieankündigungen, vom 23.12.1969, S. 21.

495 Soweit man hier eine „Mode" erkennen will, dann dahingehend, dass lediglich eine Strömung innerhalb der Staatsrechtslehre der „Weimarer Zeit" den Versuch unternommen hatte, die Begrifflichkeiten neu zu definieren, ohne dabei auch nur temporär eine neue Begriffshoheit „etablieren" zu können (*Süß*, Amnestiegesetzgebung, 2001, S. 175 f.), und zwar mit dem Inhalt, unter Amnestie nur noch „Massenbegnadigungen im engeren Sinne" beziehungsweise „Bestrafungsamnestie" (so bezeichnet etwa *Naucke*, Strafrecht, 2002, § 4 III, Rn. 7 diese Auslegungsform) zu verstehen, welche eine bereits rechtskräftige Verurteilung voraussetzte, hingegen jenes Gesetzeskonzept, welches man zuvor unter Amnestie fasste, wie auch heute wieder so nennt, als – von dieser zu unterscheidende – Straffreiheit zu bezeichnen.

496 Vgl. *Brandstetter*, JZ 1954, S. 477; *Brandstetter*, JZ 1954, S. 597 (603).

497 Beispielhaft zeigt eine Analyse der Parlamentsdebatte vom 04.04.1957, dass sämtliche 13 Wortbeiträge zum Tagesordnungspunkt der BT-Drs. 02/2793 (S. 11427 bis 11460 des Protokolls) quer über alle Fraktionen von „Amnestie" sprechen. Beraten wurde über den letztlich nie umgesetzten, von der FDP-Fraktion eingebrachten Entwurf eines Straffreiheitsgesetzes zur Amnestierung politischer Straftaten in Zusammenhang mit dem Verbot der KPD. An diesem Tag fällt der Begriff im Plenum ganze 230 mal – der Begriff „Straffreiheitsgesetz" lediglich 17 mal, Plenarprotokoll 02/201 vom 04.04.1957, S. 11385. Vgl. auch die Plenarprotokolle 06/35 vom 27.02.1970, S. 1685 (S. 1691 bis 1709: 160 mal); 11/71 vom 14.04.1988 (S. 4837 bis 4842: 25 mal).

498 *Marxen*, Amnestie, 1984, S. 56 f.

praktische Relevanz mehr besitzen dürfte – für historische Kontexte mag sich dies anders darstellen –, andererseits der „Weimarer Versuch einer Neudefinition" sich nicht durchzusetzen vermochte,[499] hier könnte eigentlich sogar von einem dritten Amnestiebegriff gesprochen werden,[500] scheint eine sprachliche Differenzierung nicht mehr zwingend. Dafür, auch dort von Amnestie zu sprechen, wo technisch Straffreiheit gemeint ist, sprechen vor allem zwei Gründe.

Zum einen ist der Begriff in der Tat volkstümlicher, griffiger, blumiger und in der Gesellschaft, nicht zuletzt auch in den Medien und damit durch diese etabliert. Dieser „Unwiderstehlichkeit" des Begriffs kann sich auch *Blum* nicht erwehren, wenn ihm dieser nur drei Seiten nach der Entscheidung für die einheitliche Verwendung von „Straffreiheitsgesetze" wieder herausrutscht.[501] *Hammels* Bestandsaufnahme, welche zunächst durch ihre Klarheit besticht, soweit sie schlicht die Invertierung der Relation von Hyponym und Hyperonym im Vergleich des deutschsprachigen Raums mit dem Rest der Welt zum Inhalt hat, lässt konkrete Belege für diese These bezogen auf die deutsche Praxis jedoch vermissen. Weiter ist ihr entgegenzuhalten, dass, wie *Hammel* selbst feststellt, gerade *Marxen*, auf den er sich hier beruft,[502] seine Begriffsdefinitionen als Vorschläge, Imperative oder Wunsch formuliert – jedenfalls nicht als Beschreibung eines gegebenen *status quo*.[503]

Zum anderen aber hat sich parallel auch der Begriff der Steueramnestie weitgehend durchgesetzt. Dass der Begriff der Straffreiheit schon thematisch nicht auf den gesamten Regelungsgehalt einer Steueramnestie anzuwenden ist, bei der eine Regelung Nachlass auf nachzuentrichtende Steuern mit abgeltender Wirkung für die ursprüngliche Steuerschuld gewährt, liegt auf der Hand. Wenn das gleiche Gesetz bei Vorliegen der jeweiligen Voraussetzungen als Rechtsfolge zusätzlich Straffreiheit gewährt, bietet sich daher der Begriff der (Steuer-)Amnestie an, wobei technisch zwischen Steueramnestie, Steuerstrafamnestie oder Steuer- und Steuerstrafamnestie unterschieden werden könnte. Hierbei ist zu berücksichtigen, dass nach dem allgemeinen Sprachgebrauch regelmäßig von Steueramnestie die Rede ist, wenn ein Straffreiheitsgesetz gemeint ist, das wie im Falle des Deutsch-Schweizer-Steuerabkommens, der Amnestien 1990 und 2004,

---

499 Sinngenmäß ebenso *Süß*, Amnestiegesetzgebung, 2001, S. 175 f.

500 Da er einerseits rückbezüglich den weiten archaischen Umfang zugrunde legt, gleichzeitig jedoch den Begriff beschränkt, indem er den Anwendungsbereich moderner Straffreiheitsgesetze ausnimmt.

501 *Blum*, Strafbefreiungsgründe, 1996, S. 64.

502 *Hammel*, Innerstaatliche Amnestien, 1993, S. 9, Fn. 6.

503 *Marxen*, Amnestie, 1984, S. 56.

als Gegenleistung für die Nachversteuerung hinterzogener Steuern Rabatt auf diese einerseits und Straffreiheit bezüglich der verwirklichten Steuerstraftatbestände andererseits gewährt.

Letztlich sei noch ein sprachliches Argument ins Felde geführt: Für das Verb „amnestieren" existiert in der deutschen Sprache schlichtweg kein adäquates Synonym. Soweit man nicht mehr davon sprechen wollte, dass bestimmte Straftäter oder Straftaten amnestiert werden, müsste stets auf die umständliche Formulierung zurückgegriffen werden, wonach Straftätern Straffreiheit respektive für Straftaten Straffreiheit gewährt wird.

Die Begriffe Amnestiegesetz und Straffreiheitsgesetz verhalten sich folglich synonym, wobei einerseits Amnestie als Oberbegriff nicht nur im juristischen, sondern auch im politischen, medialen und umgangssprachlichen Sprachgebrauch fungiert, andererseits die Terminologie des Straffreiheitsgesetzes als deren Vehikel für den juristischen Gebrauch gegenüber dem Synonym vorzugswürdig erscheint. Dementsprechend finden im Rahmen dieser Arbeit weiter sämtliche Begriffe Verwendung. Abhängig vom jeweiligen Kontext wird auf die Begriffe der *Straffreiheit* und des *Straffreiheitsgesetzes* jeweils dort zurückgegriffen, wo sie als juristische *termini technici* präziser erscheinen – beziehungsweise dort, wo weitere Spezifizierung geboten ist, auf die Begriffe *Verfahrensamnestie* und *Vollstreckungsamnestie*.[504] Das Straffreiheitsgesetz semantisch als einzig legales[505] funktionales Mittel zur Umsetzung eines Amnestievorhabens zu begreifen, deckt sich auch mit der ganz spärlichen Praxis der Begriffsverwendung durch den Gesetzgeber,[506] wie etwa ein nochmaliger Blick in die Geschäftsordnung des Deutschen Bundestages[507] zeigt.

## 3. Rechtsnatur der Amnestie – Abgrenzung zur Gnade

Es sollte klar geworden sein, dass Amnestie und Gnade – ungeachtet ihres gemeinsamen Ursprungs – unter der Prämisse eines modernen Rechtsstaates mit ausdifferenzierter Gewaltenteilung grundverschiedene Institute sind,[508] wobei bewusst auf das *praefixum* „Rechts-" zu verzichten ist, da es sich eben nur bei der Amnestie um ein Rechtsinstitut handelt. Gemein ist den Instituten allein die rein

504 So auch *Süß*, Amnestiegesetzgebung, 2001, S. 176, Fn. 525, im Rahmen seiner Kritik an *Marxen*.

505 Im Sinne des Verfassungsrechts.

506 Vgl. Fn. 112.

507 Siehe unter C.I.1.

508 A.A. *Brugger*, JuS 1984, S. 793 (795); *Schmidt-Leichner*, NJW 1950, S. 41 (42); *Bloy*, Strafausschliessungsgründe, 1976, S. 205 ff.

faktische Auswirkung auf den Begünstigten im Falle der Vollstreckungsamnestie. Die Amnestie berücksichtigt jedoch – über die Frage des Vorliegens abstrakter Kriterien hinaus – weder die Gnadenwürdigkeit in der Person eines einzelnen Täters noch die tatumstandsbezogene Besonderheit in dessen konkretem Fall.[509] Während eine Amnestie in Form des Straffreiheitsgesetzes zwar stets nur als Ausfluss einer kriminalpolitischen und damit originär politischen Intention verstanden wie erklärt werden kann und immer Ausnahme von ansonsten geltendem Recht darstellt, somit zu diesem gewissermaßen im Widerspruch steht, ist sie doch Teil desselben. Sie ist Gesetz und die Frage nach Ob und Wie ihrer Anwendung ist gerichtlich überprüfbar, ihre Begünstigung „einklagbar". Die Gnade dagegen wird wohl einhellig wenigstens als einzigartiger Fremdkörper in der Rechtsordnung angesehen oder als ein Korrektiv derselben verstanden. Man könnte wohl ebenso vertreten, sie überhaupt nicht zur Rechtsordnung zu zählen, sie ist nicht Recht, sondern eben Gnade. Sie ist moralisch, subjektiv, personenbezogen, archaisch und mystisch. Die Aura des Metaphysischen haftet ihr an. *Radbruch* bemühte hierzu die treffende Analogie, wonach so *„wie das Wunder die Gesetze der physischen Welt [durchbreche, ... Gnade] das gesetzlose Wunder innerhalb der juristischen Gesetzeswelt [sei]"*.[510] Der Umstand, dass Verfassungen sie benennen, wenn diese festlegen, wer sie walten lassen darf,[511] und Gesetze wie das BZRG sie kennen,[512] um auf sie angemessen reagieren zu können, ändert hieran nichts. Während die Anwendung einer Amnestie dem *„Subsumptionsautomaten"* möglich wäre, hat selbst der *„Richterkönig"*[513] beim Thema Gnade zu schweigen. Sie oblag nur dem König, ohne dass er sich dabei zum Richter aufgeschwungen hätte, und obliegt dementsprechend grundsätzlich dem Staatsoberhaupt in einer Republik.

Insofern ist zu begrüßen, dass das BVerfG die gerichtliche Kontrolle von Gnadenentscheidungen als unzulässig erachtete.[514] Schon der Versuch, die Gnadenpraxis am Willkürverbot zu messen, erscheint grob verfehlt. Ist die

---

509 *Uhle*, Amnestie, 1935, S. 36. Eine fragwürdige Ausnahme hiervon bilden freilich die subjektiven Ausschlusskriterien einzelner politischer Amnestien, vgl. C.IV.2.c).

510 *Radbruch*, Rechtsphilosophie, 2003, S. 165.

511 Vgl. Art. 60 Abs. 2 GG sowie Art. 49 WRV.

512 § 14, § 32 Abs. 2, Nr. 3, 4, § 33 Abs. 2, Nr. 1, § 34 Abs. 1, Nr. 1 b, d, § 41 Abs. 1, Nr. 8, § 46 Abs. 1, Nr. 1 d, e, f, Nr. 2 b, § 61 Abs. 1, Nr. 4 BZRG.

513 Bezugnahme auf Werktitel und zugrunde liegende Fragestellung bei *Ogorek*, Richterkönig, 1986.

514 BVerfGE 25, 352 (385) = NJW 1969, 1895.

Gewährung oder die Verweigerung von Gnade doch gerade Willkür in ihrer reinsten Form.[515] Wenn Recht die These ist, dann ist Gnade dessen Antithese.

Ob es dieses archaisch-mystischen Reliktes bedarf, ob dessen bisherige Beibehaltung allein der Befriedigung eines tief verwurzelten Bedürfnisses nach Folklore geschuldet ist, ob es sich um ein rein funktionales *„Sicherheitsventil des Rechts"* nach *Jhering*[516] handelt oder ob es einem tieferen Sinn dient – nach *Radbruch* oder *Böttcher* etwa nicht nur

> *„‚Sicherheitsventil des Rechts', sondern ein Ausdruck der Erkenntnis ist, dass es neben dem Recht noch andere Werte gibt und dass es nötig werden kann, diesen Werten gegen die Härte des Rechts zur Geltung zu verhelfen"*[517]

– darüber lässt sich trefflich streiten.[518] Angesichts der Alternative, die Gnadenpraxis justitiabel zu machen, wäre in jedem Fall ihre gänzliche Abschaffung vorzugswürdig. Stünde *„eine inhaltliche Konkretisierung [ihres] Spielraums"* doch zwingend stets in eklatantem Widerspruch zu den Ursprüngen der Gnadengesinnung, welche gerade in der *„metaphysischen [und damit unter Umständen nicht mehr zeitgemäßen] Ableitung der Herrschaftsordnung wurzelt"*.[519]

---

515 Ähnlich *Kirchheimer*, Politische Justiz, 1993, S. 566; *Jhering*, Zweck im Recht, 1893, S. 427: *„Es kann die Willkür sein, die sich auf den Stuhl des Rechts setzt, aber sie braucht es nicht – und sie soll es nicht. Nicht ihr soll der Stuhl frei gemacht sein, sondern der Gerechtigkeit."* A.A. *Radbruch*, Rechtsphilosophie, 2003, S. 164. *Wolfgang Heinemann* spricht (in seiner Dissertation 1931) von *„richtiger Willkühr"*, nachgewiesen bei *Radbruch*, Rechtsphilosophie, 2003, S. 164.

516 Tatsächlich dürfte die griffige – und vielfach *Radbruch* zugeschriebene – Metapher wohl auf *Jhering* zurückzuführen sein. Dieser beschränkt das Konzept jedoch keineswegs auf die Gnade, sondern sieht diese nur als eines von verschiedenen Beispielen *„einer Nichtbeachtung des Gesetzes durch die Staatsgewalt"* (*Jhering*, Zweck im Recht, 1893, S. 427), bei denen diese *„das Nothrecht selber in gesetzliche Form bringt, wie dies in allen neueren Rechten und Staatsverfassungen mehr oder weniger geschehen ist. Die darauf zielenden Bestimmungen lassen sich als Sicherheitsventile des Rechts bezeichnen – sie öffnen der Noth einen Ausgang und verhüten damit die gewaltsame Explosion"*, *Jhering*, Zweck im Recht, 1893, S. 426.

517 *Böttcher* in: Löwe/Rosenberg, Bd. 10, Vor § 12–21, Rn. 21 unter Bezugnahme auf *Radbruch*, Rechtsphilosophie, 2003, S. 165, welcher wegen des *„Sicherheitsventils"* pauschal auf *Jhering* Bezug nimmt.

518 Vgl. zur aufklärerischen Kritik an der Gnade Fn. 785; *Beccaria*, Dei Delitti e delle Pene, 1786, Cap. XX, S. 85 ff.; *Filangieri*, La Scienza della Legislazione, 1788, Libro III, Cap. VII, S. 327.

519 *Bloy*, Strafausschliessungsgründe, 1976, S. 208.

In der Konsequenz ist deshalb auch *Böttchers* Bedenken, „*ob die weit gehende Delegation der Gnade auf die Staatsanwaltschaften glücklich*"[520] sei, zuzustimmen. Zwar sind diese Teil der Exekutiven, jedoch duldet der zuvor umrissene Charakter der Gnade eigentlich keine – zumindest keine nach außen sichtbare – Delegation. Vielmehr hat die Gnade von ganz oben zu kommen – nicht aus einer Amtsstube in der Provinz.

## 4. Rechtsnatur der Amnestie – materielles oder Verfahrensrecht

Viele der vertretenen Ansichten zur Rechtsnatur der Amnestie, eigentlich all jene, welche diese einseitig entweder als allein dem materiellen Strafrecht oder dem Strafverfahrensrecht zugehörig verstehen wollen, werden ihrem wahren Charakter nicht gerecht.

Amnestie ist vielmehr – wie die Verjährung, welche mittlerweile vielfach ebenfalls als ein „gemischtes Institut" angesehen wird[521] – ein Rechtskonstrukt, welches zugleich Prozesshindernis und Straf-, möglicherweise auch Unrechtsaufhebungsgrund ist, also materielles und Prozessrecht in sich vereint und kann daher beides sein, materielles oder Verfahrensrecht. Sie wirkt sich dabei im Rahmen ihrer jeweiligen konkreten Ausformung als Vollstreckungshindernis für rechtskräftig erkannte Strafen und Nebenfolgen, als Verfolgungshindernis für noch nicht rechtskräftige Fälle, das in jedem Verfahrensstadium von Amts wegen zu berücksichtigen ist, aus.[522] Sie ließe sich dabei grundsätzlich sowohl als rein verfahrensrechtliches Institut als auch als rein materiellrechtliches Institut denken und im Einzelfall konsequent exekutieren. Doch zum einen haben beide monistischen Herleitungen ihre Schwächen. Zum anderen passt eine einseitige Herleitung nicht zu jeder gesetzgeberischen Intention, sondern stünde unter Umständen im Widerspruch zur jeweiligen *justa cause*. Begreift man die Amnestie als rein materiellrechtlich, so lassen sich praktische verfahrensrechtliche Folgen teilweise nur schwer erklären.

Zwar ist grundsätzlich zwischen zeitlichem Geltungsbereich und zeitlichem Anwendungsbereich einer Norm zu unterscheiden und eine Rückwirkung zulässig, wenn „*ein Gesetz Rechtsfolgen an vergangene Sachverhalte [...] knüpft, die sich noch während der Geltung des früheren Gesetzes ereignet haben*".[523] Auch steht ein Straffreiheitsgesetz nicht in unbedingtem Widerspruch zu der auf strafschärfende

---

520 *Böttcher* in: Löwe/Rosenberg, Bd. 10, Vor § 12–21, Rn. 21.

521 Übersichten über den Meinungsstand bei *Fischer*, StGB, 2014, Vor 78, Rn. 3 (unentschieden); *Sternberg-Lieben/Bosch* in: Schönke/Schröder, Vor §§ 78 ff., Rn. 3 (a.A.).

522 *Schätzler*, Gnadenrecht, 1992, Ziff. 30.2.4.

523 *Dannecker* in: LK-StGB Laufhütte (Hrsg.), Bd. 1, 12. Aufl., § 2, Rn. 17.

Zeitgesetze abzielenden Anordnung des § 2 Abs. 4 Satz 1 StGB, wonach *„ein Gesetz, das nur für eine bestimmte Zeit gelten soll, […] auf Taten, die während seiner Geltung begangen sind, auch dann anzuwenden [sei], wenn es außer Kraft getreten ist“.* Ein Straffreiheitsgesetz betrifft insofern vielmehr den umgekehrten Fall, als dass es bei Anwendung auf eine Tat noch in Kraft wäre, und gleichzeitig die Tat, zwar während dessen Geltung begangen worden sein würde – dies jedoch nur im rückwirkenden Sinne, da die Tat selbst zeitlich vor dessen Erlass und Inkrafttreten liegt. Das Gesetz würde *ex post* betrachtet zur Zeit der Tat bereits gegolten haben, gleichwohl es weder geschrieben, noch nicht einmal gedacht – mithin noch gar nicht in der Welt war.

Was in anderen Konstellationen unproblematisch sein mag, kann jedoch im Falle eines Straffreiheitsgesetzes zu Wertungswidersprüchen führen. Die Präzisierung der Rechtsfolgen eines solchen krankt – insbesondere in den Fällen, da Strafe wenigstens teilweise schon vollstreckt wurde – an dem Paradoxon, welches sich nicht gänzlich überwinden lässt, dass nämlich die strafrechtliche Kausalität, der chronologisch zwingende Zusammenhang von Ursache und Wirkung, hier Strafandrohung, Tathandlung, Verfolgung und Bestrafung außer Kraft gesetzt, zumindest durcheinandergebracht wird. Ein Betroffener wurde rechtsfehlerfrei verfolgt und verurteilt, obwohl er, wie nachträglich bestimmt wird, straffrei handelte. Die Straffreiheit der Tathandlung und die Rechtmäßigkeit von deren Ahndung stehen in unauflöslichem Widerspruch.

Zur Veranschaulichung des Problems sei auf die nachfolgende graphische Darstellung der chronologischen Dimension des Amnestiephänomens verwiesen.

Sieht man die Amnestie als ausschließlich dem Verfahrensrecht zugehörig, so bedeutet dies aber auch, dass Tatunrecht nicht relativiert, die Strafandrohung auch nicht rückwirkend annulliert wird. Dies mag im Falle einer Steueramnestie sachgerecht sein. Basiert deren *ratio legis* doch gerade nicht auf der Erkenntnis, das vollendete strafbewehrte Fehlverhalten sei, aus der Retrospektive betrachtet, gar nicht so schlimm gewesen. Im Falle einer Rechtskorrekturamnestie,[524] die aus der gesetzgeberischen Einsicht heraus erlassen wird, das nunmehr rückwirkend straffrei gestellte Verhalten sei von Anfang an nicht zwingend strafwürdig gewesen oder zumindest die bisherige Strafandrohung zu hoch, greift eine rein verfahrensrechtliche Zuordnung jedoch zu kurz. Diese spiegelt nicht erschöpfend die gesetzgeberische Intention wider, Strafrecht aufgrund eines Sinneswandels, die sozialethische Missbilligung betreffend, zurücknehmen zu wollen.

---

524 Wie etwa in den Fällen der insgesamt sieben Straffreiheitsgesetze zwischen 1968 und 1976 (sämtliche Annexamnestien mitgezählt).

*Abbildung 2: Wirkungszeiträume der Amnestie*

## 5. Rechtsfolgen im Sinne konkreter Auswirkungen auf das Strafverfahren

Im Weiteren soll untersucht werden, wie genau sich Amnestien in den verschiedenen Abschnitten des Strafverfahrens auswirken und wie sie sich zu Freispruch, Eintragung und Wiederaufnahme verhalten. Dabei wird noch einmal deutlich, dass der Streit um Terminologien und Rechtsnatur nicht einzig akademischer Natur ist, sondern konkrete Auswirkungen auf die prozessrechtliche Behandlung der Betroffenen beziehungsweise Begünstigten haben kann. So stellt sich die Frage, ob sich aus oder trotz der Amnestie für einen Angeklagten ein Recht auf Freispruch ergibt, für den bereits Verurteilten ein Recht auf Löschung der eingetragenen Strafe oder gegebenenfalls auf Urteilsaufhebung.

### *a) Eintragung oder Löschung*

Hier ist festzustellen, dass eine Vollstreckungsamnestie gemäß § 14 BZRG einerseits zwar grundsätzlich Niederschlag in dem Bundeszentralregistereintrag des von ihr Betroffenen findet, in der Form, dass der Straferlass eingetragen wird, gleichzeitig bleibt jedoch gerade der ursprüngliche Eintrag erhalten und somit der Makel – auch wenn in gewisser Weise hierdurch abgeschwächt – bestehen.[525] Freilich kann der Gesetzgeber hiervon abweichen, indem er im betreffenden Straffreiheitsgesetz ausdrücklich Gegenteiliges anordnet[526] – wie etwa in § 5 der Zivilamnestie 1918 und § 6 der Militäramnestie 1918 geschehen. Dabei ist naheliegend, dass diese Entscheidung nicht dem Zufall überlassen werden sollte, sondern im Idealfall Ergebnis einer bewussten Abwägung sei, abhängig von der *justa causa*. Somit drängt sich das Bedürfnis nach vollständiger Tilgung des Makels durch restlose Löschung des ursprünglichen Eintrags und konsequenterweise Verzicht auf die Eintragung der Amnestierung immer dann auf, wenn entweder ein Neuanfang intendiert ist, die „Uhren auf null" gestellt werden sollen[527] oder ein Straffreiheitsgesetz aus der gesetzgeberischen Einsicht erlassen wird, dass zuvor strafbewehrtes Verhalten mitnichten strafwürdig war, dass die frühere Existenz des Straftatbestandes und durch diesen begründete Verurteilungen selbst Unrecht waren. Insbesondere im

---

525 *Ebermayer*, DJZ 1927, Sp. 481 (483), spricht in diesem Zusammenhang von einem *„richtige[n] Danaergeschenk"* zu dem die Amnestie *„für den mit ihr Begnadeten"* im Falle der Verfahrensniederschlagung werden könne.

526 *Rebmann/Uhlig*, BZRG, 1985, § 14, Rn. 5 f.; *Götz/Tolzmann*, BZR-Kommentar, 2003, § 14, Rn. 9.

527 Wie im Falle der StrFG 1949 und 1954, wobei Letzteres die Löschung nur in Ausnahmefällen vorsah.

zweitgenannten Fall kommt dem Vergessen zentralere Bedeutung zu als im Fall des etymologischen Ursprungs des Amnestiebegriffes, da hier das Vergessen nicht großzügiges Angebot und Wohltat des Gesetzgebers gegenüber dem Begünstigten ist, sondern moralische Pflicht, Vergebung nur formal dem Begünstigten zuteil wird, es aber vielmehr der historische Gesetzgeber ist, der auf diese hoffen muss.

Als von vornherein günstiger stellt sich dagegen die Verfahrensamnestie für den Betroffenen dar. Wie *Götz* und *Tolzmann* pointiert auf den Punkt bringen, *„interessiert [die Niederschlagung anhängiger Strafverfahren] im Registerrecht nicht,"* da eben Eintragung nur aufgrund rechtskräftiger Verurteilung erfolgt.[528] Dies ist auch insofern nur konsequent, als eine Eintragung der Niederschlagung, welche kraft Natur der Sache ein schuldig sprechendes Urteil ja gerade ausschließen würde, in einem verfassungsrechtlich nicht zu rechtfertigenden Widerspruch zur Unschuldsvermutung den Betroffenen mit einem Makel belasten würde. Gleichzeitig spricht dies aber auch dafür, bei sämtlichen Straffreiheitsgesetzen, welche die Abolition und den Straferlass beinhalten, eine Registerlöschung explizit anzuordnen, da die unterschiedliche Behandlung der Adressaten nach dem jeweiligen Verfahrensstadium, die oft allein vom Zufall abhängen wird, zu materiellrechtlichen Ungerechtigkeiten führt.[529]

### *b) Rehabilitierungsinteresse, Wiederaufnahme und Freispruch*

Auch die Auswirkung einer Amnestie auf die Zulässigkeit des Wiederaufnahmeverfahrens in Bezug auf rechtskräftig abgeschlossene Strafverfahren ist nicht gänzlich geklärt. Grundsätzlich kann hier auf zeitlicher Ebene differenziert werden, ob das Amnestiegesetz vor Einleitung des Strafverfahrens, während des Verfahrens oder erst nach dem Erwachsen des Urteils in Rechtskraft in Kraft tritt. Weiter ist zu unterscheiden zwischen Wiederaufnahme zu Gunsten und zu Ungunsten eines Beschuldigten, wobei der Wiederaufnahmeantrag des Beschuldigten sich darauf stützen könnte, dass ein ihn begünstigendes Amnestiegesetz ausweislich des Urteils keine Berücksichtigung gefunden hatte. Andererseits könnte die Staatsanwaltschaft einen Wiederaufnahmeantrag darauf stützen, die Voraussetzungen eines Straffreiheitsgesetzes seien fälschlich angenommen worden.

Darüber hinaus stellt sich die Frage, wie sich die Amnestie zur Wiederaufnahme des Verfahrens im Übrigen verhält, ob etwa ein Angeklagter, dessen

528 *Götz/Tolzmann*, BZR-Kommentar, 2003, § 14, Rn. 7.

529 Ebenso *Brandstetter*, JZ 1954, S. 597 (603), der berichtet, dass viele Angeklagte nach Bekanntwerden des StrFG 1954 versuchten, ihre verfahren hinauszuzögern, um eine Veruteilung und die damit einhergehende Eintragung zu verhindern.

Strafverfahren aufgrund der Anwendung eines Straffreiheitsgesetzes eingestellt wurde, ein Anrecht auf Wiederaufnahme hat, mit dem Ziel der Erwirkung eines Freispruchs, oder ob die Staatsanwaltschaft trotz eines anwendbaren Amnestiegesetzes Wiederaufnahme aus sonstigen Gründen begehren kann. Es sei ein kurzer Überblick gegeben, welche Lösungen hierzu in Rechtsprechung und Literatur vertreten wurden:

Einem Wiederaufnahmeverfahren zum Nachteil eines bereits Verurteilten steht eine Amnestie als allgemeines Verfahrenshindernis generell entgegen,[530] selbst wenn der Wiederaufnahmeantrag gestellt wird, bevor das Amnestiegesetz in Kraft tritt.[531] Soweit hingegen die fälschliche Anwendung eines Straffreiheitsgesetzes im Raume steht, dürfte eine Wiederaufnahme allein zulässig sein, soweit die Staatsanwaltschaft einen der Gründe des § 362 StPO geltend macht und sich darauf beruft, dass nur aufgrund des der Entscheidung derart fälschlich zugrunde gelegten Sachverhalts ein Unterfallen unter die Amnestie angenommen wurde.

Hingegen wird für den Fall der Wiederaufnahme zu Gunsten des Verurteilten davon ausgegangen, dass deren Zulässigkeit maßgeblich vom Zeitpunkt des Inkrafttretens abhängig ist.[532] Für den Fall, dass das Amnestiegesetz erst nach Rechtskraft eines anzufechtenden Urteils in Kraft tritt, kann ein Wiederaufnahmeantrag hierauf grundsätzlich nicht gestützt werden,[533] wobei es diesem umgekehrt auch nicht entgegensteht, soweit der Wiederaufnahmeantrag sich auf Umstände stützt, welche mit der Amnestie nicht in Zusammenhang stehen.[534]

Eine weitere Differenzierung, ob der Wiederaufnahmeantrag vor oder nach in Kraft treten gestellt wurde, erscheint dagegen überflüssig. In beiden Konstellationen ist mit *Schäfer* davon auszugehen, dass Wiederaufnahmeverfahren zulässig sind, wobei für den Fall, dass die Straftat der Amnestie unterfällt, das Verfahren aber dann aufgrund dieser einzustellen wäre, sobald der Beschluss

530 Da das Verfahren sofort einzustellen wäre, sobald der Wiederaufnahmebeschluss ergangen wäre, *Schäfer*, JR 1933, S. 18 (21).

531 Vgl. *Neumann*, Wiederaufnahme, 1932, S. 86; *Gössel* in: Löwe/Rosenberg, Bd. 7, Tl. 2, Vor § 359, Rn. 114.

532 *Gössel* in: Löwe/Rosenberg, Bd. 7, Tl. 2, Vor § 359, Rn. 114; vgl. hierzu auch *Eschelbach* in: KMR-StPO Kleinknecht (Begr.), Vor § 359, Rn. 46, Lfg. 33 Oktober 2002.

533 *Gössel* in: Löwe/Rosenberg, Bd. 7, Tl. 2, Vor § 359, Rn. 120. Soll doch Rechtsfolge der Amnestie Erlass der Strafe, das heißt Beseitigung der Folgen des Urteils sein – nicht aber Beseitigung der Rechtskraft des Urteils.

534 *Schäfer*, JR 1933, S. 18 (21); *Mittelbach*, NJW 1950, S. 172 (173); *Gössel* in: Löwe/Rosenberg, Bd. 7, Tl. 2, Vor § 359, Rn. 121; *Eschelbach* in: KMR-StPO Kleinknecht (Begr.), Vor § 359, Rn. 46, Lfg. 33 Oktober 2002.

nach § 370 Abs. 2 StPO ergangen ist.[535] Anderes muss freilich auch hier gelten, wenn das StFG den von Niederschlagung Betroffenen ausdücklich die Fortsetzung anhängiger Verfahrens einräumt, da der Wiederaufnahmebeschluss das Verfahren in diesen Zustand zurückversetzt.

Dagegen kann im Falle des Inkrafttretens einer Amnestie vor rechtsförmlichem Abschluss des Verfahrens weiter differenziert werden. Prinzipiell sind hier drei Konstellationen denkbar:

- Ein anhängiges Strafverfahren wird durch Einstellungsurteil oder -beschluss beendet, sei es, weil ein Amnestiegesetz während des laufenden Verfahrens in Kraft trat oder aufgrund der Feststellung des Gerichts, dass ein bereits zuvor in Kraft getretenes Amnestiegesetz auf den Fall anzuwenden sei.
- Ein Gericht erlässt ein nicht freisprechendes Urteil und wendet dabei rechtsfehlerhaft, da in Kenntnis der relevanten Tatsachen, ein Amnestiegesetz nicht an.
- Ein Gericht erlässt ein nicht freisprechendes Urteil und wendet dabei aus Unkenntnis der relevanten Tatsachen ein Amnestiegesetz nicht an.

Im ersten Fall ist die Zulässigkeit einer Wiederaufnahme umstritten. Die wohl herrschende Meinung geht davon aus, dass eine Anfechtung des Urteils im Wiederaufnahmeverfahren mit dem Antrag, den Betroffenen freizusprechen, nicht möglich ist, da ein Amnestiegesetz als Verfahrenshindernis einem Gericht die weitere Auseinandersetzung mit der Schuldfrage verbiete, eine erneute Beendigung des wiederaufgenommenen Verfahrens durch Einstellungsurteil diesen nicht besserstellen könne, womit das Rechtsschutzbedürfnis entfiele.[536]

Allerdings kann der Betroffene – von der Wiederaufnahme nach § 370 StPO zu unterscheiden – die Fortsetzung des Verfahrens zur Feststellung seiner Unschuld erwirken, soweit das Amnestiegesetz ein solches vorsieht und der Antrag fristwahrend gestellt wurde. In den §§ 17 des StrFG 1954, 9 des StrFG 1968 sowie

---

535 *Schäfer,* JR 1929, S. 65 (67), wäre doch ein weiteres Rechtschutzinteresse nicht mehr erkennbar, nachdem die Rechtskraft des Urteils aufgehoben und damit der Makel beseitigt wurde (68). Dies setzt freilich voraus, dass in diesem Fall, endgültige Einstellung des Verfahrens nach Wiederaufnahmebeschluss, den die §§ 370 ff. StPO so nicht vorsehen, § 16 BZRG gleichwohl so auszulegen wäre, dass die Eintragungen gelöscht werden.

536 *Schäfer,* JR 1929, S. 65 (68); *Gössel* in: Löwe/Rosenberg, Bd. 7, Tl. 2, Vor § 359, Rn. 115; *Eschelbach* in: KMR-StPO Kleinknecht (Begr.), Vor § 359, Rn. 46, Lfg. 33 Oktober 2002; a.A. *Mittelbach,* NJW 1950, S. 172 (173).

11 des StrFG 1970 etwa war diese Möglichkeit explizit vorgesehen.[537] Offenbar im Umkehrschluss wird gefolgert, dass ohne ausdrückliche Regelung in einem Amnestiegesetz dem Betroffenen diese Möglichkeit, seine „restlose Rehabilitierung" zu erwirken, aufgrund fehlender Normierung im allgemeinen Verfahrensrecht, dem dieses Rechtsschutzbedürfnis fremd sei, nicht offensteht.[538]

Im zweiten Fall ist wohl davon auszugehen, dass ein Wiederaufnahmeantrag unzulässig wäre, da es sich bei der Nichtanwendung des Amnestiegesetzes um einen bloßen Rechtsfehler handelt,[539] der von den enumerativ aufgezählten Wiederaufnahmegründen nicht umfasst ist. Gleichwohl wäre wohl eine sofortige Aussetzung der weiteren Strafvollstreckung zu besorgen. Diese hätte die Staatsanwaltschaft als Herrin des Vollstreckungsverfahrens anzuordnen, sobald ihr die entsprechenden Umstände zur Kenntnis gelangen würden. Handelt es sich hierbei doch um eine ureigene, originäre Wirkungsweise der Amnestie – die Anordnung des Straferlasses unabhängig von der anerkanntermaßen mit umfassten Abolitionswirkung, die tatsächlich in den allermeisten Fällen im Vordergrund stehen dürfte.

Im dritten Fall wird eine Wiederaufnahme als zulässig erachtet,[540] da Tatsachen, die die Anwendung eines Amnestiegesetzes zwingend begründen, als Tatsachen im Sinne von § 359 Nr. 5 StPO angesehen werden, auch wenn dieser nicht von „*Tatsachen oder Beweismittel*" spricht, welche „*allein oder in Verbindung mit den früher erhobenen Beweisen*" eine Verfahrenseinstellung „*zu begründen geeignet sind*", sondern eigentlich ausschließlich von der „*Freisprechung des Angeklagten*", der „*Anwendung eines milderen Strafgesetzes*", einer „*geringere[n] Bestrafung*" oder einer „*wesentlich andere[n] Entscheidung über eine Maßregel der Besserung und Sicherung*". Allerdings ist hier der Begriff des Freispruchs nach der Rechtsprechung nicht wörtlich zu nehmen, er umfasse vielmehr „*alle*

537 Vgl. *Eschelbach* in: KMR-StPO Kleinknecht (Begr.), Vor § 359, Rn. 46, Lfg. 33 Oktober 2002.

538 A.A. *Mittelbach,* NJW 1950, S. 172 (173), stellt auf ein berechtigtes Interesse eines Verurteilten auf Freispruch, sowie darauf ab, dass das StrFG 1949 kein Verbot der Einleitung neuer Verfahren enthalte.

539 *Neumann*, Wiederaufnahme, 1932, S. 84; *Mittelbach,* NJW 1950, S. 172 (173); *Gössel* in: Löwe/Rosenberg, Bd. 7, Tl. 2, Vor § 359, Rn. 117.

540 *Schäfer,* JR 1929, S. 65 (69); *Neumann*, Wiederaufnahme, 1932, S. 84; *Mittelbach,* NJW 1950, S. 172 (173); *Gössel* in: Löwe/Rosenberg, Bd. 7, Tl. 2, Vor § 359, Rn. 118 f.

*Entscheidungen, welche keine zuungunsten des Angeklagten lautenden Entscheidungen der Schuldfrage enthalten*" und somit auch eine angestrebte Verfahrenseinstellung.[541]

Hier wird ein weiteres Mal deutlich, dass die Einordnung der Amnestie ihrer Rechtsnatur nach praktische Auswirkungen haben kann. Dass nach einhelliger Auffassung[542] ein Wiederaufnahmeverfahren aufgrund eines Amnestiegesetzes niemals mit einem Freispruch enden, sondern – etwa im drittgenannten Fall – nur ein Einstellungsurteil zum Ziel haben kann, ist direkte Folge der Einordnung einer Amnestie als Verfahrenshindernis.

Nach einer wohl auf dem Rückzug befindlichen Auffassung, könne tauglicher Gegenstand einer Wiederaufnahme nur ein solches Verfahrenshindernis sein, das die Tat unmittelbar berühre, nicht jedoch eines, welches lediglich das Verfahren betreffe.[543] Jedenfalls stünde nur im ersten Fall die Verfahrenseinstellung dem Freispruch als Wiederaufnahmeziel im Sinne des § 359 Nr. 5 StPO gleich.[544] Folgte man einer solchen Auffassung, so wäre eine Wiederaufnahme mit dem Ziel der Verfahrenseinstellung gleichwohl abzulehnen, soweit man die Amnestie als ein Verfahrenshindernis, allein das Verfahren, jedoch nicht die Tat betreffend, betrachtet.[545]

### c) Stellungnahme zu Amnestie und Wiederaufnahme

Eine strenge Differenzierung zwischen den Sphären der Wiederaufnahme nach Einstellung aufgrund einer Amnestie – also allein aus Gründen des Rehabilitationsinteresses – und der Wiederaufnahme aufgrund einer Amnestieregelung nach Verurteilung scheint geboten. Im ersteren Fall beruft sich der Betroffene nicht auf die Amnestie, sie ist ihm vielmehr lästig, insofern als sie ihm verwehrte,

---

541 *Schäfer,* JR 1929, S. 65 (69); OLG Bamberg, NJW 1955, 1121; vgl. *Schmidt* in: KK-StPO Hannich (Hrsg.), § 359, Rn. 34.

542 *Gössel* in: Löwe/Rosenberg, Bd. 7, Tl. 2, Vor § 359, Rn. 115; vgl. *Schäfer,* JR 1929, S. 65 (67 ff.).

543 Diese Auffassung im Ergebnis ablehnend OLG FFM, NJW 1983 2398 (2399); *Gössel* in: Löwe/Rosenberg, § 359, Rn. 141 f., Bd. 7, Tl. 2, 26. Aufl.; *Marxen/Tiemann*, Wiederaufnahme, 2014, S. 26.

544 *Meyer-Goßner/Schmitt*, StPO, 2014, § 359, Rn. 39.

545 Allerdings wird die Amnestie regelmäßig zu den tatbezogenen Verfahrensvoraussetzungen gezählt, so etwa *Schmidt* in: KK-StPO Hannich (Hrsg.), § 359 Rn. 34; selbst von den Befürwortern einer solchen Unterscheidung, so nach *Meyer-Goßner/Schmitt*, StPO, 2014, § 359, Rn. 39 etwa dann, wenn das StrFG bei Verurteilung schon in Kraft getreten war.

den „Beweis seiner Unschuld" zu führen. Regelmäßig wird sich der Antragsteller hier folglich darauf berufen, die vorgeworfenen und nachträglich amnestierten Tathandlungen nicht verwirklicht zu haben.

Immer dann, wenn eine Amnestieregelung den Grund für eine Kassation des angefochtenen Urteils abgeben soll, ist die Ausgangslage eine andere. Die Feststellung, dass die grundsätzlich oder zumindest vormals rechtlich missbilligten Tathandlungen verwirklicht wurden, wird nicht angegriffen.

Wie festgestellt wurde, handelt es sich der Rechtsnatur nach bei der Amnestie um ein „Zwitterwesen", welches materielle und prozessuale Elemente in sich vereint. Konkrete Rechtsfolgen sollten daher nicht verallgemeinert, sondern in Ansehung des jeweiligen Amnestiegesetzes ermittelt werden. Soweit der Gesetzgeber diese nicht im Straffreiheitsgesetz selbst konkretisiert, scheint daher zielführend der Blick auf den Wortlaut. Die üblichen Formulierungen sind hier *„wird straffrei", „ist straffrei", „wird nicht bestraft"* oder *„wird nicht verfolgt"*, wobei bereits dargelegt wurde, dass einerseits *„wird nicht verfolgt"* den Abolitionscharakter einer Amnestie in den Vordergrund rückt, andererseits die Abolitionswirkung als Reflex auch durch die Formulierungen *„wird straffrei", „ist straffrei", „wird nicht bestraft"* impliziert wird.

Dessen ungeachtet, erscheint diese Wortwahl des Gesetzgebers einzig taugliches Abgrenzungskriterium für die Entscheidung der Frage, wie der (in jedem Fall nicht zu bestrafende) Beschuldigte rechtlich zu stellen ist – gerade in ihrer konkreten Ausformung im Falle einer schon erfolgten Verurteilung. Dabei zeigt sich, dass das Verfolgungsverbot geeignet erscheint, den Beschuldigten günstiger zu stellen als die Anordnung der Straffreiheit. Dem liegen folgende Überlegungen zugrunde.

Ein schuldig sprechendes Urteil, welches ergangen wäre, obwohl ein sachlich anwendbares Straffreiheitsgesetz die Verfahrenseinstellung aufgrund der Rechtsfolge „Nichtverfolgung" angeordnet hätte, wäre aufzuheben und das Verfahren durch Beschluss einzustellen. Aus formell rechtlichen Gründen hätte das Verfahren nicht fortgeführt werden dürfen. Wenn in der im Übrigen gleichen Ausgangssituation das fehlerhaft nicht berücksichtigte Straffreiheitsgesetz „Straffreiheit" angeordnet hätte, so wäre grundsätzlich eine Kassation des schuldig sprechenden Urteils, eine Wiederaufnahme mit dem Ziel eines Einstellungsbeschlusses nicht notwendig. Ist doch die Rechtsfolge der Straffreiheit durch einfache Aussetzung der Vollstreckung, also etwa durch den Realakt der Haftentlassung zu besorgen. In diesem Fall bliebe der Makel der Verurteilung inklusive der sie deklarierenden Vorstrafe erhalten. Es wäre lediglich die Aussetzung der Strafe gemäß § 14 BZRG in das Führungszeugnis einzutragen.

### *d) Verhältnis von Rechtskraft eines Urteils und Vollstreckungsamnestie*

Allein weil ein Wiederaufnahmegrund im Sinne des § 359 Nr. 5 StPO nicht gegeben ist, sollte deshalb nicht gefolgert werden, dass in diesen Fällen eine rechtskräftige Strafe zwingend weiter vollschreckt werden müsste.[546] Vorzugswürdig erscheint eine Lösung, wonach die Vollstreckungsbehörde im Falle einer Amnestie die Aussetzung der weiteren Vollstreckung verfügen kann und dem Verurteilten gegen ablehnende Entscheidungen auch der Rechtsweg vor der zuständigen Vollstreckungskammer nach § 462a StPO iVm § 78a GVG offensteht – und dies sowohl unabhängig davon, ob die Amnestie vor Rechtskraft des Urteils erging, als auch unabhängig davon, ob das Gericht auf tatsächlicher oder rechtlicher Ebene die Anwendbarkeit der Amnestie auf den konkreten Fall verkannte. Dies erscheint geboten, da die Amnestie zum einen in jedem Abschnitt des Verfahrens wirkt, also auch im Vollstreckungsverfahren.[547] Gleichzeitig stehen Rechtskraft des Urteils und abschließender Charakter der Wiederaufnahmevorschriften dem nicht entgegen, als die Amnestie weder das Urteil aufhebt noch dessen Rechtskraft beseitigt.[548] Eine Ausnahme hiervon wäre unter Umständen dann anzunehmen, wenn das schuldig sprechende Gericht auf Basis des gleichen Kenntnisstandes wie später die Vollstreckungsbehörden eine Amnestie nicht lediglich übersehen, sondern diese ausweislich der Urteilsgründe bewusst für nicht anwendbar befunden hätte. Jedenfalls in einem solchen Fall sollte die Vollstreckungsbehörde die gerichtliche Entscheidungen gemäß § 458 StPO herbeiführen, anstatt einen Straferlass eigenmächtig zu verfügen. Zuständiges Vollstreckungsgericht wäre ohnehin gemäß § 462a Abs. 2 Satz 1 StPO das Gericht des ersten Rechtszuges, soweit man die Vollstreckungsaussetzung aufgrund einer Amnestie nicht analog einer Aussetzung zur Bewährung oder Vollstreckungsunterbrechung nach § 462a Abs. 1 Satz 2 StPO behandeln wollte.

### *e) Resümee*

Die übliche Folge eines Straffreiheitsgesetzes ist Strafbefreiung in Form des Erlasses rechtskräftig erkannter Strafen sowie Abolition, die Niederschlagung

546 A.A. *Schäfer,* JR 1929, S. 65 (70) der hier einzig die Möglichkeit sieht, die Folen des Urteils im Gnadenwege zu beseitigen.

547 *Schätzler*, Gnadenrecht, 1992, Ziff. 30.2.4.

548 *Schätzler*, Gnadenrecht, 1992, Ziff. 30.2.1.

anhängiger und Nichteinleitung neuer Verfahren ist. Für die verschiedenen Verfahrensstadien bedeutet dies im Einzelfall, dass bereits verhängte Strafen nicht vollstreckt werden dürfen, schon in Vollzug befindliche Vollstreckungsmaßnahmen abgebrochen – also etwa bereits angetretene Freiheitsstrafen ausgesetzt – werden müssen. Neue Ermittlungen dürfen nicht aufgenommen werden, wenn feststeht, dass der dem Tatvorwurf zugrunde liegende Lebenssachverhalt dem Anwendungsbereich des Straffreiheitsgesetzes unterliegt. Laufende Ermittlungsverfahren müssen beendet, Zwischenverfahren abgebrochen, mithin niedergeschlagen werden. Im letzteren Fall wäre die Folge, dass das zuständige Gericht einen ablehnenden Eröffnungsbeschluss zu erlassen hätte. Gleichzeitig wäre es an der Staatsanwaltschaft, dem durch Rücknahme der Anklage zuvorzukommen, falls sie nach deren Übermittlung aber vor Ergehen eines Beschlusses Kenntnis von den Tatsachen erlangt, die zur Anwendbarkeit des Straffreiheitsgesetzes führen; denn der hinreichende Tatverdacht im rein prozessualen Sinne gemäß § 170 Abs. 1 StPO, überwiegende Wahrscheinlichkeit einer Verurteilung wäre entfallen.

Sofern das konkrete Straffreiheitsgesetz nichts anderes anordnet, bleibt im Falle der Vollstreckungsamnestie eine Verurteilung im Register bestehen, zusätzlich wird die Aussetzung der Strafe durch die Amnestie eingetragen. Im Falle der Verfahrensniederschlagung erfolgt keine Eintragung. Eine Wiederaufnahme oder Fortführung eines Verfahrens trotz Amnestie mit dem Ziel eines Freispruchs wird, soweit das Amnestiegesetz diese Möglichkeit nicht ausdrücklich einräumt, mehrheitlich abgelehnt.

Soweit aufgrund der Nichtanwendung eines tatsächlich einschlägigen Amnestiegesetzes Wiederaufnahme begehrt wird, unterscheidet die Literatur im Sinne des § 359 Nr. 5 StPO danach, ob das Gericht die Umstände verkannte, welche die Anwendung des Straffreiheitsgesetzes gerechtfertigt hätten oder ob es allein rechtsfehlerhaft dieses nicht anwendete. Nur im ersten Fall sei die Wiederaufnahme zulässig. Allerdings erscheint es vorzugswürdig, danach zu differenzieren, ob der Gesetzgeber die strafbefreiende Norm als Verfolgungsverzicht oder Straferlass formuliert hat, wobei demjenigen, der ungeachtet eines Verfolgungshindernisses verurteilt wurde, Wiederaufnahme und Löschung der Verurteilung aus dem Register zuzugestehen wäre. Gleichwohl dürfte einer Wiederaufnahme aufgrund eines bloßen Rechtsfehlers auch in Fällen eines verkannten Verfolgungshindernisses der abschließende Charakter der Auszählung des § 359 StPO entgegenstehen. Im Falle des Straferlasses bedarf es jedoch keiner Wiederaufnahme, da diese Rechtsfolge durch die Vollstreckungsbehörden zu besorgen ist, ohne dass dies Auswirkungen auf das Urteil haben würde, dessen Rechtskraft nicht angegriffen wird.

## VII. Einordnung des Steuerabkommens

Nach alledem kann sodann eine Einordnung des Steuerabkommens, eine Spezifizierung seiner konkreten Rechtsfolgen sowie eine Beantwortung der Frage, ob dabei von einer Amnestie gesprochen werden kann, erfolgen. Hierbei ist auf dessen Art. 8 abzustellen, welcher Verfolgungsverzicht und Straffreiheit bei Einmalzahlung anordnet. Abschließend sei zur freiwilligen Meldung nach Art. 10 Abs. 1 kurz Stellung genommen.

### 1. Verfolgungshindernis und Straffreiheit bei Einmalzahlung gemäß Art. 8

#### *a) Merkmale einer Steueramnestie*

Zunächst fällt auf, dass das Steuerabkommen aufgrund des durch die Stichtage klar abgesteckten zeitlichen Anwendungsbereichs und der genau definierten Bedingungen, unter denen die Straffreiheit beziehungsweise der Verfolgungsverzicht eintritt, nämlich pauschale Abgeltung der Steueransprüche gemäß Art. 7 Abs. 6, einen speziellen und relativ eng gefassten Anwendungsbereich hat. Weiter verlangt es seinen Adressaten ein bestimmtes, wenn nicht Handeln, so doch im Falle ausreichender Kontodeckung ein Dulden ab und macht dies zur Bedingung der Vergünstigung. Es würde sich insofern um die Form der „bedingten Amnestie" beziehungsweise deren Unterfall einer „adressatenabhängigen Amnestie" handeln, da *„die Regelung den Eintritt des Sanktionsverzichts an eine von den Regelungsadressaten zu erfüllende Bedingung koppelt"*.[549] Damit ergibt sich eine den Steueramnestien allgemein typische, von klassischen Amnestien wie den StFG 1949 und 1954 abweichende Ausgangslage, wie sie auch dem StrbEG 1990 und dem StraBEG 2004 zu eigen war. Weitere Folge hiervon ist, dass das Abkommen als Amnestie eigentlich nur in der Qualität eines Verfolgungshindernisses Wirkung hätte entfalten können, was sich insofern mit der Formulierung *„findet keine Verfolgung […] statt"* deckt. Auch dies ist den Steueramnestien typisch und dem Umstand geschuldet, dass ein Profitieren von der Amnestierung bis zum Stichtag aus Sicht der bis dahin somit nur potentiell Begünstigten ungewiss und praktisch vom Zufall abhängig ist, nämlich durch vorherige Entdeckung gefährdet. Diese zusätzliche Bedingung, welche insofern Parallelen zu den Ausschlusstatbeständen des § 371 AO aufweist, als

549 *Süß*, Amnestiegesetzgebung, 2001, S. 168.

vorzeitige Entdeckung zwingend zum Ausschluss der Strafbefreiung führt, zeitigt praktisch die Folge, dass regelmäßig nur die Abolitionswirkung zum Tragen kommen kann.

### *b) Unterschiede zu anderen Steueramnestien*

Im Normalfall von nicht anonymen Steueramnestien, wie jenen 1990 und 2004, wirkt die Abolitionswirkung sich dabei praktisch in der Form aus, dass Ermittlungsverfahren gar nicht erst eingeleitet werden, nachdem eine Nachmeldung seitens der Finanzbehörde registriert und daraus sich ergebende Nachzahlungen ordnungsgemäß entrichtet wurden, soweit nicht konkrete Verdachtsmomente auf darüber hinausgehende Straftaten schließen lassen, welche von der Amnestieteilnahme nicht umfasst wären.

Im Falle des Steuerabkommens und dessen Ausgestaltung in Form der anonymen Abgeltung ergeben sich jedoch Abweichungen. Durch den Umstand, dass die Finanzbehörden im konkreten Fall des Art. 8 weder Adressat korrigierender Erklärungen noch direkter Adressat nachentrichteter Steuern sind, der Bedingungserfüllung insofern kein kommunikatives Moment zukommt, wäre zu erwarten gewesen, dass die Erlangung von Straffreiheit regelmäßig gar keine Außenwirkung gezeitigt hätte, es lediglich in manchen Fällen, die jedoch insofern eine Ausnahme von der Regel darstellen, zu Verfahrenseinstellungen gekommen wäre. Dies dürfte praktisch so ablaufen, dass der Amnestieadressat, der durch eine Untersuchungsmaßnahme etwa eine Hausdurchsuchung oder sonstige Prüfung, die auf ein anhängiges Steuerermittlungsverfahren schließen lässt, andernfalls durch die förmliche Gewährung der Gelegenheit zur Stellungnahme vor Abschluss des Ermittlungsverfahrens seinen „Persilschein" zückt, der ihm durch die schweizerische Zahlstelle ausgestellt wurde und sich gegenüber der ermittelnden Behörde hierauf beruft. Diese würde das Verfahren nach Überprüfung, ob die Bescheinigung über geleistete Abgeltung mit dem von ihr ermittelten Sachverhalt korrespondiert, sodann einstellen.

### *c) Inkonsequenz des Wortlauts*

Im Falle des gescheiterten Steuerabkommens ist seitens des amnestierenden Gesetzgebers eine gewisse Inkonsequenz zu beobachten. Hier sprach einerseits der Wortlaut des Art. 8 Abs. 1 davon, dass soweit Steueransprüche durch Einmalzahlung nach Art. 7 erloschen seien, „*keine Verfolgung von Steuerstraftaten*" stattfinde. Möglicherweise ist dies der Grund dafür, weshalb es sich dabei nach dem Dafürhalten der Regierungskoalition nicht um ein Amnestiegesetz handele. Man mag diese Regelung des Abkommens als eine Generalabolition (im Sinne *Anschützens*) verstanden haben. Genau genommen müsste man von einer bedingten, adressatenabhängigen Generalabolition sprechen. Bereits der nachfolgende Abs. 2 revidiert eine solch vermeintlich eindeutige Erklärung jedoch wieder, soweit er besagt, dass, wenn *„eine andere Straftat oder Ordnungswidrigkeit als eine Steuerstraftat oder Steuerordnungswidrigkeit wegen der Strafbarkeit einer Steuerstraftat oder Steuerordnungswidrigkeit nicht bestraft oder geahndet werden"* könne, dies auch dann gelte, *„wenn die Strafbarkeit der Steuerstraftat oder die Ahndung der Steuerordnungswidrigkeit aufgrund dieses Abkommens entfällt"*.[550] So deutlich wie der erste Absatz zunächst eine rein verfahrensrechtliche Regelung nahelegen mag, soweit man hieraus schließen könnte, der Staat wolle sich hier ausdrücklich nur isoliert seines Strafverfolgungsanspruchs begeben, unterstellt der zweite jedoch hierdurch gleichsam ein Entfallen der Strafbarkeit – nicht etwa der Verfolgbarkeit –, was wiederum eher einen materiell strafrechtlichen Charakter zu implizieren geeignet scheint. Die Regelung des Art. 17 ist sodann jedoch wieder als Strafverfolgungshindernis formuliert.[551]

### *d) Stellungnahme zum Amnestiecharakter des Abkommens*

Das Abkommen kann aufgrund der Regelungen des Art. 8 als Straffreiheitsgesetz, Steueramnestie und letztlich als Amnestie beschrieben werden. Dem steht nicht entgegen, dass es primär in Form der Abolition Wirkung entfaltet hätte, da dies auf alle Steueramnestien zutrifft. Wollte man dies anders sehen, würde dies den Begriff der Steueramnestie zu einer *contradictio in adiecto* degradieren, stattdessen würde man konsequenter Weise von Steuerabolition sprechen müssen. Weiter wurde zuvor festgestellt, dass unter dem Begriff der Amnestie alle gesetzlich angeordneten nachträglichen Strafbefreiungstatbestände gefasst werden können, ungeachtet ob explizit Straf- oder Verfolgungsverzicht angeordnet wird, vielmehr gehen diese miteinander stets Hand in Hand. Demnach führt auch die Formulierung, nach der als Rechtsfolge Verfolgungsverzicht angeordnet wurde, grundsätzlich nicht zu einer abweichenden Bewertung. Darüber hinaus wird diese durch den nachfolgenden Wortlaut, der vom Entfallen der Strafbarkeit spricht, relativiert. Letztlich führen auch die Besonderheit der anonymen Erlangung der Straffreiheit und deren prozessualen Auswirkungen zu keinem anderen Ergebnis. Wie es der Zufall will, handelt es sich bei einer der

---

550 Sämtliche Hervorhebungen durch den Verfasser.

551 Vgl. *Samson/Wulf*, Wistra 2012, S. 245, die dies auf eine *„grobe Nachlässigkeit in der Wortwahl"* zurückführen.

ganz wenigen Steueramnestien, die der historische Gesetzgeber selbst amtlich als solche bezeichnete, der Steueramnestie durch Erwerb von Reichsbahnanleihen 1931, gleichzeitig neben dem Arbeitsspendengesetz 1933 um die einzige, welche diese Besonderheit mit dem gescheiterten Abkommen teilt.

## 2. Freiwillige Meldung als Fiktion einer „wirksamen" Selbstanzeige

Art. 10 Abs. 1 bestimmt, dass die auf Ermächtigung des Betroffenen hin durch die schweizerische Zahlstelle zu erfolgende freiwillige Meldung ab schriftlicher Erteilung der Ermächtigung *„als Abgabe einer wirksamen Selbstanzeige nach § 371 AO bezogen auf die gemeldeten Konten oder Depots"* gelte. *„Die [weiteren] Rechtsfolgen bestimm[t]en sich nach § 371 oder § 398a AO."* Dies kann ungeachtet aller Fragen, welche die Formulierung aufwirft, nur als eine Fiktion der Wirksamkeit[552] gelesen werden. Zwar dürfte durch den ausdrücklichen Verweis auf die §§ 371, 398a AO klargestellt sein, dass der Betroffene nach zunächst fingiert wirksam erstatteter Selbstanzeige zur Erlangung der Straffreiheit nicht von der Erfüllung der weiteren Bedingung, Nachzahlung der Steuerschulden sowie in Hinterziehungsfällen von über 50.000 Euro des fünfprozentigen Zuschlags nach § 398a Nr. 2 AO, binnen angemessener Frist befreit ist. Der erste Schritt, die – wie die Praxis zeigt, schwierige – Hürde der wirksamen Abgabe der Selbstanzeige wäre jedoch bereits genommen. Das Vollständigkeitsgebot[553] der Selbstanzeige ist durch die Bezugnahme *„auf die gemeldeten Konten oder Depots"* aufgehoben,[554] eine Teilselbstanzeige in diesem Fall wieder möglich. Auch die strengeren Ausschlusskriterien des § 371 Abs. 2 Nr. 1 und 2 AO können nicht gelten, insofern jene des Art. 10 Abs. 2 des Abkommens ihnen sowohl als *lex specialis* als auch als *lex posterior* vorgehen.

Gemessen am Ausmaß der Vergünstigung mag die Regelung des Art. 10 Abs. 1 neben jener des Art. 8 blass erscheinen, zumal sie lediglich eine bestehende Regelung modifiziert, indem sie für deren begünstigende Rechtsfolgen erleichterte Tatbestandvoraussetzungen schafft. Trotzdem kommt auch dieser Bestimmung im Kern Amnestiecharakter insofern zu, als sie sowohl nachträglich als auch nicht gleichzeitig für alle Zukunft, sondern lediglich in einem zeitlich wie sachlich eng umgrenzten Rahmen eine bereits bestehende allgemeingültige Möglichkeit der Erlangung von Straffreiheit erleichtert und damit erweitert.

---

552 Vgl. *Ebner/Ebel/Hartrott,* BB 2012, S. 287 (290).

553 Siehe unter D.I.

554 *Stahl,* Selbstanzeige, 2011, S. 290.

# VIII. Resümee

## 1. Bewertung deutscher Amnestiepraxis

Im Rückblick auf die deutschen Amnestien lässt sich feststellen, dass deren Anlässe sehr unterschiedlicher Natur waren und dementsprechend in der Retrospektive jeweils mehr oder weniger als geeignet im Sinne einer *justa causa* – die Amnestien mehr oder weniger geeignet, wenn nicht gar erforderlich zur Bewältigung der jeweiligen Situation – erscheinen.

Hier seien etwa jene Amnestien genannt, welche als Reaktion auf Ereignisse ergehen, die den Staat in seinen Grundfesten erschüttern. Bestes Beispiel einer solchen Amnestie dürfte die im Rahmen des *Aufrufs des Rates der Volksbeauftragten* am 12.11.1918 zunächst mündlich verkündete Amnestie als Konsequenz des soeben erfolgten Umsturzes sein, die den Zivil- und Militäramnestien im Dezember 1918 vorausging. Dass die Sieger eines solchen Konflikts, der in einem Staatsumsturz endet, sich selbst beziehungsweise ihre auf dem Weg dahin in Gefangenschaft geratenen Gefolgsleute amnestierten, erscheint als geschichtlich logische Konsequenz desselben. Darüber hinaus kam dieser Amnestie auch die Qualität einer Befriedens- und Schlussstrichamnestie zu. Diese Art politischer Amnestien kann dabei immer als zulässig betrachtet werden. Warum sollte auch derjenige, der eine Verfassung abschafft oder eine neue in Kraft setzt, nicht auch die Strafgesetze des vormaligen Gesetzgebers revidieren können?[555] Hierbei handelt es sich insofern eher um eine politische oder staatstheoretische denn eine eigentlich juristische Frage.

Umgekehrt erscheint auch das Motiv der Nachsicht mit den „Besiegten" einen angemessenen Amnestieanlass abzugeben. Erwähnenswert ist hier die Aussage des BGH in Zusammenhang mit der Strafbarkeit von Spionagetätigkeiten ehemaliger Geheimdienstmitarbeiter der DDR, wonach

> *„eine sachgerechte Lösung […] nur durch ein Straffreiheitsgesetz möglich [erscheine]. Daß dieses bisher nicht erlassen wurde, [könne] aber aus verfassungsrechtlichen Gesichtspunkten nicht beanstandet werden. Bei der Schaffung von Straffreiheitsgesetzen verfüg[e] der Gesetzgeber über eine sehr weitgehende Gestaltungsfreiheit."*[556]

Soweit weniger als ein staatlicher Neuanfang den Anlass zu einer Amnestie gibt, bleibt weiter zu differenzieren. Hier erscheinen jedenfalls Rechtskorrekturamnestien, welche sich, meistens als Annexamnestie einer Strafrechtsnovelle, in zeitlicher Ausdehnung des *lex mitior*-Grundsatzes auch auf bereits nach altem

555 Vgl. *Kirchheimer*, Politische Justiz, 1993, S. 595.

556 BGH, Beschl. v. 30.01.1991 – 2 BGs 38/91 – Rn. 29, zitiert nach juris.

Recht abgeurteilte Fälle erstrecken, weitgehend unproblematisch. Dies wird etwa auch dadurch bestätigt, dass zukünftige Straftäter nicht benachteiligt werden, da das Strafrecht aufgrund einer gesetzgeberischen Einsicht und Neuausrichtung auch – ja ursprünglich gerade – für die Zukunft zurückgenommen sein soll. Im Angesicht solcher Rechtskorrekturamnestien tritt der Aspekt der negativen Strafrechtssetzung besonders deutlich in den Vordergrund. Eine primär materiellrechtliche Qualität lässt sich kaum leugnen.

Beispiele solcher Amnestien sind die StrFG 1968 und 1970. Auch bereits rechtskräftig Verurteilte sollten im ersten Fall von der Entschärfung der Staatsschutzdelikte profitieren, im zweiten Fall von der Liberalisierung des Demonstrationsrechts, wobei das StrFG 1970 insoweit über die Rechtskorrektur hinausging und auch Befriedungsamnestie war, als es selbst solche Handlungen, die im Zusammenhang mit Demonstrationen begangen worden waren, amnestierte, die auch nach der Strafrechtsnovelle grundsätzlich strafbewährt blieben.

Über Sinnhaftigkeit und Legitimität der meisten anderen Amnestien lässt sich hingegen trefflich streiten, wobei Befriedungs- und Schlussstrichamnestien wie den StrFG 1949 und 1954 zumindest wohl einerseits der gesetzgeberische Wille zur Schlussstrichziehung, andererseits das in Krieg, militärischer Niederlage, Staatsumsturz, Zerstörung, Hunger, Not und schließlich neuer Staatskonstituierung jedenfalls formell begründete Moment der Ausnahmesituation – trotz kritischer Stimmen[557] – nicht abgesprochen werden kann.

Dass die Amnestien der Weimarer Republik – zumindest in ihrer Summe – Staat und Rechtsordnung untergruben und damit aus der historischen Perspektive als folgenschwere Fehler betrachtet werden müssen, wie auch dass die Nationalsozialisten die Amnestie weitestgehend ungeschönt als Machtinstrument missbrauchten, wurde dargestellt.

Was die übrigen Amnestien – etwa sämtliche in Deutschland erlassenen Steueramnestien – anbelangt, so verbleibt der historische Betrachter weitgehend in Ratlosigkeit, ob es sich dabei jeweils um gute Ideen handelte. Vor allem aber drängt sich der Zweifel auf, ob etwa 1990 und 2004 – es handelte sich weder um

557 *Der Spiegel* monierte etwa, durch die Querelen im Gesetzgebungsverfahren habe die bundesdeutsche Rechtspflege Schaden genommen; außerdem stellte er sinngemäß die provokative Frage in den Raum, ob es sich in Wahrheit auch um eine verkappte Jubelamnestie handele, insofern als *„die große Amnestie so kurz nach den Bundestagswahlen gewissermaßen als Belohnung für braves Wählen geplant"* sei, nach dem ursprünglichen Willen der CSU *„als Anlass den 70. Geburtstag des Bundespräsidenten"* nehmen sollte und letztendlich am *„Tage der Wiederwahl des Bundespräsidente, verkündet werden konnte."* *Der Spiegel*, Kollision in Karlsruhe, vom 12.01.1955, S. 18, 20.

Akte der Rechtskorrektur noch um die Bewältigung eines Krieges oder staatlichen Neuanfangs – sonstige entsprechende Ausnahmesituationen in der Qualität eines Staatsnotstandes vorlagen, die es rechtfertigten, zu dem Mittel der Amnestie zu greifen. Hier scheint *Grimms* Zweiteilung der Amnestien in ‚*Nützlichkeitsamnestie*' und ‚*Rechtsamnestie*'[558] das Problem treffender zu beschreiben als jeder der ungezählten weiteren Versuche abstrakter Kategorisierung. Die Steueramnestien wurden offenbar schlicht als nützlich erachtet.

## 2. Stellungnahme zum Fehlen einer gesetzlichen Regelung in Deutschland

Es stellt sich nach alledem die Frage, wie es zu bewerten ist, dass für den Erlass von Amnestiegesetzen in Deutschland, wie gezeigt,[559] praktisch keine positivrechtlichen Regelungen existieren, und ob solche *de lege ferenda* als erstrebenswert zu erachten wären.

Auch dies lässt sich wohl nur unter jeweils einer von zwei Prämissen beantworten: Unter der Prämisse des *status quo,* bezogen auf die großzügige bundesdeutsche Amnestiepraxis, vergleichsweise geringe, wenn nicht fragwürdige Anlässe für Amnestien genügen zu lassen – verwiesen sei hier auf das StraFG 1990, das StraFG 2004 und die zwar zunächst isoliert gescheiterte,[560] jedoch schließlich im Zuge des StrfG 1954 (§ 8) mit umgesetzte Platow-Amnestie 1953 –, erscheint das Fehlen gesetzlicher Regelungen problematisch. Angesichts einer gesetzgeberischen Tradition, die Amnestie mit dem Segen des BVerfG als ein universell einsetzbares kriminalpolitisches Werkzeug zu betrachten, wäre eine gesetzliche Regelung, wie und was genau amnestiert werden darf, welche Grenzen der Gesetzgeber hierbei einzuhalten hat, wünschenswert, möglicherweise sogar eine Maßgabe in Verfassungsrang, welche die Kriterien der Geeignetheit eines Amnestieanlasses absteckte, zu begrüßen.

Unter der Prämisse, dass die Amnestie eine ganz außergewöhnliche Ausnahme darstellt, ein in jedem Fall epochales Ereignis, welches die Politik der Rechtsordnung nur als *ultima ratio* zumuten wird, in der Situation eines

---

558 *Grimm*, Generalamnestie, 1951, S. 9, 24.

559 Siehe unter C.I.

560 Das Gesetz war zwar zunächst im Bundestag beschlossen worden und auch das BVerfG hatte dieses nachträglich für unbedenklich befunden (BVerfGE 10, 234 = NJW 1960, 235), jedoch weigerten sich die Bundesjustizminister Thomas Dehler (FDP) und sodann Fritz Neumeyer (FDP) mit Verweis auf verfassungsrechtliche Bedenken, das Gesetz zu unterzeichnen, vgl. *Der Spiegel*, Kollision in Karlsruhe, vom 12.01.1955, S. 15–21.

quasi-übergesetzlichen Notstandes, der allein eine punktuelle Durchbrechung derselben rechtfertigt, kann die weitgehend unterbliebene Normierung der Amnestie dagegen als konsequent erachtet werden. Die gesetzliche Nichtregelung wäre somit gleichsam als Hinweis und mahnender Zeigefinger zu verstehen, von diesem Mittel nur im Ausnahmezustand, etwa angesichts der Hilflosigkeit des Staates, angesichts seines Unvermögens, einer singulären Situation auf anderem Wege Herr werden zu können, Gebrauch zu machen. Eine gesamtgesellschaftliche Situation, die nicht vorhergesehen werden kann und schon gar nicht herbeigesehnt, im besten Falle niemals mehr eintreten wird, vorausplanend regeln zu wollen, wäre danach ähnlich nutzlos wie das Ansinnen, Gesetze zu erlassen, die den Fall des Bürgerkrieges, der Revolution oder des Außerkraftsetzens der Verfassung regeln. Hieße doch auch, die Amnestiegesetzgebung abstrakt regeln zu wollen gleichzeitig, damit den Regelbruch regeln zu wollen und diesen zur Normalität zu erheben.

Es bleibt nüchtern festzustellen, dass der deutsche Gesetzgeber die unterbliebene gesetzliche Normierung der Amnestie in der Vergangenheit jedenfalls nicht als derart erhobenen Zeigefinger verstanden hat. Weiter bleibt gleichwohl zu prognostizieren, dass die Einführung eines gesetzlichen Rahmens für den Erlass zukünftiger Amnestien in Deutschland, sei es einfachgesetzlich oder im Grundgesetz, nicht erfolgen wird. Dies aus dem einfachen Grund, dass sich ein jeweiliger Gesetzgeber ohne aktuelle Amnestiepläne für das Thema nicht interessieren dürfte und ein solcher, der ein konkretes Amnestierungsvorhaben im Auge hat, einen Teufel tun wird, sich für dessen Umsetzung selbst Fesseln anzulegen.

## 3. Bewertung des Steuerabkommens

Es handelt sich aufgrund der Regelung des Art. 8 bei dem Steuerabkommen um eine echte Amnestie moderner Machart in Form eines Straffreiheitsgesetzes. Dass Abolition und Vollstreckungsamnestie dabei Hand in Hand gehen, steht hierzu nicht in Widerspruch, sondern kann vielmehr für das moderne Straffreiheitsgesetz gerade als typisch erachtet werden. Dass dabei der Aspekt der Abolition tatsächlich derart im Fokus steht, dass regelmäßig nur diese Wirkung entfalten dürfte, ist notwendige wie typische Folge der Ausgestaltung von Steueramnestien als adressatenabhängige Bedingungsamnestien. Der Wortlaut des Gesetzentwurfs trägt, insofern als er hier primär vom *Nichtstattfinden der Verfolgung* anstatt von *Straffreiheit* spricht, lediglich erstmalig der typischen Gemengelage von Steueramnestien im Allgemeinen Rechnung. Ein Unterschied in Bezug auf die beiden letzten realisierten bundesdeutschen Steueramnestien, die Strafbefreiungserklärungsgesetze 1990 und 2004, besteht aufgrund der Anonymität, was sich in praktischer Hinsicht allein auf den Verfahrensabschnitt ausgewirkt hätte, in dem die Abolition ihre Wirkung entfalten kann.

Eine hierauf fußende, von früheren Straffreiheitsgesetzen abweichende rechtliche Bewertung erscheint weder notwendig noch angebracht, auch wenn eine solche, zumindest in Bezug auf spezielle theoretische Konstellationen, in denen eine Verurteilung trotz Vorliegen der Amnestievoraussetzungen erfolgte, bei Fragen, etwa die Wiederaufnahme oder die Registerlöschung betreffend, im Wege der grammatikalischen Auslegung denkbar wäre. Dafür, dass eine solche von früheren Straffreiheitsgesetzen abweichende Behandlung durch den verhinderten Gesetzgeber intendiert gewesen wäre, sind Hinweise jedoch auch nicht ersichtlich. Vielmehr erscheint die Erklärung am naheliegendsten, wonach die Intention dieser Wortwahl – so es eine gewillkürte solche überhaupt gab – rein kosmetischer Natur ist. Vor dem Hintergrund, dass der Amnestiebegriff einerseits juristisch unklar ist, andererseits in der Bevölkerung zu einem gewissen Grad emotional besetzt, mag man hier die Chance gewittert haben, in spitzfindiger Weise den unbequemen Begriff der Amnestie zu vermeiden und so die öffentliche Debatte zu entschärfen.[561] Ein derartiges Ziel wäre jedenfalls verfehlt worden, wie sich nicht zuletzt im Scheitern des Abkommens äußerte. Argumente, welche auf den Gerechtigkeitsgedanken abzielen, sowie auf das Bild des „dummen Steuerehrlichen" und des dreist-gewieften Steuerhinterziehers, der mit der Amnestie letzten Endes auch noch belohnt werde, wurden von den Kritikern des Abkommens dennoch vielfach bemüht.[562]

561 Der Abolitionsbegriff hingegen dürfte der Öffentlichkeit weitgehend unbekannt sein und ist auch in der politischen, medialen und öffentlichen Debatte nach Kenntnisstand des Verfassers nicht ein einziges Mal gefallen.

562 Vgl. B.VIII.2.b).

# D. Die strafbefreiende Selbstanzeige nach § 371 AO

Unabhängig von anderen zeitlich begrenzten Steueramnestien existiert im deutschen Recht als quasi Daueramnestietatbestand die strafbefreiende Selbstanzeige nach § 371 AO – und dies nicht erst seit Einführung der Abgabenordnung im Jahre 1977. Am Maßstab dieser und ihrer jeweiligen historischen Vorläufer sind und waren sämtliche zeitlich begrenzten Steueramnestien insofern zu messen, als dass sie praktische Relevanz entfalten und ihre Existenzberechtigung überhaupt erst dadurch begründen können, dass sie zumindest in bestimmten Tatbestandskonstellationen – den Anwendungsbereich oder die Rechtsfolgen betreffend – über die Selbstanzeige hinausgehen und sich den Betroffenen gewissermaßen als gegenüber dieser attraktiver, da großzügiger darbieten.

So erscheint die Selbstanzeige auch in Bezug auf das Steuerabkommen interessant. Zum einen sollte im Falle der freiwilligen Meldung nach Art. 9 des Abkommens diese gemäß des Rechtsfolgenverweises des Art. 10 als wirksame Selbstanzeige behandelt werden. Zum anderen hätte sich die Attraktivität des Abkommens als Bedingungsamnestie für seine Adressaten erst insoweit ergeben, als es für diese eine weitreichendere und günstigere Alternative zur Selbstanzeige dargestellt hätte.

Gleichzeitig bedeutet dies aber auch, dass gerade jene Regelungen des Abkommens, welche über die der Selbstanzeige hinausgehen, unter verfassungsrechtlichen Gesichtspunkten zu hinterfragen sein werden. Anders ausgedrückt könnte unter der Prämisse, gegen die Selbstanzeige nach § 371 AO selbst bestünden keine verfassungsrechtlichen Bedenken, das Abkommen die Vermutung der Unbedenklichkeit für sich in Anspruch nehmen, soweit es nicht mehr gewährt als diese. Auf die Frage, ob der Selbstanzeige tatsächlich keine verfassungsrechtlichen Bedenken entgegenstehen, wird daher einzugehen sein.

Noch aus einem weiteren Grund scheint eine eingehendere Auseinandersetzung mit strafrechtsdogmatischer Herleitung und Rechtfertigungsansätzen zur Selbstanzeige geboten. Aufgrund der thematischen Nähe und anwendungsbezogenen Ähnlichkeit zu Steueramnestien bei gleichzeitig ungleich umfangreicherer wissenschaftlicher Literatur zum Phänomen der Selbstanzeige bietet es sich an, die Argumente für und wider die Selbstanzeige auch für die verfassungsrechtliche Bewertung des Steuerabkommens fruchtbar zu machen.

## I. Tatbestandsvoraussetzungen und Rechtsfolgen des § 371 AO

Durch die wirksame Selbstanzeige kommt der Täter selbst einer bereits beendeten Steuerhinterziehung nach § 370 Abs. 4 AO in den Genuss von deren strafbefreiender Wirkung. Für die Wirksamkeit der Selbstanzeige müssen grundsätzlich vier Tatbestandsvoraussetzungen erfüllt sein:

1. Der Täter muss gemäß § 371 Abs. 1 AO in vollem Umfang die unrichtigen Angaben berichtigen, die unvollständigen Angaben ergänzen oder die unterlassenen Angaben nachholen.
2. Es darf im Zeitpunkt der Selbstanzeigenerstattung kein Ausschlussgrund gemäß § 371 Abs. 2 AO vorliegen. Ein solcher liegt dann vor, wenn im Zeitpunkt der Selbstanzeige eine der Steuerstraftaten ganz oder zum Teil bereits entdeckt war und der Täter dies wusste oder damit hätte rechnen müssen (§ 371 Abs. 2 Nr. 2 AO), ihm oder seinem Vertreter eine Prüfungsanordnung (§ 371 Abs. 2 Nr. 1 a) AO) oder die Einleitung eines Straf- oder Bußgeldverfahrens (§ 371 Abs. 2 Nr. 1 b) AO) bekannt gegeben wurde oder wenn ein Amtsträger der Finanzbehörde zur steuerlichen Prüfung, zur Ermittlung einer Steuerstraftat oder einer Steuerordnungswidrigkeit erschienen war (§ 371 Abs. 2 Nr. 1 c) AO).
3. Der Täter hat die durch Verkürzung ersparten Steuervorteile, soweit bereits entstanden, herauszugeben.
4. Die jeweils verkürzte Steuer darf gemäß § 370 Abs. 1 AO je Tat einen Betrag von 50.000 Euro nicht übersteigen.

Die Begrenzung der strafbefreienden Wirkung auf Taten mit einem Steuervorteil von 50.000 Euro wurde erst im Jahre 2011 durch das Schwarzgeldbekämpfungsgesetz[563] nachträglich als weitere negative Tatbestandsvoraussetzung hinzugefügt und bezieht sich jeweils auf die einzelne Tat.[564] Jedoch kann dieser neue Sperrtatbestand durch Zahlung eines Zuschlags in Höhe von fünf % der hinterzogenen Steuern zu Gunsten der Staatskasse gemäß des ebenfalls neu gefassten § 398a AO überwunden werden. Falls der Beschuldigte bei mehreren verwirklichten Hinterziehungen in Höhe von über 50.000 Euro den Zuschlag nicht für alle Taten aufbringen kann, hat eine Teileinstellung hinsichtlich der Taten zu erfolgen, für die der Zuschlag entrichtet wurde. Gleichzeitig zur Selbstanzeige

563 Gesetz zur Verbesserung der Bekämpfung von Geldwäsche und Steuerhinterziehung – im Folgenden: SchwGBG vom 17.03.2011, verkündet am 02.05.2011, BGBl. Nr. 19, S. 676.

564 Zum Tatbegriff im Steuerstrafrecht siehe *Pallmer*, Tatbegriff Steuerstrafrecht, 2008.

gebrachte Taten, deren verkürzte Steuern die 50.000-Euro-Grenze nicht übersteigen, erlangen Straffreiheit, unabhängig von der Entrichtung des Zuschlags.[565] Die fünf % des Zuschlags beziehen sich dabei auf die gesamte Verkürzungssumme einer jeweiligen die 50.000-Euro-Grenze übersteigenden Tat. Die Schwelle von 50.000 Euro ist eine Freigrenze.[566] Somit ist hier die fristgerechte Zahlung der Verkürzungssumme zuzüglich des fünfprozentigen Zuschlags gemäß § 398a AO zwingende Voraussetzung zur Erlangung der Straffreiheit. Der Auffassung *Adicks*, der die Neuregelung derart verstanden wissen will, dass es hierfür neben Verkürzungssumme und Zuschlag zusätzlich der Entrichtung der Hinterziehungszinsen bedürfe,[567] kann dagegen nicht gefolgt werden, da der Gesetzeswortlaut dies schlicht nicht hergibt.

Insofern gilt, bezogen auf die Hinterziehungszinsen für die Taten mit einem erlangten Steuervorteil von über 50.000 Euro, nichts anderes als für solche Taten unterhalb dieser Grenze. Verspätungszuschläge nach § 152 AO, Stundungszinsen nach § 234 AO, Säumniszuschläge nach § 240 AO und vor allem die Hinterziehungszinsen nach § 235 AO[568] bleiben ihrerseits von der Anwendung des § 371 AO unberührt, bedingen jedoch umgekehrt auch die Wirksamkeit einer Selbstanzeige nicht. Solche Nebenleistungen werden zwar nach wie vor geschuldet und können in tatsächlicher Hinsicht auch erst aufgrund der durch die Selbstanzeige erlangten Informationen von der Finanzverwaltung ermittelt und gefordert werden, jedoch ist deren Entrichtung keine Voraussetzung für die Erlangung der Straffreiheit.[569] Hierfür wird lediglich die Hauptleistung gefordert, wie sich aus dem insofern eindeutigen Gesetzeswortlaut des § 371 Abs. 3 AO *„[...] wenn er die aus der Tat zu seinen Gunsten hinterzogenen Steuern innerhalb der ihm bestimmten angemessenen Frist entrichtet“* ergibt.

## II. Geschichte der Selbstanzeige und Ausblick auf ihre Zukunft

Bei der Norm des § 371 AO handelt es sich keinesfalls um eine neue Vorschrift, die erst mit Inkrafttreten der Abgabenordnung im Jahre 1977 in das deutsche

565 *Stahl*, Selbstanzeige, 2011, Rn. 410.

566 *Stahl*, Selbstanzeige, 2011, Rn. 412.

567 *Adick*, HRRS 2011, S. 197 (201).

568 Diese betragen gemäß § 238 Abs. 1 AO *„für jeden Monat einhalb Prozent“* und damit sechs Prozentpunkte jährlich.

569 So auch *Hoffschmidt*, Selbstanzeige, 1988, S. 12; *Joecks* in Franzen/Joecks, § 371 Rn. 219.

Recht eingeführt worden wäre. Ebenso wenig handelt es sich um eine Erfindung *Enno Beckers*, des federführenden Autors der Reichsabgabenordnung.[570]

## 1. Historische Ursprünge der Selbstanzeige

Die älteren Vorläufer des heutigen § 371 AO finden sich in den jeweiligen Steuergesetzen der einzelnen deutschen Staaten im 19. Jahrhundert, so etwa Art. 101 III Württ-Grund-, Gebäude- und GewStG vom 28.04.1873, § 63 II SächsEStG vom 22.12.1874, Art. 66 II BayEStG vom 19.05.1881, § 66 III PreußEStG vom 24.06.1891, Art. 73 WürttEStG vom 08.08.1903 oder Art. 67 IV OldenbEStG vom 12.05.1906.[571] *Scheil* sieht deren Vorläufer wiederum in noch älteren Vorschriften, teils solchen der K.u.K.-Monarchie, welche eine (Fremd-) Anzeigerbelohnung und später eine – dem Konzept nach den heutigen Kronzeugenregelungen nicht unähnliche – Begünstigung in Form von Straffreiheit für den denunzierenden Mittäter, Vortäter oder Teilnehmer bei gleichzeitiger finanzieller Belohnung desselben vorsahen.[572]

Die *ratio legis* dieser landesrechtlichen Vorschriften hielt sodann Einzug in eine Vielzahl von Einzelsteuergesetzen des Deutschen Reichs, wie etwa § 50 II ErbStG vom 03.06.1906, § 50 III ZuwachsStG vom 14.02.1911, § 59 WehrbeitragsG und § 79 BesitzStG vom 03.07.1913, § 35 KriegsStG vom 21.06.1916, weiter § 25 Satz 1 SteuerfluchtG vom 26.07.1918 – dieser mit der Besonderheit, dass hier kein Ausschlusstatbestand im Falle der vorherigen Entdeckung geschaffen wurde, sondern die Straffreiheit allein die freiwillige Nachzahlung der hinterzogenen

---

570 Der Senatspräsident am Reichsfinanzhof *Enno Becker* hatte die RAO beginnend im November 1918 maßgeblich im Alleingang entworfen, vgl. *Becker*, RAO, 1922, Vorwort, S. 1 ff.

571 *List*, Selbstanzeige, 1963, S. 15; *Joecks* in: Franzen/Joecks, § 371 Rn. 1; *Frees*, Selbstanzeige, 1991, S. 3–6; *Hoffschmidt*, Selbstanzeige, 1988, S. 16.

572 *Scheil*, Selbstanzeige § 29 FinStrG, 1995, S. 2 ff. nennt hier die Ungeld-Ordnung von 1639, welche demjenigen, der einen Wirt anzeigte, welcher nicht versteuerten Wein, Bier oder Met ausgeschenkt hatte, ein Drittel der vollstreckten Geldstrafe und des verfallenen Getränks als Prämie für die Anzeige zusicherte. *Scheil* hält dieses Gesetz mit *Eglauer* für den Ursprung derartiger Belohnungsvorschriften. Sodann verweist er auf die Siegel-Papier-Ordnung von 1686, welche erstmals auch Mittätern, Vortätern und Gehilfen Belohnung bei gleichzeitiger Straffreiheit im Falle der Anzeige verspricht und zum Vorbild einer ganzen Reihe weiterer österreichischer Vorschriften wurde.

Steuern nebst Zinsen vor der zwangsweisen Beitreibung voraussetzte – und § 29 KriegsabgabenG vom 10.09.1919.[573]

Die systematischen Ursprünge der heutigen Selbstanzeige finden sich in der Reichsabgabenordnung[574] aus dem Jahre 1919, welche mit Inkrafttreten der AO 1977 durch diese abgelöst wurde.[575] Direkte Vorläufer des heutigen § 371 AO war insofern der § 395 RAO[576] und dessen Vorläufer § 410 RAO,[577] davor § 374 RAO,[578] wobei mit Letzterem 1919 erstmals eine dauerhafte Möglichkeit der strafbefreienden Selbstanzeige, zeitlich nicht begrenzt und abstrakt für eine unbestimmte Vielzahl von Sachverhalten eingeführt wurde, welche bereits im Wesentlichen der heutigen Regelung des § 371 – insbesondere der bis 2011 gültigen Fassung – entsprach:

> *„Wer in den Fällen der §§ 359, 367, 371 bis 373, bevor er angezeigt oder eine Untersuchung gegen ihn eingeleitet ist (§ 406 Abs. 2), unrichtige oder unvollständige Angaben bei der Steuerbehörde, ohne dazu durch eine unmittelbare Gefahr der Entdeckung veranlasst zu sein, berichtigt oder ergänzt oder unterlassene Angaben nachholt, bleibt insoweit straffrei. Sind in den Fällen der §§ 359, 371 Steuerverkürzungen bereits eingetreten oder Steuervorteile gewährt oder belassen, so tritt Straffreiheit nur ein, wenn der Täter die Summe, die er schuldet, nach ihrer Festsetzung innerhalb der ihm bestimmten Frist entrichtet; das gleiche gilt im Falle des § 367.*
>
> *Wird die im § 97 vorgeschriebene Anzeige rechtzeitig und ordnungsgemäß erstattet, so werden diejenigen, welche die dort bezeichneten Erklärungen abzugeben unterlassen oder unrichtig oder unvollständig abgegeben haben, dieserhalb nicht strafrechtlich verfolgt, es sei denn, dass vorher gegen sie Strafanzeige erstattet oder eine Untersuchung eingeleitet worden ist.“*[579]

573 *Hoffschmidt*, Selbstanzeige, 1988, S. 17; *Frees*, Selbstanzeige, 1991, S. 5 f.; *Joecks* in: Franzen/Joecks, § 371 Rn. 2.

574 Im Folgenden RAO, RGBl. 1919, Nr. 242, S. 1993–2108 vom 13.12.1919, in Kraft getreten am 23.12.1919.

575 *Abramowski*, Selbstanzeige, 1991, S. 12; *Frees*, Selbstanzeige, 1991, S. 9; *Hoffschmidt*, Selbstanzeige, 1988, S. 22.

576 BGBl. 1968, Nr. 57, S. 953.

577 Allein als § 410 RAO zwischen Neufassung der RAO 1931 (RGBl. Nr. 20, S. 161 (213)) und dem 2. AOStrafÄndG vom 12.08.1968 (BGBl. Nr. 57, S. 953) war die Selbstanzeigevorschrift in den Jahren 1939, 1949, 1951, 1965 und 1967 insgesamt fünfmal geringfügig modifiziert worden.

578 RGBl. 1919, Nr. 242, S. 2079.

579 RGBl. 1919, Nr. 242, S. 2079.

## 2. Unterschiede der Ausformungen und Reichweiten

Die Vorläufer des § 374 RAO, insbesondere die landesrechtlichen Regelungen folgten zwar stets derselben *ratio legis*, welche auch 140 Jahre später noch dem § 371 AO zugrunde liegt, zeichnen sich jedoch durch eine große Varianz *in puncto* Tatbestandsvoraussetzung und Rechtsfolge aus. Dabei kann eine Tendenz dahingehend festgestellt werden, dass die älteren Vorschriften generell großzügiger gefasst waren und zunächst keine Ausschlussgründe (negativen Tatbestandsmerkmale in Bezug auf die Strafbefreiung) kannten. Diese wurden vielmehr sukzessive, offenbar als Reaktion auf erkannte Missbrauchsgefahren, entwickelt.

So verlangte Art. 101 III Württ-Grund-, Gebäude- und GewStG vom 28.04. 1873 für die Erlangung der Straffreiheit lediglich die Rücknahme der falschen Erklärung, ohne eine Berichtigung oder tatsächliche Nachzahlung verkürzter Steuern zur Voraussetzung zu machen: *„Wird [...] diese [unrichtige] Erklärung vor der Bezahlung der festgesetzten Steuer [...] von dem Fatierenden zurückgenommen [...]“*. Der weitere Wortlaut *„[...] so ist er von der Strafe der Steuergefährdung freizulassen“*[580] impliziert dabei sogar, dass der *„Anwartschaft auf Straffreiheit“*[581] gar keine zeitlichen Grenzen gesetzt waren, sondern dass diese vielmehr für alle Verfahrensstadien bis hin zur Vollstreckung fortbestehen sollte. Damit wäre selbst für denjenigen, der rechtskräftig verurteilt eine Freiheitsstrafe verbüßte, die Möglichkeit gegeben gewesen, allein durch die Rücknahme der unrichtigen Erklärung Aufhebung der verhängten Strafe und Haftentlassung zu erlangen, solange er nur die festgesetzte Steuer noch nicht bezahlt gehabt hätte.

§ 63 II SächsEStG von 1874 verlangte bereits, dass die Berichtigung der Angaben zu erfolgen habe, *„bevor die Sache zur Untersuchung an das Gericht abgegeben ist [...]“*.[582] Sodann ist eine kontinuierliche Vorverlegung des für die Selbstanzeige letztmöglichen Zeitpunktes zu beobachten.

Art. 66 II BayEStG von 1881 sah im Falle der Berichtigung *„noch vor Einleitung eines Strafverfahrens“* anstatt Kriminalstrafe[583] *„eine Ordnungsstrafe bis zu 100 Mark“* vor.[584]

---

580 Zitiert nach *Frees*, Selbstanzeige, 1991, S. 3, Nachweis ebenda: RegBl. 1873, 127.

581 *Joecks* in: Franzen/Joecks, § 371, Rn. 96.

582 Zitiert nach *Joecks* in: Franzen/Joecks, § 371, Rn. 1; *Frees*, Selbstanzeige, 1991, S. 4, Nachweis ebenda: GVBl. 1874, 471.

583 Der Gesetzeswortlaut spricht von *„Hinterziehungsstrafe“*.

584 Zitiert nach *Joecks* in: Franzen/Joecks, § 371, Rn. 1, Nachweis ebenda: GVBl. 1881, 441.

§ 66 III PreußEStG von 1891[585] und Art. 67 IV OldenbEStG[586] von 1906 verlangten die Berichtigung bereits, *„bevor eine Anzeige erfolgt oder eine Untersuchung eingeleitet ist"*, und machten erstmals die Entrichtung der *„vorenthaltenen Steuer in der ihm gesetzten Frist"* zur Voraussetzung der Straffreiheit.

Der hierauf folgende Erlass verschiedener steuerrechtlicher Einzelgesetze des Deutschen Reiches lässt eine einheitliche Linie, was die jeweiligen Tatbestandsvoraussetzungen anbelangt, immer noch vermissen:

§ 50 II ErbStG vom 03.06.1906[587] und § 50 III ZuwachsStG von 14.02.1911[588] normierten kein Erfordernis der Nachzahlung, verlangten jedoch mit der Voraussetzung, dass *„der Verpflichtete vor erfolgter Strafanzeige oder bevor eine Untersuchung gegen ihn eingeleitet"* sei seine Angaben *„aus freien Stücken"* zu berichtigen habe, erstmals das Hinzutreten eines subjektiven Elementes.

Die §§ 79 und 81 BesitzStG vom 03.07.1913 verlangten Berichtigung und Ergänzung, *„bevor eine Anzeige erstattet oder eine Untersuchung [...] eingeleitet"*[589] war, sowie im Falle des § 79 die Entrichtung der *„gefährdeten Steuer, soweit sie bereits fällig gewesen"* war.[590] Insofern handelt es sich hierbei um die erste steuerrechtliche Selbstanzeigeregelung des Reiches, welche neben einer Berichtigung der Angaben auch eine Nachzahlung der Steuern zur Voraussetzung der Straffreiheit machte. Gleichzeitig knüpften die Ausschlusstatbestände nur an formelle Vorgänge an und waren um das subjektive Element der Vorschriften von 1906 und 1911 wieder kupiert.

Die §§ 59, 60 WehrbeitragsG vom 03.07.1913[591] sahen identische Formulierungen mit Ausschlusstatbestand und Nachzahlungserfordernis im Falle der bereits eingetretenen Fälligkeit, hier bezogen auf den *„gefährdeten Wehrbeitrag"*, vor. Gleichzeitig beinhaltete § 68 eine Steueramnestie, den „Generalpardon" wonach derjenige Beitragspflichtige, der anlässlich der Erhebung des Wehrbeitrages

---

585 Zitiert nach *Joecks* in: Franzen/Joecks, § 371, Rn. 1; *Frees*, Selbstanzeige, 1991, S. 5, Nachweis ebenda: 1891 GS 175.

586 Zitiert nach *Joecks* in: Franzen/Joecks, § 371, Rn. 1; *Frees*, Selbstanzeige, 1991, S. 5, Nachweis ebenda: GBl. 1906, 833.

587 RGBl. 1906, Nr. 31 [3248], S. 654 (679).

588 RGBl. 1911, Nr. 6 [3847], S. 33 (49).

589 Insofern entspricht die Formulierung § 66 III PreußEStG, wo es lediglich *„erfolgt"* statt *„erstattet"* heißt.

590 RGBl. 1913, Nr. 41 [4252], S. 524 (544).

591 RGBl. 1913, Nr. 41 [4250], S. 505 (519) „Gesetzes über einen einmaligen außerordentlichen Wehrbeitrag".

erstmalig zu bisher verheimlichten Bemessungsgrundlagen korrekte Angaben machte, auch wegen der vorausgegangenen Steuerdelikte straffrei wurde.[592]

§ 35 KriegsStG vom 21.06.1916[593] und § 29 KriegsabgabenG vom 10.09.1919[594] verweisen jeweils auf die Selbstanzeigeregelung des § 79 BesitzStG.

§ 25 Satz 1 SteuerfluchtG vom 26.07.1918[595] wiederum verzichtete gänzlich auf einen Ausschlusstatbestand für den Fall der vorherigen Entdeckung und verlangte für die Gewährung von „*Straffreiheit für Täter und Teilnehmer*" allein die tatsächliche Nachzahlung der hinterzogenen Steuern nebst Zinsen sowie die Leistung von Sicherheit vor deren zwangsweisen Beitreibung. Für den Fall, dass zu diesem Zeitpunkt eine Verurteilung bereits erfolgt sei, „*so [unterblieb] die weitere Vollstreckung*".[596] Diese außergewöhnliche Regelung, bei der sich selbst ein bereits Verurteilter durch Nachentrichtung nachträglich freikaufen konnte, erklärt sich durch die Stoßrichtung des Gesetzes. Dieses sollte den Kapitalabfluss und die darin nach Auffassung des Staates zu sehende „Steuerflucht" verhindern. Die Auswanderung aus dem Steuerhoheitsgebiet des Deutschen Reiches sollte teuer erkauft werden. § 1 sah für „*Angehörige des Deutschen Reiches […] wenn sie ihren dauerhaften Aufenthalt*" dort aufgaben, den zweieinhalbfachen Steuersatz vor. Demjenigen, der vor seinem Wegzug nicht die in § 4 vorgeschriebene Meldung abgab, wurde neben Strafe gegebenenfalls nach Verurteilung in Abwesenheit nach § 23 der Verlust seiner Staatsangehörigkeit – Ehegatten und Kinder inbegriffen – angedroht. Dem Gesetz lag insofern die verzweifelte Einsicht zu Grunde, dass demjenigen, der dem Reiche erst einmal dauerhaft den Rücken gekehrt hätte, mit Drohungen alleine nicht mehr beizukommen sei.

Bei Einführung der RAO konnte demnach, was die Ausgestaltung der Selbstanzeigevorschrift anbelangt, auf deren Erprobung durch landesgesetzliche Steuernormen und Reichsteueramnestien zurückgegriffen werden.

---

592 RGBl. 1913, Nr. 41 [4250], S. 505 (520); siehe hierzu C.IV.1.a).

593 RGBl. 1916, Nr. 136 [5274], S. 561 (571).

594 RGBl. 1919, Nr. 175 [7041], S. 1579 (1589).

595 RGBl. 1918, Nr. 100 [6409], S. 951 (957).

596 Hier ist die aus Art. 101 III Württ-Grund-, Gebäude- und GewStG herauszulesende Rechtsfolge eines Vollstreckungshindernisses nach rechtskräftigem Urteil für die weitere Vollstreckung ausdrücklich normiert, wobei nicht die Rücknahme der falschen Erklärung ausreichend ist, sondern die Nachzahlung vor Beitreibung.

### 3. Begriff der Selbstanzeige

Durch das RAOÄndG 1939[597] war dem damaligen § 410 RAO erstmals der Begriff „Selbstanzeige" auch als amtliche Überschrift vorangestellt worden.[598] Derzeit sind keine ernsthaften Tendenzen zu erkennen, etwas an dieser im allgemeinen Sprachgebrauch verankerten Terminologie zu ändern. Vereinzelt vorgeschlagene Alternativen wie „tätige Reue",[599] „Selbstberichtigung"[600] oder „strafbefreiende Wiedergutmachung"[601] konnten sich nicht durchsetzen.[602] So räumen zwar auch ausdrückliche Befürworter des Selbstanzeigebegriffes - wie *Joecks* - ein, dass der Begriff *„nicht umfassend"* sei, da im Regelfall die Straffreiheit eben zusätzlich von der fristgerechten Nachzahlung abhänge, andererseits auch *„missverständlich"*, soweit der Begriff impliziere, der Berichtigende müsse sich explizit einer Straftat bezichtigen. Gleichzeitig aber stellen sie auch klar, dass der Selbstanzeigebegriff *„den Kern der Sache"* doch insofern gut treffe, als eine vom Steuerpflichtigen selbst veranlasste Anzeige stets Anlass und Voraussetzung sei.[603] *Wassmann* führt weiter an, dass schon die Wahrung der historischen Kontinuität die Beibehaltung des Begriffes gebiete,[604] der seit seiner Einführung in die Gesetzessprache durch das RAOÄndG 1939[605] als amtliche Überschrift fungiert.

---

597 RGBl. 1939, Nr. 120, S. 1181 (1184).

598 *Joecks* in: Franzen/Joecks, § 371 Rn. 12.

599 *Becker*, RAO, 1922, S. 508; RGSt 56, 385; *Vogt*, FR 1951, S. 44 (44).

600 *Vogt*, FR 1951, S. 44 (45).

601 So legte *Rüffelmacher*, Strafbefreiende Wiedergutmachung, 1956 seine Dissertation noch unter dem Titel *„Die strafbefreiende Wiedergutmachung im Steuerstrafrecht (§§ 410, 411 AO)"* vor. Vgl. auch *Terstegen*, Steuer-Strafrecht, 1956, S. 118 ff.

602 Vgl. *Wassmann*, Selbstanzeige, 1991, S. 22; *Schauf* in: Kohlmann-Steuerstrafrecht, § 371, Rn. 2, Lfg. 44, Juli 2011. Hierbei ist allerdings festzustellen, dass der im Zusammenhang der Begriffe oft zitierte *Vogt*, FR 1951, S. 44 (45), die Begriffe gerade nicht synonym verwendet, sondern thematisiert, inwieweit eine *„strafbefreiende Selbstberichtigung"* formlos, also nicht nur durch explizite *„Selbstanzeige"* erfolgen könne, sondern auch durch *„freiwillige und rückhaltlose Mitwirkung bei der Aufklärungsarbeit der Steuerfahndung als tätige Reue i.S. des § 410 AO"*.

603 So *Joecks* in: Franzen/Joecks, § 371 Rn. 12.

604 *Wassmann*, Selbstanzeige, 1991, S. 23.

605 *Joecks* in: Franzen/Joecks, § 371 Rn. 12.

## 4. Rechtsnatur

Seiner Rechtsnatur nach handelt es sich bei dem Strafbefreiungsgrund der Selbstanzeige nach § 371 AO um einen besonderen[606] persönlichen[607] Strafaufhebungsgrund,[608] da im Falle des Vorliegens ihrer tatbestandsmäßigen Voraussetzungen ein zuvor wirksam entstandener staatlicher Strafanspruch rückwirkend wieder entfällt.[609] Insofern könnte man in Analogie zum allgemeinen Zivilrecht von einer schwebend wirksamen Strafbarkeit sprechen, die durch Eintritt der auflösenden Bedingung – Berichtigung und Nachzahlung – entfallen kann, solange sie noch nicht durch die aufschiebende Bedingung – Entdeckung[610] – in irreversibler Wirksamkeit erstarkte. Dies ergibt sich aus dem unmissverständlichen Gesetzeswortlaut „wird" (wieder) „straffrei", welcher die vorherige Strafbarkeit zwingend impliziert. *Joecks* spricht in diesem Sinne, bezogen auf das Erfordernis der fristgerechten Nachzahlung des § 371 Abs. 3 AO und die Zeitspanne zwischen Abgabe der Berichtigungserklärung und letztmöglichem Zeitpunkt der Nachzahlung, von einer *„Anwartschaft auf Straffreiheit"*, welche der Täter erworben habe.[611] Der teilweise in der älteren Literatur und Rechtsprechung zu findenden Einordnung der Selbstanzeige als Strafausschließungsgrund kann somit nicht gefolgt werden, da ein Strafausschließungsgrund das Vorliegen seiner tatbestandlichen Voraussetzungen bereits im Tatzeitpunkt erfordert.[612] Als „besondere" pflegt man solche Strafaufhebungsgründe zu bezeichnen, die nur für einzelne Delikte oder bestimmte Deliktsgruppen gelten.[613]

---

606 *Scheil*, Selbstanzeige § 29 FinStrG, 1995, S. 109 am Beispiel des österreichischen § 29 FinStrG.

607 *Bloy* sieht in der zusätzlichen Kennzeichnung der Strafausschließungs- und Strafaufhebungsgründe als „persönliche" ein *Epitheton ornans*, da sich die persönliche Wirkung der einzelnen Umstände bereits unmittelbar aus dem Gesetz ergebe. *Bloy*, Strafausschliessungsgründe, 1976, S. 13.

608 *Kratzsch*, in: Strafverfolgung und Strafverteidigung im Steuerstrafrecht, 1983, S. 283 (287); *Hoffschmidt*, Selbstanzeige, 1988, S. 15, 225; a.A. *Firnhaber*, Selbstanzeige, 1962, S. 37 der ungeachtet des Umstandes, dass „nicht schon das Entstehen des staatlichen Strafanspruchs verhindert wird" lieber von Strafausschließungsgrund oder Strafanspruchsaufhebungsgrund sprechen will, da nicht die Strafe, sondern eben der Strafanspruch aufgehoben werde.

609 *Scheil*, Selbstanzeige § 29 FinStrG, 1995, S. 109 am Beispiel des § 29 FinStrG; *Joecks* in: Franzen/Joecks, § 371 Rn. 32.

610 Oder das Eintreten eines anderen Ausschlussgrundes.

611 *Joecks* in: Franzen/Joecks, § 371 Rn. 96.

612 *Joecks* in: Franzen/Joecks, § 371 Rn. 32.

613 *Scheil*, Selbstanzeige § 29 FinStrG, 1995, S. 109 am Beispiel des § 29 FinStrG.

Auf prozessualer Ebene hat die Einordnung als Strafaufhebungsgrund zur Folge, dass aufgrund des zunächst noch bestehenden Strafanspruchs die Entscheidung der Frage, ob eine wirksame Selbstanzeige vorliegt, auf Ebene des Strafverfahrens nach den Regelungen der StPO – und nicht etwa im Besteuerungsverfahren aufgrund der Verfahrensvorschriften der AO – zu bemessen ist. Die Bejahung des Vorliegens einer wirksamen Selbstanzeige führt dementsprechend zu einer Einstellung nach § 170 Abs. 2 StPO im Ermittlungs- oder Zwischenverfahren. Wird diese erst im Rahmen der Hauptverhandlung festgestellt, so ist der Angeklagte freizusprechen.[614]

## 5. Jüngste Verschärfungstendenzen in Rechtsprechung und Politik

Seit dem Jahre 2010 waren die Bedingungen, unter denen eine wirksame strafbefreiende Selbstanzeige möglich ist, durch Rechtsprechung und Politik in mehrfacher Hinsicht verschärft worden. Hier sind neben der Einführung der bereits erwähnten 50.000-Euro-Grenze die Abschaffung der Teilselbstanzeige durch das neue Vollständigkeitsgebot und die erweiterte Auslegung des Entdeckungsbegriffs zu nennen.

### *a) Vollständigkeitsgebot*

Das sogenannte Vollständigkeitsgebot besagt, dass eine Teilselbstanzeige nicht möglich ist. Vielmehr müssen Selbstanzeigen, um wirksam zu sein, fortan sämtliche unverjährten Steuerstraftaten einer betroffenen Steuerart offenlegen. Dies hat unter anderem zur Folge, dass der zwingende Umfang der Selbstanzeige nicht mehr mit dem materiellrechtlichen Tatbegriff des § 370 AO korrespondiert.[615] Gegen den damaligen Gesetzeswortlaut, nach dem Straffreiheit *„insoweit“* eintrat, als *„unrichtige oder unvollständige Angaben bei der Finanzbehörde berichtigt oder ergänzt oder unterlassene Angaben nach[ge]holt“*[616] wurden, hatte der 1. Senat des BGH das Vollständigkeitsgebot durch ein in der Literatur vielfach kritisiertes[617] *obiter dictum* im Jahre 2010 postuliert.[618] Der Gesetzgeber

614 *Hunsmann*, Selbstanzeigeprivileg, 2006, S. 31.

615 *Schauf* in: Kohlmann-Steuerstrafrecht, § 371, Rn. 66, Lfg. 66, Juli 2011; *Adick*, HRRS 2011, S. 197 (198).

616 § 371 Abs. 1 AO a.F. (in der bis zum 03.05.2011 geltenden Fassung).

617 Für alle *Rüping* in: HHSp, § 371 AO, Rn. 12 (Lfg. 216 März 2012).

618 BGH, Beschl. v. 20.05.2010 – 1 StR 577/09, S. 14 (abrufbar unter: http://juris.bundesgerichtshof.de).

folgte dem alsbald, indem er durch Streichung des Wortes „*insoweit*" das Vollständigkeitsgebot anlässlich und im Wege des SchwGBG[619] kodifizierte.[620]

### b) Entdeckung der Tat nach § 371 Abs. 2 Nr. 2 AO

Als interessantestes unter den Ausschlusskriterien erscheint jenes der Entdeckung der Tat nach § 371 Abs. 2 Nr. 2 AO. Danach muss die Tat objektiv entdeckt sein, gleichzeitig muss der Täter subjektiv hiervon Kenntnis haben oder damit rechnen können.[621] Die Kriterien müssen folglich kumulativ vorliegen. So schadet es der Wirksamkeit einer Selbstanzeige weder, dass der Täter selbst irrtümlich von einer Entdeckung ausging,[622] noch dass die Tat tatsächlich bereits entdeckt war, wenn für den Täter keine konkreten Anhaltspunkte hierfür vorlagen, er mithin bei verständiger Würdigung der Sachlage nicht damit rechnen musste. Die Frage, wann von einer Entdeckung ausgegangen werden kann, war dabei nach weit verbreiteter Auffassung sehr großzügig *in dubio pro reo* auszulegen. So reiche etwa der bloße Umstand, dass die Behörde rein physisch über entsprechendes belastendes Material verfüge, noch nicht aus, solange sie solchen inkriminierenden Akteninhalt noch nicht intellektuell zur Kenntnis genommen, einem einzelnen Beschuldigten zugeordnet und einen damit entsprechenden Sachverhalt im Sinne des Tatbegriffs konkretisiert habe.[623] Für die Beschlagnahme von Datenmaterial anlässlich von Durchsuchungen bei Banken[624] und eben auch für die Fälle der „Liechtenstein-Affäre" und der schweizerischen Steuerdaten-CDs[625] würde dies bedeuten, dass sich seitens der Behörde gegenüber dem einzelnen Selbstanzeigenden bereits ein hinreichender Tatverdacht konkretisiert haben müsste, um einen Ausschluss nach § 371 Abs. 2 Nr. 2 AO anzunehmen.[626]

---

619 BGBl. 2011, Nr. 19, S. 676.

620 Vgl. hierzu mit teilweise scharfer Kritik *Burkhard*, Vollständigkeitspostulat (Int.Q.); *Wulf*, Wistra 2010, S. 286; *Beckemper/Schmitz/Wegner/Wulf*, Wistra 2011, S. 281.

621 *Jäger* in: Klein-AO, AO § 371, Rn. 68 ff.

622 Vgl. *Kemper* in: Rolletschke/Kemper, AO § 371, Rn. 326, 328, Lfg. StStrafR 95/ Dezember 2011.

623 Vgl. *Schauf* in: Kohlmann-Steuerstrafrecht, § 371, Rn. 230.2 f., Lfg. 43, November 2010; *Kemper* in: Rolletschke/Kemper, AO § 371, Rn. 326 ff., Lfg. StStrafR 95/ Dezember 2011; *Trüg*, StV 2011, S. 111 (120).

624 Vgl. *Kemper* in: Rolletschke/Kemper, AO § 371, Rn. 324, 328, Lfg. StStrafR 95/ Dezember 2011.

625 Siehe unter B.I.

626 Vgl. *Schauf* in: Kohlmann-Steuerstrafrecht, § 371, Rn. 230, 230.1, Lfg. 43, November 2010; *Kemper* in: Rolletschke/Kemper, AO § 371, Rn. 325, 328, 330, 332, Lfg. StStrafR 95/Dezember 2011.

Allein dass der Behörde bereits ausreichende Daten vorlagen, um die Tat *„theoretisch entdecken zu können"*, würde hingegen nicht genügt haben.[627]

Mit einem weiteren *obiter dictum* des 1. BGH-Strafsenats im selben, bereits zitierten Urteil vom 20.05.2010 verwarf dieser die bis dahin verbreitete Auffassung und schraubte die Anforderungen an die Tatentdeckung signifikant herunter.[628] So sei es nicht einmal erforderlich, dass der Täter einer Steuerhinterziehung bereits ermittelt sei.[629] Wie nach diesem Urteil Situationen zu bewerten seien, wenn etwa der Behörde zwar entsprechende Datensätze auf einer angekauften Steuer-CD bereits vorliegen, mit der Auswertung jedoch noch nicht einmal begonnen wurde, bleibt fraglich. Der BGH hatte sich zu solchen Konstellation auch nicht explizit geäußert, stattdessen allerdings festgestellt, die bloße Kenntniserlangung einer Steuerquelle reiche nicht aus, die Frage, welche Umstände für eine Tatentdeckung hinzutreten müssten, lasse sich nur im Einzelfall und nicht schematisch beantworten.[630]

*Jäger* etwa geht auch vor dem Hintergrund dieses Urteils weiterhin davon aus, dass allein die Sicherstellung von Unterlagen, bevor mit deren Auswertung begonnen würde, nicht zur Tatentdeckung führe.[631] Ob der BGH dies ebenso sehen würde, scheint indes mehr als fraglich. Andererseits hatten Politik und Ermittlungsbehörden durch öffentliche Aufrufe zur Abgabe von Selbstanzeigen, jedenfalls noch nach Bekanntwerden der „Liechtenstein-Affäre", vermittelt, dass man generell gewillt sei, solche Selbstanzeigen weiterhin als wirksam anzuerkennen.[632] Mögliche Gründe hierfür mögen das Interesse gewesen sein, die Steuerverwaltung um die andernfalls umfangreiche Ermittlungsarbeit zu entlasten sowie Strafrechtspflege und Finanzgerichtsbarkeit vor einer Prozessflut zu bewahren. Weiter könnte die Erwägung eine Rolle gespielt haben, dass die Verurteilung (nicht Kriminalisierung, denn dafür hatten die Betroffenen schließlich selbst gesorgt) einer derart großen, sozial starken Gruppe unkalkulierbare gesellschaftliche wie volkswirtschaftliche Folgekosten hätte nach sich ziehen können.

627 *Schauf* in: Kohlmann-Steuerstrafrecht, § 371, Rn. 230.3, Lfg. 43, November 2010; *Randt/Schauf*, DStR 2008, S. 489 (490).

628 BGH, Beschl. v. 20.05.2010 – 1 StR 577/09, S. 9, Rn. 26 (abrufbar: http://juris.bundesgerichtshof.de).

629 BGH, Beschl. v. 20.05.2010 – 1 StR 577/09, S. 11, Rn. 22 ff. (abrufbar: http://juris.bundesgerichtshof.de).

630 BGH, Beschl. v. 20.05.2010 – 1 StR 577/09, S. 11, Rn. 28 (abrufbar: http://juris.bundesgerichtshof.de).

631 *Jäger* in: Klein-AO, AO § 371, Rn. 60a.

632 *Kemper* in: Rolletschke/Kemper, AO § 371, Rn. 331, Lfg. StStrafR 95/Dezember 2011.

Man stelle sich etwa das Szenario vor, es wären reihenweise mittelständische Familienunternehmer oder sonstige „Leistungsträger" zu Haftstrafen ohne Bewährung verurteilt worden. Darüber hinaus ersparte man sich auf diese Weise auch die weitere Auseinandersetzung mit der Frage nach möglichen Beweisverwertungsverboten, die ungeachtet der umstrittenen, grundsätzlichen Stellungnahme des BVerfG[633] hierzu vielfach weiter hätte geführt werden müssen. Letztlich hätte eine massenweise strafprozessuale Verwendung der umstrittenen Beweismittel eine weitere Belastung des Verhältnisses zu Liechtenstein und der Schweiz zur Folge gehabt.

### *c) Politischer Diskurs über Einschränkung oder gänzliche Abschaffung*

Zuletzt war 2010 eine Initiative der SPD-Fraktion im Bundestag, welche die Abschaffung der Selbstanzeige zum Inhalt hatte,[634] ungehört verhallt.

Infolge der jüngst bekannt gewordenen Beispiele prominenter Selbstanzeigeerstatter und der nicht unerheblichen Aufmerksamkeit, die dem Thema in der öffentlichen Diskussion zuteil wurde, mehrten sich jedoch die Stimmen in Medien und Politik, die erneut nach einer gänzlichen Abschaffung oder zumindest weiterer Verschärfung der so in den Fokus geratenen Regelung des § 371 AO riefen.[635]

Auf der Jahrestagung der Finanzminister der Länder in Stralsund am 09.05.2014 unter dem Vorsitz des nordrhein-westfälischen Finanzministers Walter-Borjans wurden sodann Eckpunkte zu einer weiteren Verschärfung der Selbstanzeige beschlossen. Auf Basis dieser ist geplant, durch das Bundesfinanzministerium in weiterer Abstimmung der Länder einen Gesetzentwurf zu erarbeiten. Die Neufassung soll nach dem Willen der Finanzministerkonferenz mit Beginn des Jahres 2015 in Kraft treten.[636]

Hiernach soll die 50.000-Euro-Grenze des § 371 Abs. 1 AO, bis zu der Straffreiheit ohne einen Zuschlag nach § 398a Nr. 2 AO gewährt wird, auf 25.000 Euro abgesenkt werden. Gleichzeitig soll der Zuschlag erhöht werden, von derzeit fünf %

633 BVerfG NJW 2011, 2417; siehe hierzu unter B.I.

634 Gesetzentwurf der SPD-Fraktion vom 20.04.2010, BT-Drs. 17/1411.

635 Kleine Anfrage der Fraktion DIE LINKE vom 08.05.2013: „Strafbefreiende Selbstanzeige nach der Selbstanzeige einer Person des öffentlichen Lebens", BT-Drs. 17/13411; Antrag der Fraktion DIE LINKE vom 19.02.2014: „Straffreiheit bei Steuerhinterziehung durch Selbstanzeige abschaffen", Kleine Anfrage der Fraktion BÜNDNIS 90/DIE GRÜNEN vom 14.02.2014: „Reformpläne der Bundesregierung zur strafbefreienden Selbstanzeige für Steuerhinterziehung", BT-Drs. 18/551; BT-Drs. 18/556; „Antwort der Bundesregierung" BT-Drs 18/826; BT-Drs. 18/1035.

636 Vgl. Bekanntmachung des *Finanzministerium NRW* vom 09.05.2014 (Int.Q.).

auf zehn % oberhalb der neuen 25.000-Euro-Grenze, auf 15 % ab Hinterziehungsbeträgen von 100.000 Euro und 20 % ab einer Million Euro. Es kann davon ausgegangen werden, dass diese Summen weiterhin nicht als Freibeträge, sondern als Freigrenzen ausgestaltet werden. Weiter ist geplant, Strafverfolgungsverjährung auch in einfachen Fällen der Steuerhinterziehung nach § 370 Abs. 1 AO durch Änderung des § 376 Abs. 1 AO auf zehn Jahre zu verlängern. Die sofortige Entrichtung der sechsprozentigen Hinterziehungszinsen nach § 235 AO soll nunmehr ebenfalls zur Voraussetzung der Straffreiheit gemacht werden.[637]

Mit Blick auf die parlamentarischen Debatten der letzten Jahre, welche dem jetzigen Vorstoß der Finanzministerkonferenz vorausgingen, ist festzustellen, dass hier nur am Rande rechtliche als vielmehr politische und sozialgesellschaftliche Argumentationsmuster vorherrschen. Zur Begründung der Forderung nach Abschaffung der Selbstanzeige wird – soweit diese über bloße Verärgerung ob der jeweils aktuell bekannt gewordenen Fälle hinausgeht – meist ein diffuses Gerechtigkeitsargument bemüht, während deren Befürworter vor allem auf fiskalische Zweckmäßigkeitserwägungen verweisen.[638]

Darüber hinaus setzt sich allerdings die Wissenschaft seit jeher intensiv und kritisch mit dem Institut der Selbstanzeige auseinander. Dies sei im Folgenden zunächst dargestellt, um sodann zu den wesentlichen streitigen Punkten Stellung zu beziehen.

## III. Erklärungs- und Rechtfertigungsansätze

Die wissenschaftliche Literatur ist sich seit langem uneins in der Frage, wie sich die Vorschrift der Selbstanzeige nach § 371 AO dogmatisch begründen und rechtfertigen lässt. Im Fokus dieses Streits steht wiederum die Frage, ob sie sich in das System strafbefreiender Nachtatvorschriften, also etwa des Rücktritts und der tätigen Reue, einordnen lässt, was von einer nicht ganz unbeachtlichen und neuerlich auf dem Vormarsch befindlichen Ansicht in der Literatur[639] bejaht wird, und mit welchen alternativen Gesetzeszwecken sie sich sonst begründen lässt. Soweit vertreten wird, sie füge sich nicht in die Systematik der sonstigen

637 *Finanzministerium NRW* vom 09.05.2014 (Int.Q.).

638 Vgl. etwa Plenarprotokoll 18/7 vom 20.02.2014, S. 1319 ff.

639 Die bislang stets als Vertreter der Mindermeinung angesehene Gruppe dürfte tatsächlich mittlerweile die herrschende Meinung repräsentieren, etwa *Hoffmann*, Selbstanzeige, 1998, S. 52; *Breyer*, Selbstanzeige, 1999, S. 23 ff., 37; *Hunsmann*, Selbstanzeigeprivileg, 2006, S. 45 f.

Nachtatvorschriften des Besonderen wie Allgemeinen Teils des StGB ein,[640] wird weiter erörtert, ob diese vermeintliche Systemfremdheit – wenn nicht Systemwidrigkeit[641] – der Norm innerhalb des Gefüges des deutschen Strafrechtssystems in Verbindung mit der Ungleichbehandlung der Täter vergleichbarer Delikte, denen die Möglichkeit, durch eine Selbstanzeige Straffreiheit zu erlangen, verwehrt bleibt, zur Verfassungswidrigkeit der Vorschrift führe.[642]

Ob es sich bei der Selbstanzeige systematisch tatsächlich um eine beispiellose Ausnahmeerscheinung[643] handelt, weiter ob sich hieraus zwingend verfassungsrechtliche Bedenken ergeben würden und, letztlich, ob sie sich anderweitig begründen ließe, gilt es zu untersuchen.

## 1. Strafrechtssystematische Einordnung in das System des Rücktritts und der tätigen Reue

Grundsätzlich ist dem deutschen Strafrecht ein Belohnungssystem, welches Wiedergutmachungshandlungen honoriert und dem Täter aufgrund entsprechenden Nachtatverhaltens Strafmilderung oder -freiheit gewährt, nicht fremd. Hier sind namentlich die Rücktrittsvorschriften nach § 24 ff. StGB und der Täter-Opfer-Ausgleich gemäß § 46a sowie die für zahlreiche Straftatbestände[644] vorgesehene tätige Reue im Besonderen Teil des StGB zu nennen.

### *a) § 371 AO im Vergleich mit den Vorschriften der tätigen Reue*

Im Folgenden sei ein kurzer vergleichender Überblick über die sonstigen persönlichen nachtatbezogenen Strafbefreiungsvorschriften gegeben.[645]

---

640 *Firnhaber*, Selbstanzeige, 1962, S. 22 ff., 36; *List*, Selbstanzeige, 1963, S. 10; *Lenckner/Schuhmann/Winkelbauer*, Wistra 1983, S. 123; *Abramowski*, Selbstanzeige, 1991, S. 85.

641 *Lenckner/Schuhmann/Winkelbauer*, Wistra 1983, S. 123 (124).

642 So etwa das AG Saarbrücken, Vorlagebeschluss vom 02.12.1982 – 35-55/82, NStZ 1983, 176; *Abramowski*, Selbstanzeige, 1991, S. 240; *„verfassungsrechtliche Bedenken"* hegt *Hoffschmidt*, Selbstanzeige, 1988, S. 236; zumindest diskutiert wird die Frage bei *Bilsdorfer*, StBp 1983, S. 88; *Bilsdorfer*, DStZ 1985, S. 184 (187).

643 So *List*, Selbstanzeige, 1963, S. 10; Simon in *Simon/Vogelberg*, Steuerstrafrecht, 2011, S. 173; *Engelhardt* in: HHSp, § 371 AO, Rn. 13 (Lfg. 136 Juli 1992); *Pallmer*, Tatbegriff Steuerstrafrecht, 2008, S. 92; BGH, Beschl. v. 20.05.2010 – 1 StR 577/09, S. 7.

644 Etwa die §§ 83a; 84 Abs. 5; 85 Abs. 3; 87 Abs. 3; 98 Abs. 2; 99 Abs. 3; 129 Abs. 6; 129a Abs. 7; 142 Abs. 4; 149 Abs. 2, 3; 152a Abs. 5; 152b Abs. 5; 158 Abs. 1; 239a Abs. 4; 239b Abs. 2; 261 Abs. 9; 263a Abs. 4; 264 Abs. 5; 264a Abs. 3; 265b Abs. 2; 266a Abs. 6; 275 Abs. 3; 298 Abs. 3; 306e; 314a; 320; 330b StGB.

645 Vgl. die ausführliche Darstellung bei *Hoffschmidt*, Selbstanzeige, 1988, S. 137–155.

Bei den Straftatbeständen des Hochverrats gegen den Bund (§ 81 StGB) oder ein Land (§ 82 StGB) sowie der Vorbereitung eines hochverräterischen Unternehmens (§ 83 StGB) handelt es sich – wie schon die amtliche Überschrift von Letzterem impliziert – um Unternehmensdelikte.[646] Im Falle des § 83 StGB führt bereits ein Handlungsstadium zur formalen Deliktsvollendung,[647] das man bei anderen Straftatbeständen der Vorbereitungs- / Planungsphase oder dem Versuchsstadium zurechnen würde. Gleiches gilt für die Vorbereitung einer schweren staatsgefährdenden Gewalttat (§ 89a StGB). Auch den Tätige-Reue-Vorschriften zur Fortführung einer für verfassungswidrig erklärten Partei (§ 84 StGB), Agententätigkeit zu Sabotagezwecken (§ 87 StGB), Landesverräterische Agententätigkeit (§ 98 StGB) wie zur Bildung krimineller Vereinigungen (§ 129 StGB) ist gemein, dass ein konkreter Schaden noch nicht entstanden sein darf – die abstrakte Gefährdung der Schutzgüter genügt hier zur Deliktsvollendung. Im Falle der Nichtanzeige geplanter Straftaten (§ 138 StGB) wird der Täter gemäß § 139 Abs. 4 StGB dadurch straffrei, dass er den Taterfolg der nicht angezeigten Tat und damit die Beendigung des Delikts durch andere Art als die eben unterlassene Anzeige verhindert und dadurch das Schutzgut wahrt. Bei § 149 StGB, der Vorbereitung der Fälschung von Geld und Wertzeichen, handelt es sich um die explizit bestrafte Vorbereitungshandlung der Delikte nach den §§ 146–148 StGB, wobei Vollendung hier bereits mit Herstellung eines gebrauchsfähigen Gegenstandes erreicht ist,[648] ohne dass dies in irgendeiner Form schädliche Außenwirkung zeitigen müsste. Die ebenfalls bloß fakultative Strafbefreiung des § 158 StGB im Falle der rechtzeitigen Berichtigung einer falschen Aussage ist vor dem Hintergrund zu sehen, dass die falsche uneidliche Aussage (§ 153 StGB) mit Abschluss der Aussage bereits vollendet ist,[649] der Meineid (§ 154 StGB) beim Nacheid mit dem vollständigen Leisten der Eidesformel, beim Voreid wieder mit dem Abschluss mit der Aussage,[650] wobei jedoch durch spätere Korrektur vor einer Entscheidung, also bevor die falsche Aussage materiell Wirkung zeigen kann, der eigentliche Schadenseintritt noch zu verhindern ist. Der Subventionsbetrug (§ 264 StGB), der Kapitalanlagebetrug (§ 264a StGB) sowie der Kreditbetrug (§ 265b StGB) entsprechen dem Tatbestand des „gewöhnlichen" Betruges (§ 263 StGB) in erfolgskupierter Form beziehungsweise dessen Versuch. Dass zu einem Zeitpunkt, in dem das geschützte Vermögen noch in keiner Weise konkret gefährdet ist und somit im

646 *Sternberg-Lieben* in: Schönke/Schröder, § 81, Rn. 14.
647 Vgl. *Sternberg-Lieben* in: Schönke/Schröder, § 83, Rn. 1.
648 *Sternberg-Lieben* in: Schönke/Schröder, § 149, Rn. 9.
649 *Lenckner/Bosch* in: Schönke/Schröder, § 153, Rn. 8.
650 *Lecnkner/Bosch* in: Schönke/Schröder, § 154, Rn. 15.

vergleichbaren Fall des § 263 StGB unproblematisch vom Versuch zurückgetreten werden könnte, durch das gleiche Verhalten Straffreiheit erlangt werden kann, erscheint nur konsequent.[651]

Der relativ neue Geldwäschetatbestand des § 261 StGB enthält in Abs. 9 ebenfalls die Möglichkeit einer strafbefreiende Selbstanzeige für formal beendete Delikte, wobei § 371 AO wohl offenbar als Vorbild diente.[652] Soweit diese Vorschrift in jüngeren Veröffentlichungen zur Selbstanzeige nach § 371 AO jedoch darüber hinaus in deren Nähe gerückt wurde,[653] ist dem entgegenzuhalten, dass zwar § 261 Abs. 9 StGB nicht nur formale Ausschlusstatbestände, ähnlich denen des § 371 Abs. 2 AO enthält, sondern zusätzlich ein ausdrückliches Freiwilligkeitserfordernis. Darüber hinaus ist die Ausgangslage eine andere. Mit der Vorschrift wurden neue Straftatbestände geschaffen, Strafbarkeit auf Verhalten ausgedehnt, welches vorher straffrei war. Wer die eigene Geldwäsche anzeigt, wird in vielen Fällen automatisch gleichzeitig die Vortat eines anderen offenbaren oder zu deren Aufdeckung beitragen. Um Straffreiheit für entsprechende Handlungen, welche sich irgendwo zwischen Hehlerei, Strafvereitelung und Begünstigung ansiedeln, zu erlangen, muss der vorsätzlich handelnde Täter gemäß § 261 Abs. 9 Nr. 2 StGB zudem die *Sicherstellung des Gegenstandes* bewirken. Dieser ist aber nicht nur Tatobjekt der eigenen Nachtat. Vielmehr werden hierdurch auch die Früchte der wohl stets ungleich schwerer wiegenden Vortat abgeschöpft. Das Angebot der Straffreiheit ist eher vergleichbar mit einem hypothetischen solchen, das einem Hehler gemacht würde, der das Diebesgut eines anderen herausgibt und womöglich zugleich damit den Dieb ans Messer liefert. Dies rückt die Vorschrift des § 261 Abs. 9 StGB näher an eine Denunziationsbelohnung, ähnlich der Kronzeugenregelung des § 46b StGB.

Allein die Vorschriften des § 266a Abs. 6 StGB und des § 31d Abs. 1 Satz 2 PartG lassen sich auf den ersten Blick nicht in diesem Sinne erklären und scheinen der Vorschrift des § 371 AO sehr viel näher als die übrigen Vorschriften, was im Folgenden eingehender beleuchtet werden soll. Den Tätige-Reue-Vorschriften zu den gemeingefährlichen Straftaten und den Umweltdelikten ist gemein, dass es sich sämtlich um abstrakte und konkrete Gefährdungsdelikte handelt, ein Schaden noch nicht eingetreten sein darf und der Täter die Gefahr freiwillig beseitigen oder sich zumindest redlich hierum bemüht haben muss. Es zeigt sich zudem, dass praktisch sämtlichen Vorschriften zur tätigen Reue gemein ist, dass

---

651 Vgl. die Darstellung bei *Hoffschmidt*, Selbstanzeige, 1988, S. 137–145.

652 Vgl. *Fischer*, StGB, 2014, S. § 261, Rn. 51.

653 So etwa *Hoffmann*, Selbstanzeige, 1998, S. 44, 53; *Hunsmann*, Selbstanzeigeprivileg, 2006, S. 46.

den Delikten, auf welche sich jeweils die Privilegierung bezieht, eine gewisse zeitliche Vorverlagerung der Strafbarkeit innewohnt.[654] Bis auf die Strafbefreiungsvorschriften bei Berichtigung einer falschen Angabe gemäß § 158 StGB, des Vorenthaltens und Veruntreuens von Arbeitsentgelt gemäß § 266a Abs. 6 und des falschen Rechnungslegens bei der Parteienfinanzierung § 31d Abs. 1 Satz 2 PartG fordern sämtliche untersuchten Nachtatvorschriften vom Täter Freiwilligkeit, bezogen auf das Abstehen oder die Kompensationshandlung, ein.

### *b) Ausschlusstatbestände des § 371 AO als Freiwilligkeitserfordernis?*

Es liegt der Gedanke nicht fern, in den Ausschlusstatbeständen des § 371 Abs. 2 AO gewissermaßen qualifizierte, enumerativ aufgezählte Fälle der Unfreiwilligkeit zu sehen.[655] Gleichzeitig lässt sich die *ratio* dieser Ausschlusstatbestände auch in einem anderen Kontext erklären. Unter der Prämisse eines fiskal-/ kriminalpolitischen Primats der Vorschrift fügen sie sich auf den ersten Blick konsequent dessen Zielsetzung, wie *Brauns*[656] demonstriert, ohne dass eine Wertung nach den Gesichtspunkten von Autonomie oder Heteronomie der Motive[657] nötig wäre: Danach dient die Selbstanzeigeprivilegierung dem Zweck, dass

> *„dem Fiskus zusätzliche, bisher vorenthaltene Mittel nachträglich zugeführt werden; sobald der Staat zur Erschließung dieser Steuerquellen der Mitwirkung des Steuerdelinquenten nicht mehr bedarf, soll [auch] die Privilegierung – grundsätzlich – ausgeschlossen sein“.*[658]

Dem lässt sich freilich zunächst entgegenhalten, dass zumindest Reflex des Freiwilligkeitserfordernisses beim Rücktritt auch die aus kriminalpolitischen Erwägungen erstrebenswerte Konsequenz ist, dass etwa von einem fehlgeschlagenen Versuch nicht zurückgetreten werden kann und dieses Fehlgehen in der Praxis oft auf Entdeckung beruhen oder mit dieser einhergehen wird. Es wäre demnach die Ausgangslage insofern vergleichbar, dass Freiwilligkeit beim Versuch zumeist ebenfalls dann verneint wird, wenn einerseits die Träger der geschützten Rechtsgüter auf die Umkehr des Täters zur Erfolgsabwendung nicht mehr angewiesen

---

654 Vgl. *Hoffschmidt*, Selbstanzeige, 1988, S. 137–152.

655 So etwa mit durchaus starken Argumenten *Löffler*, Selbstanzeige, 1992, S. 149 ff.

656 *Brauns*, Wistra 1987, S. 233 (234 ff.).

657 Vgl. zu diesen auch *Kemper* in: Rolletschke/Kemper, AO § 371, Rn. 60, Lfg. StVerf 95/12/2011.

658 Derart stellt *Brauns*, Wistra 1987, S. 233 (235), das Argumentationsmuster dar, ohne sich dieses selbst ausdrücklich zu eigen zu machen. Vgl. *Rüping* in: HHSp, § 371 AO, Rn. 20 (Lfg. 216 März 2012).

sind und damit gleichzeitig in vielen Fällen aufgrund der Entdeckung die individuelle Ahndung möglich wurde, unabhängig vom weiteren Täterverhalten.

Weiter bleibt anzumerken, dass eine Erklärung der Sperrgründe allein als konsequenter Ausschluss der Selbstanzeige, sobald der Staat auf eine solche für die Tatentdeckung nicht mehr angewiesen sei, ebenfalls zu kurz greift. Sie lässt nämlich unberücksichtigt, dass dies auch in vielen anderen Konstellationen, zumindest bis 2010 – auf die Selbstanzeigenflut nach Bekanntwerden der Datenankäufe sei verwiesen –, gerade nicht galt und wohl trotz der verschärften Rechtsprechung nach wie vor nicht gilt.[659] Gleichzeitig bricht diese Ungereimtheit, der Umstand, dass der Staat wohl in vielen Fällen Selbstanzeigen akzeptierte, obwohl er im Besitz von Daten war, mit denen er die Täter hätte überführen können, ebenfalls keine Lanze für die Annahme eines Freiwilligkeitserfordernisses. Ganz im Gegenteil handelt es sich gerade auch hier um Fälle, in denen autonome Motive wohl ausgeschlossen sind.

Damit sind sich die Erklärungsansätze der Freiwilligkeit und jene der „Angewiesenheit des Staates“ sehr nahe. Oft wird der Staat im Falle eines unfreiwilligen Selbstanzeigenden auch auf dessen Selbstanzeige zur Überführung nicht mehr angewiesen sein – und umgekehrt. Das zusätzliche subjektive Elemet des § 371 Abs. 2 Nr. 2 AO, dass der Täter mit von der Entdeckung „*wusste oder bei verständiger Würdigung der Sachlage damit rechnen musste*“ streitet dabei allerdings eher für ein Freiwilligkeitserfordernis.

Es sprechen jedoch weitere gute Gründe gegen die Annahme, die Ausschlussgründe seien im Sinne eines Freiwilligkeitserfordernis zu verstehen. So ist etwa nicht von der Hand zu weisen, dass der Gesetzeswortlaut jede Anspielung auf eine womöglich geforderte Freiwilligkeit vermeidet. Da ein solches Erfordernis auch nicht im Wege der Auslegung gegen den Wortlaut, welche einer teleologischen Reduktion der Norm zu Ungunsten des Beschuldigten gleichkäme, in diese hineingelesen werden kann, steht vielmehr fest, dass selbst erwiesene Unfreiwilligkeit einer Selbstanzeige der Strafbefreiung nicht im Wege steht. So würde etwa die Einleitung einer Selbstanzeigeschrift an das Finanzamt – der Schritt des Absenders, die nachfolgende Erklärung abzugeben, habe seinen Grund allein darin, dass die frisch geschiedene Ex-Ehefrau glaubhaft in Aussicht gestellt habe, die ihr bekannte Steuerhinterziehungstat den Behörden mitzuteilen, an der Ernsthaftigkeit dieser Ankündigung hege man keine Zweifel und wolle dem

659 Siehe unter D.II.5.b); vgl. *Kemper* in: Rolletschke/Kemper, AO § 371, Rn. 331 f., Lfg. StVerf 95/12/2011.

daher mittels der Selbstanzeige zuvorkommen – nicht zu deren Unwirksamkeit führen.[660]

Insofern vermag auch die Erklärung, es handele sich um eine (prozessuale) Beweisregelung in Form einer gesetzlichen, unwiderleglichen Vermutung der Unfreiwilligkeit, nicht zu überzeugen. Dies würde grundsätzliche ein den Ausschlussgründen des § 371 Abs. 2 AO vorangestelltes Freiwilligkeitserfordernis im Rahmen der positiven Wirksamkeitsvoraussetzungen (des Abs. 1) des Gesetzeswortlauts voraussetzen sowie eine hierauf folgende Formulierung der Ausschlussgründe etwa in der Form: *„Freiwilligkeit liegt insbesondere dann nicht vor, wenn ...“*. Wollte man in den Ausschlussgründen auch nur eine auf unwiderlegliche Freiwilligkeitsausschlüsse bezogene Beweisregel sehen, so hätte dies in Anbetracht der Tatsache, dass gleichzeitig, wie gezeigt, nicht einmal erwiesene oder eingestandene Unfreiwilligkeit zur Unwirksamkeit führt – solange nur keiner der Ausschlusstatbestände erfüllt ist –, einen eklatanten Wertungswiderspruch zur Folge.

Umgekehrt nützt es einem Selbstanzeigenden rein gar nichts, dass die Freiwilligkeit seiner Initiative quasi als erwiesen angesehen werden kann, sobald einer der Ausschlusstatbestände erfüllt ist. Dies wäre etwa der Fall, wenn ein Betroffener sich bereits nachweislich für die Abgabe einer Selbstanzeige entschieden und diese vorbereitet hätte, ihm jedoch unmittelbar vor deren Abgabe die Einleitung eines Ermittlungsverfahrens eröffnet worden wäre, von dem er im Zeitpunkt seiner Entscheidung bei verständiger Würdigung der Sachlage keine Kenntnis gehabt haben konnte. Auch entsprechende Korrespondenz und Zeugenaussagen, die belegen würden, dass sein Steuerberater letzte Aufstellungen bis zum

660 Wobei auch dies hoch umstritten ist. Zunächst wird kontrovers diskutiert, ob überhaupt ein Dritter „Entdecker“ im Sinne des § 371 Abs. 2 Nr. 2 AO sein kann, was mehrheitlich bejaht wird, für alle *Jäger* in: Klein-AO, AO § 371, Rn. 66. Ausführlich zu dem Streistand: *Hoffmann*, Selbstanzeige, 1998, S. 241 ff. Unabhängig von der Beantwortung dieser Frage ist jedenfall in der Konstellation des Beispiels eine Entdeckung abzulehenen. Eine Person aus dem Lager des Täters, die von Anfang an um die Tatbegehung wusste, kann bereits sprachlogisch eine solche Tat nicht mehr entdecken. Die Alternative, die Tat stattdessen als bereits anfänglich entdeckt anzusehen, scheidet aus. Gleiches gilt für ein Abstellen auf den Zeitpunkt des inneren Sinneswandels. Beides würde jeweils eine Überstrapazierung des Gesetzeswortlauts darstelle. Mit unterschiedlichen Begründungen wird eine Entdeckung durch dem Täter nahestehende Personen, jedenfalls bevor dieses ihre Kenntnis mit einer Amtsperson geteilt haben, wohl mehrheitlich abgelehnt, Vgl. *Jäger* in: Klein-AO, AO § 371, Rn. 67; *Schauf* in: Kohlmann-Steuerstrafrecht, § 371 AO, Rn. 213, Lfg. 43, November 2010; *Rüping* in: HHSp, § 371 AO, Rn. 189 (Lfg. 216 März 2012); a.A. *Kopacek*, Steuerstraf- und Bussgeldfreiheit, 1970, S. 170 ff.; *Hoffmann*, Selbstanzeige, 1998, S. 246.

nächsten Tag seinem Anwalt übermitteln wollte und dieser bereits Auftrag wie Vollmacht hatte, sodann unverzüglich die Selbstanzeige einzureichen, würde ihm nicht helfen.

Somit konnte festgestellt werden, dass die strafbefreiende Selbstanzeige zwar enumerativ aufgezählte Ausschlusstatbestände kennt, deren Vorliegen Unfreiwilligkeit oft, aber nicht zwingend, indizieren mag. Um ein Freiwilligkeitserfordernis handelt es sich dabei jedoch nicht, da eine Selbstanzeige trotz erwiesener subjektiver Unfreiwilligkeit im Sinne eines rein heteronomen Motivs ebenso wirksam wie auch – trotz unwiderlegter Freiwilligkeit – unwirksam sein kann.

### *c) Untersuchung der artverwandten Vorschriften*

Wie bei der Gegenüberstellung der Nachtatvorschriften deutlich wurde, teilen allein die Vorschriften der §§ 158 und 266a Abs. 6 StGB sowie des § 31d PartG das Fehlen eines normierten Freiwilligkeitserfordernisses mit der des § 371 AO. Auf den ersten Blick tatsächlich vergleichbar mit § 371 AO sind allerdings nur § 266a Abs. 6 StGB und § 31d PartG, da es sich bei § 158 StGB zum einen nur um einen fakultativen Strafaufhebungsgrund handelt, zum anderen die formale Beendigung der Tatbestände nach den §§ 154–156 StGB vor dem endgültigen Erfolgseintritt, etwa einem Fehlurteil liegt. Sobald die Korrektur der Aussage bei der Entscheidung nicht mehr verwertet werden kann oder aus der Tat ein Nachteil für einen anderen entstanden ist, gilt sie gemäß § 158 Abs. 2 StGB als verspätet,[661] unabhängig davon, ob der Schaden durch Berücksichtigung der Berichtigung in einer späteren Instanz oder etwa im Rahmen der Wiederaufnahme eines Verfahrens nach § 359 StPO letzten Endes zu restituieren wäre.

Wie die weitergehende Ähnlichkeit der §§ 266a Abs. 6 StGB und 31d PartG zu bewerten ist und ob diese womöglich gemeinsam mit § 371 AO eine eigene Kategorie besonders großzügiger Vorschriften zur tätigen Reue bilden, gilt es im Weiteren zu untersuchen.

#### *aa) § 266a Abs. 6 StGB*

Dabei ist zunächst festzustellen, dass nur die zweite Alternative § 266a Abs. 6 StGB obligatorische Straffreiheit gewährt und hierfür die – insofern der Regelung des § 371 AO sehr ähnlich – nachträgliche Entrichtung der vorenthaltenen Beträge „*innerhalb der von der Einzugsstelle bestimmten angemessenen Frist*“ zur Voraussetzung der obligatorischen Straffreiheit macht. Hierbei ermöglicht Abs. 6 zwar ebenfalls Strafbefreiung vom beendeten Delikt, jedoch ist der Zeitrahmen,

661 Vgl. *Hoffschmidt*, Selbstanzeige, 1988, S. 142 f.

in welchem der Delinquent aktiv werden muss, um Straffreiheit zu erlangen, ungleich knapper bemessen. Während im Falle des § 371 AO eine zeitliche Grenze nicht existiert und eine Selbstanzeige praktisch bis zum Zeitpunkt der materiellen Verjährung der Tat erfolgen kann, mit Erreichung dessen sie schließlich überflüssig würde, muss der Arbeitgeber gemäß § 266a Abs. 6 StGB *„spätestens im Zeitpunkt der Fälligkeit oder unverzüglich danach der Einzugsstelle schriftlich die Höhe der vorenthaltenen Beiträge [mitteilen und darlegen], warum die fristgemäße Zahlung nicht möglich ist, obwohl er sich darum ernsthaft bemüht hat"*. Dies hat praktisch zur Folge, dass vorsätzlich begangene Straftaten nach § 266a StGB, bei denen der Täter die Arbeitnehmerbeiträge ohne Not einbehält, um sie beispielsweise für sich zu verwenden, üblicherweise nicht erfasst werden – es sei denn, der Täter unterliegt unmittelbar nach Eintritt der Fälligkeit einem Sinneswandel und nimmt von der Tat Abstand. In der Regel dürfte die Vorschrift vielmehr lediglich solchen „Tätern" zu Gute kommen, die sich aufgrund von Liquiditätsengpässen ohnehin in einer faktischen Zwangslage befinden, so dass bereits die Möglichkeit oder Zumutbarkeit normgemäßen Verhaltens und damit die Strafwürdigkeit des Verhaltens zu hinterfragen wäre.[662] Die Tatbestandsverwirklichung des § 266a StGB braucht auch nicht heimlich zu erfolgen. Im Gegensatz zur Steuerhinterziehung[663] bedarf es in den Tatvarianten der Abs. 1 und 3 keiner Täuschungshandlung. Insofern ist § 266a StGB insgesamt eine ungleich härtere Vorschrift als § 370 AO. Um sich nach ihr strafbar zu machen, kann es, wenn auch mit Einschränkungen,[664] theoretisch ausreichen, zur falschen Zeit kein Geld zu haben.[665]

Ungeachtet dessen bliebe offen, ob selbst die Feststellung, § 371 AO und § 266a Abs. 6 StGB seien grundsätzlich vergleichbar, zu einer anderen Bewertung der Frage führen könnte, ob § 371 AO eine Sonderrolle im deutschen Strafrecht innehabe, mithin einen Fremdkörper darstelle.[666] Der 1986 durch

---

662 Vgl. *Albrecht*, Sicherheitsgesellschaft, 2010, S. 549 f.

663 Aktive Täuschungshandlung im Falle des § 370 Abs. 1 Nr. 1 AO oder durch Unterlassen gemäß Nr. 2 und 3.

664 Vgl. *Perron* in: Schönke/Schröder, § 266a, Rn. 10.

665 Vgl. *Albrecht*, Sicherheitsgesellschaft, 2010, S. 549 f. Hierauf beruht wohl auch die Forderung nach Einschränkung des Tatbestandes des § 266a Abs. 1 StGB, *Albrecht/Hassemer/Voß* (Hrsg.), Entkriminalisierung, 1992, S. 50.

666 Vgl. *Kemper* in: Rolletschke/Kemper, AO § 371, Rn. 9, Lfg. StStrafR 100/10/2013. Dieser geht einen differenzierdenden Zwischenweg und hält sie für *„eine weitgehende Sonderregelung im gesamten Regelungssystem des Strafrechts in Deutschland [jedoch] keinen Fremdkörper im Gefüge des Strafrechts"*.

das 2. WiKG[667] gleichzeitig mit dem zugrunde liegenden Straftatbestand eingeführte Strafbefreiungsgrund ist ungleich jünger als die steuerrechtliche Selbstanzeige und – unschwer zu erkennen – dieser nachgebildet. Insofern kann die Einführung als eine Angleichung an die schon bestehenden Steuerstraftatbestände verstanden werden, wie sich aus einem Vergleich der Interessenlagen und Schutzgüter ergibt. Diese sind beinahe identisch. Das Interesse des Staates an der Abführung von Sozialversicherungsbeiträgen ist mit dem Interesse an der Entrichtung allgemeiner Steuern vergleichbar.[668] Dies wird umso deutlicher, wenn man sich vergegenwärtigt, dass der Staat anstelle der Einrichtung von Sozialversicherungskassen deren Aufgaben auch unmittelbar selbst hätte wahrnehmen können, indem er direkt die entsprechenden Leistungen erbrächte und deren Finanzierung – an Beiträgen statt – über allgemeine Steuern ausgestaltete.

*bb) § 31d Abs. 1 Satz 2 PartG*

Auch § 31d Abs. 1 Satz 2 PartG ist offensichtlich durch die Selbstanzeigevorschrift des § 371 AO inspiriert und geht in der Tat sogar noch weit über diese hinaus. Bereits die Strafbarkeit des Abs. 1 ist etwa im Vergleich zur Steuerhinterziehung, dem Subventionsbetrug oder dem Vorenthalten und Veruntreuen von Arbeitsentgelt sehr eng gefasst, mithin vergleichsweise großzügig, was sich etwa aus der überschießenden Innentendenz ergibt, soweit „*Absicht*" bezüglich der Verschleierung gefordert wird. Voraussetzung der Strafbarkeit ist hier demnach auf subjektiver Ebene *dolus directus* ersten Grades, während eine Bußgeldvorschrift für Fälle schwächerer Vorsatzformen gänzlich fehlt. Im Falle des nachträglichen Erkennens einer unbeabsichtigten Falschangabe kennt § 31d PartG keinen strafbewehrten Unterlassungstatbestand, wie er sich etwa aus § 371 Abs. 1 Nr. 2 iVm § 153 AO ergibt. Der Strafrahmen beschränkt sich auf Freiheitsstrafe bis lediglich drei Jahre und beträgt nicht etwa bis zu fünf wie bei den beiden anderen Delikten. Ebenso verzichtete der Gesetzgeber auch auf die Normierung von Regelbeispielen besonders schwerer Fälle mit erhöhtem Strafrahmen oder – im Gegensatz zu § 264 Abs. 6 Satz 1 StGB – auf die Nebenstrafandrohung des Amtsfähigkeits- und Wahlrechtsverlustes nach § 45 Abs. 2 StGB.[669]

Diese Privilegierung perpetuiert sich in der Selbstanzeigevorschrift des § 31d Abs. 1 Satz 2 PartG, nach der bereits die Mitwirkung an der Abgabe der

667 Zweites Gesetz zur Bekämpfung der Wirtschaftskriminalität, BGBl. 1986, Nr. 21, S. 721 (723).

668 Ähnlich *Hoffschmidt*, Selbstanzeige, 1988, S. 146.

669 *Wegner*, DVBl 2013, S. 422 (424).

Berichtigungserklärung zur Straffreiheit führt, während sich die Ausschlusstatbestände des § 23b Abs. 2 PartG darauf beschränken, dass *„im Zeitpunkt des Eingangs der Anzeige konkrete Anhaltspunkte für diese unrichtigen Angaben öffentlich nicht bekannt [...] oder weder dem Präsidenten des Deutschen Bundestages vorgelegen haben noch in einem amtlichen Verfahren entdeckt"* gewesen sein dürfen. Auch eine Teilselbstanzeige scheint dem Wortlaut nach möglich, im Sinne von wirksam zu sein. Die Anforderungen an deren Wirksamkeit bleiben demnach weit hinter denen der übrigen Selbstanzeigevorschriften zurück.[670]

Allerdings handelt es sich um ein Spezialdelikt des Nebenstrafrechts, dessen potentieller Täterkreis insofern sehr überschaubar sein dürfte, als er sich auf Personen beschränkt, die entsprechende Funktionen innerhalb einer politischen Partei bekleiden. Genau hier liegt jedoch auch die Krux. Eine Rechtfertigung für diese doppelte Privilegierung parteipolitischer Funktionsträger ist nicht ersichtlich. Schutzgut des § 31d PartG ist das öffentliche Vermögen, und zwar eher in einer dem § 264 StGB als dem § 370 AO entsprechenden Ausprägung; steht doch nicht wie bei der Steuerhinterziehung das Nichtentrichten von Abgaben an die öffentliche Hand im Raume, sondern – wohl schwerer wiegend – das unberechtigte Erlangen öffentlicher Mittel, wie beim Subventionsbetrug. Lediglich hinzu tritt als Schutzgut das „Vertrauen der Öffentlichkeit in die Richtigkeit der Rechenlegung" – wenngleich die Begründung des Gesetzentwurfs ausschließlich dieses benennt. *„Die vergleichsweise hohe Strafandrohung rechtfertig[e] sich durch den Schaden, den der demokratische Staat und die Gesellschaft durch die strafbaren Handlungen im Bereich der Parteienfinanzierung erleide [...]."*[671] Tatsächlich kann von einer vergleichsweise hohen Strafandrohung nicht die Rede sein, wie der obige Vergleich mit den Straftaten nach den §§ 264, 266a StGB und § 370 AO verdeutlicht. Insbesondere Manipulationen des Rechenschaftsberichts, welche sich auf die Höhe der staatlichen Zuwendungen nach § 18 Abs. 3 Nr. 3 PartG auswirken, tangieren unmittelbar staatlich-vermögensrechtliche Interessen, hat doch jeder Euro einer lediglich behaupteten Parteispende 38 Euro-Cent unberechtigter staatlicher Zuwendung zur Folge. Durch die buchhalterische Zerstückelung einer tatsächlichen Einzelspende in Höhe von 10.000 Euro in drei fiktive Einzelspenden etwa können 2.508 Euro[672] unrechtmäßig erlangt werden.

---

670 *Wegner*, DVBl 2013, S. 422 (425).

671 BT-Drs. 14/8778 S. 17.

672 Nämlich insgesamt 3.762 Euro anstatt aufgrund der Kappungsgrenze lediglich 1.254 Euro.

In Anbetracht dieser Umstände kann die gesamte Vorschrift des § 31d PartG nur als ein offensichtlicher Fall gesetzgeberischer Selbstbegünstigung verstanden werden.

### d) *Ergebnis*

Die Gegenüberstellung hat gezeigt, dass – mit Ausnahme des Vorenthaltens und Veruntreuens von Arbeitsentgelt gemäß § 266a StGB und des § 31d Abs. 1 Satz 2 PartG – keine der übrigen Nachtatvorschriften des Versuchs und der tätigen Reue in ihrer „*Großherzigkeit*“[673] an § 371 AO heranreichen. Entweder stellen sie auf der Tatbestandsebene höhere Anforderungen an den „reuigen“ Täter oder sehen auf der Rechtsfolgenebene lediglich fakultative Straffreiheit oder -milderung vor. Zudem setzen praktisch alle übrigen Delikte einen weiteren, noch nicht eingetretenen Tatbestandserfolg voraus, womit das Delikt im Zeitpunkt der Reuehandlung zwar bereits formell beendet ist, jedoch materiell „noch nicht so beendet“, nachhaltig und in letzter Konsequenz, wie es sein könnte. Dieser weitere Taterfolg ist es oft auch, dessen Eintritt der Täter dann noch verhindern muss oder um dessen Abwendung der Täter sich jeweils redlich, nämlich „freiwillig und ernsthaft“, bemüht haben muss, wenn dieser ohne sein Zutun abgewendet werden kann.

Bei allen anderen Tatbeständen zur tätigen Reue wird zudem Freiwilligkeit des reuigen Täters gefordert, während in den Ausschlusstatbeständen des § 371 AO ein solches nicht gesehen werden kann.

Systematisch lässt sich die Selbstanzeige nach § 371 AO damit nicht in das Gefüge der Normen des Rücktritts und der tätigen Reue einordnen.[674] Insofern hat sie unter den strafbefreienden Nachtatvorschriften eine Sonderstellung inne. Gleichwohl ist zu konstatieren, dass sie diese Sonderstellung gewissermaßen mit den Vorschriften des § 31d PartG[675] und des § 266a Abs. 6 StGB teilt. Dagegen, die Vorschriften deshalb als eine eigene Gruppe bildend zu betrachten, spricht, dass auch diese drei in ihren Reichweiten, Tatbestand und Rechtsfolge betreffend, erhebliche Unterschiede aufweisen. Ihrer jeweiligen Großzügigkeit nach bleibt die Vorschrift des § 266a Abs. 6 StGB deutlich hinter jener des § 371 AO zurück, gleichzeitig geht die des § 31d PartG weit über diese hinaus und nährt zugleich den bösen Schein, es handele sich dabei um einen Fall gesetzgeberischer Selbstbegünstigung.

---

673 *Hoffschmidt*, Selbstanzeige, 1988, S. 135.

674 Vgl. *Hoffschmidt*, Selbstanzeige, 1988, S. 155.

675 Vgl. *Kemper* in: Rolletschke/Kemper, AO § 371, Rn. 9, Lfg. StStrafR 100/10/2013.

## 2. Verschiedene Rechtfertigungsansätze des § 371 AO in der Literatur

Nachdem festgestellt wurde, dass die Selbstanzeige wohl zu Recht als Ausnahmeerscheinung[676] innerhalb des deutschen Strafrechtssystems angesehen werden kann, stellt sich die Frage, mit welchen Argumenten die Existenz einer solchen Vorschrift begründet werden kann, welche strafbefreiende Wirkung selbst für bereits lange beendete Taten entfaltet, *„deren Früchte dem Täter ungeschmälert zugute gekommen“*[677] waren.

Die verschiedenen in der Literatur vertretenen Rechtfertigungsansätze zur Selbstanzeige, namentlich die wohl herrschende Fiskaltheorie[678] und die kriminologischen / kriminalpolitischen Theorien seien an dieser Stelle nur insoweit kursorisch veranschaulicht, als dies notwendig ist, um zu ihnen Stellung zu beziehen. Der gesamte Streitstand, dessen Historie und die jeweiligen Stärken und Schwächen der einzelnen Theorien sind etwa bei *Löffler,*[679] *Frees,*[680] *Abramowski*[681] *Hunsmann*[682], *Hoffmann*[683], *Hoffschmidt*[684] und *Patzschke*[685] weitgehend erschöpfend dargestellt.

Während der strafrechtsdogmatische Ansatz unter Rückgriff, wenn nicht auf die Systematik, so doch auf die Argumente zur Rechtfertigung der Strafbefreiung durch den Rücktritt und die tätige Reue sich um eine Erklärung der Selbstanzeigevorschrift mit den Argumenten des materiellen Strafrechts bemüht, gestehen die Fiskaltheorie ebenso wie die kriminalpolitischen Theorien von vornherein ein, dass es sich bei der Selbstanzeige um das Produkt einer außerstrafrechtlichen, gewissermaßen politischen Interessenabwägung handelt, um ein Zurückstehen des Strafrechts gegenüber fiskalischen Interessen des Staates.

---

676 Ebenso *List*, Selbstanzeige, 1963, S. 10; *Hoffschmidt*, Selbstanzeige, 1988, S. 155; *Engelhardt* in HHSp, § 371 AO, Rn. 13, Lfg. 136 Juli 1992; *Pallmer*, Tatbegriff Steuerstrafrecht, 2008, S. 92; *Simon/Vogelberg*, Steuerstrafrecht, 2011, S. 173; BGH, Beschl. v. 20.05.2010 - 1 StR 577/09, S. 7, juris.bundesgerichtshof.de.

677 *Pallmer*, Tatbegriff Steuerstrafrecht, 2008, S. 92.

678 *Engelhardt* in: HHSp, § 371 AO, Rn. 18 (Lfg. 136 Juli 1992); *Kemper* in: Rolletschke/Kemper, AO § 371, Rn. 10, 15, Lfg. StStrafR 100/Oktober 2013.

679 *Löffler*, Selbstanzeige, 1992, S. 17 ff.

680 *Frees*, Selbstanzeige, 1991, S. 74 ff.

681 *Abramowski*, Selbstanzeige, 1991, S. 90 ff.

682 *Hunsmann*, Selbstanzeigeprivileg, 2006, S. 48 ff.

683 *Hoffmann*, Selbstanzeige, 1998, S. 6 ff.

684 *Hoffschmidt*, Selbstanzeige, 1988, S. 45 ff.

685 *Patzschke*, Selbstanzeige, 2012, S. 93 ff.

Hierbei ist allerdings festzustellen, dass der Streit zwischen den beiden letztgenannten Theorien größtenteils ein überflüssiger ist, da die zentralen Argumente, mit denen die Selbstanzeige nach diesen gerechtfertigt werden soll, letzten Endes jeweils die gleichen oder zumindest weitgehend deckungsgleich sind, wie noch weiter zu erläutern sein wird.

### *a) Strafrechtsdogmatische Erklärungsansätze*

Bei dem Versuch das Selbstanzeigeprivileg rechtsdogmatisch zu erklären und zu rechtfertigen, konnte stets auf die umfangreich vorhandenen Theorien und deren Argumente zum Rücktritt vom Versuch und zur tätigen Reue zurückgegriffen werden.[686] Hier sind namentlich die älteren Rechtstheorien,[687] die Prämien- und Gnadentheorie, die Strafzwecktheorie und die auch als kriminalpolitisch bezeichnete Anreiztheorie zu nennen.

Die Prämien- und Gnadentheorie begründet die aufgrund eines Rücktritts gewährte Straflosigkeit als Belohnung für ein anerkennungswürdiges Täterverhalten. Nach der Strafzwecktheorie entfallen aufgrund des Abstehens oder Verhinderns der Vollendung Strafwürdigkeit und Strafbedürftigkeit, da eine Strafe zur Erreichung der mit ihr verfolgten Zwecke nicht mehr notwendig sei. Die kriminalpolitische Theorie vom Anreiz, die ihren Ursprung wohl bei Feuerbach hat[688] und nachträglich mit dem griffigen Bild von der „Goldenen Brücke" pointiert wurde, intendiert, den Täter durch die in Aussicht gestellte Straffreiheit von der Vollendung abzuhalten, womit der Grund des Strafverzichts allein die angestrebte Einflussnahme auf das Täterverhalten ist. Dieser soll animiert werden, den Erfolgseintritt zu verhindern oder, so schon geschehen, wenn möglich wieder zu beseitigen.

Eine im Ergebnis überzeugende und mittlerweile wohl herrschende, vermittelnde Ansicht geht davon aus, dass die strafbefreiende Wirkung des Rücktritts auf der Verbindung verschiedener Gedanken beruhe, wobei im Sinne

---

686 Vgl. *List*, Selbstanzeige, 1963, S. 12.

687 Etwa *Zachariä*, Lehre vom Versuche, 1839, S. 240 ff.; vgl. *Schumann*, Rücktritt, 2006, S. 20 ff.

688 *Feuerbach*, Kritik des Kleinschrodischen Entwurfs, 1804, S. 102 f.: *„Läßt der Staat den Menschen nicht ungestraft die schon unternommene That bereuen, so nötigt er gewissermaßen das Verbrechen zu vollenden. Denn der Unglückliche, der sich zu einem Versuche fortreissen ließ, weiß ja sonst, daß er schon Strafe hat verschuldet, daß er nichts großes mehr durch Reue zu gewinnen und durch die Vollendung der That nichts bedeutendes mehr zu verlieren hat.“*

einer „Spiegelbildlichkeit" jene, die Strafbarkeit des Versuchs begründenden Faktoren umgekehrt auch die Strafbefreiung durch Rücktritt begründen.[689]

### *b) Kriminalpolitische Erklärungsansätze*

Ferner wird in der Diskussion über die Begründung der Selbstanzeige die sogenannte kriminalpolitische Theorie vertreten, im Rahmen derer vor allem auf den staatlichen Ermittlungsnotstand und die „*Schwäche des Fiskus gegenüber den Steuerpflichtigen*"[690] verwiesen wird. Dieser bestehe darin, dass der Fiskus im Rahmen der Ermittlung und Festsetzung der individuellen Steuerlast auf die Mitwirkung der Steuerpflichtigen angewiesen sei.[691] Rein faktisch sei es unmöglich, sämtliche Steuererklärungen auf die Richtigkeit der ihnen zugrunde gelegten Daten hin zu überprüfen. Über die Erhebung von Stichproben könne die tatsächliche Kontrolle nicht hinausgehen.[692] Daher sei die Entdeckungsgefahr im Falle von Steuerhinterziehungen für die Täter äußerst gering. Hinzu komme, dass das Delikt üblicherweise keine sichtbare Außenwirkung entfalte, da der Staat letztlich nicht wissen könne, welche Einkünfte ihm beispielsweise genau verschwiegen werden. Insofern ist er auf grobe Schätzungen – mithin Dunkelfeldforschung – angewiesen. Zu allem Überfluss werde die Steuerhinterziehung – wenn nicht als „Volkssport" – so doch zumindest als Kavaliersdelikt[693] angesehen, das Unrechtsbewusstsein sei vergleichsweise gering. Dies führe dazu, dass gerade Individuen, die grundsätzlich nicht zur Delinquenz neigen, zumindest potentielle Bereitschaft zur Begehung von Steuerdelikten offenbarten. Weiter wird auf die Besonderheit des Fortsetzungszwanges[694] verwiesen, welcher sich aus der Bilanzkontinuität[695] ergebe und dem einmaligen Steuerhinterzieher ohne die Möglichkeit der Selbstanzeige praktisch keine andere Wahl lasse, als die einmal begonnene Steuerhinterziehung für spätere Veranlagungszeiträume

689 BGH NStZ 1993, 433 (434); *Eser/Bosch* in: Schönke/Schröder, § 24, Rn. 2b, 3.

690 *Terstegen*, StBJb 1953, S. 15 (39).

691 *Ehlers*, FR 1976, S. 504 (505).

692 So etwa *Firnhaber*, Selbstanzeige, 1962, S. 20 f., der feststellt, es gebe „*in der Tat ein gerechteres Mittel als die Straffreiheit für Selbstanzeige, nämlich die ständige Kontrolle jedes einzelnen*", was „ *– ad absurdum geführt – zur Folge*" habe, dass der Staat „*jeden einzelnen Bürger auf Schritt und Tritt zu verfolgen hätte*".

693 *Firnhaber*, Selbstanzeige, 1962, S. 18; *Tiedemann*, JR 1975, S. 385 (387); *Lenckner/Schuhmann/Winkelbauer*, Wistra 1983, S. 123 (124).

694 Etwa *Hunsmann*, Selbstanzeigeprivileg, 2006, S. 60.

695 *Löffler*, Selbstanzeige, 1992, S. 69; *Hoffmann*, Selbstanzeige, 1998, S. 12; *Pallmer*, Tatbegriff Steuerstrafrecht, 2008, S. 92.

immer weiter fortzusetzen, soweit er vermeiden wolle, auch die *„Vergangenheit des Nibelungenschatzes“*[696] offenzulegen. Die Abgabe einer „ehrlichen“ und deshalb mit der vorherigen nicht korrespondierenden Steuererklärung würde mit großer Wahrscheinlichkeit zur Tatentdeckung führen und somit einer Selbstbezichtigung mit allen strafrechtlichen Konsequenzen gleichkommen. Gerade hier drängt sich das alte Bild von der „Goldenen Brücke“ förmlich auf. Auch wird in diesem Zusammenhang angeführt, hier finde der Grundsatz *nemo tenetur se ipse accusare* eine derartige Ausprägung, dass der § 371 AO gleichsam unmittelbar der Konkretisierung und Sicherstellung des von Verfassung wegen garantierten Justizgrundrechts diene.[697]

### *c) Fiskalische Erklärungsansätze*

Letztlich wird die kriminalpolitische Theorie sodann der mittlerweile als herrschend zu betrachteten Fiskaltheorie gegenübergestellt,[698] welche den Strafverzicht im Falle der Selbstanzeige allein mit dem fiskalischen Interesse des Staates an Sicherung und Mehrung des Steueraufkommens begründet.[699] Durch die Selbstanzeige sollen – so schon das Reichsgericht – dem Fiskus *„bisher verheimlichte Steuerquellen“* erschlossen,[700] die Steuerbehörden entlastet und das Steueraufkommen erhöht werden.[701]

Im weiteren Sinne den fiskalischen Erklärungsansätzen zuzurechnen, sind dabei wohl auch solche Argumente, die nicht direkt und ausschließlich an das staatlich-fiskalische Interesse anknüpfen, so viele Steueransprüche wie irgend möglich auch als tatsächliche Einnahme zu realisieren, sondern auf Besonderheiten der fiskalischen Materie abstellen. Danach diene etwa die Selbstanzeigevorschrift auch dem Gebot der Steuergerechtigkeit, soweit sie zu einer tatsächlichen Gleichheit der Besteuerung im Sinne der Rechtsanwedungsgleichheit beitrage.

---

696 *Salditt*, StV 2002, S. 214 (17).

697 *Stahl*, Selbstanzeige, 2011, Rn. 17, 22; vgl. *Salditt*, StV 2002, S. 214 (217). In diese Richtung etwa geht auch die Argumentation des Bundesfinanzministers Wolfgang Schäuble (CDU), der auf das Spannungsverhältnis zwischen Steuer- und Strafrecht verweist, *Göbel/Schäfer*, FAZ vom 07.02.2014, S. 15.

698 Etwa von *Hoffschmidt*, Selbstanzeige, 1988, S. 45 ff.; *Löffler*, Selbstanzeige, 1992, S. 26 ff., 103 ff.; *Hunsmann*, Selbstanzeigeprivileg, 2006, S. 48 ff., 91.

699 *Firnhaber*, Selbstanzeige, 1962, S. 130; *Lenckner/Schuhmann/Winkelbauer*, Wistra 1983, S. 123 (126).

700 RGSt 70, 350, 351.

701 Vgl. RGSt 57, 313, 315; 61, 115, 118; 70, 350, 351; *Wassmann*, Selbstanzeige, 1991, S. 23; *Pallmer*, Tatbegriff Steuerstrafrecht, 2008, S. 92.

Durch *„Wiedereingliederung von Steuerpflichtigen in die Steuerehrlichkeit“*[702] könne zudem der *„Steuerfrieden“* zwischen Steuergläubiger und Steuerschuldner wiederhergestellt[703] werden. *Jung* versteht die Vorschrift des § 371 AO als eine *„Vollstreckungshilfe“* für den Staat, die wertneutral *„an ein vorgegebenes steuerstrafrechtliches System anknüpft“*.[704] *Stahl* sieht in der Vorschrift *„nicht nur ein[en] Beitrag zur Verwaltungsvereinfachung, sondern auch ein[en] Ausgleich für die Zumutung der ausgeuferten Steuererklärungsarbeit“*.[705]

Ein grundsätzliches Problem der Evaluierung fiskalischer Nützlichkeit der Vorschrift besteht allerdings darin, dass die gesamte Empirie zur Selbstanzeige, an dem Umstand krankt, dass es sich gewissermaßen um Dunkelfeldforschung handelt. Es mangelt seit jeher[706] bereits an validen Statistiken zum Thema der Selbstanzeigen vor allem aber dazu, welche Nachzahlungsbeträge aus diesen resultieren. Während vor 2009 wohl überhaupt keine Daten hierzu erhoben wurden, weder durch Bundes- noch durch Landesbehörden, gehen Letztere mehrheitlich seit 2010 dazu über, zumindest Fälle von Selbstanzeigen mit ausländischem Kapitalbezug zahlenmäßig zu erfassen. Es wird auf die Tabelle im Anhang, mit den durch die Finanzämter auf Anfrage vom 05.06.2014 übermittelten Daten, verwiesen.[707] Die Summen der hierdurch generierten zusätzlichen Einnahmen oder Zahlen zu den Selbstanzeigen bundesweit werden dabei bis heute offiziell nicht erfasst. Welchen Ursprungs die teilweise in den Medien kursierenden Angaben,

702 *Kemper* in: Rolletschke/Kemper, AO § 371, Rn. 11, Lfg. StStrafR 100/Oktober 2013.

703 *Ehlers/Lohmeyer*, Steuerstrafrecht, 1982, S. 28.

704 *Jung*, in: Festschrift für Erich Samson, 2010, S. 55 (62).

705 *Stahl*, Selbstanzeige, 2011, Rn. 15.

706 Vgl. *Bilsdorfer*, DStZ 1985, S. 184 (189); *Hoffschmidt*, Selbstanzeige, 1988, S. 32; *Abramowski*, Selbstanzeige, 1991, S. 193.

707 Siehe Anhang 1: Länderstatistiken zu Selbstanzeigevorgängen: Die Bundesländer Bremen, Hamburg, Mecklenburg-Vorpommern und Niedersachsen etwa erfassen seit 2010 die Zahl der Selbstanzeigen insgesamt, Rheinland-Pfalz bereits seit 2009. Mecklenburg-Vorpommern und Rheinland-Pfalz führen darüber hinaus eine gesonderte Statistik der *„Selbstanzeigen mit ausländischem Kapitalbezug“*, während Brandenburg nur solche erfasst. Bayern, Hessen und Sachsen weisen ausschließlich *„Selbstanzeigen im Zusammenhang mit Geldanlagen in der Schweiz“* aus, Berlin solche *„im Zusammenhang mit Geldanlagen in der Schweiz, Luxemburg und Liechtenstein“*. Allein Hamburg führt zusätzlich darüber Statistik, in wie vielen Fällen die eingegangenen Selbstanzeigen zu Einstellungen nach § 170 Abs. 2 StPO iVm § 371 AO respektive nach § 398a AO führen.

wie etwa jene durch *Die Zeit* kolportierte Zahl von 26.000 Selbstanzeigen allein im Jahr 2013[708], sind, bleibt im Dunkeln.[709]

Dass es bis heute an dem politischen und behördlichen Willen fehlt, die absolute Anzahl eingegangener Selbstanzeigen sowie etwa den Anteil derer, die zu Straffreiheit führen, vor allem aber die Ergiebigkeit jener derart „zum Sprudeln gebrachten Quellen", in tatsächlich nachentrichteten Eurobeträgen flächendeckend und bundesweit zu erfassen, ist primär nicht nachvollziehbar. Soweit die Politik seit über 100 Jahren, wenn auch unter periodischer Novellierung der Vorschrift, stets an der Selbstanzeige festgehalten hat und die Finanzverwaltung eine tendenziell extensive Auslegung der Norm traditionell befürwortete,[710] hätte eine solche Datenerhebung doch längst jahrzehntelange Kritik der Literatur[711] an diesem Versäumnis, Spekulation und das Fischen der Forschung im Trüben beenden können. Gewissermaßen scheint hier die Realität *Nauckes* Diktum zu widerlegen, wonach *„jede Kriminalpolitik [...] nach einer wissenschaftlichen-kriminologischen Bestätigung ihrer Bemühungen"* sucht.[712] Eine andere Schlussfolgerung wäre die, dass die tatsächlich möglicherweise ernüchternden Zahlen zu den aufgrund von Selbstanzeigen in der Vergangenheit generierten Einnahmen die so lange Jahre ganz vorherrschende rein fiskalischen Erklärung nicht gestützt hätten und eine Erhebung deshalb unterblieben ist.

### *d) Kritik am Theorienstreit*

Soweit bei der Erklärung der Selbstanzeige zwischen drei vermeintlich eigenständigen Theorien unterscheidet, könnte man argumentieren, dass die kriminalpolitische Theorie selbst ebenfalls für die Erklärung des Rücktritts bemüht wird. Versteht man kriminalpolitische Argumente als Teil der Rücktrittstheorien,

---

708 *Blasberg/Kirbach/Lebert u. a.*, DIE ZEIT vom 06.02.2014, S. 13 (15). Die Neue Zürcher Zeitung nannte in einem Bericht vom 12.12.2013 die Zahl von rund 12.800 Selbstanzeigen in den Bundesländern Baden-Württemberg, Nordrhein-Westfalen und Hessen seit Anfang 2013; *„deutschlandweit dürften es über 20.000 gewesen sein"* *Benz*, nzz-online vom 12.12.2013 (Int.Q.).

709 In einer Stellungnahme des Bundesministeriums der Finanzen vom 25.06.2014 auf eine entsprechende Anfrage des Verfassers heißt es: *„Zur Gesamtzahl der getätigten Selbstanzeigen nach § 371 AO (mit und ohne strafbefreiende Wirkung) liegen dem Bundesministerium der Finanzen keine Informationen vor".*

710 So *Brauns*, Wistra 1985, S. 171 (173).

711 Etwa *Bilsdorfer*, DStZ 1985, S. 184 (189); *Hoffschmidt*, Selbstanzeige, 1988, S. 32; *Abramowski*, Selbstanzeige, 1991, S. 193.

712 *Naucke*, Strafrecht, 2002, S. 45.

wäre nur noch zwischen diesen und rein fiskalpolitischen Erklärungsmustern zu unterscheiden.

Andererseits hebt *Abramowski* die Sonderrolle kriminalpolitischer Argumente unter den Rücktrittstheorien hervor. Eine solche begründet er damit, dass die kriminalpolitische Theorie sich von den anderen Theorien im Wesentlichen dadurch unterscheiden, „*dass sie nicht auf die typischen strafrechtsdogmatischen Gesichtspunkte der Strafwürdigkeit und -bedürftigkeit, sondern auf kriminaltaktische Gesichtspunkte abstell[e]*".[713]

Gleichzeitig lehnt er aber auch eine dualistische Gegenüberstellung fiskalischer Rechtfertigungsansätze einerseits und des Rückgriffs auf die Rücktrittstheorien andererseits ab. Diese „*verkenne, dass auch die fiskalische Rechtfertigung auf der Grundlage einer dieser Theorien – nämlich der kriminalpolitischen Theorie – basiere*".[714] Zu eben dieser Einsicht gelangt auch *Löffler*, der in den unter dem Etikett der Fiskaltheorie bemühten Argumenten bloß eine Renaissance der Theorie von der „Goldenen Brücke" und damit eine Spielart der Anreiztheorien zum Rücktritt sieht, welche ihrerseits wiederum den kriminalpolitischen Theorien zuzuordnen wären.[715] Er differenziert weiter und sieht lediglich einen kriminalpolitischen Aspekt – den Anreizgedanken – in der Fiskaltheorie weiterleben,[716] die er im Ergebnis ablehnt, da er den Anreiz im Fall der Selbstanzeige für wirkungslos hält.[717]

### *e) Zum vermeintlichen Widerspruch fiskalisch – kriminalpolitisch*

Eine einheitliche Begriffsdefinition des Terminus der Kriminalpolitik existiert nicht.[718] Der Versuch einer Annäherung sei vorliegend auf das konkrete Problem, die Aspekte und Konzepte reduziert, die gemeint sind, wenn im Zuge einer Rechtfertigung der Selbstanzeige von kriminalpolitischen Theorien die Rede ist. So kann grundsätzlich davon ausgegangen werden, dass Kriminalpolitik Rechtsgüterschutz ist, mithin dem Zweck dient, Delinquenz zu verhindern, ohne hierbei

---

713 *Abramowski*, Selbstanzeige, 1991, S. 88.
714 *Abramowski*, Selbstanzeige, 1991, S. 88.
715 *Löffler*, Selbstanzeige, 1992, S. 60 ff.
716 *Löffler*, Selbstanzeige, 1992, S. 68.
717 *Löffler*, Selbstanzeige, 1992, S. 59.
718 *Sieverts* in: Handwörterbuch Kriminologie, S. 1 etwa definiert Kriminalpolitik knapp als den „*Inbegriff von Überlegungen und Maßnahmen der Gesellschaft und des Staates mit dem Ziel, die Zahl von Verstößen gegen die kriminalgesetzliche Ordnung zu senken, wie sie in den sog. Strafgesetzbüchern (Codes Pénals, Criminal Codes) sowie in den ergänzenden ‚Strafrechtlichen Nebengesetzen' jeweils festgelegt ist*".

in der Wahl der Mittel prädeterminiert zu sein. Als kriminalpolitisch (motiviert) können somit sämtliche zweckrationalen respektive ergebnisorientierten Ansätze und Maßnahmen zur Vermeidung von Rechtsbrüchen – oder besser deren jeweilige Begründungen – angesehen werden, wobei das Spektrum von Strafschärfungen und Verfolgungsintensivierung aus präventiven Erwägungen bis hin zur Entpönalisierung und Legalisierung zuvor strafbaren Verhaltens führen kann. Somit wären der Kriminalpolitik Überschneidungen mit der Strafrechtsdogmatik wie auch gleichzeitig ein Spannungsverhältnis gegenüber dieser immanent.

Ebenfalls interessant erscheint hier auch *Nauckes*[719] insgesamt überzeugender Versuch einer Kategorisierung der Argumente. Dieser versteht unter

> *kriminalpolitischen Argumenten* „*solche Argumente, die aus dem Rechtsgefühl, einem nicht näher bestimmten Begriff der Gerechtigkeit oder aus der Diskussion der Strafzwecke folgen*“; *unter*
>
> *dogmatischen Argumenten* „*solche Argumente, die sich auf allgemeine Begriffe des Allgemeinen Teils des Strafrechts stützen und mit denen die kriminalpolitischen Argumente gerechtfertigt werden können. Diese dogmatischen Argumente sind von rechtsphilosophischer Argumentation nicht immer scharf zu trennen, was dem Wesen des Allgemeinen Teils entspricht*“; *unter*
>
> *naiv-positivrechtlichen Argumenten solche* „*Argumente, mit denen schlicht nachgewiesen werden kann, inwieweit kriminalpolitisches Ergebnis und dogmatische Rechtfertigung dieses Ergebnisses dem jetzt geltenden Strafrecht entsprechen*“.[720]

Auch diese Orientierung zugrunde gelegt und auf die speziellen Belange des Steuerstrafrechts übertragen, wird schnell klar, dass die kriminalpolitischen und fiskalischen Zielsetzungen weitgehend deckungsgleich sein müssen. Zumindest indirekt – spätestens im Reflex – zielen kriminalpolitische Erwägungen auf die gleichen Ziele ab wie die fiskalischen. Wenn kriminalpolitisch die Verhinderung von Steuerstraftaten intendiert ist, so entspricht dies dem fiskalischen Interesse, tatsächlich entstandene Steueransprüche auch zu registrieren und zu realisieren. Da die Verhinderung von Delinquenz kein Selbstzweck ist, sondern als Rechtsgüter- und Opferschutz zu verstehen ist, ergibt sich in Bezug auf die Begründungen der Selbstanzeige keinerlei Zielkonflikt.[721] Geschütztes

719 *Naucke*, Kriminalpolitik, 1999.

720 *Naucke*, Kriminalpolitik, 1999, S. 15.

721 Unter der Prämisse, dass diese wirklich geeignet ist, das tatsächlich realisierte Steueraufkommen zu erhöhen, und nicht etwa kontraproduktiv, indem sie als „Exit-Strategie“ für den Bedarfsfall wahrgenommen würde und somit paradoxer Weise gar einen Anreiz zur Steuerhinterziehung setzen würde.

Rechtsgut der §§ 369 ff. AO ist im weitesten Sinne die Realisierung der staatlichen Steueransprüche[722] beziehungsweise das *„rein fiskalische Interesse am vollständigen und rechtzeitigen Steueraufkommen“*,[723] die Steuerhinterziehung ein *„Vermögensdelikt (besonderer Art)“*.[724] Opfer wäre demnach allein der Fiskus und damit der Staat.[725] Darüber hinaus sollte allerdings auch die Gleichheit der Besteuerung als Ausformung materieller Steuergerechtigkeit[726] zu den Schutzgütern gezählt werden.[727]

Wenn durch die Möglichkeit der Selbstanzeige nach Erfolgseintritt einer Steuerhinterziehung dem Täter der Anreiz geboten werden soll, durch Beseitigung des Schadens in Form der finanziellen Wiedergutmachung Straffreiheit zu erlangen, um damit das bereits beschädigte Rechtsgut restlos zu restituieren, sind kriminologische und fiskalische Ratio identisch. Nicht anders verhält es sich in Bezug auf das Argument des (zu durchbrechenden) Fortsetzungszwangs. Die kriminalpolitische Intention, den früheren Rechtsbrecher aus der „Zwickmühle“[728] des Fortsetzungszwangs[729] zu befreien, um künftige Rechtsbrüche zu verhindern, entspricht der fiskalischen Erwägung, künftige Steueransprüche realisieren zu

---

722 Wobei teilweise in der Literatur ergänzend oder hiervon abweichend, noch verschiedene weitere Ziele genannt werden, die über das unmittelbar-kurzfristig finanzielle Interesse des Staates hinausgehen: Nach *Schulze*, DStR 1964, S. 416 (419), sollen *„die Strafvorschriften der Abgabenordnung die Einhaltung der Normen über die Besteuerung sichern […]“*. *Ehlers*, FR 1976, S. 504 (505), misst der *„richtige[n] Sachverhaltsermittlung“* zentrale Bedeutung bei und erklärt deshalb *„die rechtzeitige und richtige Mitteilung des steuerlich erheblichen Sachverhalts an die zuständige Behörde“* zum Schutzgut. *Isensee*, NJW 1985, S. 1007 (1008), macht darauf aufmerksam, das *„annexhafte, unselbstständige Steuerstrafrecht“* könne nicht *„unmittelbar auf einen sozialethischen Konsens zurückgreifen“*. Deshalb schütze es *„allein die positivrechtliche Ordnung des Steuerrechts in seiner jeweiligen, rasch veränderlichen Gestalt“*.

723 *Suhr*, Rechtsgut der Steuerhinterziehung, 1989, S. 12, 14, 32, 177.

724 *Rolletschke* in: Rolletschke/Kemper, AO § 370, Rn. 18, Lfg. StStrafR 100/Oktober 2013.

725 Vgl. BGH wistra 1996, 259; *Joecks* in: Franzen/Joecks, § 370, Fn. 14.

726 Vgl. hierzu die Überlegungen zur *„Steuerhinterziehung als Sozialdelikt“* bei *Seckel*, Steuerhinterziehung, 1979, S. 286 f.

727 Vgl. BGH wistra 1996, 259 (260).

728 *Firnhaber*, Selbstanzeige, 1962, S. 32 bemüht im Zusammenhang mit der Selbstanzeige ebenfalls das Bild der Zwickmühle, allerdings in anderem Kontext. Er meint hiermit die Ungewissheit des Betroffenen, ob und wann seine Tat entdeckt werden könnte und hält diese Zwickmühle aus kriminalpolitischer Sicht für *„außerordentlich gelungen“*, einen Delinquenten zur Selbstanzeige zu treiben.

729 Vgl. *Salditt*, StV 2002, S. 214 (17).

können und deshalb nicht auf einem Strafanspruch zu beharren, der dem Täter den Rückweg dauerhaft abschneiden würde.

Lediglich soweit, wie man den kriminalpolitischen Zielen eine weitere abstrakt-metaphysische Dimension zubilligt, welche etwa subjektiv auf den Täter bezogen dessen Rückkehr in die Rechtsordnung als eigenen Wert an sich begreift, geht diese unter Umständen noch über die fiskalischen Erwägungen hinaus – ohne sich hierdurch jedoch in Widerspruch zu diesen zu setzen; denn die Rückkehr zur Rechtsordnung ist hier zugleich Rückkehr in die Steuerehrlichkeit, deren Folge die zukünftige Sicherung der ordnungsgemäßen Besteuerung und Erhöhung des Steueraufkommens. Insbesondere dem vereinzelt vertretenen Ansatz, Zweck der Selbstanzeige sei es auch, dem Steuerhinterzieher aus seiner (selbstverschuldeten) Zwangslage herauszuhelfen[730] oder gar aus einer Situation *„innerlicher Belastung, Angst, Unruhe, ja Gewissensnot"*[731], ist allerdings entgegenzuhalten, dass es Aufgabe des Strafrechts, wie wir es kennen, niemals sein kann, den Täter aus seinem Gewissenskonflikt zu befreien.

Reduziert man wie *Abramowski* den Topos des Kriminalpolitischen auf kriminaltaktische Erwägungen,[732] lässt sich zwischen fiskalischen und kriminalpolitischen Intentionen insofern differenzieren, als fiskalische Interessen den letztendlichen Zweck des § 371 AO beschreiben, während kriminaltaktische Erwägungen, wie sie sich etwa aus einem steuerstrafrechtlichen Ermittlungsnotstand ergeben, auf Auswahl und Eignung des Mittels abstellen, um diesen Zweck zu erreichen.

### *f) Stellungnahme und Lösungsvorschlag*

Sowohl der Versuch, einzelne Erklärungssätze streng voneinander abzugrenzen, als auch der, die Selbstanzeige nur mit jeweils einem dieser begründen zu wollen, erscheint nicht zielführend. Im besten Fall würde eine strafrechtliche Norm, sei es eine Strafandrohung oder ein Strafbefreiungstatbestand, im Einklang mit allen Argumenten der seit jeher bemühten Theorien stehen.

Weiter ist zwischen gesetzgeberischer Intention und wissenschaftlicher Betrachtung zu unterscheiden. Dass der Gesetzgeber handfeste, zweckrationale, beispielsweise pekuniäre Fernziele verfolgt, dürfte beim Erlass von Normen eher

730 *Stahl*, Selbstanzeige, 2011, Rn. 14, 17, 22.

731 *Ehlers/Lohmeyer*, Steuerstrafrecht, 1982, S. 28, so auch schon Wilhelm R. v. Wolf, Nationalversammlung, Band 331, stenographischer Bericht der 132. Sitzung vom 17.12.1919, S. 4138 (C) zur Steueramnestie.

732 *Abramowski*, Selbstanzeige, 1991, S. 88.

die Regel denn die Ausnahme sein. Die Frage der Wissenschaft, die sich ein weiser Gesetzgeber bereits selbst im Vorfeld stellen sollte, ist es, ob sich eine Norm mit der Rechtsordnung im Übrigen in Einklang bringen lässt oder ob sich Widersprüche ergeben.

Dies gilt auch für die Selbstanzeige. Die fiskalischen und kriminalpolitisch-kriminaltaktischen Begründungen können zumindest als in sich schlüssig erachtet werden. Gleichzeitig kann unterstellt werden, dass diese die historischen Gesetzgeber leiteten, auch wenn sich die Gesetzesmaterialien zur *ratio legis* weitgehend ausschweigen.[733]

Im Falle eines strafrechtlichen Gesetzes kann dabei linear zwischen qualitativ unterschiedlich validen Rechtfertigungen abgestuft werden, auch wenn diese sich teilweise überschneiden. Eine grobe Unterscheidung bietet sich dabei an, zwischen primär strafrechtsfernen, politischen und zweckrationalen Begründungen wie etwa den fiskalischen Erwägungen einerseits und andererseits originär strafrechtsimmanenten, also systematischen oder solchen Argumenten, die *a priori*, auch ohne Ansehung des konkreten Gesetzes und seiner spezifischen Regelungsmaterie, für das Strafrecht relevant und anerkannt sind. Bei Letzteren handelt es sich um die zumeist als rechtsdogmatisch bezeichneten Argumente.

*Abbildung 3: Erklärungs- und Rechtfertigungsmuster der Selbstanzeige nach § 371 AO*

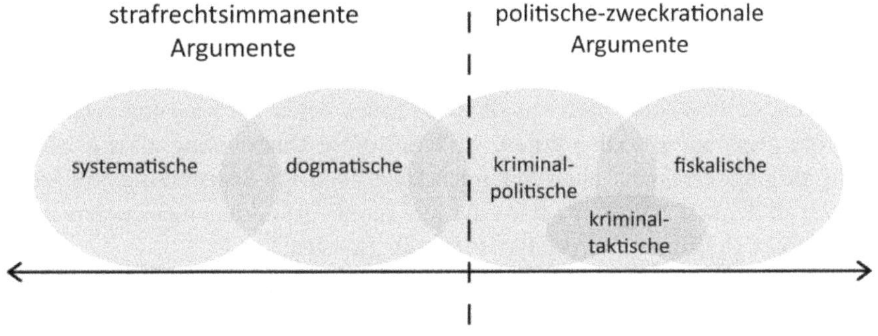


733 Vgl. *Hoffschmidt*, Selbstanzeige, 1988, S. 42 f. *Enno Becker* als Autor der Reichsabgabenordnung und deren Selbstanzeige nach § 374 RAO legt in seiner erläuternden Handausgabe dar, deren Abs. 1 habe *„seinen Ursprung in § 81 Abs. 1 des Besitzsteuergesetzes“*. *Becker*, RAO, 1922, S. 506.

### g) *Zwischenergebnis*

Für die Selbstanzeigevorschrift lassen sich fiskalische und kriminalpolitische Erklärungen finden. Es stellt sich die Frage, ob sie sich auch mit Argumenten des Strafrechts begründen und legitimieren lässt oder zu solchen im Widerspruch steht.

Nachdem die Untersuchung bereits zu dem Ergebnis kam, dass sie sich rein systematisch nicht in das System der sonstigen Nachtatvorschriften integrieren lässt, verbleibt zu prüfen, inwieweit sie sich auf sonstige strafrechtsdogmatische Argumente stützen kann.

## 3. Die Selbstanzeige unter dem Aspekt des Strafzwecks

Ungeachtet der zuvor festgestellten eklatanten Unterschiede zwischen der Selbstanzeigeregelung einerseits und den strafrechtlichen Vorschriften zu Versuch und tätiger Reue andererseits kann mit den Argumenten deren dogmatischer Herleitung womöglich auch die Selbstanzeige begründet werden. Dies sei im Folgenden versucht.

Hierfür erscheint eine umfassende Darstellung der Rücktrittstheorien allerdings überflüssig, nicht nur, weil diese teilweise Überschneidungen aufweisen, sondern vor allem, weil alle Theorien zur Begründung der Strafbefreiung durch Rücktritt oder tätige Reue Strafzwecktheorien im weitesten Sinne sind, was sich daraus ergibt, dass sämtliche vorgebrachten Argumente letztlich mit der Prämisse des jeweils zugrunde gelegten Strafzwecks korrespondieren.

Soweit Strafzwecktheorien nur als einige unter vielen Theorien angesehen und anderen gegenübergestellt werden, verkennt diese Unterteilung, dass es schier nicht möglich erscheint, auch nur irgendeine beliebige Begründung von Straffreiheit zu denken, ohne dem eine oder mehrere Begründungen des allgemeinen Strafzwecks gleichsam als Prämisse zugrunde zu legen.

Dementsprechend seien im Rahmen der Untersuchung die Argumente für oder gegen die Selbstanzeige lediglich nach den jeweiligen Strafzwecken sortiert, was gerade im Hinblick auf die ohnehin überzeugenden neueren Vereinigungstendenzen auch zielführend erscheint.

Dem sei ein kurzer Überblick über die Strafzwecktheorien vorangestellt.

### a) *Strafzwecktheorien im Überblick*

Die Straf- oder Strafzwecktheorien lassen sich zunächst in absolute und relative Theorien unterteilen. Bei den älteren *absoluten Theorien* lassen sich die *Vergeltungstheorie* und die ihr artverwandte *Sühnetheorie* unterscheiden, wobei

Erstere auf dem alttestamentarischen Talionsprinzip beruht und sich gewissermaßen archaisch auf die Institutionalisierung von Rache beschränkt. Die *Sühnetheorie* stellt dabei den Delinquenten ins Zentrum der Betrachtung und begreift die Strafe als Sühne beziehungsweise Buße, durch welche erst dessen Aussöhnung mit der Gesellschaft im Sinne eines Schuldausgleichs herbeigeführt werden kann. Die moderneren *relativen Theorien* sehen die Strafe als Mittel zur Erreichung verschiedener sozialer Zwecke. Diese werden grob in *general-* und *spezialpräventive* und diese wiederum jeweils in *positive* und *negative Theorien* unterschieden. Während die *Generalprävention* die Gesellschaft als Ganzes im Sinne eines Adressaten der durch Verhängung und Vollstreckung der Strafe kommunizierten Botschaft im Auge hat, stellt die *Spezialprävention* allein auf den Täter ab. Hierbei bezweckt *negative Spezialprävention* die Abschreckung des Täters für die Zukunft, mit der *positiven* ist ein erzieherisches Einwirken auf diesen, etwa im Sinne von *Resozialisierung* gemeint. Negative Generalprävention verfolgt das Ziel, die Allgemeinheit von Verbrechen abzuhalten, die positive beschreibt den Zweck, der Gesellschaft gegenüber die Geltung und Unverbrüchlichkeit des Rechts zu bestätigen.[734] Heute wird Strafe weitgehend auf Basis vermittelnder, sogenannter *Vereinigungstheorien* begründet, welche die Motive sämtlicher vorbenannter historischer Theorien kumulativ bei unterschiedlicher Einzelgewichtung in sich vereinen.[735]

Dies erscheint auch vernünftig, da die einzelnen Strafmotive mit Ausnahmen[736] zumindest jeweils nicht völlig unsachgemäß erscheinen, unabhängig von der nur stark eingeschränkten wissenschaftlichen Belegbarkeit, bezogen auf die relativen Theorien, durch diese den jeweils angestrebten Zweck der Strafe auch erreichen zu können. Schwächen der einzelnen Begründungsansätze allgemein oder bezogen auf den jeweiligen Fall mögen durch eine zumindest teilweise Zielerreichung der jeweils anderen kompensiert werden. Anzustrebendes Ideal wäre die gleichzeitige Erfüllung sämtlicher vertretener Strafzwecke durch die eine verhängte Strafe.

734 Vgl. *Hassemer*, Grundlagen des Strafrechts, 1990, S. 281 ff.; *Schmidhäuser*, Vom Sinn der Strafe, 2004, S. 20 ff.; *Hilgendorf*, Einleitung in: *Schmidhäuser*, Vom Sinn der Strafe, 2004, S. V ff.; *Hassemer*, Strafe, 2009; *Albrecht*, Sicherheitsgesellschaft, 2010, S. 24 ff.

735 *Albrecht*, Sicherheitsgesellschaft, 2010, S. 30.

736 Eine Ausnahme sei hier bezogen auf den im Ergebnis abzulehnenden Vergeltungsgedanken gemacht, vgl. die Kritik bei *Albrecht*, Sicherheitsgesellschaft, 2010, S. 26.

Es stellt sich die Frage, welche der vorbenannten Straftheorien thematisch zur Problematik der Steuerhinterziehungsstraftaten passen und sich somit für eine Legitimation der Selbstanzeige fruchtbar machen lassen.

### *b) Auswirkung fehlender Empirie auf die Evaluierung der Strafzwecke*

So wie die gesamte Forschung zur Selbstanzeige an dem Umstand krankt, dass es sich um Dunkelfeldforschung handelt, valide Statistiken zum Thema Selbstanzeige nicht vorliegen,[737] so gilt dies erst recht für deren Anreizfunktion.

Welcher Anteil von Steuerhinterziehern um die Existenz der Selbstanzeige weiß – nach dem jüngsten medialen Hype dürfte wohl von einer weitverbreiteten Kenntnis ausgegangen werden – und wer von diesen eine Selbstanzeige in Erwägung zieht, wie viele, wann und aus welchen Gründen sich schließlich zu dem Schritt entscheiden, ist nicht bekannt. Dies gilt umso mehr für Fragen auf subjektiver Ebene, namentlich zur Frei- oder Unfreiwilligkeit, zu Autonomität und Heteronomität der Motive,[738] welche sich der Täter wohl nicht einmal selbst bewusst machen wird – auf die er bestenfalls nach Aufforderung zu entsprechender Reflexion Antwort geben könnte.

Aus diesem Grund ist die Forschung auf Mutmaßungen angewiesen, denen sodann hier auch ein gewisser Raum zugestanden sei.

### *c) Überlegungen zu potentiellem Täterkreis und Motivation der Selbstanzeigenden*

Es kann davon ausgegangen werden, dass für einen größeren Teil der Bevölkerung Steuerhinterziehungstaten in nennenswertem Umfang grundsätzlich nicht in Frage kommen, nicht etwa aufgrund eines derart weitverbreiteten Unrechtsbewusstseins oder der generellen Angst vor Entdeckung, sondern – und dieser Aspekt darf nicht unterschätzt werden – weil für viele Menschen nennenswerte Möglichkeiten zur Begehung von Steuerdelikten aufgrund der jeweiligen Einkommenssituation gar nicht gegeben sind. Ein Angestellter, dem nur in die „Lohntüte gepackt" wird, was nach dem Abzug der Lohnsteuer übrig blieb, hat hier in aller Regel lediglich die Möglichkeit, an der Stellschraube der Werbungskosten und außergewöhnlichen Belastungen in unlauterer Weise zu „drehen", ein Gesetzesbruch, der zum einen durch die erhöhten Anforderungen an die Dokumentation, Darlegung und Rechnungslegung im Falle des Lohnsteuerjahresausgleichs

737 Vgl. D.III.2.c).

738 Vgl. *Hunsmann*, Selbstanzeigeprivileg, 2006, S. 54.

erschwert wird und zum anderen kaum geeignet ist, Steuervorteile in relevantem Ausmaß zu erschleichen. Darüber hinaus dürfte in diesem Fall das Entdeckungsrisiko relativ hoch sein, da bei entsprechenden Manipulationen leicht die rastermäßig durchgeführten Plausibilitätskontrollen anschlagen werden.

Insofern kann die Selbstanzeigevorschrift rein praktisch auch als ein weiteres Privileg der sozialen Oberschicht angesehen werden, eine Strafbefreiungsvorschrift, die eben auch nur dem potentiellen Täterkreis der, von *Lenckner* als *„typisches Intelligenzdelikt“*[739] bezeichneten, Steuerhinterziehung potentiell zu Gute kommt. Bei jenen derart Privilegierten handelt es sich um Selbstständige, Unternehmer, Gewerbetreibende, Freiberufler sowie um Erben, Beschenkte und solche Vermögende, welche zumindest einen Teil ihres Einkommens aus Renditen bestreiten.

Es ist davon auszugehen, dass sich auch dieser „eigentliche Adressatenkreis“ der Selbstanzeigevorschrift in die Gruppen derer aufteilen lässt, für die eine Steuerhinterziehung aus oben genannten Gründen prinzipiell nicht in Frage kommt, und jene, welche diese durchaus in Erwägung ziehen oder praktizieren beziehungsweise die Bereitschaft zur Tatbegehung von der Gelegenheit und der jeweiligen subjektiven Bewertung der Entdeckungsgefahr abhängig machen oder vielmehr von dem Produkt der Faktoren Entdeckungsgefahr und Strafandrohung. Insofern kann vermutet werden, dass bei der Verhinderung einer solchen berechnenden Delinquenz dem Abschreckungsmoment ungleich größere Wirkung zukommt als etwa bei Delikten, die üblicherweise aus dem Affekt begangen werden. Aufgrund der Möglichkeit zur Selbstanzeige kann das Abschreckungsmoment über den Zeitpunkt der Tatbeendigung hinaus fortwirken.

Weiter erscheint in Anbetracht dieser Ausgangslage die Konstellation, dass der Täter einer Steuerhinterziehung aus wahrer Reue, freiwillig im Sinne echt autonomer Gründe, den Weg der Selbstanzeige beschreitet, schier abwegig.[740] Aus der Bereitschaft zur Steuerhinterziehung spricht vielmehr ein bestimmtes Gesellschaftsbild – oder genauer, sie ist Symptom einer spezifischen individuellen Definition des Verhältnisses einer Person als Steuersubjekt gegenüber Staat und Gesellschaft. Eine Person etwa, die der Meinung ist, der Gesellschaft nichts zu schulden, jedenfalls nicht die Abführung des Steuerbetrages, welcher sich aus dem jeweiligen eigentlich anzusetzenden Steuersatz und der Bemessungsgrundlage ergeben würde, oder jemand, der schlicht und ergreifend aus

---

739 *Lenckner/Schuhmann/Winkelbauer,* Wistra 1983, S. 123 (127).

740 Vgl. *Tiedemann,* JR 1975, S. 385 (387); *Kemper* in: Rolletschke/Kemper, AO § 371, Rn. 61, Lfg. StVerf 95/12/2011.

offen egoistischen Gründen gewillt ist, eine solche Schuld, ohne sie dem Grunde oder der Höhe nach in Frage zu stellen, nicht zu begleichen, soweit er dies umgehen kann, wird diese Grundeinstellung wohl kaum über Nacht ändern. Dabei soll nicht in Abrede gestellt werden, dass Menschen grundsätzlich auch fundamentale Einstellungen bisweilen radikal revidieren, etwa an gewissen Wendepunkten in ihrem Leben, sei es aufgrund einschneidender Erlebnisse oder allein als Ergebnis eines inneren Reflexionsprozesses, grundlegende Neuausrichtungen ihrer Werte vornehmen, sich vielleicht vom „Saulus zum Paulus“ wandeln oder umgekehrt. Dass ein solches, im Rahmen der individuellen Biographie epochales Ereignis jedoch den Auslöser eines nennenswerten Teils der Selbstanzeigen darstellen würde, darf bezweifelt werden.

Damit bleibt als zentrales Motiv für die Selbstanzeige die Angst vor der Tatentdeckung. Besonders deutlich wird dies in den Fällen gehäufter Selbstanzeigen in Folge der Steuer-CD-Ankäufe. Allerdings handelt es sich hierbei um einen Sonderfall, soweit trotz des objektiv signifikant gestiegenen Entdeckungsrisikos oder sogar einer sicher bevorstehenden Entdeckung von deren Wirksamkeit ausgegangen wird.[741] In den übrigen Fällen mag weder eine tatsächlich wahrscheinlicher gewordene Tatentdeckung Auslöser sein, zumal hier die enumerativ aufgezählten Ausschlussgründe geeignet sind, dem in vielen Fällen einen Riegel vorzuschieben, noch muss nach einer subjektiven Neubewertung durch den Täter das Entdeckungsrisiko sich als höher darstellen denn zunächst angenommen. Insofern könnte man die Vorschrift des § 371 AO als eine solche der „kalten Füße“ und „schlaflosen Nächte“ bezeichnen. Oft wird allein die Erkenntnis, in welchem Maße die ständige, latente Entdeckungsgefahr die individuelle Lebensqualität schmälert, den Täter zur Selbstanzeige veranlassen, um das „Szenario eines Schreckens ohne Ende“ gegen ein „Ende mit Schrecken“ einzutauschen, wobei dieser Schrecken weitgehend kalkulierbar ist und im Falle ausreichender vorhandener Liquidität, um die angelaufene Steuerschuld zu begleichen, ohne persönliche Einschnitte gemeistert werden kann. Man führe sich hierzu das Beispiel eines Privatiers oder gut situierten Unternehmers an der Schwelle zum Ruhestand vor Augen, der sich bewusst macht, dass er durch Selbstanzeige und Nachzahlung der hinterzogenen Steuern nicht an Lebensstandard einbüßen würde und gleichzeitig die Aufenthalte in seinem Ferienhaus ungleich ungetrübter genießen könnte, wenn nur die offene Rechnung mit dem Finanzamt beglichen wäre, nicht mehr das Damoklesschwert der Beschädigung seiner gesellschaftlichen Reputation aufgrund einer Verurteilung im Falle einer Entdeckung über ihm schweben würde.

---

741 Siehe hierzu D.II.5.b).

### *d) Auswirkung auf die verschiedenen Strafzwecke*

Die Strafzwecke der absoluten Theorien können bei dem heimlich begangenen und emotionslosen Vermögensdelikt der Steuerhinterziehung, zumal der Staat Geschädigter ist und von der Straftat erst mit Aufklärung Kenntnis erlangt, wenn überhaupt, nur eine ganz untergeordnete Rolle spielen. Gleichzeitig kann in Bezug auf den Strafaufhebungsgrund der Selbstanzeige eine das Strafbedürfnis adäquat kompensierende Sühnehandlung etwa in der bloßen nachträglichen Erfüllung der Pflicht zur Meldung und Nachzahlung kaum gesehen werden.

Gleiches gilt für jene Ansätze, welche die Schuld ins Zentrum der Betrachtung rücken, sowie für die subjektiven Rechtstheorien. Deren Begründer *Zachariä* etwa erklärte den (nicht vorliegenden) *„beharrlich bösen Willen"* des Täters, der durch die freiwillige Tataufgabe *„rückwärts annulliert"*[742] werde, zum Abgrenzungskriterium und zur Legitimation der Strafbefreiung durch den Rücktritt:

> *„Der freiwillig von der Vollendung Abstehende zeigt aber durch die That, dass er keinen festen und beharrlichen bösen Willen hatte, dass er nur augenblicklich dem sinnlichen Untriebe gefolgt ist, jedoch die Einsicht von der Nothwendigkeit des rechtlichen Handelns in ihm die Oberhand behalten hat. Von einem solchen Menschen hat der rechtliche Zustand keine Gefahr zu besorgen, die allgemeine Sicherheit ist zwar augenblicklich, aber nicht wirklich von ihm bedroht gewesen, […]".*[743]

Auf Basis der nicht zu verifizierenden, zuvor aufgestellten Prämisse, dass die grundsätzliche Bereitschaft respektive Geneigtheit zur Begehung von Steuerstraftaten einer persönlichen Grundeinstellung entspringt, wobei sicherlich gerade „die Gelegenheit Diebe macht", allerdings nur in Bezug auf die konkrete Tatbegehung, nicht auf die generell-potentielle Bereitschaft hierzu, lässt sich das nachträgliche Abstehen von der Tat durch Selbstanzeige nicht damit erklären, der Täter sei nur *„augenblicklich dem sinnlichen Untriebe"* gefolgt. Soweit man beim Vorsatz zur Steuerhinterziehung von einem *„bösen Willen"* sprechen wollte, kann man diesem wohl kaum absprechen, auch *„fest und beharrlich"* gewesen zu sein, wenn eine Selbstanzeige vielleicht erst Jahre nach Tatbegehung erfolgt.

---

742 *Zachariä*, Lehre vom Versuche, 1839, S. 240.

743 *Zachariä*, Lehre vom Versuche, 1839, S. 241; vgl. hierzu auch *Wege*, Rücktritt, 2011, S. 18; *Bloy*, Strafausschliessungsgründe, 1976, S. 151. Diese Begründung der Straflosigkeit des *„unterbrochenen Versuches"* hält *Zachariä*, Lehre vom Versuche, 1839, S. 240 solchen Erwägungen (nur) unter dem *„Gesichtspunkte der Zweckmäßigkeit"* als *„Forderungen der Strafrechts-Politik"* entgegen oder bietet sie dieser als dogmatischen Unterbau an.

Die Rechtfertigung des Straffreiheitsprivilegs der Selbstanzeige auf Argumentationsbasis der subjektiven Rechtstheorie *Zachariäs* vermag angesichts der zuvor aufgestellten Prämisse zur Täterstruktur nicht gelingen.

Aufgrund *Herzbergs* Schulderfüllungstheorie, nach welcher offenbar Strafe, neben Prävention, keinen weiteren, tieferen Sinn habe,[744] könnte man zunächst nach Berichtigung der Angaben und Nachzahlung der verkürzten Steuern die zuvor begangene Steuerstraftat als *„erledigt"* ansehen, soweit die Pflicht zur Wiedergutmachung erfüllt sei und somit die Schuld sich erledigt hätte – wäre da nicht das Problem der Freiwilligkeit. Denn Freiwilligkeit der Rücktrittshandlung ist nach *Herzberg* zwingend notwendige Voraussetzung der Strafbefreiung,[745] *„die Verweigerung dieser Gunst in Fällen der Unfreiwilligkeit [...gerade] strafrechtsspezifisch"*.[746] Andererseits hält er die Kriterien der Freiwilligkeit und der Autonomie der Motive selbst für problematisch und oftmals im Ergebnis zu täterfreundlich unter dem Aspekt, dass Freiwilligkeit als Kriterium alleine nicht unterscheidet, ob ein Täter den aktuellen Versuch freiwillig *„aus redlichen"* oder *„aus zynisch-gefährlichen"* Motiven *„preisgegeben hat"*, etwa um ein anderes Mal wieder anzusetzen, wenn die Tatausführung lohnender erscheint.[747] Daher könnte man argumentieren, dass sämtliche die Freiwilligkeit voraussetzenden Nachtatvorschriften gewissermaßen daran kranken, dass die eigentliche „Redlichkeit" der Motive, selbst wenn sie autonom im weitesten Sinne sind, praktisch nicht verifizierbar ist – und so könne eigentlich auch gegen die Strafbefreiung der Selbstanzeige nicht mehr sprechen als gegen jene der anderen Vorschriften, im Falle derer sich *Herzberg* mit dem immanenten Manko arrangiert. Eine formalisierte Bewertung, wie sie durch die Ausschlussgründe erfolgt, die eben zumindest für bestimmte praxisrelevante Konstellationen eine Strafbefreiung da ausschließt, wo sie nach *Herzberg* dem mit krimineller Vernunft handelnden Täter auch nicht gebühren würde, erschiene in diesem Zusammenhang durchaus zweckmäßig – wenn nicht gar einem allgemeinen schwammigen Freiwilligkeitserfordernis gegenüber vorzugswürdig. Umgekehrt dürfte jedoch, wie durch die Überlegungen zu potentiellem Täterkreis und Motivation der Selbstanzeigenden gezeigt wurde, eine Selbstanzeige praktisch nie durch redliche, im Sinne automom-altruistischer Motive intendiert sein. Empathisches Mitleid mit dem Opfer dürfte im Falle des geschädigten Fiskus wohl von vornherein niemals aufkommen. Da die Preisgabe – hier der beendeten

744 *Herzberg*, NStZ 1989, S. 49 (49 ff.).
745 *Herzberg*, NStZ 1989, S. 49 (50 f., 53 f.).
746 *Herzberg*, NStZ 1989, S. 49 (50).
747 *Herzberg*, NStZ 1989, S. 49 (50).

Tat – bei Steuerhinterziehungen im Regelfall eher einer berechnenden kriminellen Vernunft folgen wird und Freiwilligkeit nicht einmal formal gefordert wird, scheidet eine Rechtfertigung nach der Schulderfüllungstheorie wohl aus.

Aus den gleichen Gründen – insbesondere aufgrund des fehlenden Freiwilligkeitserfordernisses – vermag eine Erklärung der Straffreiheit als Belohnung für eine honorierfähige Umkehrleistung[748] im Sinne der Verdienstlichkeits-, Gnaden- oder Prämientheorien ebenso wenig zu überzeugen. Gerade *Rüffelmacher*, der die Umkehr durch Selbstanzeige im Fall der Steuerhinterziehung für besonders verdienstlich hält,[749] muss vehement widersprochen werden. Ob eine solche Umkehrleistung objektiv aus Sicht der Gesellschaft als verdienstlich, im Sinne von zweckdienlich empfunden werden kann, sei dahingestellt. Was die Bewertung des Täterverhaltens und seine subjektive Motivationslage angeht, sind *Rüffelmachers* Erwägungen die gleichen Argumente entgegenzuhalten, welche auch an der rückwärtigen Annullierung des bösen Willens im Sinne *Zachariäs* zweifeln lassen. Auf die vorausgegangenen Erwägungen zur Motivation der Selbstanzeigenden verweisend, kann der Schritt hierzu vielmehr mit dem Abschluss einer Versicherung verglichen werden. Ein sofort und sicher eintretendes kalkulierbares Übel (jenes der Nachzahlung) wird in Kauf genommen und eingetauscht gegen ein ungleich größeres Übel (jenes der Entdeckung, Bestrafung und Nachzahlung) in der Zukunft, dessen Eintritt allerdings ungewiss bliebe. Derartigen Motivbündeln kann eine besondere Verdienstlichkeit schwerlich zugesprochen werden; ihr „moralischer pH-Wert" ist vielmehr mit null zu beziffern.

Bei Betrachtung der relativen Strafzwecktheorien scheiden spezialpräventive Strafzwecke aufgrund von Delikts- und Täterstruktur ebenfalls aus. Steuerhinterzieher werden in aller Regel nicht resozialisiert werden müssen. Die individuelle Abschreckung für die Zukunft wird sich bereits daraus ergeben, dass der einmal Ertappte sich fortan unter verschärfter Beobachtung durch die Steuerbehörden wähnt.

Somit verbleiben letztlich generalpräventive Strafzwecke.

### *e) Generalpräventiver Strafzweck der Abschreckung*

Bei *Feuerbach*, der als Begründer der generalpräventiven Theorien angesehen werden kann, findet sich die von jedem methaphysischen Moment befreite,

---

748 *Puppe*, NStZ 1986, S. 14 (18); BGH NStZ 1986, 264 (265).

749 *Rüffelmacher*, Strafbefreiende Wiedergutmachung, 1956, S. 79.

zweckrationale Definition eines Strafzweckes, welche auf Anhieb durch Griffigkeit, Purismus und Stringenz besticht:

> *„I. Der Zweck der Androhung der Strafe im Gesetz ist Abschreckung aller Bürger als möglicher Beleidiger, von Rechtsverletzungen. II. Der Zweck der Zufügung derselben, die Begründung der Wirksamkeit der gesetzlichen Drohung, in wiefern ohne sie diese Drohung eine leere (wirkunlose) Drohung seyn würde. Da das Gesetz alle Bürger abschrecken, die Execution aber dem Gesetz Wirkung geben soll, so ist der mittelbare Zweck (Endzweck) der Zufügung ebenfalls blose Abschreckung der Bürger durch Gesetz.“*[750]

Dem legt *Feuerbach* folgende Prämisse zugrunde:

> *„Dieser sinnliche Antrieb [zur Tatbegehung] kann dadurch aufgehoben werden, dass jeder weiss, auf seine That werde unausbleiblich ein Uebel folgen, welches grösser ist, als die Unlust, die aus dem nicht befriedigten Antrieb zur That entspringt.“*[751]

Was *Feuerbach* hier anspricht,[752] ist genau das, worum es geht – Straftaten durch Strafandrohung zu verhindern. Um die Strafe selbst geht es hingegen nicht, diese ist vielmehr ausschließlich Mittel zum Zweck, Bestätigung und Glaubhaftmachung der Strafandrohung. Ein Mittel, das erst und gerade dann eingesetzt werden muss, wenn das System im Einzelfall versagt hat, um es als Ganzes zu bestätigen und zu verteidigen.

Dabei wirkt die Generalprävention insofern zugleich auch sehr individuell und speziell, als das sichere Inkaufnehmenmüssen von Strafe[753] zum relevanten Kriterium wird, welches in die Entscheidung eines Individuums, ob eine Tat begangen werden sollte, in die Abwägung des „Für und Widers“ eingestellt werden muss.[754]

Es geht damit bei Strafe allein um die Glaubwürdigkeit ihrer Androhung, darum, dass ein potentieller Täter nicht daran zweifelt, dass sie im Falle der Tatbegehung und Entdeckung auch gegen ihn verhängt wird. Im jeweiligen Einzelfall wäre es unter diesem Aspekt isoliert betrachtet egal und unschädlich, würde auf

---

750 *Feuerbach*, Lehrbuch des peinlichen Rechts, 1801, S. 18, I. Buch, I. Theil, I. Titel, I. Abschnitt, § 20; mit geringfügigen Abweichungen *Feuerbach*, Lehrbuch, 1832, S. 17, I. Buch, Einleitung, vor I. Titel, § 16.

751 *Feuerbach*, Lehrbuch, 1832, S. 16, I. Buch, I. Einleitung, II., § 13; ähnliche Formulierung bei *Feuerbach*, Lehrbuch des peinlichen Rechts, 1801, S. 16, I. Buch, I. Theil, I. Titel, I. Abschnitt, § 17.

752 Und den relativen Strafzwecktheorien im weiteren Sinne zuzuordnen ist.

753 Zumindest im Falle der Tatentdeckung.

754 Und zwar unabhängig davon, wann diese Entscheidung gefallen (determiniert) gewesen wäre, und unabhängig davon, ob und wie weit dies dem Zeitpunkt vorgelagert wäre, da sich der Täter die Entscheidung bewusst macht.

die Strafe im Nachhinein, ungeachtet der Entscheidung des Täters für die Delinquenz, verzichtet. Trotzdem muss sie verhängt werden, um unter Beweis zu stellen, dass sie kein leeres Versprechen war.[755]

### *f) Auswirkung der Selbstanzeige auf die Abschreckungswirkung im Falle der Steuerhinterziehung*

Bezieht man diesen Strafzweck nun auf den Tatbestand der Steuerhinterziehung, so stellt sich die Frage, ob die Eröffnung der „Exit-Strategie-Selbstanzeige" zumindest potentiell geeignet erscheint, die angestrebte Glaubhaftmachung der folgenden Sanktion zu unterminieren oder sogar, wie vereinzelt vertreten wurde,[756] möglicherweise einen eigenen Anreiz zur Tatbegehung zu schaffen.

Mangels valider Kenntnisse der – sicherlich ohnehin heterogenen – Täterpsychologie kann eine definitive Aussage hierzu nicht getroffen werden. Es lässt sich bestenfalls mutmaßen, dass die Möglichkeit, später von der Selbstanzeige Gebrauch zu machen, für die wenigsten Täter ausschlaggebendes Argument zur Begehung einer Steuerhinterziehung sein dürfte. Auf die Überlegungen zu Täterkreis und Motivation der Selbstanzeigenden wird verwiesen.[757] Wer von vornherein damit rechnet, dass es ihm „zu heiß" und die Selbstanzeige zu einer ernsthaften Option werden könnte, wird die Finger gleich ganz von der Tat lassen. Ein rational denkender und vernünftig handelnder potentieller Steuerhinterzieher, der sich tatsächlich vor Tatbegehung mit der Option Selbstanzeige beschäftigen würde, müsste erkennen, dass diese einerseits immer mit dem Restrisiko behaftet sein würde, als unwirksam erachtet zu werden, und dass sie andererseits inklusive Hinterziehungszinsen, möglichen Strafzinsen, Steuerberater- und Rechtsanwaltsgebühren doch erhebliche Kosten verursachen kann. Damit erscheint eine Abschwächung der generalpräventiven Abschreckung durch die Selbstanzeige eher unwahrscheinlich.

Das stärkste Argument dagegen, die Selbstanzeige als feste Größe in nüchterne, kriminelle Strategieplanung einzustellen, wäre aber der Umstand, dass es dem Täter regelmäßig nur subjektiv „zu heiß" werden kann, weil dann, wenn ihm tatsächlich handfeste Informationen vorliegen, auf Basis derer eine Entdeckung nunmehr als wahrscheinlicher gelten muss, auch bereits einer der Ausschlussgründe

---

755 Vgl. *Schmidhäuser*, Vom Sinn der Strafe, 2004, S. 89.

756 *Terstegen*, StBJb 1953, S. 15 (40) allerdings bezogen auf § 410 RAO und die damalige Möglichkeit der *„dolosen Teil-Selbstanzeige"*; unentschieden *Firnhaber*, Selbstanzeige, 1962, S. 19.

757 Siehe unter D.III.3.c).

greift.[758] Diese kriminalpolitisch sinnvolle Korrelation wird freilich nach der herrschenden täterfreundlichen Auslegung des Tatentdeckungsbegriffs etwa im Falle der Steuer-CDs verwässert.[759]

Selbst wenn sich daher in den vorbezeichneten Konstellationen eine negative Auswirkung nicht gänzlich ausschließen lässt, sollte trotzdem insgesamt der Zweck der Abschreckung gewahrt sein. Da Ziel des Strafzwecks der Abschreckung die Straftatverhinderung ist, deren letztes Ziel wiederum aber nur der Rechtsgüterschutz sein kann, das verletzte Rechtsgut im Falle einer wirksamen Selbstanzeige als Voraussetzung jedoch gerade restituiert worden sein muss, wäre der letzte Strafzweck auf alternativem Wege gewahrt worden, soweit man subjektiv auf den einzelnen Täter abstellt. *Ex post* betrachtet, von dem Zeitpunkt aus, da Straffreiheit eintritt und notwendig die hinterzogene Beträge bereits nachgezahlt wurden, ist das Rechtsgut nicht mehr verletzt. Durch die Selbstanzeige kann die Abschreckung sogar noch über den Zeitpunkt der Tatbeendigung hinaus Wirkung entfalten.

Was den Aspekt der weiteren Abschreckung der Allgemeinheit anbelangt, so kann argumentiert werden, dass es die Strafbefreiung für den Täter ja nicht gänzlich „umsonst" gab, die Unverbrüchlichkeit der allgemeinen Strafandrohung nicht zwingend beschädigt wurde, wenn es bei den beiden ausschließlichen und abschließenden Alternativen bleibt: Bestrafung oder vollständige Restitution vor Entdeckung.

Die Selbstanzeige kann mit generalpräventiven Strafzwecken in Einklang gebracht werden. Unter dem Primat des Rechtsgüterschutzes erscheint sie sogar als nützlich.

### 4. Zusammenfassung der Ergebnisse

Die Vorschrift des § 371 AO hebt sich von anderen Nachtatvorschriften wie dem Rücktritt und der tätigen Reue ab. Selbst die ihm wohl noch artverwandteste, relativ junge Vorschrift des 266a Abs. 6 StGB unterscheidet sich deutlich durch die kurze Zeitspanne nach Eintritt der Deliktsbeendigung, in welcher Straffreiheit erlangt werden kann, und den Umstand, dass der zugrunde liegende Tatbestand mit vergleichsweise weniger krimineller Energie verwirklicht werden kann, so etwa in den Tatvarianten der Abs. 1 und 3 keine Täuschungshandlung voraussetzt. Somit geht die Vorschrift des § 371 AO, sowohl was den tatbestandlich letztmöglichen Zeitpunkt der Umkehr angeht als auch in Bezug auf die obligatorisch

758 Vgl. *Lenckner/Schuhmann/Winkelbauer*, Wistra 1983, S. 123 (127).

759 Siehe unter D.III.3.c).

zu gewährende Straffreiheit und das Fehlen eines ausdrücklichen Freiwilligkeitserfordernisses, weit über die vergleichbaren Vorschriften hinaus.[760]

Die *ratio legis* der Selbstanzeige ist wohl in fiskalischen und kriminalpolitischen beziehungsweise kriminaltaktischen Erwägungen zu suchen. Durch sie sollen zusätzliche Einnahmen generiert werden. Ferner trägt die Vorschrift den Besonderheiten der Steuerkriminalität Rechnung, wie einerseits dem Fortsetzungszwang auf Seiten der Täter und andererseits dem strukturellen Informationsrückstand des Staates, der grundsätzlich bei der Erhebung von Steuern auf die Kooperation der Steuerpflichtigen angewiesen ist. Eine Legitimation der Vorschrift mit den Argumenten des Strafrechts fällt dabei schwer.

Allein unter generalpräventiven Erwägungen lässt sich die Vorschrift des § 371 AO rechtfertigen, wenn auch nur indirekt und mit Schwierigkeiten. Keinesfalls lassen diese sie etwa zwingend erscheinen. Zumindest steht sie nicht notwendigerweise in einem Widerspruch zum Strafzweck der Abschreckung. Es erscheint eher unwahrscheinlich, dass die Kenntnis um die Möglichkeit der Selbstanzeige bei der Entscheidung eines potentiellen Täters zur Delinquenz den Ausschlag geben wird.

Reduziert man den generalpräventiven Abschreckungsgedanken auf dessen Fernziel Rechtsgüterschutz, so kann für den Straftatbestand der Steuerhinterziehung nach § 370 AO argumentiert werden, dass dieser auch oder sogar gerade durch die Selbstanzeige erreicht werden kann. Entweder liegt der Erfolg der strafrechtlichen Abschreckung darin, dass das Delikt Steuerhinterziehung gar nicht erst begangen wird, oder es entfaltet, aufgrund der Besonderheit der Selbstanzeige, seine Wirkung noch nach Tatbeendigung, unter Umständen selbst Jahre später, wenn sie mit der Restitution des Rechtsguts durch den Selbstanzeigenden erkauft wird.

## IV. Verfassungsrechtliche Bewertung des § 371 AO

Immer wieder wurden vorsichtige Bedenken gegen die Verfassungsmäßigkeit des § 371 AO geäußert.[761] Diese zielen im Kern jeweils auf die vermeintliche Systemfremdheit – wenn nicht Systemwidrigkeit – der Norm innerhalb des Gefüges des deutschen Strafrechtssystems sowie die Ungleichbehandlung der Täter vergleichbarer Delikte ab, denen die Möglichkeit, durch eine Selbstanzeige Straffreiheit zu erlangen, verwehrt bleibt. Ein weiterer viel diskutierter Kritikpunkt setzt am

---

760 A.A. *Hunsmann*, Selbstanzeigeprivileg, 2006, S. 64 ff., der in § 371 AO im Ergebnis einen speziellen Fall des Rücktritts sieht.

761 Vorlagebeschluss des AG Saarbrücken vom 02.12.1982, 35-55/82, NStZ 1983, 176; *Abramowski*, Selbstanzeige, 1991, S. 240.

Nachzahlungserfordernis des Abs. 3 an. So wird diskutiert, ob der Umstand, dass die Strafaufhebung von der fristgerechten Entrichtung der hinterzogenen Beträge abhängig gemacht wird, illiquide Täter gegenüber zahlungsfähigen über Gebühr benachteiligt, gerade auch in Anbetracht der Erwägung, dass derjenige, der etwa hinterzogene Umsatzsteuerbeträge direkt in sein Unternehmen reinvestiert[762], weniger verwerflich handelt als etwa derjenige, der die Früchte seiner Tat auf ein schweizerisches Konto einzahlt oder in seinem Kopfkissen verwahrt und deshalb in der Regel eher zur Erstattung in der Lage sein wird.

In der wissenschaftlichen Literatur der letzten Jahre und Jahrzehnte, die sich in regelmäßigen Abständen mit Für und Wider der Selbstanzeige, ihrer rechtssystematischen Einordnung und Rechtfertigung auseinandersetzte, wurde sie allerdings im Ergebnis wohl nie für verfassungswidrig befunden. Wenngleich daher kaum ein Autor[763] ausdrücklich die Abschaffung der Selbstanzeige fordert, so ist doch ein weitverbreitetes Unbehagen spürbar.[764]

## 1. Die Rechtsprechung

Die Frage, ob die Gewährung der Möglichkeit zur strafbefreienden Selbstanzeige durch das vorgenannte Argument des fiskalischen Interesses als Rechtfertigung auch einer verfassungsmäßigen Überprüfung standhält, kann zumindest aus Sicht der Rechtsprechung für die Selbstanzeige nach § 371 AO als geklärt angesehen werden. Das Bundesverfassungsgericht hatte hier insofern eindeutig Stellung bezogen.

Zuletzt hatte im Jahre 1982 das Amtsgericht Saarbrücken an der Verfassungsmäßigkeit der Selbstanzeige gezweifelt und durch Vorlagebeschluss vom 02.12.1982 dem BVerfG die Überprüfung des § 371 AO anheimgestellt.[765] Das Amtsgericht vertrat die Auffassung, § 371 Abs. 1 und 3 AO verstießen gegen das Gleichheitsgebot aus Art. 3 sowie das Rechtsstaatlichkeitsprinzip aus Art. 20 GG.

Die Vorlage wurde mit Beschluss vom 28.06.1983 als unzulässig zurückgewiesen.[766] Gleichwohl ließ das BVerfG es sich nicht nehmen, in seiner Begründung zumindest knapp auch inhaltlich zu dieser Frage Stellung zu beziehen.[767]

---

762 Und damit vielleicht noch Arbeitsplätze schafft oder sichert.

763 Zuletzt wohl *Tiedemann*, JR 1975, S. 385 (387).

764 *Abramowski*, Selbstanzeige, 1991, S. 240, 245.

765 Vorlagebeschluss des AG Saarbrücken vom 02.12.1982, 35-55/82, NStZ 1983, 176.

766 BVerfGE 64, 251.

767 Eine ausführlichere Besprechung der Urteile bei *Hoffschmidt*, Selbstanzeige, 1988, S. 208 ff.

### *a) Rechtsauffassung des AG Saarbrücken*

Dem Vorlagebeschluss lag dabei folgender Sachverhalt zugrunde:

Die Angeklagte hatte als Geschäftsführerin einer GmbH unrichtige Umsatzsteuervoranmeldungen beim Finanzamt eingereicht, diese jedoch im Rahmen einer späteren Umsatzsteuerjahreserklärung korrigiert, welches ihr als Selbstanzeige nach § 371 AO ausgelegt wurde. Die zuvor einbehaltenen Beträge konnte sie nicht binnen der ihr gesetzten Frist nachzahlen, da sie diese für den Betrieb der Gesellschaft verwendet hatte.

Dementsprechend sah sich das AG Saarbrücken gemäß § 371 Abs. 3 AO gehindert, von einer wirksamen strafbefreienden Selbstanzeige auszugehen. Den Vorlagebeschluss stützte es im Wesentlichen auf zwei alternative Argumente, wobei das erste unter der Prämisse der Verfassungskonformität des § 371 Abs. 1 AO auf die Verfassungswidrigkeit des Abs. 3, das zweite bereits auf die Verfassungswidrigkeit des § 371 Abs. 1 AO abstellte. Dabei begründete es seine Zweifel an der Verfassungsmäßigkeit der Vorschriften im Einzelnen damit, „*die Wiedergutmachung des durch einen Straftäter angerichteten Schadens (sei) kein sachgerechter Grund [...] [um hiervon] die Straffreiheit abhängig zu machen*". Die Angeklagte werde damit gegenüber Selbstanzeigern, welche die zu ihren Gunsten hinterzogenen Steuern deshalb nachzahlen könnten, da sie diese beiseitegeschafft und angelegt hätten, benachteiligt. Andererseits ergebe sich bereits die Verfassungswidrigkeit des Abs. 1 daraus, dass diesem eine sachwidrige Differenzierung zugrunde liege. Da § 371 Abs. 1 AO allein aus finanziellen Erwägungen heraus geschaffen worden sei, entspräche diese Privilegierung des Steuerhinterziehers gegenüber etwa dem Betrüger oder Subventionsbetrüger nicht dem grundgesetzlichen Wertungsmaßstab der Sachgemäßheit. Schließlich seien die Straftatbestände des § 370 AO, der §§ 263 und 264 StGB ihren sozialschädlichen Auswirkungen, kriminellen Unrechtsgehalten und kriminalpolitischen Zielsetzungen nach eng verwandt. Da bei allen anderen Straftatbeständen Strafe unumkehrbar verwirkt sei, wenn Erfolg oder Nachteil einmal eingetreten wäre, habe der Gesetzgeber mit der Schaffung des § 371 AO seinen selbst gesetzten Grundregeln auf dem Gebiet des Strafrechts widersprochen. Diese Differenzierung widerspreche auch der materiellen Gerechtigkeit.[768]

### *b) Die Entscheidung des BVerfG*

Das BVerfG verwarf die Vorlage des AG Saarbrücken mit Beschluss vom 28.06.1983 als unzulässig. Dies begründete es zum einen damit, aus der der Vorlage zugrunde

---

768 Vorlagebeschluss des AG Saarbrücken vom 02.12.1982 – 35-55/82, NStZ 1983, 176.

liegenden Sachverhaltsdarstellung ergebe sich nicht, weshalb das vorlegende Gericht die zu prüfende Vorschrift als entscheidungserheblich erachte. Zum anderen sei die Vorlage bereits insofern in sich widersprüchlich, als das Gericht mit § 371 Abs. 1 und 3 AO *„zwei in ihren Rechtswirkungen entgegengesetzte Normen gleichzeitig zur Prüfung“* unterbreite. Das Gericht habe es versäumt, einen Teil der *„widersprüchlichen Erwägungen erkennbar als Hilfserwägungen zu“* kennzeichnen, so dass die vorgetragenen *„Argumente gegen die Verfassungsmäßigkeit der einen Norm“* teilweise *„als Argumente für die Verfassungsmäßigkeit der anderen Norm verstanden werden“* könnten.[769]

Gleichwohl bezog die Kammer noch inhaltlich Stellung, indem sie sinngemäß ausführte, dass allein die Existenz des § 371 Abs. 1 AO nicht dazu führe, dass der Gesetzgeber vergleichbare Normen zur Strafbefreiung auch in anderen Bereichen schaffen müsse, umgekehrt sich aus der Nichtexistenz vergleichbarer Normen außerhalb des Steuerrechts sich keineswegs die Verfassungswidrigkeit des § 371 Abs. 1 AO ergebe. Zu der Frage, ob die fristgemäße Nachzahlung der hinterzogenen Steuern im Sinne der weiteren Wirksamkeitsvoraussetzung des § 371 Abs. 3 AO einen sachgemäßen Differenzierungsgrund hergebe, erfolgte hingegen keine explizite Positionierung. Die Ausführungen dazu, dass das AG Saarbrücken es unterlassen hätte, sich mit der Frage der Angemessenheit der gesetzten Frist auseinanderzusetzen, lässt jedoch vermuten, dass die Kammer auch bezüglich der Sachgemäßheit des Ausschlussgrundes keine verfassungsrechtlichen Bedenken hegte.

Der BGH bezog hierzu kurz darauf in seinem Urteil vom 13.05.1983 zustimmend Stellung, mittels eines – in seiner Knappheit sicher unübertroffenen – *obiter dictums,* beschränkt es sich doch bei Erwähnung des § 371 Abs. 1 AO auf die dem Wort *„Vorschrift“* vorangestellte Parenthese *„– verfassungsrechtlich unbedenkliche –“*.[770]

## 2. Stellungnahme

Auf die durch das AG Saarbrücken aufgeworfene und in anderen Arbeiten[771] behandelte Frage, ob das Nachzahlungserfordernis des § 371 Abs. 3 AO verfassungsrechtliche Probleme aufwirft, soll im Rahmen dieser Untersuchung nicht eingegangen werde, jedoch auf die Frage, inwieweit die Strafbefreiung des

---

769 BVerfGE 64, 251.

770 BGH NStZ 1983, 415.

771 *Hoffschmidt*, Selbstanzeige, 1988, S. 230 ff.; *Abramowski*, Selbstanzeige, 1991, S. 98 ff.

Paragraphen als begünstigende Vorschrift verfassungsrechtliche Bedenken entgegenstehen.

Soweit man, wie hier vertreten, davon ausgeht, dass es sich bei der Vorschrift unter systematischen Gesichtspunkten um eine Ausnahmeerscheinung im Strafrecht handelt, welche primär einer fiskalischen *ratio legis* folgt und sich mit strafrechtsdogmatischen Argumenten nur mühsam untermauern lässt, stellt sich die Frage der Ungleichbehandlung vergleichbarer Straftäter anderer Vermögensdelikte. Dies wiederum führt zu der Frage, wie weit der Gesetzgeber bei Schaffung einer begünstigenden Strafnorm an das Gleichbehandlungsgebot des Art. 3 GG gebunden ist.

Der Einschätzung *Stahls*, der Kritiker darauf verweist, *„dass die Strafbarkeit der Steuerhinterziehung – anders als die des Mordes oder Diebstahls – keine Selbstverständlichkeit darstell[e]“*,[772] dass die einfache Steuerhinterziehung vielmehr in manchen Staaten desselben Kulturkreises[773] nicht als Kriminaldelikt, sondern als bloße Ordnungswidrigkeit verfolgt oder nach Verwaltungsrecht behandelt würde, bereits die Frage nach der Verfassungswidrigkeit der Selbstanzeige sei abwegig,[774] kann nicht gefolgt werden. Gleichwohl ist ihm dahingehend zuzustimmen, dass

---

772 *Stahl*, Selbstanzeige, 2011, Rn. 15.

773 Hier verweist *Stahl*, Selbstanzeige, 2011, Rn. 15 auf Luxemburg und die Schweiz, wobei unerwähnt bleibt, dass das eidgenössische Strafrecht mit den Straftatbeständen des „Steuerbetrugs“ und des „Abgabenbetrugs“ (welche sich zur „Steuerhinterziehung“, die nach schweizerischem Recht nur Übertretungstatbestand ist, ähnlich verhält wie die deutsche „Steuerhinterziehung“ nach § 370 AO zur bloßen „Steuerverkürzung“) durchaus für Lebenssachverhalte, die den deutschen Tatbestand des § 370 AO erfüllen würden, ebenfalls Kriminalstrafe vorsieht, wobei allerdings die Schwelle zur Strafbarkeit in der Schweiz eine andere ist. Der mit Kriminalstrafe bedrohte „Steuerbetrug“ fordert neben Vorsatz auch aktives Tun, namentlich eine Urkundenfälschung. Bloßes Verschweigen eines steuerbaren Sachverhalts ist damit vom Tatbestand nicht umfasst, sondern kann lediglich als Ordnungswidrigkeit geahndet werden. Eine Begehung durch Unterlassen, wie es durch § 370 Abs. 1 Nr. 2 AO ausdrücklich unter Strafe gestellt wird, ist folglich nicht möglich. Zur komplexen Systematik des teils bundesgesetzlich, teils kantonal normierten schweizerischen Steuerstrafrechts und der Deliktsunterteilung in Ordnungswidrigkeiten sowie die drei Straftatkategorien: Verbrechen, Vergehen und Übertretungen siehe kursorisch bei *Fischer/Michaelis/Arnold u. a.*, Verrechnungssteuer, 2012, S. 88 f., ausführlich bei *Eschweiler*, Steuerstrafrecht-D-CH, 1993, S. 14, 25, 54; zum Steuerbetrug *Michael*, Steuer- und Abgabenbetrug im schweizerischen Recht, 1992, S. 30 ff., *Eschweiler*, Steuerstrafrecht-D-CH, 1993, S. 41 ff., zum Abgabenbetrug *Eschweiler*, Steuerstrafrecht-D-CH, 1993, S. 101 ff., 58 ff.

774 *Stahl*, Selbstanzeige, 2011, Rn. 14.

ein von Verfassungswegen zwingender Imperativ an den Gesetzgeber, Steuerhinterziehung zu pönalisieren, kriminalstrafrechtlich zu sanktionieren, wohl nicht ersichtlich ist. Der deduktive Umkehrschluss greift jedoch insofern zu kurz, als er ignoriert, dass die Fragen verfassungsrechtlich völlig unterschiedlich zu bewerten sind und daher die Prämisse, die Strafbewährung eines bestimmten Verhaltens nicht als von Verfassung wegen zwingend zu erachten, gerade nicht impliziert, dass im Falle der Schaffung oder Beibehaltung des entsprechenden Straftatbestandes auch eine in dieser Form einzigartige Ausnahme in Gestalt eines Strafbefreiungstatbestandes verfassungskonform wäre. Ebenfalls abenteuerlich erscheint die Ansicht, die Selbstanzeigeregelung sei deshalb praktisch von Verfassungswegen geboten, da sie Ungleichheiten (wieder) beseitige, indem sie die Gleichheit der Besteuerung wieder herstelle und somit der Durchsetzung eines Verfassungsgebots diene.[775] Schon eher lässt sich hier *Stahls* These hören, wonach erst sie dem *nemo tenetur*-Grundsatz vor dem Hintergrund des Steuerrechts zur Geltung verhelfe, indem sie dessen Besonderheit Rechnung trage, dass der Täter nach einmal begonnener Hinterziehung bei zukünftigen Steuererklärungen oft nur noch die Wahl zwischen Selbstbezichtigung und Begehung weiterer Delikte habe. Indem sie einen Ausweg aus diesem Dilemma anbiete, erfülle sie eine Aufgabe von Verfassungsrang.[776]

Jedenfalls ist dem Gesetzgeber bei Schaffung von Straftatbeständen wie auch von Strafaufhebungsgründen ein weiter Spielraum zuzubilligen, soweit die Willkürlichkeit eines Gesetzes nicht evident erscheint. Willkürlich wäre die Norm des § 371 AO, wenn sie unter keinem vernünftigen Aspekt zu rechtfertigen wäre, entweder der Zweck abwegig oder das Mittel zu dessen Erreichung völlig ungeeignet. Dass ein fiskalischer Zweck in Bezug auf das Strafrecht auf den ersten Blick sachfremd erscheinen mag, wiegt dabei weniger schwer, zumal es sich um eine Norm des Steuerstrafrechts handelt, was eine etwaige Sachfremdheit *prima facie* wieder relativiert.

Zwar krankt der fiskalische Rechtfertigungsansatz an dem Fehlen empirischer Untersuchungen und belastbarer Zahlen, durch welche die Wirksamkeit der Selbstanzeige als fiskalisches Werkzeug im Sinne einer Geeignetheit zur Erreichung der fiskalischen Ziele belegt werden könnte. Trotzdem scheint die Norm doch ebenso wenig völlig ungeeignet zur Erreichung des angestrebten Zieles, der

775 In diese Richtung etwa *Breyer*, Selbstanzeige, 1999, S. 64 f.; dies ablehnend *Abramowski*, Selbstanzeige, 1991, S. 237.

776 *Stahl*, Selbstanzeige, 2011, Rn. 17, 22.

Erhöhung des Steueraufkommens, wie deren Tauglichkeit belegt werden könnte. Dieses *non liquet* geht zu Gunsten des Gesetzgebers.

Darüber hinaus kann bei realistischer Betrachtung, wohl in den Fällen der meisten Normen, von einem legislativen Motivbündel bezogen auf die gesetzgeberisch intendierte *ratio legis* ausgegangen werden. Ein zielkonfliktfreies Ineinandergreifen der verschiedenen Intentionen scheint, auch gerade im Sinne der verfassungsmäßigen Rechtfertigung einer Norm, wünschenswert.

Nichts anderes ergibt sich aus der Systemnonkonformität der Norm. Zwar lässt eine solche unter dem Aspekt des Gleichbehandlungsgrundsatzes aufhorchen und verlangt zumindest nach einer irgendwie gearteten Rechtfertigung im Sinne eines nachvollziehbaren Zwecks, jedoch ist weder ein verfassungsmäßiger Imperativ zu erkennen, die Steuerhinterziehung in jedem Fall unter Strafe zu stellen, noch ein Verbot, spezifische Strafbefreiungstatbestände für einzelne Delikte zu schaffen,[777] selbst wenn diese wie Fremdkörper im Strafrecht anmuten sollten. *Jescheck* spricht in Bezug auf die gesetzgeberische Freiheit, grundsätzlich strafwürdigem Verhalten die unbedingte Strafbedürftigkeit abzusprechen, davon, dass zwar der Satz „*Keine Strafe ohne Schuld*" gelte, nicht aber auch dessen Umkehrung.[778]

Die Theorien zur Rechtfertigung der Straffreiheit im Falle des Rücktritts und der tätigen Reue vermögen zwar die Existenz der Selbstanzeigeregelung mitnichten zwingend erscheinen zu lassen, allerdings steht diese zu ihnen auch nicht in evidentem Widerspruch. Mit den Strafzwecktheorien begründen, im Sinne von erklären bezogen auf ihre *ratio legis,* lässt sich die Selbstanzeige sicher nicht – begründen, im Sinne eines strafrechtsdogmatischen Noch-Kongruierens und verfassungsmäßiger Rechtfertigung des legislativ gewählten Mittels zur Herbeiführung eines (kriminal-/fiskal-)politisch angestrebten Zwecks, hingegen schon.

Hierbei handelt es sich zweifelsohne um eine Gratwanderung, muss sich der Staat doch vorwerfen lassen, er gebe dadurch, dass er ohne Anforderungen an die ethische Motivation des Selbstanzeigenden Straffreiheit gewähre, „*steuermoralische Positionen*" auf.[779]

---

777 Ebenso *Hassemer*, Grundlagen des Strafrechts, 1990, S. 244, der dem Gesetzgeber allgemein zubilligt, „*sich die Entscheidung vorzubehalten, ob in allen Fällen schuldhaften Verhaltens eine Strafverhängung einen Sinn hat*".

778 *Jescheck/Weigend*, Strafrecht, 1996, S. 552.

779 So *Westpfahl*, Selbstanzeige, 1987, S. 26.

### 3. Resümee

Somit vermag man die Selbstanzeige, wenn auch mit fadem Beigeschmack und verbleibenden Zweifeln vor allem in Hinsicht auf das Gleichbehandlungsgebot, als verfassungsrechtlich gerechtfertigt betrachten. Unter Zuhilfenahme der Strafzwecktheorien als eines dogmatischen Unterbaus erscheint sie als Mittel zur Erreichung eines fiskalisch-kriminalpolitischen Zwecks nicht evident ungerecht oder mit der Strafrechtsdogmatik gänzlich unvereinbar.

Gleichwohl wäre es zumindest erstrebenswert, eine Norm wie die Selbstanzeigevorschrift so zu fassen oder das Strafrecht im Übrigen derart zu harmonisieren, dass Erstere sich in Letzteres konfliktfrei einfügt, dabei nicht als Fremdkörper erscheint und somit verfassungsrechtlichen Bedenken, wie sie im Falle des § 371 AO bestehen, von vornherein Schweigen gebietet. Eine grundlegende Überarbeitung der Vorschrift oder die Schaffung eines allgemeinen Selbstanzeigetatbestandes für vollständig restituierbare Finanzdelikte wäre wünschenswert. Insofern sei auf die Vorschläge *de lege ferenda* verwiesen.[780]

780 Siehe unter F.III.

# E. Verfassungsrechtliche Bewertung

Die verfassungsmäßigen Bedenken gegen das Abkommen als Steuer- und Steuerstrafamnestie liegen auf der Hand. Es stellt sich die Frage nach der Rechtfertigung des staatlichen Verzichts auf seine Steuer- wie Strafansprüche. Wie schon im Falle der historischen Steueramnestien läuft es darauf hinaus, dass unehrlichen Steuerzahlern ein ernsthafter Anreiz gegeben werden soll, *„in der Zukunft steuerehrlich zu werden, ohne dabei das Handicap einer ggf. enormen Nachzahlung für Altjahre“*[781] und eine drohende Strafverfolgung in Kauf nehmen zu müssen.

Es stellt sich dabei zunächst abstrakt die Frage nach der Verfassungsmäßigkeit von Amnestien im Allgemeinen und sodann nach der von Steueramnestien im Besonderen. Im Falle der Steueramnestien erscheint das Problem dabei vielschichtiger, insbesondere im Hinblick auf Reibungspotentiale mit dem Gleichheitssatz des Art. 3 GG.

Denn im Gegensatz zu sonstigen Amnestien steht eine Amnestie, die die Strafbarkeit einzelner Steuerdelikte entfallen lässt und den fiskalischen Anspruch des Staates auf eigentlich geschuldete Steuern ganz oder teilweise aufgibt, zumindest nicht nur in einem Spannungsverhältnis zu den rechtstaatlichen Grundsätzen des Legalitätsprinzips und der Gewaltenteilung, sondern zusätzlich zwingend auch in einem solchen zu den Grundsätzen der Gesetzmäßigkeit, Gerechtigkeit und Gleichheit der Besteuerung.[782]

---

781 *Joecks*, Steuer-Amnestiegesetz, 1989, S. 2, Rn. 5 in Bezug auf das Amnestiegesetz 1990.

782 Der Grundstz der Gesetzmäßigkeit der Besteuerung ergibt sich aus § 85 AO. Zu den Grundsätzen der Steuergerechtigkeit und Steuergleichheit vgl. *Tipke*, Steuerrechtsordnung III, 2012, S. 1247 ff. Der Frage nach der Steuergerechtigkeit – im Sinne einer gerechten Steuerlastverteilung – geht logisch die Frage nach der grundsätzlichen Rechtfertigung von Steuern voraus, *Tipke*, Steuerrechtsordnung I, 2000, S. 228. Als allgemeine Steuerrechtfertigung kann dabei der Umstand betrachtet werden, dass Steuern gewissermaßen die Gegenleistung dafür darstellen, dass der Staat seinen Bürgern Daseinsvorsoge sowie Sicherheit gegen äußere wie innere Gefahren gewährt. Erst Infrastruktur, Gewaltmonopol und Rechtsfrieden erlauben es dem Einzelnen – ohne ständige Angst um Leben, Gesundheit, Hab und Gut –, Einkünfte zu erwirtschaften. Von diesen Einkünften, welche die Individuen so zu erwirtschaften in der Lage waren, und den Gütern, in deren Besitz sie aufgrund des Schutzes verbleiben konnten, müssen sie mindestens den Teil an den Staat rückübertragen, den dieser benötigt, um seinen „Service“ aufrechtzuerhalten, vgl. *Tipke*, Steuerrechtsordnung I, 2000, S. 1 ff.,

Sollten etwa Amnestien oder Steueramnestien bereits *per se* mit Verfassungsgrundsätzen unvereinbar sein, so erübrigte sich die Frage nach der verfassungsrechtlichen Beurteilung der Steueramnestie aufgrund des Abkommens. Dementsprechend seien im Folgenden zunächst rechtsstaatliche Bedenken gegenüber allgemeinen Strafamnestien und Steuerstrafamnestien aufgezeigt und der Versuch unternommen, deren verfassungsrechtliche Grenzen auszuloten. Hierbei kann auf die historischen Debatten zu den dargestellten Strafamnestien, Steueramnestien und zur Selbstanzeige nach § 371 AO zurückgegriffen und zu diesen, wo tunlich, Stellung bezogen werden. Die jeweiligen Ergebnisse wären sodann der verfassungsrechtlichen Prüfung des Abkommens zugrunde zu legen. Soweit das Abkommen in seiner Reichweite über diese hinausgeht, sind die entsprechenden Aspekte zu identifizieren und der Prüfungsmaßstab zu erweitern.

## I. Verfassungsmäßigkeit von Amnestien und Straffreiheitsgesetzen

Dass Gnade wie Amnestie nicht in einem inhärent unauflöslichem Widerspruch zu Recht und Rechtsordnung stehen – wenn auch sicherlich in einem gewissen Spannungsverhältnis – und folglich nicht *per se* als verfassungswidrig[783] anzusehen sind, sei an dieser Stelle unterstellt. Die Geschichte wie auch der *status quo* in anderen Ländern zeigen, dass keine Rechtsordnung dauerhaft ganz ohne diese Elemente auskam.[784]

Zwischenzeitliche vereinzelte Bestrebungen in anderen Ländern, alle Elemente von Gnade und Amnestie aus den jeweiligen Rechtsordnungen zu tilgen, ergaben sich meist aus gesellschaftlichen, oft revolutionären Umwälzungen sowie einer sich hierin begründeten vorübergehenden aufklärerischen[785] Radikalisierung und

---

229 f.; *Kirchhof*, Grundriß, 2001, S. 15; *Lennert*, Unternehmensnachfolgebesteuerung, 2006, S. 28 f.

783 Vgl. *Spies*, Amnestiemaßnahme, 1991, S. 200.

784 Vgl. *Waldstein*, Römisches Begnadigungsrecht, 1964; *Merten*, Gnade, 1978; *Schätzler*, Gnadenrecht, 1992, Ziff. 1.1.

785 Vgl. hierzu etwa *Filangieri*, La Scienza della Legislazione, 1788, Libro III, Cap. VII, S. 327, der die aufklärerische Kritik an der Gnade besonders pointiert auf den Punkt brachte: „*[...] se la grazia è equa la legge è cattiva; e se la legge è buona, la grazia è un attentato contro la legge; che nella prima ipotesi bisogna abolir la legge, e nella seconda rifiutar la grazia [...]*“; etwa: *Wenn die Gnade gerecht ist, ist das Gesetz schlecht, und wenn das Gesetz gut ist, ist die Gnade ein Angriff auf das Gesetz; im ersten Fall muss das Gesetz abgeschafft, im zweiten die Gnade verweigert werden.*

waren konsequenterweise nie von langer Dauer. Ein interessantes Beispiel hierfür gibt die Französische Revolution und deren Auswirkungen auf das Gnadenrecht. Im Französischen Strafgesetzbuch von 1791 heißt es:

> *Titre VII, Article 13 Code pénal (06.10.1791):*
> *„L'usage de tous actes tendant à empêcher ou à suspendre l'exercice de la justice criminelle, l'usage des lettres de grâce, de rémission, d'abolition, de pardon et de commutation de peine, sont abolis pour tout crime poursuivi par voie de jurés."*[786]

Danach war das Begnadigungsrecht für Verurteilungen durch das Geschworenengericht gänzlich ausgeschlossen und für sonstige Verurteilungen den Gerichten selbst übertragen.[787] In die französische Verfassung wurde das Begnadigungsrecht bereits 1802 wieder aufgenommen,[788] nachdem die jakobinische Aufklärung sie noch 1793 auch aus dieser ausdrücklich hatte tilgen[789] wollen:

> *Titre X „De l'Administration de la Justice", Section III „De la Justice criminelle", Article 2 „Constitution girondine" (15./16.02.1793)*
>
> *„Le droit de faire grâce ne serait que le droit de violer la loi; il ne peut exister dans un gouvernement libre, où la loi doit être égale pour tous."*[790]

Die Girondisten, die diesen Passus im Februar in den Verfassungsentwurf eingebracht hatten, wurden noch im Oktober desselben Jahres geköpft.[791]

Mit Blick auf die deutsche Rechtsordnung konnte festgestellt werden, dass zwar die Amnestie im Gegensatz zur Gnade im Grundgesetz keine Erwähnung fand,

---

786 Abrufbar unter: http://ledroitcriminel.free.fr/la_legislation_criminelle/anciens_textes/code_penal_25_09_ 1791.htm; etwa: *Jedwede Form der Verhinderung oder Suspendierung des Strafverfahrens, die Verfügung von Gnade, Vergebung, Niederschlagung oder der Umwandlung der Strafe sind für alle Vergehen abgeschafft, die der Zuständigkeit der Geschworenengerichte unterfallen.*

787 *Delaquis*, Rehabilitation, 1907, S. 15.

788 Durch Senatsbeschluss vom 04.08.1802 und dem Ersten Konsul der Republik zugestanden (vgl. Titre X, Art. 87 *Sénatus-consulte*, http://fr.wikisource.org/wiki/Constitution_du_4_ao%C3%BBt_1802), 1814 sodann dem König (vgl. Art. 67, *Charte Constitutionelle* vom 04.06.1814, http://www.assemblee-nationale.fr/histoire/constitutions/charte-constitutionnelle-1814.asp); Texte alternativ abrufbar unter: http://www.conseil-constitutionnel.fr/.

789 *Merten*, Gnade, 1978, S. 64; *Schätzler*, Gnadenrecht, 1992, Ziff. 1.1.

790 Abrufbar unter: http://mjp.univ-perp.fr/france/co1793pr.htm#1; Übersetzung nach *Schätzler*, Gnadenrecht, 1992, Ziff. 1.1: *„Das Recht, Gnade zu erweisen, wäre nichts anderes als das Recht, das Gesetz zu brechen: dies darf es nicht geben in einer freien Herrschaftsform, wo das Gesetz für alle gleich sein muß."*

791 *Schätzler*, Gnadenrecht, 1992, Ziff. 1.1; *Meier*, Protestfreie Zonen, 2012, S. 301.

gleichwohl aber im Parlamentarischen Rat, ungeachtet des letztlich ungelösten Kompetenzstreits, kein Mitglied des Rechtsausschusses generelle Bedenken gegen die Verfassungsmäßigkeit hegte. Weiter kann die gesetzgeberische Praxis der circa 50 Amnestien der letzten 100 Jahre – elf davon in der Zeit der Bundesrepublik – nicht ignoriert werden.

## 1. Gesetzesform

Die Amnestie bedarf nach mittlerweile wohl einhelliger Auffassung eines formellen[792] Gesetzes,[793] was auch in dem moderneren rechtstechnischen Begriff des Straffreiheitsgesetzes zum Ausdruck kommt, insoweit begrifflich bereits auf das einzig legale Vehikel zu deren Umsetzung abgestellt wird. Dies lässt sich zudem auch aus der konkreten Art der Verwendung des Amnestiebegriffs im Rahmen seiner einzigen Erwähnung in einem deutschen Gesetz, Nr. 17 der Anlage 6 der Geschäftsordnung des Deutschen Bundestages,[794] herauslesen. Die Prämisse, dass eine Amnestie zwingend der Gesetzesform bedarf, wird hier zumindest bestätigt – sicher nicht konstituiert – in dem Sinne, dass der Gesetzeswortlaut entweder als selbstverständlich voraussetzt, dass eine Amnestie immer nur im Wege des Straffreiheitsgesetzes ergehen kann, oder aber die Begriffe schlicht synonym setzt.

Soweit man auf den Vollstreckungserlass abstellt, wäre Amnestie durch ein Organ der Exekutiven nichts anderes als eine Massenbegnadigung. Deren kategorisches Verbot, jedenfalls auf Bundesebene, war bereits im Parlamentarischen Rat unstreitig und ergibt sich aus der Formulierung des Art. 60 GG, wonach der Bundespräsident „*im Einzelfalle*“ für den Bund das Begnadigungsrecht ausübt. Ratsmitglied Zinn (SPD), der den Formulierungsvorschlag des Redaktionsausschusses in die Verhandlung des Hauptausschusses eingebracht hatte, begründete diesen mit dem Verweis darauf, dass es strittig gewesen sei, ob die WRV dem Reichspräsidenten auch das Recht eingeräumt habe,

792 *Marxen*, Amnestie, 1984, S. 19.

793 *Rössner* in: AK-StPO Wassermann (Hrsg.), § 452, Rn. 1.

794 *„Der Ausschuß für Wahlprüfung, Immunität und Geschäftsordnung ist ermächtigt, in allen Fällen, in denen eine gerichtliche Strafverfolgung gegen ein Mitglied des Bundestages infolge einer bereits ausgesprochenen Amnestie nicht zur Durchführung kommen würde, die gerichtliche Einstellung des Verfahrens auf Grund der Amnestie dadurch zu ermöglichen, daß er in solchen Fällen erklärt, der Bundestag werde gegen die Anwendung des Straffreiheitsgesetzes keine Einwendungen erheben. Solche Fälle bedürfen nicht der Vorlage an das Plenum des Bundestages.“* Vgl. unter C.I.1.

*„Sammelbegnadigungen vorzunehmen, die de facto einer Amnestie gleichkommen, so daß auf diese Weise der Bundespräsident das Recht, Amnestien zu erlassen, das dem Bundestag zusteht, umgehen könnte.“*[795]

## 2. Allgemeine Amnestieverbote

Letztlich darf eine Amnestie nach heutigem Rechtsverständnis jedenfalls nicht gegen bestimmte – auch als Amnestieverbote bezeichnete – Ausschlusstatbestände verstoßen.

### *a) Verbot der Individualamnestie*

Eine Amnestie darf sich nicht auf einzelne Individuen oder Fälle beziehen.[796] Härten für den Einzelnen können durch die rechtsprechende Gewalt in dem Rahmen abgemildert werden, welchen das bestehende Gesetz mit Rechtfertigungs-, Schuldausschließungs- und Strafmilderungsgründen zulässt, oder im Rahmen der Gnade durch die Exekutive. Bei allem Unbehagen, das die Amnestie ohnehin bereitet, ginge die Amnestierung von Einzelfällen zu weit, kann Gesetzgebung auf dem Gebiete des Strafrechts in diesem Zusammenhang nicht das geeignete Mittel, der Gesetzgeber hier nicht zuständig sein.[797]

Solches würde sich bereits aus einem generellen Verbot des Individualgesetzes ergeben, und zwar insoweit dieses allein aus Art. 3 Abs. 1 GG hergeleitet würde, auch für ein begünstigendes Einzelfallgesetz direkt, soweit man es aus Art. 3 Abs. 1 GG iVm Art. 19 Abs. 1 GG herleiten würde, jedenfalls im Sinne einer Spiegelbildlichkeit. Jedoch wird ein allgemeines Verbot des Individual- oder Einzelfallgesetzes von der herrschenden Meinung zu Unrecht abgelehnt, ein solches würde sich aus dem Grundgesetz nicht ergeben.[798] Das BVerfG vertrat dabei sogar die Auffassung, noch nicht einmal ein den Adressaten belastendes Einzelfallgesetz sei *per se* unwirksam, sondern nur dann und soweit durch dieses Grundrechte eingeschränkt würden, da sich in diesem Zusammenhang die

795 *Parlamentarischer Rat*, 1949, S. 108.

796 Vgl. *Hüser*, Begnadigung und Amnestie, 1973, S. 147; *Rössner* in: AK-StPO Wassermann (Hrsg.), § 452, Rn. 1; *Süß*, Amnestiegesetzgebung, 2001, S. 119. Das BVerfG machte etwa in seiner Platow-Entscheidung das Kriterium des allgemeinen Gesetzes zur Voraussetzung für die Amnestiegesetzgebungskompetenz des Bundes, welche im Falle einer Individualamnestie gerade nicht gegeben sei. Vgl. BVerfGE 10, 234 (237) = NJW 1960, 235.

797 Vgl. *Merten*, Gnade, 1978, S. 13; *Marxen*, Amnestie, 1984, S. 29 ff.

798 *Bücker*, Individualgesetze, 1965, S. 126; BVerfGE 25, 372 (398); *Marxen*, Amnestie, 1984, S. 31.

Grenzen legislativer Gewalt erst und ausschließlich aus Art. 19 Abs. 1 GG ergeben würden.[799]

Ungeachtet dessen lässt sich das Verbot der Individualamnestie jedoch mit anderen Argumenten begründen. Durch Amnestierung eines Einzelfalles würde der Gesetzgeber sich nämlich indirekt judikative Gewalt anmaßen und die betreffende Person, wenn auch zu deren Gunsten, ihrem gesetzlichen Richter (Art. 101 Abs. 1 Satz 2 GG) entziehen. *Marxen* bezeichnet die Individualamnestie dementsprechend als einen unzulässigen „*Rechtsprechungsakt in Gesetzesform*".[800]

Da, unabhängig von dessen Herleitung, weder von Seiten der Rechtsprechung noch seitens der Literatur kaum[801] jemals ernsthafte Zweifel am generellen Verbot der Individualamnestie angemeldet wurden, wird kein Bundesgesetzgeber auch nur jemals den Versuch unternehmen, eine als solche unmittelbar zu erkennende offen zu betreiben. Das Problem dürfte sich damit praktisch auf die Frage beschränken, ob es sich bei einem Straffreiheitsgesetz um eine getarnte Individualamnestie handelt und somit hierdurch eine Umgehung des Verbotes zu besorgen ist,[802] wie es der sogenannten *Lex-Platow* in der Literatur vielfach vorgeworfen worden war.[803]

### *b) Vorauswirkungsverbot*

Weiter wird das Verbot der Vorauswirkung von Amnestien vertreten, dem allerdings nur mit Eingeschränkungen zuzustimmen ist. Danach müssen die Stichtage einer Amnestie zwingend derart gelegt sein, dass diese unter keinen Umständen auch zukünftige Taten umfasst, da die vorauswirkende Amnestie einem Freifahrtschein zur Deliktsbegehung gleichkäme. Dieser Konflikt ist bereits dann gegeben, wenn der Stichtag nach dem Zeitpunkt liegt, an dem die Öffentlichkeit Kenntnis von dem Gesetzesverfahren erlangte.[804]

*Marxen* leitet dieses Rückwirkungsgebot dogmatisch aus einer Umkehrung des *nullum crimen, nulla poena sine lege*-Grundsatzes ab. Aus dem Rückwirkungsverbot des Strafgesetzes ergebe sich – wieder im Sinne einer Spiegelbildlichkeit – das

---

799 BVerfGE 25, 372 (398).

800 *Marxen*, Amnestie, 1984, S. 32.

801 A.A. *Bücker*, Individualgesetze, 1965, S. 94 f., der selbst die Individualabolition durch Gesetz für verfassungsrechtlich grundsätzlich zulässig erachtet.

802 *Marxen*, Amnestie, 1984, S. 32 ff.

803 Siehe unter E.I.3.b).

804 Vgl. *Schätzler*, Gnadenrecht, 1992, Ziff. 30.5; *Marxen*, Amnestie, 1984, S. 25; *Süß*, Amnestiegesetzgebung, 2001, S. 105.

Vorauswirkungsverbot des negativen Strafgesetzes, der Amnestie.[805] Neben dem Argument, dass der Staat durch Amnestierung zukünftiger Taten potentiellen Opfern den Schutz entziehen würde, begründet *Marxen* das Verbot jedoch zusätzlich damit, eine *„vorauswirkende Amnestie greif[e] in die Bindung des Richters an das erlassene Strafgesetz ein und beeinträchtig[e] dadurch die richterliche Unabhängigkeit (Art. 97 GG)"*. Dieses Argument kann schwerlich nachvollzogen werden, ist doch nicht ersichtlich, weshalb *„die Bindung des Richters an das Gesetz und die richterliche Unabhängigkeit"* durch eine vorauswirkende Amnestie stärker tangiert wäre als durch die gewöhnliche rückwirkende. Gleiches gilt für die Begründung, nach der die lediglich zurückwirkende Amnestie *„Rechtsprechungsterrain […] nur für vergangene Taten […] okkupier[e], in der zeitlichen Beschränkung [könne vielmehr] eine Erneuerung der Zusage gesehen werden, die bereits mit dem Erlass des Strafgesetzes verbunden war"*, während sich der Gesetzgeber nur bei der vorauswirkenden in einen Widerspruch *„zu der Zusage [setze,] die mit Erlass des Strafgesetzes verbunden war"*.[806]

Tatsächlich scheint der Eingriff in die Sphäre des Richters eher bei der klassischen rückwirkenden Amnestie schwerer zu wiegen als bei der vorauswirkenden. Die Zusage des Gesetzgebers an den Richter, um bei *Marxens* Bild zu bleiben, wird gerade dann verletzt, wenn solche Taten seiner Urteilsgewalt entzogen werden, die im Zeitpunkt ihrer Begehung seiner Jurisdiktion zugewiesen waren beziehungsweise unterliegen sollten und ihr erst nachträglich entzogen werden. Soweit eine Amnestie vorauswirkt, das heißt Strafgesetze lediglich für die Zukunft zeitlich begrenzt suspendiert, ist die Judikative nicht stärker tangiert als im Falle der Abschaffung und späteren Wiedereinführung eines Strafgesetzes – eines unter dem Aspekt der Gewaltenteilung unproblematischen Vorgangs.

Hier sei noch auf das Beispiel der Rechtskorrekturamnestie verwiesen, die aus der Einsicht heraus erlassen wird, dass ein bisher strafbewährtes Verhalten zukünftig straflos gestellt werden solle und die Neubewertung der sozialethischen Missbilligung *ex post* des nunmehr straffrei zu stellenden Verhaltens so weit reicht, dass diese Neubewertung auch für zurückliegende Zeiträume gelten soll. Hier liegt der Schwerpunkt der gesetzgeberischen Intention weniger auf der rückwirkenden Amnestie als auf der dauerhaften Rücknahme des Strafrechts für die Zukunft.[807]

---

805 *Marxen*, Amnestie, 1984, S. 25.

806 *Marxen*, Amnestie, 1984, S. 26.

807 Ein Amnestierungsannex als Teil des Strafrechtsänderungsgesetzes wie jenem 1970 ist somit lediglich als eine Ergänzung und Abmilderung unbilliger Härten zu sehen, die sich allein aufgrund des Zeitpunktes der Verurteilung ergeben könnten. Während

Gleichwohl sind nur wenige Konstellationen vorstellbar, in denen eine vorauswirkende Amnestie zweckmäßig wäre und damit einen gerechten Grund vorweisen könnte. Voll und ganz ist dem Verbot zuzustimmen, soweit Individualrechtsgüter schützende Strafnormen betroffen sind. Dieses gebietet die Schutzpflicht des Staates gegenüber seinen Bürgern. Andernfalls könnte die Amnestie etwa als Einladung angesehen werden, alte Rechnungen zu begleichen, und birgt die Gefahr, abhängig von den umfassten Delikten, das staatliche Gewaltmonopol zu untergraben oder anarchische Zustände zu befördern.

Eine Ausnahme hiervon wäre etwa für die Appell- oder Bedingungsamnestie zu besorgen, deren Gesetzeszweck es gerade ist, die Adressaten mit dem Versprechen der Straffreiheit zu einem bestimmten Verhalten zu bewegen. Dabei liegt es in der Natur der Sache und ist notwendige Voraussetzung für die Erreichung des angestrebten Zwecks, dass hier den Adressaten eine angemessene Frist gesetzt werden muss, bis zu einem Stichtag in der Zukunft und damit nach – da aufgrund – der Kenntnis des Gesetzes die Bedingung zu erfüllen und damit das Angebot des Staates anzunehmen. Meistens wird es dabei um Dauer- oder Zustandsdelikte gehen, wie beispielsweise den Besitz von Waffen, etwa im Falle der Entwaffnungsamnestie 1918.[808] Im Falle von Steueramnestien bedarf es dagegen mindestens zweier Stichtage, eines zukünftigen, bis zu dem die jeweilige Amnestiebedingung zu erfüllen wäre, sowie eines zurückliegenden, bis zu welchem die strafbare Handlung wenigstens das Versuchsstadium erreicht haben muss, um zu verhindern, dass die Amnestie selbst noch zu weiteren Steuerhinterziehungen anreizt. Daneben scheinen Ausschlussgründe für den Fall der Tatentdeckung vor Bedingungserfüllung zwingend geboten. Demjenigen, der zwischen den Stichtagen ertappt wird und entweder niemals vorhatte, das Amnestieangebot anzunehmen, oder dies zumindest nicht rechtzeitig tat, gebührt auch kein Anrecht auf die in Aussicht gestellte Vergünstigung.

---

Taten nach Abschaffung eines entsprechenden Strafgesetzes schon keine Straftaten mehr sind, Taten die vor Abschaffung des Gesetzes begangen aber im Zeitpunkt der Außerkraftsetzung noch nicht abgeurteilt worden wären, aufgrund des § 2 Abs. 3 StGB – *lex mitior* – straffrei sind und anhängige Verfahren einzustellen wären, würden bereits rechtskräftig verhängte Strafen hingegen ohne die Gewährung einer Vollstreckungsamnestie weiterhin Bestand haben. Eine Bedrohung für Rechtsgüter kann damit jedoch aufgrund der gesetzgeberischen Neubewertung nicht mehr einhergehen, da das Verhalten ohnehin für alle Zukunft straffrei sein soll. Die eigentliche Vorauswirkung würde zudem allein die insofern unbedenkliche Abschaffung des Strafgesetzes betreffen – der Amnestie dagegen käme keine eigene Vorauswirkung zu.

808 RGBl. 1918, Nr. 181 [6584], S. 1425 (1426).

### c) Weitere Amnestieverbote

Darüber hinaus werden in der Literatur weitere spezifische Amnestieverbote formuliert, wie das Verbot der Selbstbegünstigung, das Unmittelbarkeitsgebot, sowie allgemeine Amnestiegrenzen aufgrund staatlicher Straf- und Schutzpflichten,[809] diese teilweise auch weiter differenzierend, etwa als Verbot der Amnestierung unverjährbarer Delikte oder Verbot der Generalabolition bei Strafpflicht des Staates.[810]

Aufgrund des Verbots der Selbstbegünstigung darf sich etwa der jeweilige Gesetzgeber mittels einer durch ihn erlassenen Amnestie nicht selbst begünstigen. Dies leitet *Marxens* aus dem strafrechtlichen Gesetzlichkeitsprinzip und dem Gebot der Vernünftigkeit des Gesetzes ab. Dabei handele es sich um ein Merkmal, in dem die Tradition des Rechtsstaates aufbewahrt werde. Weiter gebiete dies die notwendige Kontrolle der Abgeordneten bei der Verfolgung von Sonderinteressen der Mandatsträger; ein Parlament dürfe seine Gesetzgebungsgewalt nicht zur Verbesserung der eigenen Rechtsposition missbrauchen. Im Übrigen wären Abgeordnete in strafrechtlicher Hinsicht durch die Vorschriften der Indemität und Immunität bereits ausreichend und in privilegierender Weise geschützt, diese Vorschriften seien restriktiv auszulegen und als abschließend zu betrachten.[811] Indem Abgeordnete durch die Anordnung von Straffreiheit dem eigentlich in ihrer Sache zuständigen *„Richter das Heft aus der Hand“* nähmen, machten sie sich systemwidrig zum Richter in eigener Sache.[812] Dies sei noch hinzunehmen, soweit einzelne lediglich *„mittelbar, z. B. als Autofahrer, als Demonstrant oder als Hausbesetzer“* begünstigt seien, nicht jedoch wenn es um Straftaten gehe, die sie im *„Rahmen ihres spezifischen politischen Betätigungsfeldes“* begangen hätten.[813] Praktische Relevanz entfaltete dieses Verbot zuletzt in der politischen und juristischen Diskussion im Rahmen der Amnestierungsinitiativen zwischen 1981 und 1984 anlässlich der „Parteispendenaffäre“,[814] welche letztlich am Widerstand der empörten Öffentlichkeit scheiterten.[815]

---

809 Vgl. *Marxen*, Amnestie, 1984, S. 50 ff.

810 *Marxen*, Amnestie, 1984, S. 57.

811 Vgl. *Marxen*, Amnestie, 1984, S. 38 ff.

812 *Marxen*, Amnestie, 1984, S. 40.

813 *Marxen*, Amnestie, 1984, S. 42.

814 Auch unter dem Namen „Flick-Affäre“ bekannt; vgl. *Lersch/Palmer*, DER SPIEGEL vom 13.12.1999, S. 36.

815 Vgl *Marxen*, Amnestie, 1984, S. 48 f.; *Schätzler*, Gnadenrecht, 1992, Ziff. 34.7.4.

Das Unmittelbarkeitsgebot[816] besagt, dass die Gewährung von Straffreiheit als Rechtsfolge der Amnestie sich *„ex lege“*,[817] also unmittelbar aus dem Gesetz, ergeben muss, ohne Zwischenschaltung einer weiteren Entscheidungsinstanz.[818] Den Organen der Exekutiven und Judikativen darf dabei grundsätzlich keinerlei Ermessensspielraum zugebilligt werden. Die Prüfungskompetenz der Gerichte, ob die Voraussetzungen einer Verfahrenseinstellung aufgrund eines Straffreiheitsgesetzes erfüllt sind, sowie jene der Staatsanwaltschaften, ob Verfahrensniederschlagung oder Erlass der weiteren Strafvollstreckung zu besorgen seien, beschränkt sich damit, soweit ein feststehender Sachverhalt zugrundegelegt werden kann, auf eine rein formale. Da der staatliche Sanktionsverzicht gegenüber dem Betroffenen bereits *„ipso iure“*[819] mit Inkafttreten der Amnestie seine Wirkung erntfaltet, kommt einem hierauf folgenden Einstellungsbeschluss nur noch feststellender Charakter zu. Dass dies zu Abgrenzungsproblemen führen kann und etwa ein Amnestiekriterium, wie jenes der politischen Straftat,[820] den Einzug eines Ermessensspielraums durch die Hintertür ermöglicht, liegt auf der Hand.

### *d) Resümee*

Es bleibt festzustellen, dass es sich bei den benannten Amnestieverboten, welche auf die jeweilige Zielrichtung einer Amnestie abstellen, etwa bei dem Verbot der Individualamnestie und dem der Selbstbegünstigung, auch lediglich um Konstellationen handelt, welche das Fehlen einer *justa causa* gewissermaßen indizieren, wenn nicht implizieren. Bedeutung wird dieser Indizwirkung hingegen immer dann zukommen, wenn ein solcher Ausschlusstatbestand einem vom Gesetzgeber behaupteten mithin vorgeschobenen „gerechten Grund“ gegenübersteht. Vorauswirkungs- und Unmittelbarkeitsgebot setzen bei Ausgestaltung und Durchführung eines Straffreiheitsgesetzes an, um zu verhindern, dass auch ein möglicherweise grundsätzlich legitimes Amnestierungsunterfangen in seiner konkreten Umsetzung unter rechtsstaatlichen Gesichtspunkten nicht hinnehmbare Auswirkungen zeitigt.

---

816 Siehe hierzu auch unter E.III.1.b).

817 *Spies*, Amnestiemaßnahme, 1991, S. 73.

818 Vgl. *Schätzler*, Gnadenrecht, 1992, Ziff. 30.2.2; *Süß*, Amnestiegesetzgebung, 2001, S. 150.

819 *Hüser*, Begnadigung und Amnestie, 1973, S. 145.

820 Vgl. hierzu C.IV.2.c).

## 3. Verfassungsrechtliche Bewertung des Strafverzichts

### *a) Der Standpunkt der Rechtsprechung zur Amnestie*

Mit seinem *Platow*-Urteil vom 15.12.1959[821] – seiner bisher einzigen inhaltlichen Auseinandersetzung mit der Frage, wie Strafamnestien unter dem Aspekt des Gleichheitssatzes zu bewerten sind – stellte das BVerfG fest, es obliege ganz ausschließlich der Gestaltungsfreiheit des Gesetzgebers, welche Straftaten, Deliktstypen und Tatbestände er zum Gegenstand einer Strafamnestie machen wolle und in welchem Umfang, gänzlich, bedingt oder nur in Form der Milderung, er jeweils Straffreiheit gewähren wolle. Dem BVerfG stehe es nicht zu, die Amnestie auf Notwendigkeit oder Zweckmäßigkeit zu prüfen, sondern nur ob der Gesetzgeber

> *„die äußersten Grenzen des ihm offenstehenden weiten Ermessensbereichs überschritten ha[be]. Bei einem Straffreiheitsgesetz lieg[e] ein Verstoß gegen den allgemeinen Gleichheitssatz erst dann vor, wenn die vom Gesetzgeber für einzelne Tatbestände getroffene Sonderregelung offensichtlich nicht am Gerechtigkeitsgedanken orientiert [sei], wenn sich für sie also keine vernünftigen Erwägungen finden [ließen], die sich aus der Natur der Sache ergeben oder sonstwie einleuchtend [wären].“*[822]

Andere Stellungnahmen des BVerfGs zu Amnestien beschränken sich entweder auf die Frage der Zuständigkeit beziehungsweise der Verbandskompetenz, setzen sich folglich nur mit der Frage „durch wen?“ nicht jedoch mit der Frage nach dem „Ob“ auseinander und setzen dabei ein Recht des Gesetzgebers, nach seinem freien Ermessen zu amnestieren offenbar stillschweigend voraus[823] – oder aber sie enthalten sich schlicht einer Stellungnahme zu möglichen allgemeinen Grenzen oder Schranken der Amnestiegesetzgebung.[824]

### *b) Kritik*

Die *Platow*-Entscheidung vermag aus heutiger Sicht nicht mehr zu überzeugen. Unabhängig von der zuvor bereits thematisierten[825] getarnten Individualamnestie,

---

821 BVerfG NJW 1960, 235 = BVerfGE 10, 234; vgl. hierzu *Der Spiegel*, Kollision in Karlsruhe, vom 12.01.1955.; *Marxen*, Amnestie, 1984, S. 33 f.

822 BVerfG NJW 1960, 235 (236) = BVerfGE 10, 234.

823 BVerfG 2, 213 = NJW 1953, 777.

824 So BVerfG, Beschl. v. 25.02.2008 – 2 BvL 14/05, juris = DVBl 2008, 652 zum Aussetzungs- und Vorlagebeschluss des FG Köln v. 22.09.2005 – 10 K 1880/05, juris = DStRE 2005, 1398, welches sich die breite Kritik der Literatur an der Amnestiegesetzgebung zu eigen machte; ebenso BVerfG, Urt. v. 27.06.1991 – 2 BvL 3/89, juris.

825 Siehe unter E.I.2.a).

welche das Gericht als solche nicht erkennen wollte,[826] sind die allgemeinen Ausführungen zum Verhältnis der Strafamnestie in Bezug auf den Gleichheitssatz bestenfalls im Kontext der Zeit zu begreifen, als ein Beispiel puristisch-restriktivster Auslegung der damals vertretenen Lehre vom reinen Willkürverbot, jedenfalls ein halbes Jahrhundert später und vor dem Hintergrund der gewandelten Rechtsprechung[827] zum Prüfungsmaßstab des Art. 3 Abs. 1 GG nicht mehr haltbar.

Eine verfassungsrechtlich relevante Ungleichbehandlung aller von der jeweiligen Amnestie nicht priviligierten Straftäter dürfte regelmäßig vorliegen. Dabei können diese auch nicht auf den Grundsatz *„keine Gleichheit im Unrecht"* verwiesen werden, wie er den Gleichheitssatz bezogen auf Handlungen der Exekutiven einschränkt.[828]

Diese Einschränkung des Gleichheitssatzes lässt sich bereits ihrer Herleitung nach nicht auf eine Amnestie übertragen. Im Falle der Gesetzesmissachtung durch die Verwaltung steht fest, dass ein solcher Fehler durch die Rechtsordnung missbilligt wird und keinesfalls zu wiederholen sei, unabhängig davon, ob der glückliche einmalig Begünstigte aufgrund Rechtskraft oder aus Gründen des allgemeinen Vertrauensschutzes in dem Genuss der Begünstigung verbleiben darf. Die durch Amnestie gewährten Vergünstigungen dagegen beruhen gerade nicht auf fehlerhafter Gesetzesanwendung, sondern sind originäre Rechtsfolge, zugleich Ausfluss und intendierte Manifestation des gesetzgeberischen Willens.

Es bleibt ferner das Problem, dass sich wesentliche verfassungsrechtliche Vorbehalte gegenüber der Amnestie nicht am tradierten Gleichheitssatz messen lassen.[829] Trotzdem stehen diese in einem Spannungsverhältnis zu Art. 3 Abs. 1 GG. Weiter wird versucht, das verfassungsrechtliche Konfliktpotential der Amnestie an den staatlichen Straf- und Schutzpflichten festzumachen, aus welchen die Rechtsprechung zumindest für höchstrangige Rechtsgüter ein Pönalisierungsgebot[830] als

---

826 Vgl. die Kritik von *Marxen*, Amnestie, 1984, S. 34 ff.

827 Vgl. E.III.2.a)bb).

828 Dieser besagt, dass kein Anspruch gegenüber der Verwaltung besteht, rechtswidrige begünstigende Entscheidungen um der Gleichbehandlung willen zu wiederholen, was auch für Entscheidungen der Exekutive in Form der Strafverfolgungsbehörden gilt. Die von vornherein unterlassene Strafverfolgung oder Verfahrenseinstellung gegenüber einer Person verleiht danach kein subjektives Recht im Sinne eines Anspruches, vergleichbare Verfahren ebenfalls einzustellen. *Kannegießer* in: Schmidt-Bleibtreu, Art. 3, Rn. 46; vgl. BVerfG, Beschl. v. 17.01.1979 – 1 BvL 25/77 – Rn. 59, zitiert nach juris.

829 Vgl. E.I.3.c); E.III.2.b)bb).

830 Vgl. *Marxen*, Amnestie, 1984, S. 50 ff.

*ultima ratio* ableitet.[831] Soweit dieses Argument abgeschwächt wird, wenn weniger als höchstpersönliche Rechtsgüter betroffen sind, erscheint dies dann als kompensiert, wenn das entpönalisierte Verhalten auch in der Zukunft wieder strafbar sein soll. Das BVerfG leitete die Strafpflicht nämlich gerade aus dem Bedürfnis ab, die rechliche Mißbilligung einer Handlung klar zum Ausdruck zu bringen.[832]

Die objektiven Erschütterungen der Rechtsordnung sowie subjektiven Verwirrungen des Rechtsempfindens,[833] die mit einer Amnestie einhergehen, scheinen jedenfalls nach Rechtfertigungsgründen höchster Qualität und einer vernünftigen Abwägung der Zweck-Mittel-Relation zu verlangen. Zwar verstößt die Systemwidrigkeit einer Norm für sich alleine noch nicht gegen Art. 3 Abs. 1 GG, kann einen solchen Verstoß jedoch indizieren.[834] Der Amnestie ist dieses Indiz immanent, ist sie doch systemwidrig *qua definitionem* insofern, als sie elementare Regeln des Strafrechtssystems außer Kraft setzt, insbesondere – wie gezeigt – die aus Gründen der Kausalität zwingende Chronologie von Strafandrohung, Tathandlung, Verfolgung und Bestrafung.[835] Die hierin zum Ausdruck kommende Widersprüchlichkeit der Amnestie zur Rechtsordnung im Übrigen ist zugleich ein Angriff auf die „*Einheit der Rechtsordnung*", die nicht nur „*rechtslogisches Postulat*" ist, sondern einerseits auf das Gerechtigkeitsgebot selbst zurückgeht, andererseits „*Ausprägung des Gleichheitssatzes [ist], indem sie die Widerspruchslosigkeit der Rechtsordnung zu gewährleisten sucht [...]*".[836]

Soweit Autoren wie *Ipsen* mahnen, das formelle Kriterium der Gerechtigkeit, welches allein die Gleichheit nach Art. 3 Abs. 1 GG gewährleiste, dürfe mit der Angemessenheit als „*materielles Gerechtigkeitskriterium [...] das im Rechtsstaatsprinzip angesiedelt [...sei]*"[837], nicht vermischt werden, so ist in Bezug auf den Spezialfall der Amnestie festzustellen, dass hier die Ungleichbehandlung von Gruppen und die „Beleidigung" des Rechtsstaatsprinzips stets miteinander Hand in Hand gehen, bloß zwei Seiten einer Medaille darstellen.

Das durch jede Amnestie gefährdete Schutzgut setzt sich zusammen aus dem Anspruch auf Gleichbehandlung der Einzelnen einerseits, dem Vertrauen der Gemeinschaft in die Unverbrüchlichkeit der Rechtsordnung andererseits sowie

---

831 BVerfG, U. v. 25.02.1975 – 1 BvF 1/74 – 4. Leitsatz, Satz 3, zitiert nach juris = BVerfGE 39, 1.

832 BVerfG, U. v. 25.02.1975 – 1 BvF 1/74 – Rn. 156, 162, 168 u.a., zitiert nach juris.

833 Vgl. *Stein*, Begnadigungsrecht, 1919, S. 68.

834 *Kannegießer* in: Schmidt-Bleibtreu, Art. 3, Rn. 19.

835 Siehe unter C.VI.4.

836 Vgl. in anderem Kontext *Canaris*, Systembegriff, 1983, S. 16 f.

837 *Ipsen*, Grundrechte, 2013.

zusätzlich aus der Rechtsstaatlichkeit und Konsistenz der Rechtsordnung als Ganzes selbst.[838]

Insofern ist *Schünemann* beizupflichten, der feststellt, „*die Amnestie [habe bereits] die Vermutung eines Verstoßes gegen Art. 3 GG gegen sich und [könne] nur legitimiert werden, wenn die Ungleichbehandlung auf einem überragenden Gerechtigkeitsprinzip beruh[e…]*".[839]

### *c) Justa Causa – Anforderungen und Doppelcharakter*

Daher bedarf, wie bereits dargestellt,[840] eine Amnestie *per se* eines gerechten Grundes, einer *justa causa*. Denn ohne einen wie auch immer gelagerten guten Grund wäre die nachträgliche Außerkraftsetzung von Strafgesetzen nicht zu rechtfertigen. Diese kann in einer Präambel oder an anderer Stelle benannt sein – muss dies aber nicht.[841] Falls sie bereits als allgemeinhin – insbesondere der nicht selbst betroffenen Restbevölkerung – bekannt gelten kann, mag eine ausdrückliche Erwähnung unterbleiben, wäre doch deren Zweck, Akzeptanz für die Amnestie herzustellen und den Anschein von Willkür nicht erst aufkeimen zu lassen, erfüllt.

Die zentralen Fragen aber sind, wie „gerecht" ein solcher Grund sein muss, ob jedes isoliert betrachtet und für sich genommen legitime Fernziel ausreichen kann oder ob es bestimmte amnestiespezifische Kriterien erfüllen muss, weiter ob es reicht, dass ein gerechter Grund „gut gemeint" ist, oder aber, ob er mittels der Amnestie auch in realistischer Weise zu erreichen sein muss. Einigkeit im Sinne eines Minimalkonsenses dürfte wohl dahingehend bestehen, dass ein bloßer „Anlass" um etwa eine *Jubelamnestie* zu verkünden, wie es in früheren Zeiten anlässlich einer königlichen Hochzeit oder der Geburt eines Thronfolgers üblich war,[842] jedenfalls nicht ausreicht. Eine solche wäre der Rechtsordnung fremd, würde im Übrigen eine nur schwerlich zu rechtfertigende Verletzung des Gleichheitsgrundsatzes darstellen, insofern sie bereits evident willkürlich wäre und würde sich damit „ihrer kleinen Schwester" der Gnade wieder annähern.

---

838 Zumindest für diese Prämisse sei *Kannegießer* zum Zeugen berufen, soweit er feststellt: „*Gesetzlichkeiten […] die fundierten allgemeinen Gerechtigkeitsvorstellungen der Gemeinschaft entsprechen, darf der Gesetzgeber nicht missachten.*" *Kannegießer* in: Schmidt-Bleibtreu, Art. 3, Rn. 19.

839 *Schünemann*, ZRP 2003, S. 433 (437).

840 Siehe unter C.II.1.d).

841 *Schätzler*, Gnadenrecht, 1992, Ziff. 30.4.1; *Petrick-Rump*, Steueramnestien, 1996, S. 13; *Süß*, Amnestiegesetzgebung, 2001, S. 150.

842 Vgl. C.IV.1.

Im Übrigen werden die Anforderungen an die *justa causa*, insbesondere welche Kriterien hierbei zugrunde zu legen seien, in der Literatur sehr unterschiedlich bewertet. Teilweise wird dabei vertreten, ein der Amnestie innewohnender Schlussstrichcharakter sei zwingende Voraussetzung.[843] *Schätzler* fordert, der das Amnestiegesetz rechtfertigende Zweck müsse jedenfalls ein vorübergehender sein.[844] Vereinzelt wird das Erfordernis einer *justa causa* auch insgesamt abgelehnt.[845] *Schünemann* unterteilt die zu bewältigenden Ausnahmesituationen, welche abstrakt Amnestien zu rechtfertigen vermöchten, in drei Kategorien:

1. *„Schlussstrich unter die Vergangenheit bei einem neuen staatlichen Anfang“*
2. *„Nichtanwendung obsoleter Rechtsnormen nach einer tiefgreifenden materiellen Neuordnung“*
3. *„Herstellung von Rechtsfrieden nach einer Zeit großer Rechtsunsicherheit oder Anarchie.“*[846]

Dabei sollten nach hier vertretener Auffassung, wenn auch die sonstige Literatur die *justa causa* jeweils ausschließlich einheitlich betrachtet, bei dieser vielmehr zwei Ebenen unterschieden werden, wobei Ersterer ein primär formaler, der Zweiten ein materiellrechtlicher Charakter zukäme. Auf erster Ebene, der formalen, handelt es sich um eine, weithin als solche anerkannte, spezifische Pflichtvoraussetzung der Amnestie. Ohne Ansehung des konkreten Umfangs einer Amnestie und der Zweck-Mittel-Relation ist dabei isoliert zu bewerten, ob konkrete außergewöhnliche Umstände und gesetzgeberische Ziele, die eine Beantwortung dergleichen darstellen, grundsätzlich abstrakt geeignet erscheinen, überhaupt den Erlass einer Amnestie rechtfertigten.

Erst auf der zweiten Ebene ist die Frage nach der *justa causa* sodann jene nach der Verhältnismäßigkeit des Straffreiheitsgesetzes im weiteren Sinne, dem immer auf das konkrete Straffreiheitsgesetz bezogenen, spezifischen Rechtfertigungsgrund der durch die jeweilige Amnestie zu besorgenden konkreten Ungleichbehandlungen.

Anders ausgedrückt hat die *justa causa* einerseits bereits auf formaler Ebene den legitimen Zweck des Amnestiegesetzes zu beschreiben als auch andererseits den Rechtfertigungsgrund möglicher Ungleichbehandlungen herzugeben, wobei

---

843 Vgl. *Düll*, Voraussetzungen Steueramnestie, 2003, S. 20.

844 *Schätzler*, Gnadenrecht, 1992, Ziff. 30.4.1. In der Schlussstrichamnestie sieht er dagegen nur eine unter verschiedenen Varianten. *Schätzler*, Gnadenrecht, 1992, Ziff. 30.4.3.

845 *Spies*, Amnestiemaßnahme, 1991, S. 202 ff. *„Das[s] herkömmliche Instrumentarium des Art. 3 genüg[e] vollauf.“* *Spies*, Amnestiemaßnahme, 1991, S. 208.

846 *Schünemann*, ZRP 2003, S. 433 (437).

schon auf formaler Ebene qualifizierte amnestiespezifische Zwecke zu fordern sind, volkommen ungeachtet möglicher konkreter Ungleichbehandlungen.

Das Erfordernis einer *justa causa* als abstraktes, formales Zulässigkeitskriterium einer Amnestie kann dabei aus ihrem Ausnahmecharakter, dem immanent widersprüchlichen Verhalten des Gesetzgebers, der sein früheres Strafversprechen zurücknimmt, und der sich hieraus ergebenden Vermutung der Verfassungswidrigkeit,[847] welche eine Amnestie *a priori* gegen sich hat, hergeleitet werden. Ein solches formales Kriterium erscheint schon deshalb notwendig, um jedermann, vor allem aber dem Gesetzgeber von vornherein vor Augen zu führen, dass es sich beim Erlass einer Amnestie um keinen beliebigen legislatorischen Vorgang handelt, sondern vielmehr mit dem Feuer gespielt wird.[848] So muss auch *Spieß* entgegnet werden, dass lediglich eine Prüfung am Maßstab des Gleichheitssatzes[849] einerseits eine solche Warnfunktion nicht gleichwertig erfüllen kann, andererseits der Schwere des Eingriffs in die Rechtsordnung, das heißt der anfänglichen Vermutung der Verfassungswidrigkeit, noch vor Identifizierung auch nur der relevanten Vergleichsgruppen, nicht gerecht wird.

Dies wird besonders deutlich, wenn man sich vergegenwärtigt, dass ein zentraler Aspekt der Verwerfungen und Irritationen durch Amnestien nach dem klassischen Verständnis des Gleichheitssatzes aus Art. 3 Abs. 1 GG von diesem gar nicht umfasst sein, sich jedenfalls regelmäßig nicht an dessen gängigen Prüfungsmaßstab messen lassen dürfte. Die Rede ist von der Gleichstellung der Amnestieprofiteure mit den ohnehin bereits rechtstreuen Bürgern.[850] Soweit hier zu rügen wäre, der Gesetzgeber würde wesentlich Ungleiches gleich behandeln, bereitet schon die Bildung von Vergleichsgruppen Probleme, ebenso wie die Feststellung einer zu rechtfertigenden, verfassungsrechtlich relevanten Gleichbehandlung von wesentlich Ungleichem. Da den Rechtstreuen keine Nachteile entstehen und die Begünstigung der Straffreiheit auf sie gar nicht angewendet werden könnte, kann sie für diese aus subjektiver Perspektive auch gar keine (ihnen vorenthaltene) Begünstigung darstellen.[851]

Zu klären wäre sodann noch, welche konkreten Anforderungen an das formale Kriterium zu stellen sind. Dass es sich dabei stets zwingend um eine

847 *Schünemann*, ZRP 2003, S. 433 (437).

848 Vgl. C.VI.4.

849 Vgl. *Spies*, Amnestiemaßnahme, 1991, S. 208.

850 A.A. *Schünemann*, StVj 1989, S. 3 (26), *Schünemann*, ZRP 2003, S. 433 (437), der die Ungleichbehandlung nichtamnestierter Stratäter im Verhältnis zu den amnestierten für prekärer hält als die Gleichstellung der Letzten mit den Rechtstreuen.

851 Vgl. E.III.2.b)bb).

Schlussstrichziehung im engsten Sinne handeln müsse, scheint sich jedenfalls nicht zu bestätigen. Dies schränkte den Gesetzgeber angesichts der heterogenen Intentionen und Erscheinungsformen von Amnestien, die der „*Vielgestaltigkeit des Lebens*"[852] gerecht werden müssen, möglicherweise über Gebühr ein, auch gerechte Amnestien zu erlassen, welche nicht auf Anhieb in dieses Raster passen würden. Selbst *Spieß*, der das Konzept der *justa causa* ablehnt, identifiziert etwa zutreffend als *„ein Wesensmerkmal von Amnestien, dass diese als ‚befristete Sonderregelungen' von historischen und damit nicht wiederholbaren Umständen ausgelöst werden"*.[853] An ein solches Wesensmerkmal anknüpfend, kann im Sinne des formalen Kriteriums abstrakt gefordert werden, dass jedenfalls ein spezieller Anlass, ein einmaliger oder zumindest zeitlich begrenzter, nicht allzu oft wiederkehrender außergewöhnlicher Grund gegeben sein muss und die Amnestie der Bewältigung dieser Ausnahmesituation dienen soll.

Danach wären jedenfalls *per se* solche Amnestien verboten, die jeden Momentes einer Schlussstrichziehung, Neuordnung, Befriedung oder Rechtskorrektur entbehren. Jubelamnestien, mittels derer Politiker sich das (Wahl-)Volk als Ganzes gewogen machen wollten, schlimmerenfalls Klientelpolitik, mittels derer einzelne Gruppen fernab der materiellen Gerechtigkeit gezielt bevorzugt würden, wären von diesem Verbot umfasst.

In weniger eindeutigen Fällen stünde die Bewertung der Einmaligkeit des Anlasses und der Entgültigkeit der Lösung im Fokus der Auslegung. So mag beispielsweise die Not, die ein schweres Erdbeben auslöst, wie es ein Land „alle 100 Jahre" einmal heimsucht, abstrakt geeigneter Anlass für eine Amnestie sein – Überschwemmungen, die „jeden dritten Sommer" eintreten, dagegen sicherlich nicht.

Von einem gerechten Grund im Sinne der *justa causa* als formales Amnestiekriterium wäre jedenfalls dann nicht auszugehen, wenn ein solcher gar nicht erkennbar wäre, der intendierte Zweck völlig sachfremd oder durch das Amnestievorhaben evident unerreichbar. Ferner ist zumindest ein irgendwie geartetes Umstandsmoment zu fordern, dem mit dem Maßnahmegesetz der Amnestie begegnet werden soll. Ziel der Amnestie muss es sein, einen konkreten Missstand nachhaltig zu beheben, ein aktuelles Problem auf absehbare Zeit zu lösen. Der Eintritt von weiteren Ausnahmesituationen vergleichbarer Intensität, die bei Anlegung derselben Maßstäbe sodann wieder den Erlass einer Amnestie rechtfertigen würden,

852 *Höfig*, zitiert nach *Spies*, Amnestiemaßnahme, 1991, S. 204, ohne, dass sich die Fundstelle verifizieren ließ, *Höfig*, Reichs- und Bundesamnestien, 1963, S. 103.

853 *Spies*, Amnestiemaßnahme, 1991, S. 204.

muss zumindest im Zeitpunkt des Amnestieerlasses als sehr unwahrscheinlich gelten, darf sich jedenfalls noch in keiner Weise abzeichnen.

## 4. Verfassungsrechtliche Bewertung der Abolitionswirkung

Im Gegensatz zur Einzelabolition, welche heute praktisch einhellig für verfassungswidrig gehalten wird[854] – dies ergibt sich daraus, dass sie im Gnadenwege nicht ergehen darf, als Amnestie ein unzulässiges Individualgesetz wäre –, scheint die Generalsabolition als praktische (Rechts-)Folge eines Amnestiegesetzes weitgehend akzeptiert[855] und auf den ersten Blick unproblematisch.[856] Soweit

---

854 So etwa *Merten*, Gnade, 1978, S. 45; *Marxen*, Amnestie, 1984, S. 57; *Süß*, Amnestiegesetzgebung, 2001, S. 126; indifferent dagegen *Blum*, Strafbefreiungsgründe, 1996, S. 61, der sie primär für *„überflüssig"* hält. Einige Landesverfassungen schließen sie aus – so ausdrücklich: Art. 59 Abs. 2 NRW, Art. 121 Bremen, Art. 109 Hessen; indirekt: Art. 52 Abs. 2 Baden-Württemberg, Art. 67 Sachsen. Art. 44 Hamburg lässt dem Wortlaut nach offen, ob der Senat aufgrund gesetzlicher Ermächtigung auch einzelne oder nur eine Vielzahl von Strafverfahren niederschlagen darf, ebenso Art. 27 Abs. 2 Niedersachsen, wobei sich hier aus der Systematik herleiten lässt, dass allgemeine Straferlasse und die Niederschlagung von Strafsachen, welche des Gesetzes bedürfen, im Gegensatz zur Begnadigung im Einzelfall nur für eine Vielzahl von Fällen möglich sein soll. Die Verfassungen von Bayern, Berlin, Mecklenburg-Vorpommern, Rheinland-Pfalz, Schleswig-Holstein und Thüringen erwähnen die Abolition/Niederschlagung nicht. Einzelne Landesverfassungen in der Weimarer Republik sahen diese hingegen noch vor, so: § 46 Landesgrundgesetz Mecklenburg-Strelitz durch das Staatsministerium, § 33 Abs. 2 Verfassung Württembergs durch den Staatspräsidenten auf Vorschlag des Staatsministeriums, § 54 Abs. 3 der Verfassung des Freistaates Preußen durch Gesetz, § 57 der Verfassung des Freistaates Mecklenburg-Schwerin für Personen unter 18 Jahren – diese abgedruckt, Stand 1926 bei *Ruthenberg*, Verfassungsgesetze Reich und Länder, 1926; siehe auch unter C.V.3.

855 Vgl. *Schünemann*, ZRP 2003, S. 433; *Schätzler*, Gnadenrecht, 1992, Ziff. 30.7. Im Rahmen der Verhandlung im Hauptausschuss des Parlamentarischen Rates fällt der Begriff nur einmal. Zinn (SPD) führte – in Bezug auf die Abolitionen insofern unwidersprochen – aus: *„Deshalb ist es nötig, zu sagen, dass Amnestien und auch Abolitionen eines Bundesgesetzes bedürfen."* *Parlamentarischer Rat*, 1949, S. 108 (Hervorhebung durch den Verfasser). Auch wenn eine Aufnahme ins Grundgesetz an der Uneinigkeit wegen der Kompetenzen scheiterte, legt dies zumindest vage nah, dass in der Abolition kein spezielles Problem gesehen wurde.

856 So sah etwa *Giese*, Staatsrecht, 1930, § 24 C 2. S. 145 – noch unter der Prämisse der damals vertretenen Trennung – die Massenabolition im Gegensatz zur Amnestie als vergleichsweise unproblematisch an. Da diese in der WRV *„weder vorgesehen noch verboten [sei, könne sie] durch einfaches Gesetz eingeführt und vorgenommen werden".*

Straffreiheitsgesetze für verfassungskonform erachtet werden, ist in dieser Form der Abolition deren schlüssige Anwendung auf ein früheres Verfahrensstadium zu sehen. Anklageerhebung und Eröffnung eines Hauptverfahrens in der sicheren Erwartung einer Verfahrenseinstellung aufgrund eines einschlägigen Straffreiheitsgesetzes wären nicht bloß unsinnige Förmelei und Verschwendung finanzieller wie personeller Ressourcen der Justiz, sondern auch unter Umständen als Verfolgung Unschuldiger nach § 344 StGB strafbar.

Auf Basis des vorgenannten Ansatzes müsste in der Abolitionswirkung, die ein Amnestiegesetz in seinen Rechtsfolgen entfaltet, auf den ersten Blick auch nicht zwingend eine weitere Beförderung der Informalisierung des Strafprozesses und Aushöhlung des Legalitätsprinzips gesehen werden. Zumindest nicht in der Form eines „*Abschiedes von Rechtssicherheit und Vorhersehbarkeit staatlicher Macht, die sich ihres strafrechtlichen Instrumentariums ein Stück willkürlicher, ein Stück unkontrollierter bedienen kann*",[857] da die Betroffenen gerade nicht der Willkür von Staatsanwaltschaft und Polizei ausgeliefert sind, insofern zumindest innerhalb des zeitlichen Rahmens nach Erlass des Straffreiheitsgesetzes Rechtssicherheit besteht, anders als im Falle exzessiver Anwendung des Opportunitätsprinzips[858] oder der Begnadigung.[859] Auf den zweiten Blick jedoch kann man sich freilich des Eindrucks nicht gänzlich erwehren, dass sich hier, wenn auch nicht der Staatsanwalt zum Richter,[860] so doch das Parlament zu Staatsanwalt und Richter in einem aufschwingt, was ebenfalls unter dem Aspekt der Gewaltenteilung nicht unproblematisch ist.[861] Erweitert man andererseits den zeitlichen Fokus auf eine makroskopischere Perspektive und stellt auf die Zeitpunkte vor und nach Erlass eines Straffreiheitsgesetzes ab, so sind in der Retrospektive zudem durchaus Rechtssicherheit und die Vorhersehbarkeit staatlicher Macht tangiert.

Hieraus folgt, dass in den Fällen, in denen ein Straffreiheitsgesetz seiner Ausgestaltung und seinen intendierten Zwecken nach praktisch primär auf Niederschlagung oder Nichteinleitung von Strafverfahren hinausläuft, ein strengerer

---

857 *Albrecht*, Vergessene Freiheit, 2011, S. 101; vgl. auch *Albrecht/Hassemer/Voß* in: Entkriminalisierung, 1992, S. 7, 83 f., 89.

858 Vgl. *Albrecht*, Sicherheitsgesellschaft, 2010, S. 968 f.

859 Hierzu *Bachof*, JZ 1983, S. 470 (472); vgl. BVerfGE 45, 187 (195).

860 *Albrecht*, Vergessene Freiheit, 2011, S. 105.

861 A.A. *Merten*, Gnade, 1978, S. 46 f., der zwar die Individualabolition im Ergebnis ebenfalls ablehnt und auch die Abolition im Allgemeinen für höchst problematisch erachtet, jedoch weder den Grundsatz des gesetzlichen Richters noch das Gewaltenteilungsprinzip tangiert sieht. Dem Richter werde lediglich die „*Geschäftsgrundlage*" entzogen.

Rechtfertigungsmaßstab angelegt werden müsste, was die Angemessenheit eines solchen anbelangt.

Dem liegt folgende Erwägung zugrunde: Im Falle einer reinen Vollstreckungsamnestie oder soweit ein Straffreiheitsgesetz, das der Ausgestaltung nach in seiner konkreten Anwendung zu Abolition oder Vollstreckungserlass führen kann, zur letztgenannten Rechtsfolge führt, ein schuldsprechendes Urteil also schon vorliegt, wurde in das Erkenntnisverfahren nicht eingegriffen. Das Verfahren, soweit es der Judikativen zuzuordnen ist, wird nicht unmittelbar tangiert, sondern nur dessen materiellen Folgen (etwa Strafvollzug) suspendiert. Primär liegt folglich nur ein legislatorischer Eingriff in die Sphäre der Exekutive vor.

Dabei sei hier unterstellt, dass von allen möglichen Konstellationen des Eingriffes einer der drei Staatsgewalten in die Sphäre einer der anderen beiden, die Einmischung der Legislativen in jene der Exekutiven strukturell den am wenigsten schwerwiegenden darstellt und damit am ehesten zu rechtfertigen ist. Ohne zu tief in die Materie der Staatsrechtlehre und Gewaltenteilung eintauchen zu wollen, kann eine solche Prämisse damit begründet werden, dass der Gesetzgeber die erste Gewalt[862] darstellt, mit dem kürzesten Legitimationsweg ausgehend vom Souverän Volk, gleichzeitig die Exekutive ihre Gewalt, vom Bürger aus betrachtet, am direktesten ausübt im Sinne von unmittelbar und damit strukturell am leichtesten und schnellsten zum Machtmissbrauch neigt,[863] wofür sich auch historische Belege finden lassen würden[864] – und dies obwohl sich ihre notwendige

862 Vgl. die Reihenfolge der Aufzählung bei *Montesquieu*, Vom Geist der Gesetze 1748, S. 217 = 11. Buch, 6. Kapitel,; *Kant*, Metaphysik der Sitten, 1797, S. 170 = Der Rechtslehre Zweiter Teil, 1. Abschnitt, § 45; Art. 20 Abs. 2, 3 GG.

863 Hier sei beispielsweise verwiesen auf das Mittel des Realakts, der zunächst einmal Fakten schafft, oder auf die Anordnung der sofortigen Vollziehung, welche zur Folge haben kann, dass sich eine Angelegenheit zum Nachteil des Bürgers erledigt hat, bevor ein Antrag im einstweiligen Rechtschutz auch nur einen Verwaltungsrichter erreichen kann.

864 So ging der nationalsozialistische Terror sicherlich nicht primär von einer braunen Justiz, sondern einer nationalsozialistischen Regierung aus, die sich bereits bestehende, weitreichende, gesetzliche Handlungsspielräume aus Weimarer Zeit zunutze machen konnte. (Vgl. zu Letzterem *Albrecht*, Vergessene Freiheit, 2011, S. 39 ff.) Hand in Hand ging dies freilich mit der legislatorischen Flankierung, diese Handlungsspielräume aufgrund der neuen Mehrheitsverhältnisse im Reichstag weiter auszubauen. Spätestens nach Erlass des Ermächtigungsgesetzes vom 23.03.1933 versank die Legislative in Bedeutungslosigkeit und erfüllte bestenfalls noch deklaratorische Zwecke. Nationalsozialistischer Justizterror ist dabei wohl eher als Konsequenz der Gleichschaltung zu verstehen, welche gerade Aufhebung der Gewaltenteilung bedeutete.

Mindestfunktion eigentlich darauf beschränken lässt, *„dass sie die Lücke an Regelungsreichweite, Zeitorientierung und Verrechtlichung ausfüllt, die zwischen den Polen der Gesetzgebung und der gerichtlichen Fallentscheidung entsteht"*.[865]

Gerade teleologische beziehungsweise historische Gesetzesauslegung bedeutet, dass auf *ratio legis* und damit Willen des (historischen) Gesetzgebers abgestellt wird. Das heißt, dass dessen Entscheidung antizipiert, konkretisiert und umgesetzt werden soll. Insofern kann man folgern, der Befugnisse der Exekutiven bedürfe es primär nur aus zwei Gründen, zum einen weil es dem Gesetzgeber praktisch nicht möglich wäre, Einzelfälle zu bescheiden, und zum anderen weil das Gesetz abstrakt und generell sein muss, um den Bürger vor legislatorischer Willkür zu schützen.[866]

Wenn nun der Gesetzgeber – auch unter rückwirkender Abänderung seines eigenen Gesetzes – in die Sphäre der Exekutiven eingreift, indem er Vollstreckung verhindert, konkretisiert und modifiziert er damit auf gewisse Weise nur (weitergehend als sonst), was diese aus seinen Vorgaben machen soll. Je eher das rückwirkende Gesetz dabei abstrakt und generell bleibt, desto weniger ist die Unterbindung von Willkür als wesentlicher Zweck der Gewaltenteilung tangiert.

Im Falle der Abolition findet die legislatorische Anmaßung allerdings gegebenenfalls auf drei Ebenen statt. Sie greift in die Sphäre der Exekutiven ein, soweit

---

(Soweit missverständlich, sei klargestellt, dass weder die weitgehend reibungslose Gleichschaltung der Justiz als Ganzes noch die individuelle Komplizenschaft einzelner Justizfunktionsträger zum Regime relativiert sei.) Praktisch heißt dies, dass eine Kontrolle der Exekutiven durch die Judikative nicht mehr ausgeübt wurde weil die Judikative bei Ausübung ihrer Funktionen der Exekutiven hörig war. *„SS und Polizei beherrschten [fortan] die Anwendung des Strafrechts."* *Albrecht*, Vergessene Freiheit, 2011, S. 41. Soweit man hier einwenden mag, Ermächtigungsgesetze seien aber ein legislatorischer Bestandteil der Abschaffung eines Rechtsstaats, so ist darauf zu verweisen, dass sich gerade diese als klassisches Mittel des Staatsstreichs von oben dadurch auszeichnen, dass sie so allgemein, offen und damit weitreichend gefasst sind, dass sie zu viele originär legislatorische Kompetenzen auf die Exekutive verlagern und letztere damit übermächtig werden lassen. (Vgl. zum letzten Beispiel etwa *Möllers*, Die drei Gewalten, 2008, S. 97, 124 ff.) Insofern stehen die Feststellungen nicht im Widerspruch zu der zuvor aufgestellten These, die strukturell größte Gefahr für Demokratie und Rechtstaat ginge von einer entfesselten Exekutiven aus. Typische legislative Beiträge zur Abschaffung eines Rechtstaates dürften im Kern meist Selbsteinschränkung oder -aufgabe, im Ergebnis jedenfalls Kompetenz- und damit Machtübertragung an die Exekutive sein.

865 *Möllers*, Die drei Gewalten, 2008, S. 107.

866 Vgl. etwa *Möllers*, Die drei Gewalten, 2008, S. 97.

diese Ermittlungsverfahren niederschlagen muss oder an deren Einleitung gehindert wird, in die Sphäre der Judikativen, soweit sie zur Einstellung eines rechtshängigen Strafverfahrens führt oder dazu, dass über die Zulassung einer Anklage erst gar nicht entschieden werden kann. Zum Dritten ist schlussendlich auch hier noch dadurch, dass ein Strafvollstreckungsanspruch erst gar nicht entstehen kann, ein weiterer Eingriff in die Sphäre der Exekutiven, der gleiche wie im Falle eines bereits vorliegenden rechtskräftigen Urteils, zu besorgen. Diese Eingriffstrias wirkt ungleich schwerer, was sich nicht nur allein aus staatstheoretischen Argumenten ergibt. Soweit die Exekutive in Gestalt der Staatsanwaltschaft als Organ und Herrin des Vollstreckungsverfahrens auftritt, geht es nur noch um Ausführung, Exekution, Vollzug im eigentlichen Sinne, die Anordnung und Überwachung eines tatsächlichen Ablaufs ohne intellektuellen Regelungsgehalt und – über die Person des Verurteilten hinaus – primär nicht auf Außenwirkung angelegt.

Soweit sie aber in ihrer Funktion als Ermittlerin, als „objektivste Behörde der Welt" auftritt, ist sie der Sachaufklärung und dem Erkenntnisgewinn verpflichtet. Gleiches gilt für das Gericht, welches vor den Augen der Öffentlichkeit seiner prozessualen Aufklärungspflicht nachkommt. Die sozialethische wie rechtliche Missbilligung des angeklagten Verhaltens kommt dabei nicht nur in der Vollstreckung einer Strafe, sondern gerade auch im öffentlich geführten Strafverfahren zum Ausdruck. Der oft bemühte Satz der Strafverteidiger im Schlussplädoyer, wonach bereits das Verfahren großen Eindruck auf den Mandanten gemacht habe, ist keine hohle Phrase. Soweit im Falle einer reinen Vollstreckungsamnestie nicht in deren Präambel ausnahmsweise zum Ausdruck kommt, die sozialethische Missbilligung sei zurückgenommen oder zumindest die restlose Löschung des Vorgangs aus dem Strafregister angeordnet wird, bleibt ein Unwerturteil, Tadel und hieraus folgender Makel bestehen.[867] Die Rechtsordnung hat in diesem Fall zumindest ihren Standpunkt deutlich gemacht und dem Delinquenten sein Fehlverhalten unmissverständlich vor Augen geführt. Es ist dem Strafverfahren eigen, dass hier im besten Fall alles auf den Tisch kommt, „schmutzige Wäsche" gewaschen wird, was man gleichsam als Läuterung, Katharsis, verstehen kann. Gerade dieses ist dabei auch geeignet, die nicht priviligierte Restbevölkerung mit der Amnestie zu versöhnen – bleibt dieser doch der Trost und die Genugtuung, dass dem Amnestierten zwar am Ende der Henker, nicht aber peinliche Befragung und Pranger erspart geblieben sind.

Dadurch ist der Verhinderung eines Strafverfahrens *eo ipso* immer auch mittelbar eine Tangierung des Öffentlichkeitsgrundsatzes wie der Pressefreiheit

867 Ähnlich *Merten*, Gnade, 1978, S. 48; vgl. auch *Marxen*, Amnestie, 1984, S. 53 f.

zu eigen und damit zusätzlich eine Einschränkung der als solche bezeichneten vierten Gewalt immanent. Soweit es sich um Personen des öffentlichen Lebens handelt und je gewichtiger deren ausgeübte gesellschaftliche Funktion ist, desto eher kann dabei ein grundsätzlich berechtigtes öffentliches Interesse an einer Sachverhaltsaufklärung angenommen werden.

Letztlich kann dieses Argument zusätzlich durch einen vergleichenden Blick auf die anerkannte Reichweitenbeschränkung der Gnade untermauert werden. Gemeint ist das unbestrittene Verbot[868] der Abolition auf dem Gnadenwege. Hieraus lassen sich unter dem Aspekt der Gewaltenteilung qualitative Unterschiede zur Amnestie ableiten. Zunächst dass die Gnade als originärer Akt eines Exekutivorgans durch die Verhinderung (weiterer) Strafvollstreckung primär ohnehin nicht in die Sphäre einer anderen Gewalt eingreift, das heißt jene der Judikativen nur insofern tangiert, als sie deren Entscheidung zwar nicht aufhebt, sondern nur dadurch relativiert, dass sie deren Folgen nachträglich beseitigt oder abmildert. Sie kommt folglich wie die Vollstreckungsamnestie zeitlich erst am Ende des Verfahrens, nach Rechtskraft eines Urteils zum Tragen und greift nur in die Vollstreckung ein.

Unabhängig davon, dass bereits ein diffuses Bauchrechtsgefühl für sich reklamieren mag, dass eine Niederschlagung anhängiger Verfahren im Gnadenwege unerträglich sei, lässt sich nicht auf Anhieb dogmatisch begründen, warum Amnestie in Form des Straffreiheitsgesetzes Abolition eher anordnen dürfe als Gnade im Wege etwa eines Gnadenerlasses des Bundespräsidenten. In beiden Fällen wird der rechtsprechenden Gewalt durch jeweils eine der anderen beiden Gewalten ein Fall entzogen. Auch in dem hypothetischen Fall, dass das Gnadenorgan sich für eine Verfahrenseinstellung aussprechen und vorab ankündigen würde, nach einer Verurteilung von seinem Gnadenrecht Gebrauch zu machen – ein Vorgang, der wohl allseits zu Recht als skandalös empfunden werden würde –, könnte man argumentieren, die Fortführung eines Verfahrens sei bloß Förmelei und Verschwendung finanzieller wie personeller Ressourcen, wenn das zuständige Gnadenorgan seine positive Entscheidung, einen Schuldspruch antizipierend, bereits getroffen hätte.

Gleichzeitig ist jedoch festzustellen, dass gerade die Niederschlagung eines Ermittlungsverfahrens im Gnadenwege primär und unmittelbar keine Einmischung in die Sphäre einer anderen Gewalt darstellte. Es wäre lediglich eine Überlagerung des objektivsten exekutiven Aspektes der Strafrechtspflege in Form des Legalitätsgrundsatzes durch den subjektivsten, nämlich die Gnade

---

868 *Butzer* in: Schmidt-Bleibtreu, S. 1288.

zu besorgen. Hieraus könnte man folgern, das Verbot der Verfahrensniederschlagung im Gnadenwege streite im Sinne eines Erstrechtschlusses für ein Verbot der Abolition durch Amnestie. Schlussendlich lässt sich dieses Argument insofern wieder abschwächen oder womöglich in sein Gegenteil verkehren, als man die Bevorzugung einer Verfahrensniederschlagung durch Gesetz gegenüber einer solchen durch Exekutiventscheidung ebenfalls aus der *ratio* der Gewaltenteilung, hier im Sinne der Kontrolle und der Betonung auf Teilung, erklären könnte. Die durch ein abstrakt-generelles Gesetz bestimmte Niederschlagung, wobei die Subsumtion eines Sachverhaltes unter dieses immer noch durch die Staatsanwaltschaft zu erfolgen habe, verströme den Odem der Willkür weitaus weniger als eine originäre Exekutiventscheidung.

Unabhängig davon, wie man die Varianten der Niederschlagung durch Gnade oder Amnestie im Verhältnis zueinander bewertet, bleibt jedenfalls festzustellen, dass Erstere mit guten Gründen anerkanntermaßen unzulässig ist. Der hieraus folgende Schluss, dass Abolitionswirkung von Verfassungswegen *per se* problematischer sei als Vollstreckungsverzicht, lässt sich jedenfalls auf Amnestien in ihrer Form als Straffreiheitsgesetze übertragen.

Nach alledem wurde aufgezeigt, dass gegenüber der Abolitionswirkung eines Straffreiheitsgesetzes weit schwerere verfassungsrechtliche Bedenken bestehen als angesichts des bloßen Erlasses der Vollstreckung, bei welcher der Gesetzgeber in zeitlicher Hinsicht weder in die Bereiche der Exekutiven und Judikativen bei Verfolgung und Aufklärung der Tat noch in das gerichtliche Verfahren, das mit Urteil endet, eingreift, sondern lediglich dessen Folgen beseitigt.

## 5. Zwischenergebnis

Abstrakt scheinen die Prinzipien der Gewaltenteilung und der Rechtsstaatlichkeit gewahrt zu sein, soweit eine Amnestie in Form eines generellen und formellen Gesetzes ergeht, dieses Straffreiheitsgesetz nicht gegen anerkannte Amnestieverbote[869] verstößt und einer *justa causa* folgt, welche einerseits formal dessen Existenzberechtigung darstellt und andererseits die zu besorgenden Ungleichbehandlungen im Einzelnen rechtfertigen können muss. Dabei verbleiben verfassungsrechtliche Bedenken bezüglich der Abolitionswirkung eines Straffreiheitsgesetzes, die proportional umso schwerer wiegen, je eher Letzteres unter dem Primat der Ersten steht.

869 *Marxen*, Amnestie, 1984, S. 25 f., 29 f., 38 f., 45 f.

## II. Verfassungsmäßigkeit von Steueramnestien

Im Fall der Steuer(straf)amnestie als Appell- oder Bedingungsamnestie vereinen sich die Aspekte der Strafamnestie und des Steuerverzichts und bilden die *„dioskurenhaften Anreize"*[870] für die Befolgung des staatlichen Appells, zur Rückkehr in die Steuerehrlichkeit.

Wie für die Strafamnestie im Allgemeinen so gilt auch und gerade für die Steuerstrafamnestie, dass ihre verfassungsmäßige Rechtfertigung mit der Qualität ihrer *justa causa* und der Angemessenheit wie Nachvollziehbarkeit der gewählten Zweck-Mittel-Relation steht und fällt. Dabei sind drei Besonderheiten im Gegensatz zu „gewöhnlichen Amnestien" festzustellen, welche Steueramnestien eigen sind und ihre verfassungsrechtliche Rechtfertigung erschweren:

- Zum einen wird ihre *justa causa* sich stets in fiskalischen Interessen, primär kurzfristiger – bestenfalls nachhaltiger – Natur erschöpfen.
- Zum anderen zeichnen sie sich üblicherweise durch eine doppelte Privilegierung ihrer Adressaten insofern aus, als Straf- und teilweiser Steuererlass miteinander Hand in Hand gehen.
- Letztlich handelt es sich ihres primären praktischen Anwendungsbereichs nach stets um jene Form eines Straffreiheitsgesetzes, bei dessen Anwendung die Abolition im Vordergrund steht, da es auf sie als Rechtsfolge in den allermeisten Fällen hinauslaufen dürfte und damit um den neuen Typ der Amnestie, welcher das ursprüngliche Regel-Ausnahme-Verhältnis umkehrt.

### 1. *Ratio legis* der Selbstanzeige und *justa causa* der Steueramnestie

Soweit es allein um die gewährte Straffreiheit geht, kann grundsätzlich bei der Auseinandersetzung mit der Frage der Verfassungsmäßigkeit von Steueramnestien auf die Ausführungen zur Verfassungsmäßigkeit der Selbstanzeige zurückgegriffen werden. Die gleichen Argumente, mit denen seit jeher § 371 AO und seine Vorgänger gerechtfertigt wurden, fiskalische Interessen, Anreizsetzung zur Rückkehr in die Steuerehrlichkeit als vielfach beschworene „Goldene Brücke" und die Ohnmacht des Staates angesichts fehlender effektiver Kontrollmechanismen, mussten stets als *justa causa* einer jeden Steueramnestie herhalten.[871] Ebenso wurde hieran seit jeher die gleiche Kritik geübt.

---

870 *Schünemann*, StVj 1989, S. 3 (16).

871 Vgl. Nationalversammlung, Band 331, stenographischer Bericht der 132. Sitzung vom 17.12.1919, S. 4136–4139; BFH, Urt. v. 31.08.2010 – VIII R 11/08, juris = BFHE 230, 486.

Das zentrale Anliegen ist, solche Steuereinnahmen doch noch zu realisieren, die anderenfalls mit großer Wahrscheinlichkeit gänzlich und dauerhaft verloren wären.[872] Hier kann aus staatsraisonalem Blickwinkel auf das Bild des „Spatzen in der Hand", der da besser wäre als „die Taube auf dem Dach", zurückgegriffen werden. Der Staat verzichtet auf seinen Strafanspruch und einen Teil der vorenthaltenen Beträge, da er weiß, dass die Taube unerreichbar ist, wenn überhaupt nur noch durch einen unwahrscheinlichen Zufall zu fangen wäre.

Aufgrund der Eigenschaft einer Steueramnestie als Maßnahme- und Zeitgesetz kommt dabei jenem Argument zentrale Bedeutung zu, soweit mit den punktuellen Einbußen an Steuergerechtigkeit langfristig ein Zugewinn an materieller Steuergerechtigkeit als Folge der intendierten gleichmäßigeren und breiteren Erfassung der Bemessungsgrundlagen erkauft werden soll.[873]

### *a) Qualitative Unterschiede*

Die „Goldenen Brücke", die der Rechtsstaat dem Delinquenten baut, ist im Falle der Steueramnestie unter Umständen ungleich breiter und komfortabler als in gewöhnlichen Fällen des strafbefreienden Rücktritts oder auch der Selbstanzeige, da der Täter neben der Straffreiheit, die er erlangt, eben gegebenenfalls auch noch einen Teil der Früchte seines kriminellen Vorverhaltens behalten darf. Immer dann also, wenn eine Steueramnestie nicht nur Steuerstrafamnestie das heißt Straffreiheitsgesetz ist, sondern auch Steueramnestie in dem engeren Sinne, dass eigentlich geschuldete und zuvor hinterzogene Steuern erlassen werden, ist eine andere Qualität erreicht, sprengt dies der Rechtsfolge nach die Reichweite des § 371 AO und erhöht gleichsam den politischen, öffentlichen und eben auch verfassungsrechtlichen Rechtfertigungsdruck. Dabei sei klargestellt, dass eine Steuerstrafamnestie nicht zwingend mit dem Mittel des Steuerschulderlasses arbeiten müsste, dass dies aber fast immer der Fall war.[874] Die Kombination aus Wegfall der Strafbarkeit und pauschaler Abgeltung der bisherigen Steuerschuld ist für die moderne Steueramnestie typisch, wenn auch Letzteres nicht konstitutiv. Ob der Steuerhinterzieher dabei tatsächlich besser gestellt wird als der Steuerehrliche ist die jeweils vorab zu klärende Frage, die in den Fällen der meisten Steueramnestien nicht pauschal, sondern nur einzelfallbezogen beantwortet

---

872 Vgl. *Wenzler*, Selbstanzeige, 2010, S. 13.

873 Vgl. *Lang*, FR 1989, S. 349 (357).

874 Einzige Ausnahme bilden in diesem Fall die Steueramnestien der Nationalsozialisten: Arbeitsspendengesetz 1933, Volksverratsgesetz 1933, Steueranpassungsgesetz 1934, 2. VO zum Schutze der Rüstungswirtschaft 1942. Vgl. C.II.1.e); C.IV.3; C.IV.4.

werden kann. Insofern sei auf die Rechenbeispiele der Praktiker in der steuerberatenden Fachliteratur verwiesen, die regelmäßig anlässlich einer Steueramnestie für die verschiedenen Konstellationen zum einen die möglichen Ersparnisse des Amnestienehmers gegenüber dem Steuerehrlichen darstellen, zum anderen im Zuge eines Günstigkeitvergleichs die jeweilige Amnestie der Selbstanzeige gegenüberstellen[875] oder mit dieser – wie im Falle der Steueramnestie 2004 möglich[876] – kombinieren. Im Rahmen der verfassungsrechtlichen Betrachtungen muss von einer Bevorzugung der Steuerhinterzieher gegenüber den Steuerehrlichen ausgegangen und diese zu rechtfertigen gesucht werden, sobald eine solche in einer auch nur halbwegs realistisch zu konstruierenden Konstellation denkbar und die Bevorzugung nicht völlig unerheblich ist. Diese Schwelle war bei den Amnestien 1990 sowie 2004 und wäre auch im Falle des Steuerabkommens 2013, wie bereits dargelegt wurde,[877] unproblematisch erreicht.

Folglich ist der Referenzrahmen insofern ein anderer, als der Selbstanzeigende nach § 371 AO Straffreiheit nur dafür erlangt, dass er sich lückenlos offenbart und die exakt geschuldete Steuersumme (zuzüglich des fünfprozentigen Aufschlags in den Fällen des § 371 Abs. 2 Nr. 3 iVm § 398a Nr. 2 AO) entrichtet, der Amnestienehmer dagegen als Gegenleistung für Offenbarung und Zahlung nur eines Teilbetrages auf die eigentliche Steuerschuld gleichermaßen Straffreiheit und Erlass der steuerlichen Restschuld erhält. Während der „reuige" Erstatter einer Selbstanzeige sich seine Straffreiheit durch restlose Nachzahlung gegebenenfalls inklusive eines Aufschlags erkaufen muss, bekommt der Amnestienehmer sie noch „vergüldet".

Dogmatisch sind die gewährten Vergünstigungen im Falle der Steueramnestie daher zu trennen, wobei auf der einen Seite die Vergünstigung der Straffreiheit und auf der anderen die Vergünstigung durch den Steuererlass steht. Letzterer wirkt sich aber insofern doppelt aus, als sie bereits isoliert betrachtet eine finanzielle Begünstigung darstellt, weiter bezogen auf die Vergünstigung der Straffreiheit die komplette, wenn nicht überkompensierende Nachzahlung im Gegensatz zur Selbstanzeige gerade nicht tatbestandmäßige Voraussetzung für deren Erlangung ist. Während bei der Selbstanzeige der Zuschlag im Fall des § 371 Abs. 2 Nr. 3 iVm § 398a Nr. 2 AO auch im Sinne eines Schuldausgleiches zur Legitimation herangezogen werden kann und Hinterziehungszinsen in jedem Fall

875 Für das StrFG 1990 etwa *Lang*, FR 1989, S. 349 (352 f.); für das StrFG 2004 etwa *Würtenberger*, Selbstanzeige oder Steueramnestie, 2004.

876 Siehe unter C.IV.6.g)gg).

877 Siehe unter B.VII.

weiterhin geschuldet werden,[878] muss das subjektive Rechtsempfinden auf diese „Beruhigungspille" im Falle der Steueramnestien verzichten.

### *b) Dogmatische Unterschiede zur Selbstanzeige*

Jedoch ist nicht nur auf der Ebene von Tatbestand und Rechtsfolge ein gravierender Unterschied zwischen der Selbstanzeige und Steueramnestien zu konstatieren. Unabhängig von ihrer dogmatischen Herleitung und Begründung teilt die Selbstanzeige nicht das im Vorigen[879] ausführlich thematisierte Manko der Rückwirkung und das sich hieraus ergebende Spannungsverhältnis zur Gewaltenteilung mit der Steueramnestie. Dies insofern als die Strafbarkeit bei Ersterer nicht *ex post* rückwirkend annulliert wird, sondern die Konditionen, zu denen diese wieder entfällt, bereits *ex ante*, nämlich bei Tatbegehung feststanden. *Schünemann* sprach im Zusammenhang mit dem StrFG 1990 davon, der *„Strafanspruch [der Selbstanzeige im Gegensatz zu Steueramnestie sei] schon im Zeitpunkt seines Entstehens gewissermaßen mit einer später valutierten Hypothek belastet, nämlich durch Statuierung einer auflösenden Bedingung"*. Unabhängig davon, dass dieser Unterschied dem Straftäter egal sein könne, unterfiele eben *„nur § 371 AO der Kategorie des materiellen Gesetzes i.S. einer abstrakt-generellen Regelung […] während die Amnestie eine größere oder kleinere Anzahl abgeschlossen vorliegender, individuell-konkreter Sachverhalte"* betreffe und deshalb der Kategorie nach ein *„Maßnahmegesetz"* sei.[880]

### *c) Zwischenergebnis*

Damit ist eine Ungleichbehandlung des von der Amnestie begünstigten Steuerhinterziehers gegenüber anderen Straftätern zum einen darin zu sehen, dass er – wie der Selbstanzeigende – Straffreiheit für ein beendetes Delikt erlangen kann. Diese Ungleichbehandlung – immer noch bezogen auf die Gewährung der Straffreiheit – zeitigt dergestalt aber ein größeres Ausmaß als bei der Selbstanzeige, als der durch die Amnestie Begünstigte sich diesen Ablass nicht erkaufen muss, sondern ihn auch noch finanziell prämiert bekommt.

Unter dogmatisch-rechtsstaatlichen Gesichtspunkten ist die Steueramnestie weiter insofern problematischer als die Selbstanzeige, als deren Bedingungen der Straflosigkeit bereits bei Tatbegehung abstrakt-generell feststanden, während die

---

878 Auch wenn deren Entrichtung nicht Voraussetzung der Strafbefreiung ist.

879 Siehe unter C.VI.4.

880 *Schünemann*, StVj 1989, S. 3 (7).

Steueramnestie ihre Bedingungen nachträglich für eine abgrenzbare Zahl individuell-konkreter Sachverhalte festlegt.[881]

## 2. Größeres Ausmaß der Ungleichbehandlung im Vergleich zu sonstigen Amnestien

Auch im Vergleich zu sonstigen Amnestien ist bei Steueramnestien über die den Amnestierten gewährte Straffreiheit hinaus, welche diese gegenüber anderen Straftätern und Rechtstreuen begünstigt, eine Ungleichbehandlung gegenüber Steuerehrlichen durch den Erlass von Steuern zu besorgen. Dabei wird das eigentlich rechtlich wie moralisch missbilligte und normalerweise mit Kriminalstrafe sanktionierte Vorverhalten nicht nur verziehen und sanktionslos gestellt, sondern es wird hier darüber hinaus sogar gerade zur notwendigen Voraussetzung für die Teilnahme an einer weiteren Vergünstigung und definiert gewissermaßen den potentiellen Adressatenkreis der Bevorzugung.

Gleichwohl festgestellt wurde, dass es sich bei den Aspekten der Straffreiheits- und der Steuernachlassgewährung eigentlich um zwei unterschiedliche Formen der Begünstigung handelt, können diese auch nicht gänzlich isoliert betrachtet werden. Im Rahmen einer Abwägung der verfassungsrechtlichen Verhältnismäßigkeit eines Steueramnestiegesetzes sind sie zwar jeweils zu berücksichtigen, allerdings im Sinne einer paradoxen gegenseitigen Bedingtheit, eben weil der Straffreie auch noch steuerlich belohnt, der Steuerbegünstigte auch noch straffrei wird.

Kern der Ungleichbehandlung bleibt der bizarre Umstand, dass derjenige, der seine Einkünfte in der Vergangenheit ordnungsgemäß versteuerte, jeweils schlechter behandelt wird, als jemand, der zuvor Steuern vorsätzlich oder leichtfertig verkürzte.[882] *Pezzer*[883] sprach im Zusammenhang mit dem StrFG 2004 unter Bezugnahme auf *Rose* von der „*Dummensteuer*", welche die Steuerehrlichen letztlich zahlten.[884]

---

881 *Schünemann*, StVj 1989, S. 3 (7).

882 Vgl. *Joecks*, Steuer-Amnestiegesetz, 1989, Rn. 8 über StrFG 1990.

883 *Pezzer*, DStZ 2003, S. 724 (725).

884 Wobei *Rose* den von ihm selbst geprägten Begriff ausdrücklich nicht auf den Steuerehrlichen angewendet wissen möchte, der von einer Steueramnestie nicht profitiert, da mit „*Dummensteuer*" nicht solche Abgaben gemeint seinen, „*die man nur durch Steuerhinterziehung hätte vermeiden können, illegales Verhalten [sei] nämlich kein akzeptables Mitte.*" *Rose*, in: Festschrift für Klaus Tipke, Lang (Hrsg.), 1995, S. 153 (153). Vgl. zu dem Begriff außerdem *Tipke*, Steuerrechtsordnung I, 1993, S. 181 f.;

## 3. Grundsätzliche Bedenken gegenüber Steueramnestien

Bereits auf formaler Ebene wäre die Frage zu stellen, ob ein bestimmter Regelungsbereich, wie etwa das Steuerrecht, schon abstrakt überhaupt geeignet sein kann, das scharfe Schwert der Amnestie zu zücken, und welcher Maßstab hier an das Vorliegen außergewöhnlicher Umstände anzulegen ist. Man könnte auf Basis der Feststellungen zur generellen Problembehaftung von Amnestien durchaus auf den Gedanken verfallen, der fiskalischen Materie sei das Hantieren mit Straffreiheitsgesetzen gänzlich unangemessen.

Ein kurzer Blick auf die höchstrichterliche Rechtsprechung offenbart, dass diese – meist mit dem pauschalen Verweis auf den weiten, nicht rechtlich überprüfbaren Ermessensspielraum des Gesetzgebers – in der Vergangenheit gerne fünfe gerade sein ließ. So wurde in der Geschichte der Bundesrepublik keine einzige Amnestie – insbesondere auch nicht die Steueramnestien 1990 und 2004 – vom BVerfG suspendiert.[885] In den Fällen offensichtlicher Missgriffe bekam der historische Gesetzgeber jeweils selbst kalte Füße und stampfte das Gesetzesvorhaben ein.[886] Dabei ist nicht ganz klar, ob die Rechtsprechung das Vorliegen außergewöhnlicher Umstände gänzlich nicht (mehr) für erforderlich hält oder ob es die Hürde hierfür einfach nur denkbar niedrig ansetzt, da eine inhaltliche Stellungnahme stets vermieden wurde.[887] Gleichwohl verbleiben erhebliche Bedenken.

## 4. Rechtfertigungen von Steueramnestien

Die gängigen Argumente verfassungsrechtlicher Rechtfertigung der mit Steueramnestien einhergehenden materiellen Ungleichbehandlungen sind praktisch weitgehend mit denen der Selbstanzeige deckungsgleich so wie auch die gängige Kritik an diesen. Für den Erlass von Steueramnestien kommen demnach primär fiskalische Gründe in Betracht. Es geht dem Staat darum, zusätzliche Einnahmen zu generieren durch wenigstens teilweise Realisierung solcher Steueransprüche, die ihm bereits wirksam entstanden waren, auf die er jedoch aufgrund seiner Unkenntnis der Quellen keinen Zugriff hatte.[888]

---

*Tipke*, Steuerrechtsordnung III, 1993, S. 1370; *Salditt*, in: Festschrift für Klaus Tipke, Lang (Hrsg.), 1995, S. 475 (475); *Tipke*, Steuerrechtsordnung III, 2012, S. 1727.

885 Vgl. BVerfG, Beschl. v. 25.02.2008 – 2 BvL 14/05; BVerfG, Urt. v. 27.06.1991 – 2 BvL 3/89; ebenso BFH, Urt. v. 31.08.2010 – VIII R 11/08, juris.

886 Etwa im Falle der Parteispendenaffäre, siehe hierzu unter E.I.2.c).

887 BVerfG, Beschl. v. 25.02.2008 – 2 BvL 14/05 = DVBl 2008, 652.

888 Vgl. *Joecks*, Wistra 2011, S. 441 (444).

Als zumindest bedingt kriminalpolitisches Argument im eigentlichen Sinne mag man die Problematik des Fortsetzungszusammenhangs gelten lassen, wonach es auf der spezifischen Besonderheit der Steuermaterie beruht, dass jemand, der mit dem Hinterziehen einmal begonnen hat, in vielen Konstellationen, zumindest soweit es um die Versteuerung der Erträge von unter Hinterziehung erlangten Vermögenssubstanzen geht, zu einer jährlichen sich perpetuierenden Wiederholung der Tat gezwungen ist, da er durch erstmalige Versteuerung derselben die tatbestandlichen Anknüpfungspunkte der Vortaten selbst offenbaren würde.

Weiter wird – ebenfalls unter Verweis auf die fiskalischen Besonderheiten – die angebliche Unerreichbarkeit des rechtsstaatlichen Regelungsziels angeführt, welche darin bestehe, dass es dem Staat aufgrund des damit verbundenen Aufwands schlicht nicht möglich sei, die Grundlagen der Besteuerung selbst effektiv und umfassend zu erfassen, er deshalb auf die Mithilfe der Steuerpflichtigen angewiesen sei.[889]

### *a) Fiskalischer Staatsnotstand im Sinne außergewöhnlicher Umstände*

Letztlich wird dieses Argument noch weiter dramatisiert und die Unerreichbarkeit des rechtsstaatlichen Regelungsziels zu einem Fall des Staatsnotstandes hochstilisiert.

Dem wird in der Literatur heftig und zutreffend widersprochen. Ein Staatsnotstand könne kein Dauerzustand sein, käme *„allenfalls als ultima ratio in Betracht, und dies auch nur ein einziges mal“*.[890] Es dürfe sich keinesfalls eine Form der Amnestieroutine einstellen, dergestalt dass Steuerpflichtige sich auf diese einstellen könnten, um in regelmäßigen Abständen – *Pezzer* spricht von *„etwa 10 Jahren“* – hinterzogene Steuern komplett erlassen oder zumindest *„lukrative Rabatte“* eingeräumt zu bekommen; denn hierdurch würde das Rechtbewusstsein gründlich irritiert.[891] Ein historischer Schulterblick in die jüngste Vergangenheit zeigt, dass mit den Steueramnestien 1990, 2004 und dem – wenn auch gescheiterten – Abkommen 2013 zwar die Zehnjahresabstände noch nicht erreicht wären, die „Einschläge“ jedoch näher kommen. Als jeweils epochalen Schlussstrich mag man sie immer wieder verkauft haben, jedoch hatte nie jemand seine Hand dafür ins Feuer

889 Vgl. Franz Becker (D.Vp.), Nationalversammlung, Band 331, stenographischer Bericht der 132. Sitzung vom 17.12.1919, S. 4137 (D).

890 *Pezzer*, DStZ 2003, S. 724 (726).

891 *Pezzer*, DStZ 2003, S. 724 (726); vgl. mit ähnlichen Argumenten bereits Paul Gustav Emil Löbe (SPD), Nationalversammlung, Band 331, stenographischer Bericht der 132. Sitzung vom 17.12.1919, S. 4137 (B).

legen wollen, die von ihm propagierte Steueramnestie sei und bliebe die letzte ihrer Art. Ebenso würden wohl nicht einmal die größten politischen Befürworter der einzelnen Steueramnestien behaupten wollen, diese wären in der jeweiligen Situation *ultima ratio* gewesen.

Die Aushöhlung, Überstrapazierung und schlussendliche Zweckentfremdung gewisser *ultima ratio*-Tatbestände durch den Gesetzgeber im Wege inflationärer Annahme derselben, scheint dabei, jedenfalls im fiskalischen Bereich, ohnehin System zu haben. Zumindest war die Politik hier seit jeher großzügig. Es sei – um nur ein weiteres Beispiel zu nennen – auf das Verschuldungsverbot des Bundes gemäß Art. 115 GG a.F. und die in krassem Widerspruch hierzu stehende tatsächliche bundesrepublikanische Schuldenpraxis verwiesen. Dabei ließen sich die verabschiedeten Bundeshaushalte 1975, 1976, 1981, 1982, 1983, 1988, 1990, 1993, 1996, 1997[892] sowie 2002 bis 2006[893] aufgrund der jeweiligen Defizite und sich hieraus ergebenden Nettoneuverschuldung, welche die investiven Ausgaben des Bundes überstiegen, gemäß des Art. 115 GG a.F.[894] nur unter Annahme des Vorliegens und *„zur Abwehr einer Störung des gesamtwirtschaftlichen Gleichgewichts“* rechtfertigen.

Ein rein fiskalisches Interesse, das sich auf die punktuelle wie einmalige Generierung von zusätzlichen Einnahmen beschränkt, vermag eine Amnestie keinesfalls zu rechtfertigen. Wie bereits festgestellt wurde,[895] ist zu fordern, dass im Wege oder zumindest zeitgleich mit der Amnestie eine strukturelle, wenn nicht radikale Behebung des Grundproblems wenigstens versucht wird. Je weniger dabei auf einen außergewöhnlichen Umstand im Sinne eines aktuellen und von der sonstigen Norm abweichenden Zustandes verwiesen werden kann, umso eher ist zu fordern, dass wenigstens der zu bekämpfende Missstand in Form des bisherigen Dauerzustandes nachhaltig behoben werden soll.

---

892 *Hinrichs*, Die Verschuldung des Bundes 1962–2001 vom Juni 2002, S. 17 ff. (Int.Q.).

893 *Bucerius*, Bundeshaushalt 2008 vom 11.09.2007, S. 6 (Int.Q.).

894 Art. 115 GG in der bis zum 01.08.2009 geltenden Fassung, neu gefasst durch Art. 1 des G.v. 29.07.2009 (BGBl. Nr. 48, S. 2248 (2249)) mit Wirkung vom 01.08.2009: *„Die Aufnahme von Krediten sowie die Übernahme von Bürgschaften, Garantien oder sonstigen Gewährleistungen, die zu Ausgaben in künftigen Rechnungsjahren führen können, bedürfen einer der Höhe nach bestimmten oder bestimmbaren Ermächtigung durch Bundesgesetz. Die Einnahmen aus Krediten dürfen die Summe der im Haushaltsplan veranschlagten Ausgaben für Investitionen nicht überschreiten; Ausnahmen sind nur zulässig zur Abwehr einer Störung des gesamtwirtschaftlichen Gleichgewichts. Das Nähere wird durch Bundesgesetz geregelt.“*

895 Siehe unter E.I.3.c).

### b) *Konkrete Anforderungen an Neuordnung und Überwindung*

Es stellt sich die Frage, welche konkreten Anforderungen an eine solche gesetzliche oder tatsächliche Neuordnung und die Überwindung besonderer Umstände im Falle von Steueramnestien zu stellen wären. Hier käme zum einen ein tatsächlich aktueller Staatsnotstand in Betracht, wobei die wohl legitimste und amnestiespezifischste Intention für den Erlass einer Steueramnestie wäre, durch sie mittels der zusätzlich generierten Einnahmen einen Staatsbankrott abwenden zu wollen. Denkbar sind weiter Konstellationen, in denen Schlussstrichziehung und Neuregelung eher die Überwindung eines bislang chronischen Zustandes oder der Beeinflussung der Ausgangslage im Hinblick auf die Zeit nach einer Änderung der Rahmenbedingungen abzielen. Dabei stellt sich die Frage, ob Schlussstrichziehung und Neuregelung inhaltlich zwingend auf Verfolgungsintensivierung und Erhöhung der Kontrolldichte bezogen sein müssen, dann wäre eine Steueramnestie etwa Begleitmaßnahme einer Gesetzesverschärfung, oder ob diese Gegenteiliges zum Inhalt haben sollten. So kritisierte etwa *Schünemann*, der im Falle der Steueramnestie 1990 eine Verletzung des Gleichheitsgrundsatzes – jedenfalls durch deren Steuerverzicht isoliert betrachtet – noch ablehnte,[896] da er deren Anreizsetzung zur Nachversteuerung als geeignet, wenn nicht „*geradezu unabweisbar*" ansah, angesichts des damals gleichzeitig in die AO überführten Bankererlasses,[897] dass dagegen die Steueramnestie 2004 aufgrund einer gleichzeitigen Ausweitung der Kontrollmechanismen gerade überflüssig sei. Bei jener 1990 sei durch Einführung des § 30a AO, mit welchem der ohnehin bereits vielfach kritisierte Bankenerlass gesetzlich verankert wurde, die „*Lückenhaftigkeit der finanzbehördlichen Kontrolle*" zementiert und ausgeweitet worden, so dass argumentiert werden könne, der schädlichen Anreizsetzung zur vermehrten Steuerhinterziehung aufgrund des verminderten Entdeckungsrisikos sei im Wege der Amnestie ein umgekehrter Anreiz zur Rückkehr in die Steuerehrlichkeit entgegenzusetzen. Der mit § 2 ZStAmnG angeordnete weitgehende Steuerverzicht sei dabei „*ein [solch] hinreichendes Motiv zur Nachversteuerung*".[898] Die Steueramnestie 2004 dagegen

> „*geh[e] den genau umgekehrten Weg, indem einerseits durch das Angebot einer enormen Steuerprämie ‚für die Vergangenheit weitgehend Rechtsfrieden erreicht werden soll', während ‚für die Zukunft durch verbesserte Überprüfungsmöglichkeiten der Finanzverwaltung*

896 *Schünemann*, StVj 1989, S. 3 (18 ff.).

897 *Schünemann*, StVj 1989, S. 3 (22) „*[…] wenn [vor diesem Hintergrund] überhaupt irgendein Effekt erzielt werden soll[e]*".

898 *Schünemann*, ZRP 2003, S. 433 (436).

*[...] die Durchsetzung des steuerlichen Normprogramms weiter verbessert werden (und) das damit verbundene erhöhte Entdeckungsrisiko bei Steuerhinterziehungen zu einem höheren Grad von Steuerehrlichkeit führen soll, zumal zugleich die Möglichkeit geschaffen wird, zu attraktiven Bedingungen für die Vergangenheit steuerehrlich zu werden*"".[899]

*Joecks* und *Lang* dagegen vertraten in der Diskussion über das Amnestiegesetz 1990 die gegenteilige Auffassung, dass eine Ungleichbehandlung im Sinne einer Bevorzugung des Steuerehrlichen gegenüber dem Steuerhinterzieher grundsätzlich nur dann vertretbar sei, wenn durch den Steuerverzicht für vergangene Veranlagungszeiträume zumindest die realistische Chance erkauft werde, dass, die jeweiligen Sachverhalte betreffend, zukünftig Steuern ordnungsgemäß erhoben werden könnten. Die mit dem StRefG 1990 gleichzeitig erfolgte Stärkung des Bankgeheimnisses durch die Verankerung des Bankenerlasses in § 30a AO konterkariere jedoch eine solche Intention.[900]

Der Ansicht *Schünemanns*, wonach nur die gleichzeitige Reduzierung der Kontrollmöglichkeiten für die Zukunft geeignet sei, einen solchen Schlussstrich herzugeben, der zur Rechtfertigung einer Steueramnestie tauglich sei, ist jedenfalls nicht beizupflichten. Tatsächlich erscheinen abstrakt sowohl die Verschärfung als auch die Aufweichung von Kontrollmaßnahmen generell geeignet, ein rechtfertigendes Schlussstrichmoment in Bezug auf eine Steueramnestie herzugeben, wobei allerdings der Verschärfung der Vorzug zu geben ist. Eine Entschärfung, wie durch den Bankenerlass besorgt, ist generell unglücklich und nicht wünschenswert. Eine gleichzeitige Steueramnestie als Begleitmaßnahme erscheint dabei als Bankrotterklärung eines hilflosen Staates, ein kraftloser Appel, wenn nicht ein Betteln gegenüber den Steuerhinterziehern, doch noch ein Einsehen zu haben und sich gelockt durch die gewährten Rabatte, in den bequemen Schoß der Legalität zurückzubegeben. Gleichwohl kann eine Steueramnestie in der Konsequenz einer solchen Ausgangslage und der Logik ihres Bezugssystems als zweckdienlich erachtet werden.

Im umgekehrten Fall des zweigleisigen Einsatzes von Zuckerbrot und Peitsche mag die Zweckmäßigkeit der Gewährung einer Steueramnestie bei gleichzeitiger Effektivierung der Kontrollmechanismen immer dann in Zweifel zu ziehen sein – hierauf fußt *Schünemanns* Kritik[901] –, wenn der anvisierten Zielgruppe

---

899 *Schünemann*, ZRP 2003, S. 433 (436) seinerseits BT-Dr. 15/1309 S. 11 zitierend.

900 *Joecks*, Steuer-Amnestiegesetz, 1989, S. 5, Rn. 11; ebenso *Lang*, FR 1989, S. 349 (357); *Thomsen*, Das Amnestiegesetz, 1995, S. 215; vgl. hierzu auch die Kritik von *Balke*, FR 1989, S. 33 (33) an der Widersprüchlichkeit der gesetzgeberischen Zwecke; sowie C.IV.6.f).

901 *Schünemann*, ZRP 2003, S. 433 (436).

keine Ausweichmöglichkeiten verbleiben, deren Entdeckungsrisiko und damit die Wahrscheinlichkeit eines zukünftigen fiskalischen Zugriffs auf die verborgenen Steuerquellen durch die Neuregelung tatsächlich signifikant steigt. Andererseits kann hier unter Berücksichtigung eines weiter hinzutretenden kriminalistischen Kalküls die Geeignetheit beider Maßnahmen in ihrem Zusammenwirken begründet werden. Die Rede ist vom psychologischen Aspekt, den eine öffentlichkeitswirksame Intensivierung der Verfolgungsmaßnahmen auf Steuerhinterzieher haben kann. Soweit man davon ausgeht, dass die tatsächlichen Früchte im Sinne gesteigerter zukünftiger Entdeckungsquoten sich in überschaubarem Rahmen halten würden, aber gleichzeitig hinter dem psychologischen Druck, den eine solche Maßnahme subjektiv bei einzelnen Steuerdelinquenten auslösen mag, zurückbleiben, erscheint es nur konsequent, solche Entdeckungsängste, seien sie auch unter stochastischem Gesichtspunkt irrational, derart zu nutzen, den vermeintlich in die Enge Getriebenen gleichzeitig eine lukrative „Exitstrategie“ anzubieten.

Dem ließe sich zwar entgegenhalten, dass für derart aufgescheuchte Steuerhinterzieher ja grundsätzlich bereits eine jederzeit abrufbare Exitstrategie in Form der Selbstanzeige besteht,[902] gleichwohl lässt sich aber auch nicht abstreiten, dass diese vergleichsweise weniger verlockend erscheint, soweit sie Zuschläge statt Vergünstigungen auf die nachzuentrichtende Steuer vorsieht und mit der Ungewissheit behaftet ist, ob sie letzten Endes als wirksam erachtet werden wird.

### *c) Rechtsgutträgereigenschaft des Staates*

Bei der Frage der materiellen Rechtfertigung von Steueramnestien könnte man ferner das Argument bemühen, allgemein im Falle von Steuervergehen sei die Hürde niedriger, könne sich der Staat seines Strafanspruches vergleichsweise leichter begeben als im Falle anderer Delikte, da er selbst Geschädigter sei. Dem ist jedoch zum einen entgegenzuhalten, dass auch die übrigen Steuerzahler zumindest indirekt durch die Hinterziehung geschädigt sind. Zum anderen kann man im Sinne einer Reziprozität, als Gegenstück des Gewalt- und Strafmonopols, das der Staat für sich in Anspruch nimmt, einen Anspruch seiner Bürger gegen diesen sehen, Straftaten auch zu verfolgen und zu bestrafen. Letztlich könnte der Bürger fragen, weshalb der Staat dann, wenn er selbst geschädigt ist, sein eigenes Restitutionsinteresse über jenes stellt, am eigentlich unwiderruflich entstandenen Strafanspruch festzuhalten, während das möglicherweise ebenfalls überwiegende Interesse eines geschädigten Individuums an Schadenskompensation und der

902 So *Schünemann*, ZRP 2003, S. 433 (436).

hieraus resultierende Wunsch, zu Gunsten dieser auf Bestrafung des Täters zu verzichten, unberücksichtigt bleiben würde.[903]

### 5. Ergebnis

Steueramnestien zeichnen sich durch eine doppelte Privilegierung ihrer Adressaten aus. Ferner wird ihre jeweilige *justa causa* stets weitgehend mit der *ratio legis* der Selbstanzeige nach § 371 AO, jedenfalls den zu deren Begründung bemühten Argumenten übereinstimmen. Fiskalische Erwägungen dürften im Vordergrund stehen. Beide Umstände sind geeignet, erhebliche verfassungsrechtliche Bedenken gegenüber Steueramnestien im Allgemeinen zu schüren. Selbstverständlich ist dabei eine Steueramnestie, was die Schwere der Erschütterung der Rechtsordnung anbelangt, nicht mit der Amnestierung etwa von Fememördern[904] vergleichbar und doch handelt es sich rechtstechnisch um das gleiche Werkzeug, die rückwirkende Außerkraftsetzung von Strafnormen. Jedoch mag der Umstand, dass lediglich Straftaten zu Ungunsten der Staatsfinanzen betroffen sind, das heißt solche Delikte, die keine Individuen als Opfer kennen und sich erst recht nicht gegen höchstpersönliche Rechtsgüter als Schutzgüter richten, als ein Argument für die Steueramnestie gelten. Tatsache ist, dass zwölf gesamtdeutsche Steueramnestien, zwei davon in der Bundesrepublik, von der Rechtsprechung nie für verfassungswidrig befunden wurden.

Unabhängig von der jeweiligen Frage nach der Angemessenheit von Zweck und Mittel im Falle einer jeden einzelnen Steueramnestie ist als formale Mindestanforderung jedenfalls eine Änderung des rechtlichen oder tatsächlichen Umfelds der Besteuerung zu fordern,[905] als deren Begleitmaßnahme, im besten Falls als deren Katalysator oder Ventil die Amnestie fungieren soll. Der Zweck sollte folglich ein vorübergehender sein und sich am Ende mit und durch die Amnestie erfüllt, das Ausgangsproblem sich damit erledigt haben.

## III. Verfassungsmäßigkeit des Steuerabkommens

Zur Beantwortung der Frage, ob das gescheiterte Abkommen einer verfassungsrechtlichen Überprüfung würde standgehalten haben, sei auf die zuvor gewonnenen Erkenntnisse zurückgegriffen. So wurde festgestellt, dass Teil des

903 Eine Ausnahme mögen hier die Antragsdelikte sowie bei Verneinung des öffentlichen Interesses die Privatklagedelikte darstellen.

904 Vgl. *Grimm*, Generalamnestie, 1951, S. 20; *Schätzler*, Gnadenrecht, 1992, Ziff. 31.3.6.

905 So auch im Ergebnis FG Köln, Beschl. v. 22.09.2005 – 10 K 1880/05, DStRE 2005, 1398.

Abkommens eine Steuerstrafamnestie für einen Adressatenkreis beinhaltet, der sich dadurch definiert, dass er in der Zeit bis 31.12.2010 Vermögenswerte in der Schweiz angelegt und deren Zinsen, Dividenden oder sonstige Erträge gegenüber dem Fiskus verheimlicht und hierdurch Steuern hinterzogen hatte.[906]

Somit ist das Abkommen unabhängig von anderen Regelungsaspekten – allein aufgrund seiner Eigenschaft als Straffreiheitsgesetz – als Erstes darauf zu prüfen, ob es die generellen und formalen Anforderungen an die Verfassungsmäßigkeit einer Amnestie erfüllt.

In einem zweiten Schritt ist zu prüfen, ob den Strafbefreiungsvorschriften oder auch sonstigen Regelungen des Abkommens verfassungsrechtliche Wertungen entgegenstehen, insbesondere ob diese gegen den Gleichheitssatz des Art. 3 Abs. 1 GG verstoßen.

## 1. Formale Anforderungen an die Verfassungsmäßigkeit der Amnestie

Eine Amnestie darf, wie dargestellt[907] – im Gegensatz zur Gnade – nur als Akt der Legislativen und nur für eine unbestimmte Vielzahl von Fällen ergehen, gleichzeitig darf sie gegen keines der ungeschriebenen, jedoch anerkannten Amnestieverbote verstoßen.

Beim Steuerabkommen handelt es sich zunächst um einen bilateralen völkerrechtlichen Vertrag, der jedoch nach erfolgter Paraphierung und Unterzeichnung durch die jeweiligen Organe der Vertragsparteien zum Zwecke der Ratifizierung als jeweils nationales Parlamentsgesetz hätte beschlossen und verkündet werden müssen.

Somit hätte ein formelles Gesetz vorgelegen, die Gesetzesform wäre gewahrt gewesen.

### *a) Gesetzgebungskompetenz*

Die Gesetzgebungskompetenz für Amnestien in Deutschland konnte nach langem Streit hierüber, der in bis ins Kaiserreich zurückreicht und besonders in der Zeit der Weimarer Republik kontrovers geführt wurde – auf die vorangegangenen

906 Sowie, dass die Kundenbeziehung zu dem schweizerischen Kreditinstitut zu diesem Zeitpunkt noch bestand.

907 Siehe unter E.I.1.

Ausführungen wird verwiesen[908] – heute, spätestens jedoch seit dem Beschluss des BVerfG vom 22.04.1953[909] als geklärt angesehen werden.

### *aa) Bisherige Herleitung der Gesetzgebungsbefugnis des Bundes*

Danach ergab sich die Gesetzgebungsbefugnis des Bundes für den Erlass von Straffreiheitsgesetzen aus Art. 74 Ziff. 1 GG a.F. iVm Art. 72 Abs. 2 Ziff. 3 GG,[910] und zwar soweit Abolition, also Niederschlagung von Verfahren angeordnet wurde, jedenfalls aus dessen konkurrierender Gesetzgebungskompetenz auf dem Gebiet des gerichtlichen Verfahrens. Soweit der Erlass bereits rechtskräftig erkannter Strafen angeordnet wurde, leitete das BVerfG die Befugnis des Bundes aus seiner damals ebenfalls noch bestehenden Gesetzgebungsbefugnis für den Bereich des Strafvollzugs her. Infolgedessen enthielt sich das Gericht auch ausdrücklich einer Entscheidung, ob sich die Gesetzgebungskompetenz *„des Bundes zum Erlaß des Straffreiheitsgesetzes [auch] aus seinem Recht zur Gesetzgebung auf dem Gebiete des Strafrechts herleiten l[ie]ße"*.[911]

### *bb) Auswirkung der Föderalismusreform 2006*

In der bis zum 31.08.2006 gültigen Fassung des Art. 74 Ziff. 1 GG a.F. wurde konkurrierende Gesetzgebung unter anderem für *„Strafrecht und Strafvollzug"* angeordnet. Im Rahmen der Föderalismusreform hat jedoch eine mit dem 31.08.2006 wirksam gewordene Kompetenzverschiebung hin zu einer ausschließlichen Zuständigkeit der Länder für den Strafvollzug stattgefunden,[912] welche sich nach dessen Streichung aus dem Katalog der Regelungsgebiete des Art. 74 GG aus Art. 70 Abs. 1 GG als Ausfluss des Subsidiaritätsprinzips[913] ergibt. Selbst der Vollzug der Untersuchungshaft, welche, als dem gerichtlichen Verfahren zugehörig, in der StPO geregelt ist, wurde ausdrücklich in den Verantwortungsbereich der Länder überführt. Danach erstreckt sich die konkurrierende Gesetzgebung nach Art. 74 Abs. 1 Ziff. 1 GG n.F. nunmehr nur noch auf:

---

908 Vgl. C.V.

909 BVerfG 2, 213 = NJW 1953, 777, Beschluss vom 22.04.1953 – 1 BvL 18/52.

910 Fassung des Art. 72 (24.05.1949 bis 15.11.1994), Fassung des Art. 74 (24.05.1949 bis 24.12.1959).

911 BVerfG NJW 1953, 777 (778) = BVerfG 2, 213; bestätigend BVerfG NJW 1960, 235 = BVerfGE 10, 234.

912 BGBl. 2006, Nr. 41, 2034.

913 Vgl. zu diesem *Katz*, Staatsrecht, 2010, § 12 III, Rn. 250.

*„das bürgerliche Recht, das Strafrecht, die Gerichtsverfassung, das gerichtliche Verfahren (ohne das Recht des Untersuchungshaftvollzugs), die Rechtsanwaltschaft, das Notariat und die Rechtsberatung; […]“.*

Dies hat – von Politik und Literatur bisher offenbar gänzlich übersehen,[914] während die Rechtsprechung bisher noch keinen Anlass hatte, sich mit der neuen Konstellation auseinanderzusetzen – erhebliche Auswirkungen auf die Frage der Kompetenz zum Erlass von Straffreiheitsgesetzen nach dem 31.08.2006. Die letzte Amnestie in Deutschland – das Straffreiheitsgesetz 2004 – war am 30.12.2003 in Kraft getreten und somit knapp zwei Jahre vor der Föderalismusreform. Das gescheiterte Steuerabkommen wäre das erste Straffreiheitsgesetz seitdem gewesen.

So stellt sich die Frage, ob der alte Streit aus Weimarer Zeit nun tatsächlich wieder aufgenommen und fortgeführt werden muss. Tatsächlich trägt die Herleitung des BVerfG zur Gesetzgebungskompetenz des Bundes, soweit ein Straffreiheitsgesetz den Erlass bereits rechtskräftig erkannter Strafen anordnet, seit dem 01.09.2006 nicht mehr. Eine alternative Begründung muss her, nachdem die alte keine Gültigkeit mehr hat.

### *cc) Auswirkung auf das Steuerabkommen*

Hier könnte man freilich argumentieren, dass gerade die Eigenart des Steuerabkommens, als Steueramnestie und Bedingungsamnestie, als Beispiel des *„neuartigenn Amnestietyps“*,[915] der, wie bereits problematisiert, die Generalabolition zum praktischen Anwendungsschwerpunkt hat, das Problem relativiere. Da der gesetzgeberische Wille in allererster Hinsicht darauf abziele, Ermittlungsverfahren (im Falle der freiwilligen Meldung) gar nicht erst einzuleiten, im Falle einer erfolgten anonymen Abgeltung auf deren Nachweis hin einzustellen, sei ausschließlich Gesetzgebung auf dem Gebiet des gerichtlichen Verfahrens zu besorgen. Bei normalem Lauf der Dinge würde es zu Eingriffen in den Strafvollzug gar nicht erst kommen. Eine solche Argumentation greift aber zu kurz. Auch wenn es aufgrund der Interessenlage der Amnestieadressaten auf den ersten Blick keinen vernünftigen Grund gäbe, zunächst ein Strafverfahren über sich ergehen zu lassen und es schließlich zu einer Verurteilung kommen zu lassen, um erst dann die Vollstreckung der Strafe durch Vorlage des „Persilscheins“, des Nachweises der anonymen Abgeltung, zu verhindern, ist diese Konstellation doch nicht

914 Vgl. etwa *Birkhoff/Lemk*, Gnadenrecht, 2012, Rn. 50, welche die Kompetenz des Bundes unter Verweis auf die früheren Entscheidungen des BVerfG nach wie vor aus Art. 74 Nr. 1 iVm Art. 72 Abs. 2 GG herleiten.

915 *Schünemann*, StVj 1989, S. 3 (31); vgl. C.VI.1.

ausgeschlossen. Mögliche denkbare Gründe hierfür könnten etwa sein, dass der Nachweis vor einer Verurteilung nicht gelingt, weil etwa entsprechende Unterlagen zunächst nicht verfügbar sind. Weiter kann nicht ausgeschlossen werden, dass sich ein (möglicherweise unverteidigter) Betroffener aus Unkenntnis der Sach- oder Rechtslage im Verfahren nicht auf die Strafbefreiung beruft. Letztlich ist zudem nicht auszuschließen, dass aus verfahrenstaktischen Erwägungen heraus zunächst auf den Nachweis der Teilnahme an der Abgeltung verzichtet würde, da etwa unter mehreren Tatkomplexen nur einzelne der Strafbefreiung aufgrund des Abkommens unterfallen. Der Beschuldigte könnte in der Hoffnung, eine Einstellung oder einen Freispruch aus Mangel an belastenden Beweisen zu erreichen, zunächst darauf verzichten, sich auf die Abgeltung zu berufen, gerade dann, wenn er befürchten müsste, dass durch die Offenbarung andere, dem Abkommen nicht unterfallende Tatkomplexe, erst entdeckt und nachvollzogen würden.

Im Ergebnis dürfte aufgrund des Wortlautes der Strafbefreiungsvorschrift, der hergebrachten Rechtsfolgen einer Amnestie und des *in dubio pro reo*-Grundsatzes auch dem bereits rechtskräftig Verurteilten die Strafbefreiung in Form des Straferlasses nicht verweigert werden. Die praktische Wirkung als Vollstreckungsamnestie wäre die Folge und damit das Gesetz auch ein solches auf dem Gebiet des Strafvollzugs.

Folglich bedarf es einer Entscheidung der Frage, ob sich die Gesetzgebungskompetenz des Bundes, soweit durch ein Straffreiheitsgesetz auch der Erlass bereits rechtskräftig erkannter Strafen angeordnet wird, alternativ begründen lässt.

#### *dd) Bundeskompetenz für völkerrechtliche Amnestien*

Eine Amnestiekompetenz des Bundes könnte sich unter Umständen aus der Einbettung der Amnestie in einen völkerrechtlichen Vertrag aus Art. 32 Abs. 1 GG oder aufgrund eines entsprechenden Gewohnheitsrechts ergeben. Jedoch wurde bereits in Weimarer Zeit vertreten, eine solche Befugnis zum Abschluss völkerrechtlicher Verträge müsse durch die innerstaatliche Gesetzeskompetenz gedeckt sein.[916] Dies deckt sich auch mit der heutigen Praxis, wonach etwa die Zustimmungsbedürftigkeit zum Abkommen bereits aufgrund der steuerrechtlichen Regelungen gemäß der Art 105 Abs. 3, Art. 106 Abs. 5, Art. 107 Abs. 1 und Art. 108 Abs. 5 GG nie in Zweifel gezogen wurde, ungeachtet der völkerrechtlichen Dimension. Soweit Art. 32 Abs. 1 GG die Pflege der Beziehungen zu auswärtigen Staaten dem Bund zuweist, kann dies somit im Falle völkerrechtlicher Verträge nur die Abschlusskompetenz umfassen, während die Transformationskompetenz

916 *Oppelt*, Amnestiegesetzgebung, 1957, S. 79.

bei den Ländern verbleibt. Andernfalls stünde es dem Bundesgesetzgeber frei, sich nach Belieben über die Kompetenzzuweisungen der Art. 70 ff. GG hinwegzusetzen. Er könnte sich Kompetenzen der Länder dadurch anmaßen und Zustimmungserfordernisse wie etwa aus Art. 105 Abs. 3 GG dadurch umgehen, dass er entsprechende Regelungsvorhaben im Wege völkerrechtlicher Verträge durchsetzte. Letztlich lässt sich auch aus dem Lindauer Abkommen[917] eine Privilegierung von Amnestievorhaben nicht ableiten. Ein Kompetenztitel des Bundes für den Erlass des Straffreiheitsgesetzes kann demnach nicht aus seinem bilateralen Kontext hergeleitet werden.

Eine Ausnahme war jedoch in der Weimarer Republik im Falle von Friedensverträgen gemeinhin anerkannt, wonach das Reich bei Abschluss solcher wohl mehr oder weniger unbegrenzt über eigentliche Landeskompetenzfelder verfügen durfte.[918] Selbst wenn im Zuge des langjährigen Konflikts zwischen Bundesrepublik und Eidgenossenschaft der Begriff des *„Steuerkriegs“*[919] das eine oder andere Mal gefallen sein mag, kann doch im Falle des gescheiterten Abkommens von einem Friedensvertrag seriöser Weise wohl kaum gesprochen werden. Eine Sonderkompetenz aufgrund der völkerrechtlichen Vertragsdimension scheidet somit aus.

#### *ee) Alternative Herleitung der Gesetzeskompetenz*

Das BVerfG hatte die Frage, *„ob sich die Befugnis des Bundes zum Erlaß des Straffreiheitsgesetzes aus seinem Recht zur Gesetzgebung auf dem Gebiete des Strafrechts herleiten läßt“*,[920] ausdrücklich offengelassen, sie jedenfalls nicht verneint. Hier wird erneut deutlich, dass die Frage der Amnestiekompetenz sich nur über eine Auseinandersetzung mit ihrem Wesen, ihrer Rechtsnatur klären lässt.

Das RG hatte bereits 1919 gegen die damals vorherrschende Lehre vertreten, eine *„Amnestie äußer[e] ihre Wirkung nicht bloß auf dem Gebiete des Verfahrensrechts als Hemmnis für das Strafverfahren, sondern bring[e] auch den staatlichen Strafanspruch selbst zum Erlöschen“*[921] – 1921, die Amnestien des Rates der

917 Lindauer Abkommen vom 14.11.1957 (BullBReg 1957, S. 1966). Die Aufzählung unter Nr. 2, soweit sie Vermutungen für eine Abschluss- und Transformationskompetenz des Bundes enthält, benennt weder Straffreiheitsgesetze explizit noch allgemein straf-, strafvollzugs- oder vollstreckungsrechtliche Belange.

918 *Oppelt*, Amnestiegesetzgebung, 1957, S. 79.

919 *Blick*, Steuer-Krieg vom 04.04.2012 (Int.Q.); *Roland/Herbermann*, Steuerstreit vom 02.04.2012 (Int.Q.); *FAZ*, Sommerkrieg, vom 22.08.2011, S. 23.

920 BVerfG NJW 1953, 777.

921 RGSt 53, 39 (41).

Volksbeauftragten seien *„nicht Ausfluß eines Gnadenrechts, das die Reichsleitung für sich in Anspruch genommen hätte, sondern Betätigung der Gesetzgebenden Gewalt des Reiches, wie sie ihm auf dem Gebiete des Strafrechts und Strafprozesses verfassungsmäßig zustand […]"*.[922] In größter Radikalität wird eine solche Auffassung, in notwendiger Konsequenz seiner Einordnung der Amnestie insgesamt,[923] auch bei *Schätzler* vertreten, wonach die Kompetenz, Strafrecht zu setzen, auch die (Spiegel-)Kompetenz einschließe, es wieder zurückzunehmen und daher *„die Gesetzgebungszuständigkeit für das (materielle) Strafrecht und für Straffreiheit [notwendig] derselben Quelle entspring[e]"*.[924]

Auf das frühere Ergebnis verweisend,[925] sei nochmals festgestellt, dass die Amnestie rechtlich als ein Zwitterwesen betrachtet werden muss, dass materiellrechtliche und verfahrens- wie vollstreckungsrechtliche Aspekte in sich vereint, da monistische Erklärungsansätze zu kurz greifen und ihrem Wesen nicht gerecht werden. *Schätzler* geht hier noch einen Schritt weiter, wenn er einwendet, Amnestie habe nicht das Geringste mit Strafvollzug zu tun – zumal man bei Geldstrafen und noch nicht angetretenen Freiheitsstrafen schon begrifflich nicht von Strafvollzug sprechen könne. Amnestie verbiete schlicht und ergreifend, erkannte Strafen zu vollstrecken. Sie sei im Gegensatz zur Strafvollstreckung im Kern gerade keine Regelung des Strafverfahrens, wie auch die Gebote zur Niederschlagung und Nichteinleitung von Verfahren keine bloße Modifizierung des Strafverfahrens seien. Amnestie sei ihrer Form und Wirkung nach selbst Gesetzgebung auf dem Gebiete des Strafrechts.[926]

Zwar ist *Schätzlers* Auffassung zuzugestehen, dass sie zunächst durch ihre Gradlinigkeit besticht. Gleichzeitig ist ihr aber entgegenzuhalten, dass sie, eben monistisch, den unterschiedlichen Ausgestaltungen von Amnestien nicht vollends gerecht wird. Während sich eine Rechtskorrekturamnestie[927] derart bestens erklären ließe und auch sonstige allgemeine Amnestien wie die deutschen Nachkriegsamnestien sich immer noch gut erklären lassen, scheint die rein strafrechtliche Erklärung bei solchen Amnestien, die auf einen bestimmten Adressatenkreis beschränkt sind, etwa bei adressatenabhängigen Bedingungsamnestien

922 RGSt 55, 217 (218).
923 Siehe unter C.II.2.a).
924 *Schätzler*, Gnadenrecht, 1992, Ziff. 30.3.3.
925 Siehe unter C.VI.4.
926 *Schätzler*, Gnadenrecht, 1992, Ziff. 30.3.3.
927 *Schätzler*, Gnadenrecht, 1992, Ziff. 30.4.2 selbst geht allerdings grundsätzlich gerade davon aus, *„die Amnestie [sei] keine Rechtskorrektur"* und bezwecke eine solche auch nicht.

wie den Steueramnestien, nicht ganz zu passen. Gerade im Fall des Steuerabkommens wird deutlich, dass der Gesetzgeber seine ursprüngliche Strafandrohung mitnichten zurücknehmen, sondern sie lediglich für einen kleinen, erlesenen Kreis Begünstigter ausschließlich für Taten innerhalb eines scharf umgrenzten Raum- wie Zeitfensters und nur bei Erfüllung spezifischer Bedingungen punktuell suspendieren wollte. Im Übrigen – für alle anderen Straftäter, Territorien und Zeiträume – sollten die gleichen Normen ununterbrochen fortwirken.

Gleichwohl der uneingeschränkten Zuordnung der Amnestie in die Spähre des Materiellrechtlichen nicht zugestimmt werden kann, ist *Schätzler* im Ergebnis doch zu folgen. Die verschiedenen möglichen Amnestiefolgen beruhen auf einem Phänomen, das nur einheitlich behandelt und damit als strafrechtliches betrachtet werden muss. Gleichzeitig sind die Grenzen zwischen materiellem und Verfahrensrecht ohnehin nicht immer scharf zu trennen. Letztlich sei die Feststellung, dass die Amnestie als Zwitterwesen materiellrechtliche und verfahrens- wie vollstreckungsrechtliche Aspekte in sich vereine, auch nicht dahingehend zu verstehen, dass sie Gesetzgebung auf sämtlichen diesen Gebieten sein müsse. Wie ebenfalls dargelegt wurde, können nämlich die verfahrens- und vollstreckungsrechtlichen Folgen auch als zwingende Reflexe einer Zurücknahme des Strafrechts angesehen werden. Gleichfalls würde niemand auf die Idee kommen, die Gesetzgebungskompetenz des Bundes bei Setzung einer Strafrechtsnorm anzuzweifeln, nur weil die Länder sie gegebenenfalls zu exekutieren, durch ihre Gerichte anzuwenden und durch ihre Strafvollzugsanstalten verhängte Strafen zu vollstrecken hätten.

In diesem Sinne hatte auch das BVerfG zur Frage der Sicherungsverwahrung entschieden, dass nämlich der Gesetzgeber, wenn er kraft seiner Gesetzgebungskompetenz für das Strafrecht aus Art. 74 I Nr. 1 GG auch solche Normen setze, die ihre Wirkung im Strafvollzug entfalten, er hierzu befugt sei und dabei sogar wesentliche Leitlinien selbst zu regeln und sicherzustellen habe, dass die konzeptionelle Ausrichtung nicht durch landesrechtliche Regelungen unterlaufen werden könne.[928] Hieraus lässt sich *argumentum a maiore ad minus* ableiten, das ein Gesetz, dass über das generelle Ob des Strafvollzugs entscheidet und damit weiterer inhaltlicher Ausgestaltung (durch den Landesgesetzgeber) kraft Natur der Sache gerade nicht bedarf, auch nicht in den Kompetenzbereich der Länder fallen kann. Dies bedeutet im Ergebnis, dass die Gesetzgebungskompetenz des Bundes, zu amnestieren sich mit dem Umfang deckt, in welchem er materielles

928 BVerfG NJW 2011, 1931 (1941) = BVerfGE 128, 326.

Strafrecht setzen kann.[929] Hiernach lässt sich die Kompetenz zum Erlass eines Amnestiegesetzes jedenfalls im Ergebnis aus der Kompetenz, Strafrecht zu setzen, ableiten – und zwar unabhängig davon, ob man in der Amnestierung die rückwärtige Annullierung eines Strafgesetzes oder zumindest einen Akt negativer Strafrechtssetzung im weitesten Sinne sieht. Nach dieser Ansicht ergäbe sich die Kompetenz als Spiegelkompetenz oder negatives Äquivalent der Kompetenz, Strafrecht zu setzen. Andernfalls lässt sie sich zumindest als Annexkompetenz oder solcher kraft Sachzusammenhangs aus dieser ableiten.

Soweit man allerdings weder der Ansicht direkter Strafrechtskompetenz im Sinne einer Spiegelkompetenz noch indirekter in Form der Annexkompetenz folgen wollen würde, hätte auch eine Mehrheit im Bundesrat das Abkommen nicht retten können. Ein Strafbefreiungsgesetz wäre dann weder Zustimmungsgesetz noch Einspruchsgesetz, sondern der Kompetenz des Bundes schlichtweg entzogen. Da es andererseits den Ländern nach einhelliger Auffassung seit Weimarer Zeit jedenfalls nicht gestattet ist, Straferlass für Bundesstrafrecht zu gewähren, hätte dies praktisch ein gänzliches wie generelles Amnestieverbot zur Folge.

#### *ff) Ergebnis*

Die Gesetzgebungskompetenz für Amnestien in Deutschland liegt beim Bund. Dies gilt somit auch, isoliert betrachtet, für die durch das Abkommen gewährte Strafbefreiung. Dieses Ergebnis setzt allerdings voraus, dass man in Abkehr von der bisherigen Kompetenzherleitung des BVerfG die Amnestierung als einen Akt negativer Strafrechtssetzung, jedenfalls im weitesten Sinne, begreift, womit die Amnestierungskompetenz sich entweder direkt aus der Strafrechtskompetenz als deren Spiegelkompetenz oder als deren Annexkompetenz ergibt.

Ein Zustimmungserfordernis des Bundesrates für das Steuerabkommen als Ganzes, wie auch als Steueramnestie, ergab sich jedoch unabhängig von den darin enthaltenen Strafbefreiungsvorschriften aufgrund der steuerrechtlichen Regelungen aus Art. 105 Abs. 3, Art. 106 Abs. 5, Art. 107 Abs. 1 und Art. 108 Abs. 5 GG. Dies war durch den Gesetzgeber auch erkannt worden und während des gesamten fruchtlosen Gesetzgebungsverfahrens unstreitig. An der verweigerten Zustimmung des Bundesrates scheiterte das Abkommen schließlich.

---

929 Lediglich im Rahmen des ihnen nach Art. 72 Abs. 1 GG und Art. 3 EGStGB verbliebenen Refugiums, selbst Landesstrafrecht zu setzen, können auch die Länder amnestieren. *Marxen*, Amnestie, 1984, S. 21; *Schätzler*, Gnadenrecht, 1992, Ziff. 30.3.3. Dies dürfte praktische Relevanz – wenn überhaupt – wohl nur noch für das Disziplinar- und Dienststrafrecht entfalten.

### b) *Kein Verstoß gegen Amnestieverbote*

Von den zuvor dargestellten Amnestieverboten[930] käme generell nur ein Verstoß gegen das Unmittelbarkeitsgebot in Betracht. Wie bereits festgestellt wurde, handelt es sich beim Deutsch-Schweizer-Steuerabkommen um eine bedingte, da von einem herbeizuführenden Verhalten der Adressaten abhängige[931] Amnestie – auch als Appellamnestie[932] bezeichnet. Jedoch ist hierin kein Verstoß gegen das Unmittelbarkeitsgebot zu sehen, da dieses allein auf Unabhängigkeit des Eintritts der strafbefreienden Wirkung von weiteren – und möglicherweise unanfechtbaren – Entscheidungen eines weiteren Organs abstellt.[933] Der Schutzrichtung nach bezweckt das Unmittelbarkeitsgebot also Rechtsanwendungssicherheit, insbesondere den Ausschluss von Willkür. Ob eine Person in den Genuss einer Amnestie gelangt, soll sich allein aufgrund des Gesetzes und des unter dieses zu subsumierenden Sachverhaltes ergeben. Soweit es allein den Adressaten und damit potentiell Begünstigten offensteht, den Sachverhalt durch ihr Verhalten noch derart zu manipulieren, dass sie selbst die tatbestandlichen Voraussetzungen der erstrebten Vergünstigung schaffen können, sind diese Schutzzwecke nicht tangiert.

Da im Falle des Steuerabkommens der potentielle Adressatenkreis ein größerer und im Vorhinein nicht direkt zu überschauender gewesen wäre, liegt ferner weder der Fall einer offenen, noch der einer getarnten Individualamnestie vor.

### c) *Justa Causa als formales Kriterium einer Amnestie*

Es wurde festgestellt, dass ein gerechten Grund im Sinne der *justa causa* als formales Amnestiekriterium jedenfalls dann nicht vorliegen würde, wenn ein solcher gar nicht erkennbar wäre, der intendierte Zweck völlig sachfremd oder durch das Amnestievorhaben evident unerreichbar. Ferner dürfte die *justa causa* eines irgendwie gearteten Moments der Schlussstrichziehung, des Neuanfangs oder zumindest der Überwindung eines anders nicht zu bereinigenden Zustandes nicht entbehren.

Dass der Zweck, durch das Entgegenkommen straf- wie steuerrechtlicher Natur bisherige Steuerhinterzieher dazu zu bewegen, ihre Schwarzgelder zu legalisieren, dem Staat bislang unbekannte Steueransprüche doch noch zu realisieren

930 Siehe unter E.I.2.

931 *Süß*, Amnestiegesetzgebung, 2001, S. 168.

932 *Schätzler*, Gnadenrecht, 1992, Ziff. 30.5.

933 Vgl. *Hüser*, Begnadigung und Amnestie, 1973, S. 145; *Spies*, Amnestiemaßnahme, 1991, S. 73; *Schätzler*, Gnadenrecht, 1992, Ziff. 30.4.1; *Süß*, Amnestiegesetzgebung, 2001, S. 168, vgl. hierzu auch S. 150; siehe unter E.I.2.

und für die Zukunft die Besteuerung der entsprechenden Kapitalerträge sicherzustellen, völlig sachfremd oder durch das konkrete Mittel unerreichbar sei, kann dem Steuerabkommen nicht vorgeworfen werden. Vielmehr schien dieses, welches als bilateraler Vertrag die Rechtsbeziehungen in Steuerangelegenheiten zwischen der Schweizerischen Eidgenossenschaft und der Bundesrepublik für die Zukunft grundlegend neuordnen und damit die Begehung von Steuerdelikten erschweren sollte, tatsächlich geeignet, einen aus staatsräsonaler Sicht höchst problematischen Zustand nachhaltig zu überwinden.

Ob das konkrete Ausmaß der Ungleichbehandlungen durch die Vergünstigungen von Straffreiheit und Steuererlass durch diese *justa causa* gerechtfertigt werden kann, ist eine Frage der verfassungsrechtlichen Angemessenheit des Gesetzes, die es im Folgenden zu prüfen gilt.

## 2. Materielle Verfassungsmäßigkeit – Gleichheitssatz des Art. 3 Abs. 1 GG

Adressaten des Gleichheitssatzes aus Art. 3 Abs. 1 GG sind alle drei Gewalten, jeder Träger öffentlicher Gewalt im Rahmen seiner jeweiligen Zuständigkeit, also neben der Exekutiven und der Judikativen auch der Gesetzgeber selbst,[934] was zur Folge hat, dass jedes zu erlassende Gesetz auch inhaltlich den Anforderungen des Gleichheitssatzes genügen muss. Das Steuerabkommen hätte somit, wenn es durch Ratifizierung formales Gesetz geworden wäre, in Bezug auf sämtliche darin enthaltenen Einzelregelungsgehalte den Anforderungen des Gleichheitssatzes genügen müssen und ist folglich an diesen zu messen.

Daher ist die Frage zu stellen, inwieweit die mit dem Abkommen gewährten Begünstigungen strafrechtlicher Natur sowie Vergünstigungen steuerrechtlicher Natur Ungleichbehandlungen zeitigen und, soweit solche zu besorgen sind, ob diese sich rechtfertigen lassen. Von einer Ungleichbehandlung im rechtlich relevanten Sinne ist dabei erst dann ausgehen, wenn diese unter Betrachtung vergleichbarer Gruppen vorliegt. Erst soweit man eine solche annehmen mag, stellt sich die zentrale Frage des Gleichheitssatzes nach dem Vorliegen eines sachlichen Grundes, welcher die beobachtete Ungleichbehandlung zu „begründen“ – im Sinne von rechtfertigen – vermag.[935]

---

934 *Kannegießer* in: Schmidt-Bleibtreu, S. 196; vgl. *Pieroth/Schlink/Kingreen u. a.*, Grundrechte, 2013, Rn. 180, 280 ff.; *Pietzcker* in: Merten/Papier Handbuch Grundrechte, S. § 125, Rn. 66.

935 Vgl. *Kempny/Reimer*, Gleichheitssätze, 2012, S. 3; *Hufen*, Grundrechte, 2014, § 39, Rn. 14.

### *a) Reichweite der gerichtlichen Prüfungskompetenz*

Es stellt sich die Frage, welcher konkrete Prüfungsmaßstab dabei zugrunde zu legen ist. Hierbei sei in aller gebotenen Kürze auf das Willkürverbot und die sogenannte „Neue Formel" eingegangen.[936]

#### *aa) Willkürverbot*

Nach seinem ursprünglichen Verständnis legte das BVerfG den allgemeinen Gleichheitssatz als reines Willkürverbot aus, welcher lediglich verbiete, *„wesentlich Gleiches willkürlich ungleich[,] noch wesentlich Ungleiches willkürlich gleich [zu] behandeln [...]"*[937] – *„nicht dagegen, dass wesentlich Ungleiches entsprechend der bestehenden Ungleichheit ungleich behandelt [werde]"*.[938] Willkür liege immer dann vor, wenn eine Regelung unter keiner vernünftigen Erwägung einleuchtend oder sachlich vertretbar erscheine. Die Unsachlichkeit der Differenzierung müsse dabei evident sein.[939]

#### *bb) Neue Formel*

Die „Neue Formel" bezeichnet eine Neuinterpretation des verfassungsrechtlichen Prüfungsmaßstabs, welche das BVerfG erstmals seinem Urteil vom 07.10.1980 zugrunde legte,[940] die grundsätzlich als Ausweitung oder Verschärfung verstanden werden kann.[941]

Danach liegt eine Verletzung des Art. 3 Abs. 1 GG dann vor,

> *„wenn eine Gruppe von Normadressaten im Vergleich zu anderen Normadressaten anders behandelt wird, obwohl zwischen beiden Gruppen keine Unterschiede von solcher Art und solchem Gewicht bestehen, daß sie die ungleiche Behandlung rechtfertigen könnten"*.[942]

Diese Formel wurde in nachfolgenden Urteilen fortwährend weiterentwickelt und die Anforderungen und Grenzen des Differenzierungsgrundes je

---

936 Ausführliche Darstellungen hierzu finden sich etwa bei *Kannegießer* in: Schmidt-Bleibtreu, Art. 3, Rn. 16 f.; *Lennert*, Unternehmensnachfolgebesteuerung, 2006, S. 238 ff.; *Ipsen*, Grundrechte, 2013, Rn. 805 ff.

937 BVerfGE 4, 144 (155).

938 BVerfGE 1, 14 (52).

939 BVerfGE 1, 14 (52); BVerfG NJW 1960, 235 (237) = BVerfG 10, 234; BVerfGE 55, 72 (90); *Ipsen*, Grundrechte, 2013, Rn. 806; *Kannegießer* in: Schmidt-Bleibtreu, Art. 3, Rn. 16.

940 BVerfGE 55, 72 (88).

941 Vgl. BVerfGE 88, 87 (96); *Spies*, Amnestiemaßnahme, 1991.

942 BVerfGE 55, 72 (88); 117, 272 (301).

nach Regelungsmaterie angepasst, wobei der in Einzelfällen angelegte Maßstab nunmehr zwischen reinem Willkürverbot und strenger Verhältnismäßigkeitsprüfung schwankt.[943] Der Unterschied zwischen alter und neuer Formel kommt folglich bei der Frage der Rechtfertigung zum Tragen, dergestalt, dass nach Ersterer stets jedwede nicht willkürliche Erwägung geeignet schien, Ungleichbehandlungen zu rechtfertigen, während nach der neuen weiter zu differenzieren ist.[944]

### *cc) Abgrenzung*

Immer dann wenn zwischen Personengruppen und nicht bloß zwischen Sachverhalten unterschieden wird, kommt nach der neuen Formel eine Prüfung der Verhältnismäßigkeit analog zu anderen Grundrechten in Betracht.[945] Sowei hier eingewendet werden könnte, dass hinter jeder Sachverhaltsgruppe gleichsam Personengruppen stehen, die zumindest mittelbar betroffen im Sinne von ungleich behandelt sind, hilft als weiteres Abgrenzungskriterium die Frage danach, ob die Differenzierung an Umstände anknüpft, auf welche der Betroffene Einfluss hat und die er gegebenenfalls durch eigenes Verhalten noch ändern kann.[946]

Weiter gilt dabei im Sinne einer dynamischen Anzupassung des Prüfungsmaßstabs von Fall zu Fall, dass die Anforderungen an die Rechtfertigung umso höher zu setzen sind, je größer einerseits die tatsächlichen Nähe zweier Vergleichsgruppen ist, und je intensiver andererseits die Auswirkungen auf die betroffene Personengruppe sind.[947]

Um den konkreten Prüfungsmaßstab festzulegen, bedarf es daher zunächst der Identifizierung der Vergleichsgruppen und der Feststellung möglicher Ungleichbehandlungen.

---

943 *Kannegießer* in: Schmidt-Bleibtreu, Art. 3, Rn. 17; *Hufen*, Grundrechte, 2014, § 39, Rn. 15.

944 *Ipsen*, Grundrechte, 2013, Rn. 808.

945 BVerfGE 93, 99 (111); *Hufen*, Grundrechte, 2014, § 39, Rn. 16; vgl. *Pieroth/Schlink/Kingreen u. a.*, Grundrechte, 2013, Rn. 472.

946 BVerfGE 88, 87, (96); *Hufen*, Grundrechte, 2014, § 39, Rn. 16; vgl. *Pieroth/Schlink/Kingreen u. a.*, Grundrechte, 2013, Rn. 470; *Kirchhof* in: Isensee/Kirchhof Handbuch Staatsrecht, § 181, Rn. 204.

947 *Kannegießer* in: Schmidt-Bleibtreu, Art. 3, Rn. 17; vgl. *Pieroth/Schlink/Kingreen u. a.*, Grundrechte, 2013, Rn. 470.

### b) *Ungleichbehandlungen aufgrund der Regelungen des Steuerabkommens*

Im Folgenden sei untersucht, in welchen Formen und Konstellationen die Einzelregelungen des Abkommens geeignet sind, vergleichbare Personengruppen oder Sachverhalte im Sinne des Gleichheitssatzes unterschiedlich behandeln. In einem zweiten Schritt ist sodann zu prüfen, inwieweit festgestellte Ungleichbehandlungen zu rechtfertigen wären.

Erste Voraussetzung einer Ungleichbehandlung im Sinne des Gleichheitssatzes aus Art. 3 Abs. 1 GG ist, dass zunächst zwei vergleichbare Sachverhalte vorliegen. Von Vergleichbarkeit ist dabei auszugehen, wenn für diese ein gemeinsamer Oberbegriff gefunden werden kann. Zweite Voraussetzung ist, dass zwei solche vergleichbaren Sachverhalte aufgrund eines Differenzierungsmerkmals ungleich behandelt werden.[948]

#### aa) *Benachteiligung steuerehrlicher Bürger durch den Steuerverzicht*

Es könnte durch den Steuerverzicht eine Ungleichbehandlung steuerehrlicher Bürger im Vergleich zu den Steuerhinterziehern, die durch das Abkommen profitieren, vorliegen. Die Frage ist, inwieweit diese beiden Gruppen unter einen gemeinsamen Oberbegriff zu fassen wären.[949] Als gemeinsamer Oberbegriff kommt hier die Gruppe aller in Deutschland steuerpflichtiger Personen in Betracht. Unterhalb dieses gemeinsamen Oberbegriffs müsste der Gesetzgeber zwei Gruppen von Personen oder Sachverhalten durch Eingriff oder Leistung unterschiedlich behandeln.[950] Hier wären die zu unterscheidenden Gruppen jene der Steuerehrlichen und jene der Steuerunehrlichen, die dem Abkommen unterfallen. Die effektive Steuerbelastung betreffend werden Letztere in verschiedenen Konstellationen durch den staatlichen Verzicht auf Steueransprüche aufgrund der pauschalen Abgeltung besser gestellt.[951] Unter Umständen könnte hier eingewendet werden, es handele sich dabei bereits um ein Differenzierungsmerkmal, wonach gerade keine wesentlich gleichen Gruppen mehr vorliegen. Dem kann aber entgegengehalten werden, dass man ebenfalls auf der Ebene der Ungleichheit ansetzen und fragen könnte, ob derart ungleiche Gruppen vorliegen, dass diese gerade nicht wesentlich gleich behandelt werden dürften.[952]

948 *Lennert*, Unternehmensnachfolgebesteuerung, 2006, S. 244; *Heun* in: Dreier, S. 24.
949 *Pieroth/Schlink/Kingreen u. a.*, Grundrechte, 2013, Rn. 465.
950 *Pieroth/Schlink/Kingreen u. a.*, Grundrechte, 2013, Rn. 467.
951 Auf den Günstigkeitsvergleich wird verwiesen, B.VII.
952 Vgl. *Pieroth/Schlink/Kingreen u. a.*, Grundrechte, 2013, Rn. 468.

Dies wäre insofern der Fall, als die AO für die Gruppe der (aufgeflogenen) Steuerhinterzieher im Normalfall ja die Entrichtung der hinterzogenen Steuern, zuzüglich der Hinterziehungszinsen in Höhe von 0,5 % pro Monat gemäß § 235 AO iVm § 238 AO sowie Kriminalstrafe nach § 370 AO vorsieht, nicht aber eine Vergünstigung. Der Normalfall kann folglich dahingehend interpretiert werden, dass der Gesetzgeber insoweit von wesentlich unterschiedlichen Gruppen ausgeht, dass er für diese entsprechend unterschiedliche Rechtsfolgen vorgesehen hat, und zwar dergestalt, dass diese für die Hinterzieher entsprechend ihrer Ungleichheit nachteilhafter sind.

Den Besonderheiten des Steuerrechts Rechnung tragend hat der Gleichheitssatz des Art. 3 Abs. 1 GG hier durch Rechtsprechung und Lehre eine spezifische Ausprägung erfahren und wird in Form der Grundsätze der *Steuergerechtigkeit*, der *Folgerichtigkeit* und des *Praktikabilitätsprinzips* konkretisiert.[953] Die *Steuergerechtigkeit* als oberstes Prinzip des Steuerrechts wird unmittelbar aus Art. 3 Abs. 1 GG abgeleitet und stellt zentral auf die Leistungsfähigkeit (von Einkommen und Vermögen) als Konkretisierung des älteren Gedankens der Lastengleichheit ab.[954] Der aus den Ideen der Sachgerechtigkeit und Systemgerechtigkeit entwickelte Grundsatz der *Folgerichtigkeit* verlangt dem Gesetzgeber ein Mindestmaß an Konsequenz und Konsistenz bei der Regelung von Sachverhalten ab.[955] Verstöße gegen das Gebot der Folgerichtigkeit begründen noch

---

953 *Lennert*, Unternehmensnachfolgebesteuerung, 2006, S. 240; *Kannegießer* in: Schmidt-Bleibtreu, Art. 3, Rn. 19.

954 *Heun* in: Dreier, Art. 3, Rn. 75 f. Weiter können bei der anzustrebenden Besteuerungsgleichheit, als Verwirklichung des Ziels der Steuergerechtigkeit, zwei Ausprägungen unterschieden werden – neben der *Gleichheit der normativen Steuerpflicht* auch in praktischer Hinsicht *die Gleichheit bei deren Durchsetzung*. Aus der Gleichheit bei der Durchsetzung der normativen bestehenden Steuerpflicht ergibt sich auch die Pflicht des Staates, gegebenenfalls durch Kontrollmaßnahmen zu gewährleisten, dass erhobene Steuern im Einzelfall auch festgesetzt und realisiert werden können, in letzter Konsequenz geschuldete Steuern auch tatsächlich eingetrieben werden, *Kannegießer* in: Schmidt-Bleibtreu, Art. 3, Rn. 32.

955 Vgl. *Kirchhof* in: Isensee/Kirchhof Handbuch Staatsrecht, § 181, Rn. 209. In Bezug auf das Steuerrecht bedeutet dies, dass der Gesetzgeber, nachdem er seinen weitreichenden Gestaltungsspielraum in Bezug auf die Auswahl des Steuergegenstandes und die Ausgestaltung des Besteuerungstatbestandes einmal wahrgenommen hat, gehalten ist, im Kontext dieser Belastungsentscheidung Konsequenz walten zu lassen und damit Belastungsgleichheit zu gewährleisten.

keinen Verstoß gegen den Gleichheitssatz, vermögen einen solchen jedoch zu indizieren.[956]

Bis auf den Aspekt der Progression durch die mit dem Zusatzprotokoll eingeführten erhöhten Steuersätze für besonders große Vermögen trägt die Berechnung der Abgeltungssätze aufgrund des Abkommens dem Prinzip der Leistungsfähigkeit in keiner Weise Rechnung. Dies wird besonders deutlich, soweit die Annonymität der Besteuerten eine Berücksichtigung der Individuellen Leistungsfähigkeit gerade ausschließt.

Dem könnte man entgegen halten, dass um Transparenz und Praktikabilität der Steuervorschriften willen dem Gesetzgeber grundsätzlich Pauschalierungen und Typisierungen zuzugestehen sind, ohne die eine effiziente Steuerverwaltung wohl nicht möglich wäre, auch wenn diese notwendigerweise nur zum Preis verminderter Einzelfallgerechtigkeit bis hin zu offensichtlichen materiellen Ungerechtigkeiten in Einzelfällen zu haben ist.[957] Hiermit lässt sich jedoch nicht sachlich begründen, dass Steuerhinterzieher gegenüber Steuerehrlichen ein Bonus gewährt wird. Diese Invertierung der üblichen Rechtsfolgen durch die Regelungen des Abkommens erscheint vielmehr systemwidrig und steht damit im Widerspruch zum Gebot der Folgerichtigkeit.[958]

Damit ist je nach Standpunkt entweder eine Ungleichbehandlung der Gruppen durch Privilegierung der Hinterzieher, oder aber auch gerade mehr als eine Gleichbehandlung wesentlich ungleicher Gruppen zu sehen, insofern als das Maß an Ungleichheit, welches eigentlich anerkanntermaßen zur gewollten und offensichtlich sachgerechten Benachteiligung bei der Gruppe der Hinterzieher führt, hier sogar zu deren Vorteil gereicht.

Wie man es auch dreht und wendet, ist diese Differenzierung isoliert betrachtet alles andere als sachgerecht, eine relevante Ungleichbehandlung liegt damit vor, der „Schutzbereich des Art. 3 Abs. 1 GG“[959] ist eröffnet.

---

956 *Lennert*, Unternehmensnachfolgebesteuerung, 2006, S. 242.

957 *Kannegießer* in: Schmidt-Bleibtreu, Art. 3, Rn. 34.

958 Vgl. FG Köln, Beschl. v. 22.09.2005 – 10 K 1880/05 zum StrbEG. Hier wird auch der wesentliche Unterschied der Rechtsfolgen im Vergleich zur Selbstanzeige deutlich, als diese dem Steuerhinterzieher zwar auf strafrechtlicher Ebene im Falle ihrer Wirksamkeit ebenfalls Straffreiheit gewährt, in steuerrechtlicher Hinsicht jedoch gerade keine Vergünstigungen, vielmehr die gewöhnlichen Hinterziehungszinsen – sowie im Falle des § 371 Abs. 2 Nr. 3 AO bei Hinterziehungssummen ab 50.000 Euro einen Zuschlag – verlangt.

959 Soweit der Gleichheitssatz primär als qualifiziertes Begründungsgebot gelesen wird, wird weiter die Frage gestellt, ob das Schutzgut der Gleichheit aller Menschen aus

### *bb) Benachteiligung rechtstreuer Bürger durch den Strafverzicht*

In Frage kommt eine nicht sachgerechte Gleichbehandlung rechtstreuer Bürger gegenüber Steuerhinterziehern, indem die zweite Gruppe der ersten gleich straffrei gestellt wird. Allerdings sind die Sachverhalte oder Personengruppen schwerlich zu vergleichen. Bereits die Bildung eines gemeinsamen Oberbegriffs erscheint nicht möglich. Ein Oberbegriff „aller Adressaten der Rechtsordnung" oder „aller strafmündiger Bürger" griffe zu weit, da er so allumfassend wäre, dass er auf fast jeden Sachverhalt angewendet werden könnte, und sich damit als Prüfungskriterium des allgemeinen Gleichheitssatzes selbst *ad absurdum* führen würde.

Ferner erscheint auch die Annahme einer relevanten Gleichbehandlung schwierig. Der Gruppe der rechtstreuer Bürger entsteht durch die Straffreiheit der anderen Gruppe kein erfahrbarer Nachteil. Gleichzeitig kann nicht angenommen werden, dass ihnen eine Vergünstigung vorenthalten wird. Eine weitere Privilegierung der ersten Gruppe über deren „natürliche Straffreiheit" hinaus, die sich bereits daraus ergibt, dass die Gruppe keine Straftaten begangen hat, ist nicht denkbar.

Insofern kann der „Schutzbereich des Art. 3 Abs. 1 GG" nicht als eröffnet betrachtet werden.

Dass hingegen der nachträglichen Strafbefreiung jenseits der *„individualrechtlichen Prüfungsebene"* insgesamt aus rechtsstaatlicher Perspektive insbesondere in Hinblick auf Gewaltenteilungsgrundsatz und Rückwirkungsverbot aus Art. 20 und Art. 103 Abs. 2 GG massive verfassungsrechtliche Bedenken entgegenstehen,[960] wurde aufgezeigt.[961]

---

Art. 3 Abs. 1 GG im Vergleich zu anderen Grundrechten überhaupt einen Schutzbereich im klassischen Sinne kenne. Die Konzepte von Eingriff und Schranke werden hier teils als im Sinne des hergebrachten Prüfungsschemas unpassend betrachtet, *Hufen*, Grundrechte, 2014, § 39, Rn. 14. Im Gegensatz zu „anderen Grundrechten" würde jedenfalls der Feststellung, dass der „Schutzbereich eröffnet" sei, kaum jemals bereits eine Indizwirkung für das Prüfungsergebnis zukommen, *Hufen*, Grundrechte, 2014, § 39, Rn. 4. Begründen lässt sich eine solche Auffassung damit, dass aufgrund der Vielschichtigkeit von Lebenssachverhalten wie menschlichen Interessenlagen sowie der Mannigfaltigkeit gesetzlicher Regelungen – salopp gesprochen – Ungleichbehandlungen auf erster Betrachtungsebene eher die Regel denn die Ausnahme sein werden, vgl. etwa BVerfGE 1, 14 (52).

960 *Schünemann*, StVj 1989, S. 3 (26).

961 Vgl. E.I.3.b); E.I.3.c).

*cc) Benachteiligung anderer Straftäter durch den Strafverzicht*

Weiter kommt eine Ungleichbehandlung in Form der Benachteiligung sämtlicher anderer Straftäter, welche nicht in den Genuss der Amnestieregelung kommen, gegenüber jenen, die vom Straferlass profitieren, in Betracht. Der gemeinsame Oberbegriff wäre hier die Gruppe all jener, welche zu einem Zeitpunkt X gegen ein bestehendes Strafgesetz, sei es ein solches des StGB oder eines des Nebenstrafrechts wie jene der §§ 369 ff. AO verstoßen haben, indem sie die jeweiligen gesetzlichen Tatbestände verwirklichten. Differenzierungsmerkmal ist hier der Umstand, dass jene, die sich durch das Verheimlichen von Kapitalerträgen auf schweizerischen Konten oder das vorausgegangene Verheimlichen von Einkünften, welche sie auf solchen Konten anlegten, nach § 370 AO strafbar gemacht hatten und nunmehr eine pauschale Abgeltung nach Art. 7 des Abkommens geschehen ließen, gemäß Art. 8 des Abkommens straffrei werden.

Diese Gruppen sind durchaus vergleichbar. Dabei wird die Gruppe der übrigen Straftäter in ihrem Anspruch aus Art. 3 Abs. 1 GG, dem Anspruch aller Menschen vor dem Gesetz gleich zu sein – im Sinne von „*vor der auf sie anwendbaren Rechtsnorm gleich behandelt zu werden*“[962] – massiv tangiert. Denn durch die Amnestie hebt der Gesetzgeber nur für eine Teilgruppe der Normadressaten nachträglich die von ihm selbst gesetzte Regel wieder auf, während sie für die Übrigen in Kraft bleibt und dies ohne dass die nicht privilegierte Teilgruppe hierauf noch Einfluss nehmen, etwa ihren Gesetzesverstoß unter den Anwendungsbereich der Amnestie verlagern könnte.[963]

Somit liegt eine verfassungsrechtlich relevante Ungleichbehandlung vor.

*dd) Benachteiligung anderer Steuerhinterzieher*

Die Ungleichbehandlung anderer, nicht straffreier Steuerhinterzieher im Besonderen folgt *argumentum a maiori ad minus* zwingend bereits aus der zuvor festgestellten Ungleichbehandlung sämtlicher anderer Straftäter im Allgemeinen. Hier ist dabei die Nähe der zu vergleichenden Gruppen ungleich größer, das Differenzierungskriterium ungleich spitzfindiger. Nur wer bis zum 31.12.2010 in der Schweiz Vermögen unversteuert angelegt hatte, wäre in den Genuss gekommen, gegen pauschale Abgeltung Straffreiheit zu erlangen. Für die Übrigen bleibt es bei der Strafbarkeit und der damit verbundenen Aussicht auf komplette Nachzahlung plus Hinterziehungszins im Falle der Entdeckung anstatt der möglichen Steuerersparnis der Amnestieprofiteure.

962 *Schünemann*, ZRP 2003, S. 433 (437).
963 *Schünemann*, ZRP 2003, S. 433 (437).

Diese ungleich behandelten Untergruppen lassen sich dabei wie folgt weiter differenzieren:

Die *Benachteiligung von Hinterziehungen außerhalb der Schweiz* ergibt sich daraus, dass solche Steuerhinterzieher, die ihr Vermögen an anderen Orten als in der Schweiz hinterlegt haben und somit dem Abkommen nicht unterfallen, nicht zu den Optionen der Meldung oder pauschalen Abgeltung votieren können.

Die *Benachteiligung zukünftiger und früherer Steuerhinterzieher* wirkt sich als Ungleichbehandlung für sämtliche früheren und vor allem zukünftigen Steuerhinterzieher aus, die, gleich wo sie ihr Schwarzgeld versteckt haben, aufgrund der Stichtage nicht den Regelungen des Abkommens unterfallen.

Soweit diese Ungleichbehandlung aufgrund der Existenz der Selbstanzeigevorschrift des § 371 AO in gewisser Weise etwas relativiert wird, ist doch festzuhalten, dass die Abgeltung nach Art. 7 des Abkommens sehr viel günstiger sein kann und zudem die Anonymität der Teilnehmer gewahrt hätte. Selbst die Option der freiwilligen Meldung nach Art. 9 des Abkommens wäre aufgrund der Fiktion der Wirksamkeit gegenüber einer gewöhnlichen, stets mit Unwägbarkeiten behafteten Selbstanzeige sehr vorteilhaft gewesen.[964]

### *c) Rechtfertigung der Ungleichbehandlungen*

Es stellt sich die Frage, ob und wie die festgestellten Ungleichbehandlungen gerechtfertigt werden können und welcher konkrete Prüfungsmaßstab hierbei anzulegen ist.

#### *aa) Konkretisierung des Prüfungsmaßstabs*

Bereits die Anknüpfung des Abkommens an den Begriff der betroffenen Person, welcher in Art. 2 h) definiert wird, legt eine Ungleichbehandlung von Personengruppen nahe. Dabei ist das Unterscheidungsmerkmal allerdings weit von einem solchen des Art. 3 Abs. 3 GG entfernt. Selbst jedoch soweit man hier primär eine Unterscheidung nach Sachverhalten sehen wollte, wird deutlich, dass hinter diesen Sachverhaltsgruppen unwiderruflich abgrenzbare Personengruppen stehen. Aufgrund des Vergangenheitsbezuges der Tatbestandsvoraussetzungen, der sich in den Stichtagsregelungen manifestiert, liegt es nicht mehr in der Hand der Normadressaten, durch eigenes Verhalten die persönlichen Voraussetzungen für die Gewährung von Vergünstigungen zu schaffen. Lediglich den betroffenen Personen stehen die Handlungsoptionen der pauschalen, anonymen Abgeltung

---

964 Vgl. zur Fiktion der Wirksamkeit B.III.2; zu den Risiken bei der Abgabe einer Selbstanzeige D.II.5.a).

oder der freiwilligen Meldung offen. Den ungleich behandelten Gruppen der steuerehrlichen Bürger, der übrigen Straftäter im Allgemeinen wie der anderen Steuerhinterzieher im Besonderen ist es hingegen nicht mehr möglich, die Unterscheidungskriterien für die Erlangung der Vorteile noch zu beeinflussen. Im Falle der übrigen Steuerhinterzieher sind sich zudem die ungleich behandelten Vergleichsgruppen besonders nah.

Aus diesem Grund sind die festgestellten Ungleichbehandlungen gemäß den Prinzipien der Neuen Formel am Maßstab des Verhältnismäßigkeitsprinzips zu rechtfertigen.[965] Amnestiespezifisch ist hierbei ein strenger Prüfungsmaßstab anzulegen, wobei jedoch nicht außer Acht gelassen werden darf, dass es weder Aufgabe des BVerfG sein kann noch diesem erlaubt ist, sein subjektives Werturteil an Stelle jenes des Gesetzgebers zu setzen.[966]

Für sämtliche zuvor festgestellten Ungleichbehandlungen isoliert nach Rechtfertigung zu suchen, erscheint schon insofern nicht zielführend, als die Vorschriften des Steuerabkommens nur in ihrer Summe den Inhalt des völkerrechtlichen Vertrages bilden und ein Überleitungsgesetz als dessen innerstaatliche Umsetzung deshalb auch allein in seiner Gesamtheit steht und fällt, eine Teilratifizierung „à la carte" naturgemäß ausgeschlossen war.[967]

Die festgestellten Ungleichbehandlungen könnten folglich nur durch einen gewichtigen sachlichen Grund gerechtfertigt werden. Das heißt, sie dürfen nur um eines legitimen Zweckes Willen in Kauf genommen werden, zu dessen Erreichung sie auch geeignet wie erforderlich sind und zu dessen Wert sie auch nicht außer Verhältnis stehen.[968]

### *bb) Vorüberlegungen*

Unter der festgestellten Prämisse, dass die Steueramnestien nicht *per se* verfassungswidrig sind und jedenfalls jene 1990 und 2004 durch das BVerfG[969] für rechtmäßig befunden wurden, kann auf die bereits dargestellten Rechtfertigungsmuster zurückgegriffen werden. Lediglich soweit das gescheiterte Steuerabkommen, die Eingriffsintensität wie deren Rechtfertigung betreffend hiervon abweicht, wäre der Prüfungsumfang zu erweitern.

965 Vgl. E.III.2.a)cc), sowie Fn. 946, 947.

966 BVerfGE 10, 234 = NJW 1960, 235 (236); vgl. *Heun* in: Dreier, S. Art. 3, Rn. 52.

967 Vgl. *Samson/Wulf*, Wistra 2012, S. 245.

968 *Pieroth/Schlink/Kingreen u. a.*, Grundrechte, 2013, Rn. 472.

969 BVerfGE 84, 233; ebenso auch der BFH, NJW 1989, 2417; BVerfG, Beschl. v. 25.02.2008 - 2 BvL 14/05.

*(1) Parallelen und Abweichungen gegenüber historischen Steueramnestien*

Zunächst fällt, insofern wird auf den Vergleich oben verwiesen,[970] ein erheblicher qualitativer Unterschied zwischen den Steueramnestien 1990 und 2004 sowie der Selbstanzeige nach § 371 AO einerseits und dem Steuerabkommen andererseits ins Auge. Dieser ist in den Art. 7 und 8 zu lokalisieren, wo das Abkommen die anonyme Abgeltung und die hierdurch zu erlangende Straffreiheit regelt. Während bei den Amnestien 1990 und 2004 deren Profiteure aktiv werden und sich entsprechender „strafbefreiender Erklärungen" entäußern mussten, wären den Finanzämtern in den Fällen der Art. 7 und 8 des Steuerabkommens die amnestierelevanten Sachverhalte unter normalen Umständen niemals zur Kenntnis gelangt. Die Abgeltungssummen wären anonym durch die schweizerischen Stellen weitergeleitet worden.

Andererseits stellt der Umstand, dass diese Steueramnestie im Gewand eines völkerrechtlichen Vertrages daherkommt und eine Vielzahl der enthaltenen Regelungen nur durch Rücksicht des deutschen Gesetzgebers, nämlich in der ungewohnten Funktion des Verhandlungsführers, auf den Vertragspartner, hier das souveräne Völkerrechtssubjekt Schweiz, zu erklären sind, ein Novum zumindest für den Bereich der Steueramnestie dar.

*(2) Berücksichtigung der bilateralen Dimension*

Diese Prägung beschränkt sich dabei nicht auf solche Klauseln, welche direkt und unverkennbar Rechte des Vertragspartners postulieren. Vielmehr muss man sich vergegenwärtigen, dass das gesamte Abkommen und damit auch die darin inkorporierte Steueramnestie sein letztendliches Gepräge im Zuge von Verhandlungen und Nachverhandlungen, von Fordern und Nachgeben, als Ausfluss des Ausgleichs widerstreitender Interessen zweier Staaten erhielt.

Es handelt sich dabei also nicht nur, wie bei bisherigen Steueramnestien, um ein „Geschenk" oder das Angebot eines „Deals", welches der Staat als Gesetzgeber einseitig seinen Steuerbürgern unterbreitet und dessen Bedingungen er allein diktiert und verbindlich werden lässt, in dem Augenblick, da er es in Gesetzesform gießt, sondern um mehr. Bei den bisherigen Amnestiegesetzen der Bundesrepublik hatte der historische Gesetzgeber im Rahmen seiner kriminalpolitischen Abwägung, zu welchem Entgegenkommen er bereit sei, wie viel „Gnade" er walten lassen wollte und unter welchen Bedingungen dies geschehen sollte, nur seinen eigenen staatsräsonalen Überzeugungen gerecht zu werden und rein innerstaatliche Interessen

970 Siehe unter C.IV.7.b).

in Ausgleich zu bringen[971] – beschränkt nur durch das Grundgesetz und unterworfen nur der potentiellen späteren Kontrolle durch das Bundesverfassungsgericht.

Im Falle des aktuellen Steuerabkommens war erstmals ein Dritter Akteur beteiligt, soweit man für den Normalfall auf das zweipolige Subordinationsverhältnis Staat – Bürger abstellt. Insoweit man den Fokus der Betrachtung auf die deutsche Legislative als bisherige alleinige Entscheidungsträgerin richtet, so wurde dieser mit der Schweizerischen Eidgenossenschaft ein Antagonist mit eigenen Interessen gegenübergestellt, der auf die Ausgestaltung der Amnestie erheblichen Einfluss nehmen konnte. Derartiges hatte es zuvor ausschließlich im Zusammenhang mit zwischenstaatlichen Befriedungsmaßnahmen gegeben.[972]

Dabei liegt auf der Hand, dass sich dieser Antagonist gewissermaßen – zumindest im Reflex der Vertretung eigener Interessen – zum „Advokaten" der betroffenen deutschen Steuerbürger machen musste und deren „Lager" zuzurechnen ist; denn spätestens dort, wo das schweizerische Bankgeheimnis tangiert wurde, überschneiden sich die Interessenkreise. Dies wird besonders deutlich, soweit mit dem Vertrauensschutz auf den sich die deutschen Bankkunden bei der Anlage ihrer Gelder in der Schweiz verlassen hatten, auch die Verlässlichkeit der eidgenössischen Rechtsordnung – letztlich nicht weniger als die Glaubwürdigkeit des schweizerischen Staates insgesamt – auf dem Spiel stand.

Der deutsche Gesetzgeber hatte dabei keine andere Wahl,[973] als diese Einflussnahme hinzunehmen und eine konsensuale Lösung anzustreben, welches eben die Bereitschaft zu Kompromissen voraussetzt, da er auf die Mithilfe der Schweiz angewiesen war; wollte er doch nicht weniger, als dass diese ihre bisherige Nibelungentreue gegenüber den deutschen Steuerflüchtlingen, in seinen Augen eine Komplizenschaft, wenn nicht gänzlich aufgäbe, so doch lockere. Der Preis, den er hierfür hätte zahlen sollen, war es, der Schweiz insofern Gesichtswahrung und Vertrauensschutz gegenüber ihren deutschen Bankkunden zu ermöglichen, als sie deren Anonymität wahren und ihnen für die Zukunft zumindest die Alternativen des „freien Geleits ins nächste Steuerparadies" oder die Straffreiheit

971 Beziehungsweise hatte sich die den Gesetzentwurf einbringende Fraktion lediglich der parlamentarischen Mehrheitsfähigkeit, der Bundestag der Zustimmungsbereitschaft des Bundesrates zu versichern.

972 Auf die Amnestien der deutsch-polnischen Verträge 1919/1921/1922, sowie der Londoner Konferenz 1924 und der Haager Konferenz 1930 wird verwiesen, vgl. Tabelle 2: Historische Amnestien in Deutschland.

973 Der ehemalige Bundesfinanzminister Peer Steinbrück mag dies anders gesehen haben.

durch Pauschalabgeltung bei fortgesetzter Wahrung der Anonymität anbieten konnte.[974]

Allein vor diesem Hintergrund erklärt sich die Möglichkeit der anonymen Abgeltung mit strafbefreiender Wirkung – eines zweifellos herausstechenden Alleinstellungsmerkmals des Steuerabkommens, jedenfalls vor dem Hintergrund der letzten 80 Jahre.[975] Sowohl das Amnestieangebot selbst als auch die Option der anonymen Abgeltung stellen sich dabei ganz überwiegend als Entgegenkommen gegenüber der Schweizer Eidgenossenschaft dar. Hätte man diese nicht „ins Boot holen" müssen, wäre sie etwa von sich aus bereit gewesen, die deutschen Steuerflüchtlinge ans Messer zu liefern, hätte es des Angebots einer derart breiten und vor allem auch diskreten – da allen Blicken entzogenen – „Goldenen Brücke" niemals bedurft.

Inwieweit diese Befindlichkeiten eines anderen Staates und die Einschränkung der gesetzgeberischen Handlungsfreiheit, welche aus dem Zwang resultiere, diese Befindlichkeiten berücksichtigen zu müssen, um einen anderen Staat zur Kooperation zu bewegen, dazu tauglich sind, im Rahmen der verfassungsmäßigen Abwägung berücksichtigt zu werden, ist die Frage, die es zu klären gilt.[976] Wenn überhaupt, dann wohl nur in dem Sinne, dass diese Berücksichtigung von Befindlichkeiten zur Erreichung eines legitimen Ziels unabdingbar wären und diese *justa causa* das ungewöhnliche Mittel heilige.

### *cc) Legitimer Zweck*

Als legitimer Zweck des Steuerabkommens, gleichzeitig *justa causa* der inkorporierten Amnestie kommt primär – insofern ergibt sich kein Unterschied zu historischen Steuerabkommen und der *ratio legis* der Selbstanzeige – das fiskalische Interesse des Staates in Frage, zusätzliche Einnahmen zu generieren, indem bisher verborgene Steuerquellen zum Sprudeln gebracht werden sollten.

Bereits isoliert betrachtet würde diese Intention zweifelsohne den Anforderungen eines legitimen Zwecks im Falle eines beliebigen Gesetzes genügen. Kraft seiner Zwecksetzungskompetenz genießt der Gesetzgeber nämlich weitgehende Freiheit, die Ziele seines Handelns selbst zu setzen, soweit diese nicht evident

---

974 Siehe unter B.VIII.1.a).

975 Gemeint ist seit der Steueramnestie durch Reichsbahnanleihe, RGBl. 1931, Nr. 63, S. 493, (503 f.) und dem Arbeitsspendengesetz, RGBl. 1933, Nr. 62, 323 (324); siehe unter C.IV.4, C.IV.7.a).

976 Vgl. *Joecks,* Wistra 2011, S. 441 (444).

in Widerspruch zur Verfassung stehen.[977] Da die vorliegend zu rechtfertigenden Ungleichbehandlungen sich jedoch nicht aus einem gewöhnlichen Gesetz ergeben, sondern jeweils direkt oder indirekt Folge einer Amnestie sind, eine solche jedoch nur aufgrund eines *überragenden Gerechtigkeitsprinzips*[978] zu legitimieren ist, bedarf es in diesem Fall weiterer gewichtiger Gründe.[979]

Als einem solchen Prinzip der Gerechtigkeit dienlich, kommt hier die kriminalpolitische Intention in Frage, Straftätern eine „Goldene Brücke" zu bauen und diese dauerhaft und nachhaltig in die Legalität zurückzuführen – und dies keinesfalls um ihrer selbst willen. Gerade auch die hierdurch indirekt angestrebten Folgen mögen geeignet sein, solche „gerechten Zwecke" zu befördern. Wenn zukünftig durch die Amnestieadressaten keine weiteren Straftaten, vorliegend Steuerhinterziehungen, mehr begangen werden würden – auf den viel beschworenen Fortsetzungszwang aufgrund der Bilanzkontinuität[980] sei verwiesen –, was letztlich den Staatseinnahmen dauerhaft zu Gute käme und somit auch im Interesse der Allgemeinheit, das heißt der von der Amnestie nicht begünstigten Restbevölkerung läge, wäre dies langfristig auch der Verwirklichung materieller Steuergerechtigkeit dienlich. Insofern könnte ein solcher nachhaltiger Zugewinn an Besteuerungsgleichheit im Sinne tatsächlicher, effektiver Durchsetzung der Steuererhebung in der Zukunft die punktuelle Einschränkung der Besteuerungsgleichheit in ihrer Ausformung als Gleichheit der normativen Steuerpflicht unter Umständen kompensieren und in der Summe das Ziel der Steuergerechtigkeit langfristig insgesamt befördern.

Somit verfolgt die Steueramnestie ein legitimes Ziel, welches auch die Beförderung materieller Gerechtigkeitsaspekte beinhaltet.

#### *dd) Geeignetheit*

Weiter müsste das Abkommen zur Erreichung dieser Ziele zweckdienlich sein. Dabei ist es ausreichend, wenn das Gesetz zumindest die Wahrscheinlichkeit erhöht, den angestrebten Erfolg herbeizuführen, und hierfür nicht schlechterdings untauglich ist. Die konkrete Zweckerreichung darf auf Basis von objektiven Prognosen jedenfalls nicht ausgeschlossen sein.[981]

---

977 *Sachs* in: Sachs-GG, Art. 20, Rn. 149; vgl. *Pieroth/Schlink/Kingreen u. a.*, Grundrechte, 2013, Rn. 290.

978 *Schünemann*, ZRP 2003, S. 433 (437).

979 Vgl. *Joecks*, Wistra 2011, S. 441 (445).

980 Siehe unter D.III.2.b).

981 Vgl. *Böckenförde*, Gleichheitssatz, 1957, S. 49 f.; *Sachs* in: Sachs-GG, Art. 20, Rn. 150; *Pieroth/Schlink/Kingreen u. a.*, Grundrechte, 2013, Rn. 293.

Das Abkommen hätte zu zusätzlichen Steuereinnahmen geführt. Jedenfalls die Garantiesumme der Schweizer Banken in Höhe von zwei Milliarden CHF gemäß Art. 15 des Abkommens allein aus der anonymen Abgeltung wäre dem deutschen Fiskus sicher gewesen.[982] Darüber hinaus wäre es in einem allerdings schwer zu prognostizierenden Umfang zur Legalisierung bisher unversteuerter Vermögen und Kapitalerträge aufgrund der freiwilligen Meldung nach Art. 9 des Abkommens gekommen.

Weiter hätte das Abkommen den Steuerstreit mit der Schweiz vorerst beendet. Ein Weiter-so-wie-bisher wäre für deutsche Steuerflüchtlinge, die ihr Vermögen vor dem deutschen Fiskus in der Schweiz versteckt hatten, nicht möglich gewesen. Es kann folglich davon ausgegangen werden, dass zumindest ein Teil dauerhaft in die Steuerehrlichkeit zurückgekehrt wäre, sei dies durch Offenlegung der Vermögenswerte und Kapitalerträge nach Art. 21 des Abkommens oder zumindest durch Teilnahme an der anonymen Abgeltung gemäß Art. 19 für die Zukunft.

Zwar muss davon ausgegangen werden, dass es auch zu anonymem Abzug von Kapital aus der Schweiz gekommen wäre,[983] ebenso ist die Kritik an weiteren Schlupflöchern nicht gänzlich von der Hand zu weisen,[984] jedoch ist der weite Einschätzungsspielraum des Gesetzgebers, auch was seine Prognoseentscheidung zur Wirksamkeit anbelangt,[985] zu berücksichtigen.

Die konkreten Maßnahmen scheinen generell jedenfalls nicht ungeeignet, die Erreichung der gesetzgeberischen Ziele zu befördern.

#### *ee) Erforderlichkeit*

Das Abkommen müsste zur Erreichung seiner Ziele ferner erforderlich gewesen sein. Hiervon wäre auszugehen, wenn ein gleich effektives und dabei weniger belastendes Mittel nicht zur Verfügung gestanden hätte.[986]

Wie in den Vorüberlegungen deutlich wurde,[987] waren sämtliche durch das Abkommen zu besorgende Begünstigungen gegenüber den jeweiligen Gruppen als notwendig anzusehen, um die Schweiz zur Kooperation zu bewegen. Soweit folglich das Gelingen des Abkommens als notwendiges Zwischenziel zur Verwirklichung der dahinterstehenden Zwecke betrachtet wird, stand ein milderes Mittel

---

982 Vgl. B.V.1.

983 Vgl. B.II.

984 Vgl. B.VIII.2.b).

985 *Sachs* in: Sachs-GG, Art. 20, Rn. 151.

986 *Sachs* in: Sachs-GG, Art. 20, 152; *Pieroth/Schlink/Kingreen u. a.*, Grundrechte, 2013, Rn. 295.

987 Vgl. E.III.2.c)bb)(2).

nicht zur Verfügung. Dies kann auch nur anhand einer Prognoseentscheidung[988] *ex ante* beurteilt werden, womit dem Argument, die Schweiz habe aufgrund ihrer Weissgeldstrategie[989] zwischenzeitlich auch ohne das Abkommen ihre Funktion eines sicheren Hafens für deutsches Schwarzgeld verloren, keine Bedeutung zukommt. Ebenso entzieht sich die Frage, ob die deutschen Unterhändler des völkerrechtlichen Vertrages hart genug verhandelt hätten oder ob sie dem Vertragspartner mehr Zugeständnisse hätten abringen können, naturgemäß einer gerichtlichen Überprüfung.

Selbst aber unter der Prämisse, dass diese Begünstigungen als Konzession an den Vertragspartner Schweiz notwendig waren, stellt sich die Frage, ob die hieraus sich ergebenden Ungleichbehandlungen nicht hätten abgemildert werden können, ohne den Vertrag in Frage zu stellen.

In Bezug auf die Gruppe der Steuerhinterzieher, welche ihr Schwarzgeld nicht in der Schweiz, sondern andernorts gehortet hatten, also jene, die der Gruppe der Amnestiebegünstigten sachlich am nächsten und damit am vergleichbarsten gewesen wäre, ist dabei festzustellen, dass hier eine Ungleichbehandlung dadurch hätte umgangen werden können, dass das Steuerabkommen in eine allgemeine deutsche Steueramnestie eingebettet worden wäre mit gleichen Bedingungen für alle ohne Ansehung des Ortes, an welchem Schwarzgeld angelegt gewesen wäre.

Rein praktisch wäre dabei allerdings auch eine Anonymitätswahrung für die Gruppe der sonstigen Steuerhinterzieher schwierig gewesen, hätte diese doch eine analoge Berechnung des jeweiligen Abgeltungsbetrags auf Basis der Formel des Abkommens und dessen Abführung selbst veranlassen müssen.[990] Gleichzeitig hätte die Kontrolle durch ein vergleichbares vermittelndes Organ gefehlt, soweit der eidgenössischen Steuerverhaltung und den schweizerischen Banken nach dem Abkommen die Rolle eines Quasi-Beliehenen der deutschen Finanzverwaltung zukommen sollte. Allerdings wäre eine Lösung auch hier möglich gewesen, wie ein Blick einerseits auf das StraBEG 2004, andererseits auf das Arbeitsspendengesetz von 1933 zeigt. Auch im Rahmen der Steueramnestie 2004 hatte die Berechnung der Abgeltungssumme durch die Amnestieadressaten selbst zu erfolgen. Ferner hätten die Abgeltungsbeträge, wie es die

---

988 Vgl. *Pieroth/Schlink/Kingreen u. a.*, Grundrechte, 2013, Rn. 297 wonach sich die weite *„gesetzgeberische Einschätzungsprärogative"* auch auf die Prognoseentscheidung bezüglich der Erforderlichkeit erstreckt.

989 Vgl. *Scherff*, FAS vom 14.09.2014, S. 31.

990 Wobei die Berechnung der Abgeltungssumme auch etwa im Falle des StFG 2004 durch die Amnestieadressaten selbst zu erfolgen hatte, vgl. *Haug/Hölscher/Schweinberger*, Analyse Steueramnestiedaten, 2008, S. 9.

Regelung des § 4 Arbeitsspendengesetz vorsah, unter Wahrung der Anonymität durch einen Notar an das zuständige Finanzamt weitergeleitet werden können, gegebenenfalls auf Grundlage der Berechnung eines Steuerberaters. Der dem Notar ausgestellte Einzahlungsbeleg der Finanzbehörde hätte in Kombination mit der korrespondierenden, personalisierten Geldempfangsquittung des Notars für den Amnestieteilnehmer einen der Bescheinigung nach Art. 7 Abs. 3 iVm Art. 14 des Abkommens äquivalenten „Persilschein" hergegeben, den er im Falle einer späteren Entdeckung hätte vorweisen können.

Allerdings wird dem Gesetzgeber auch bei dieser Beurteilung ein weiter Entscheidungsspielraum zugebilligt. Um anzunehmen, dass ein Mittel nicht erforderlich war, müsste ein verfügbares alternatives Mittel den Staat wie die zurückgesetzte Personengruppe weniger belasten oder den Förderungszweck effektiver verfolgen.[991] Dieses alternative Mittel müsste dem gewählten demnach in jeder Hinsicht ebenbürtig – in mindestens einer Hinsicht jedoch überlegen – sein.

Dies trifft auf die Alternative, die territorial begrenzte Steueramnestie in eine allgemeine Steueramnestie einzubetten, um die Ungleichbehandlung der einzelnen Gruppen von Steuerhinterziehern zu vermeiden, nicht zu. Eine solche Ausweitung der Steueramnestie hätte nämlich gleichzeitig das Ausmaß an Begünstigung von Steuerhinterziehern insgesamt und damit an Ungleichbehandlung gegenüber den Gruppen der Steuerehrlichen und der übrigen Straftäter quantitativ erhöht.

Somit ist von der Erforderlichkeit der Maßnahmen und aus diesen resultierenden Ungleichbehandlungen zur Erreichung des konkreten gesetzgeberischen Zwecks auszugehen.

#### *ff) Angemessenheit*

Letztlich dürften die aus dem Abkommen resultierenden Ungleichbehandlungen einzeln für sich betrachtet wie auch in ihrer Summe zu dem mit ihm verfolgten Zweck nicht außer Verhältnis stehen.[992]

Aufgrund der aufgezeigten speziellen Gemengelage[993] ergeben sich in Bezug auf die verfassungsrechtliche Rechtfertigung einige gravierende Unterschiede zu den letzten beiden Steueramnestien, sowohl zu Gunsten wie auch zu Ungunsten des Steuerabkommens. Das wohl stärkste Argument gegen das Abkommen wäre dabei die Möglichkeit der Anonymitätswahrung, führt diese doch das kriminalpolitische

991 Vgl. *Sachs* in: Sachs-GG, Art. 20, Rn. 153; *Pieroth/Schlink/Kingreen u. a.*, Grundrechte, 2013, Rn. 475.

992 Vgl. Sachs-GG, S. Art. 20, Rn. 154.

993 Vgl. E.III.2.c)bb).

Argument der reuigen Rückkehr in die Steuerehrlichkeit und der Offenbarung *ad absurdum*. Gleichzeitig scheint aber auch dessen zuvor dargestellte Begründung, als ein notwendiges Entgegenkommen gegenüber einem anderen Völkerrechtssubjekt, auf dessen Mithilfe der Gesetzgeber zur Erreichung des Amnestiezwecks zwingend angewiesen war, von nicht unerheblichem Gewicht. Mit dem Steuerverzicht wie dem Straferlass, gegebenenfalls unter Wahrung der Anonymität, erhoffte sich der Staat nämlich nicht weniger zu erkaufen als die Trockenlegung eines jahrzehntealten „Sumpfes“ der Steuerhinterziehung, dem ohne ein Entgegenkommen der Schweiz, so meinte man wenigstens, wohl niemals gänzlich beizukommen wäre.[994] Insofern kann dem Abkommen, wie es intendiert war, ein besonderes Schlussstrichmomentum, wie es den Steueramnestien 1990[995] und 2004[996] teilweise gerade abgesprochen wurde, durchaus attestiert werden. Soweit dieses besonders epochal und nachhaltig wäre, käme dem nicht nur die Qualität eines ohnehin zwingend zu fordernden formalen Amnestiekriteriums zu. Vielmehr mag dieses womöglich ein größeres Ausmaß an Ungleichbehandlung, mit der ein solcher Schlussstrich erkauft werden müsste, rechtfertigen, zumal dieser nicht nur ein gestörtes Verhältnis zwischen Steuergläubiger und -schuldnern, sondern auch zwischen zwei Staaten überwinden sollte. Die Idee, dass zwischenstaatliche Belange, insbesondere die Beziehung der Bundesrepublik zu anderen Staaten die innerstaatlichen Interessen, einen Strafverfolgungsanspruch durchzusetzen, überwiegen können und Letzterer unter Umständen hinter Ersterem zurückstehen muss, ist der Rechtsordnung dabei nicht gänzlich fremd, wie ein Blick auf die §§ 153c Abs. 3 und 4, 153d StPO zeigt. Wie bereits dargelegt wurde,[997] bestehen auch keine grundsätzlichen Bedenken gegen den kombinierten Einsatz von „Zuckerbrot und Peitsche“,[998] also die Gewährung einer Steueramnestie bei gleichzeitiger Ausweitung der Kontrollmaßnahmen. Im speziellen Fall des Abkommens hätte sich hier erst recht kein Wertungswiderspruch im Sinne *Schünemanns*[999] ergeben, weil den Amnestieadressaten als Alternative zur Teilnahme und der damit verbundenen zukünftigen

994 Diese Prämisse kann zwischenzeitlich, angesichts des zumindest offiziell konsequent weiterverfolgten Kurses der „Weissgeldstrategie“ durch die Eidgenossenschaft – auch ohne Abkommen – aus der historischen Retrospektive wohl als widerlegt betrachtet werden, vgl. *Scherff*, FAS vom 14.09.2014, S. 31.

995 Hier von *Joecks*, Steuer-Amnestiegesetz, 1989, S. 5, Rn. 11; *Lang*, FR 1989, S. 349 (357).

996 Hier von *Schünemann*, ZRP 2003, S. 433 (438).

997 Siehe unter E.II.4.b).

998 A.a. *Schünemann*, ZRP 2003, S. 433 (436 ff.).

999 Vgl. *Schünemann*, ZRP 2003, S. 433 (436, 438.); siehe auch unter E.II.4.b).

Unterwerfung unter ein engmaschigeres Kontrollnetz[1000] das „Abschleichen“ aus der Schweiz offengestanden hätte.

Andererseits ist eben jener Teil des Abkommens besonders kritisch zu sehen. Der Umstand, dass das Abkommen Anonymität für Amnestieteilnehmer ebenso wie für „Abschleicher“ vorsah, lässt sich nur schwer mit der Rücksichtnahme auf die schweizerischen Interessen rechtfertigen. Unter der zuvor herausgearbeiteten Prämisse, dass die Abolitionswirkung unter rechtsstaatlichen Gesichtspunkten als besonders problematisch anzusehen ist,[1001] wird deutlich, dass dieser Konflikt im Falle der Anonymitätswahrung auf die Spitze getrieben wird. Ein Täter, dessen Verfahren weder niedergeschlagen noch in Kenntnis der Behörden um den entsprechenden Sachverhalt nicht eingeleitet wird, sondern der Straffreiheit erlangt, ohne selbst jemals aktenkundig zu werden, ohne den Schritt, seine Verfehlung in irgendeiner Form zu offenbaren, würde möglicherweise über die Maßen des Erträglichen privilegiert, soweit ihm auch noch ein Steuervorteil verbleibt. Zwar steht der Verzicht einer Aufarbeitung der vorausgegangenen Rechtsverletzungen nicht im Widerspruch zur Idee des Vergessens, obwohl auch hier eingewendet werden könnte, dass man eigentlich nur vergessen kann, was man einmal wusste, dafür aber zu dem ebenfalls mit der Amnestie eng verknüpften Konzept der *tabula rasa*. Voraussetzung, um reinen Tisch zu machen, wäre nämlich, das zu Bereinigende zuallererst einmal auf den Tisch zu bringen. Während im Falle der Selbstanzeige nach § 371 AO die Argumente der gewillkürten und aktiven Rückkehr in die Rechtsordnung[1002] und der vollen, zumindest geringfügig überschießenden Kompensation des Schadens als dogmatische Rechtfertigung der Strafbefreiung herangezogen werden können, betritt der anonyme Amnestieprofiteur keine Brücke – gleich welcher Farbe. Er bleibt am anderen Ufer und schickt lediglich einen Obolus über den Fluss, um sich freizukaufen, wobei dessen Wert nicht der wahren Höhe der „Zeche“ entsprechen muss.

---

1000 Beziehungsweise der effektiven zukünftigen Quellenbesteuerung; vgl. B.IV.

1001 Siehe unter E.I.4.

1002 Unter anderem mit diesem Argument rechtfertigte das BVerfG auch die Steueramnestien 1990 und 2004. „*Von Ahndung und Steuerfestsetzung wird nur abgesehen, wenn der Steuerpflichtige aus der Anonymität der Steuerunehrlichen heraustritt, sich als Steuerpflichtiger offenbart und seine Einkünfte aus Kapitalvermögen der ordnungsgemäßen Besteuerung für die Jahre seit 1986 unterwirft. Mit der strafbefreienden Erklärung offenbart der Steuerpflichtige jedoch wegen der Kontinuität der Erwerbsgrundlage des deklarierten Kapitalvermögens zugleich die tatsächlichen Voraussetzungen einer früheren Steuerverkürzung.*“ BVerfG, Urt. v. 27.06.1991 – 2 BvL 3/89, Rn. 20, zitiert nach juris. Vgl. BVerfG, Beschl. v. 25.02.2008 – 2 BvL 14/05, Rn. 25, zitiert nach juris.

Hieraus ergibt sich ein weiteres Problem praktischer Natur. Soweit der anonym Abgeltende den deutschen Behörden unbekannt bleibt, relativiert sich auch die Nachhaltigkeit der Steueramnestie. Auch wenn dessen Kapitalerträge in der Schweiz zukünftig einer Quellenbesteuerung unterworfen gewesen wären, erlangt keine deutsche Behörde Informationen über die Herkunft des Geldes, was dem Amnestierten die Möglichkeit eröffnet, zukünftige gleichartige Einkünfte, wie jene, aus denen sich das Stammkapital speiste, weiterhin zu verbergen, auch wenn er sie nicht mehr in der Schweiz kapitalertragsteuerfrei anlegen kann. Dies wird noch deutlicher, soweit in Art. 7 Nr. 9 a) des Abkommens die Abgeltung und damit auch Straffreiheit nach Art. 8 für „*Vermögenswerte [, die] aus Verbrechen im Sinne des deutschen Strafrechts mit Ausnahme des Paragraphs 370a AO herrühren*", ausgeschlossen sein sollte, jedoch aufgrund der Anonymität die Gefahr der Entdeckung solcher Straftaten wohl äußerst gering gewesen wäre und möglicherweise entsprechende Gelder dereinst als reingewaschen gegolten hätten, weil ein entsprechender Nachweis einer kriminellen Herkunft im Sinne des Art. 7 Abs. 9 a) nicht hätte geführt werden können.

Soweit nach alledem schwerste generelle Bedenken gegen die Anonymität der strafbefreienden Abgeltung zu besorgen sind, ist festzustellen, dass, wenn überhaupt, ein derartiges Zugeständnis womöglich dadurch hätte gerechtfertigt werden können, dass ein anonymer Abzug der Gelder durch das Abkommen verwehrt worden wäre. Mit Anonymität für Teilnehmer bei Meldung der Abschleicher hätte die Schweiz keinen ihrer Kunden notwendigerweise der strafrechtlichen Verfolgung preisgegeben. Die lückenlose Erfassung und nachträgliche Besteuerung sämtlicher von deutschen Steuerpflichtigen ins Territorium der Eidgenossenschaft verbrachten Vermögenswerte hätte unter Umständen vor dem Hintergrund des schweizerischen Interesses, Bankkunden Vertrauensschutz zu gewähren, im Hinblick auf die Ungleichbehandlung der ehrlichen Steuerzahler, als angemessenes Ziel betrachtet werden können, anonyme Abgeltung und Erlangung von Straffreiheit ausnahmsweise zu rechtfertigen. Aufgrund der Ausgestaltung des Abkommens hingegen sollte das Dilemma, dass notwendig einer der beiden Staaten „wortbrüchig" werden musste – entweder die Bundesrepublik in Bezug auf das Strafversprechen und die Steuergerechtigkeit oder die Eidgenossenschaft in Bezug auf den Vertrauensschutz –, einseitig zu Lasten der bundesrepublikanischen Rechtsordnung gelöst werden.

## 3. Ergebnis

Nach alledem können die durch das Abkommen zu besorgenden Ungleichbehandlungen der Gruppen der steuerehrlichen Bürger, der übrigen Straftäter und der nicht mitadressierten Steuerhinterzieher gegenüber den Amnestieprofiteuren des Abkommens jedenfalls in ihrer Summe kaum gerechtfertigt werden,[1003] was im Wesentlichen an der anonymen Erlangung von Straffreiheit bei gleichzeitiger steuerlicher Bevorzugung festzumachen ist. Die Möglichkeit der Anonymitätswahrung relativiert dabei die Legitimität des angestrebten Zwecks, gerade auch im Vergleich mit den Steueramnestien 1990 und 2004.

1003 Zu ähnlichem Ergebnis gelangt *Joecks,* Wistra 2011, S. 441 (445); *Joecks*, Stellungnahme Finanzausschuss vom 12.09.2012, S. 5 (Int.Q.).

# F. Weitere Überlegungen, Perspektiven und Alternativen

Rechtspolitische Alternativen, wie man mit der grundsätzlichen Problematik, dem Phänomen der Steuerhinterziehung unter Berücksichtigung staatlich fiskalischer Interessen sowie strafrechtlicher und rechtsstaatlicher Anforderungen umgehen könnte, sind vielfach denkbar. Die radikalste wie puristischste Lösung, welche den gesamten Streit über Steueramnestien und Selbstanzeige auf einen Schlag obsolet machen würde, wäre sicherlich die Transformation sämtlicher Steuerstraftatbestände in den Bereich der Ordnungswidrigkeiten. Wie gezeigt wurde, besteht keine staatliche Pflicht, ein bestimmtes Verhalten zwingend unter Kriminalstrafe zu stellen, soweit dies nicht der Individualgüterschutz zwingend gebietet. Dem Gesetzgeber ist vielmehr ein weiter Spielraum zuzubilligen.[1004] Die Steuerhinterziehung etwa könnte statt durch Kriminalstrafe mit empfindlichen Geldbußen, möglicherweise einem Vielfachen der hinterzogenen Beträge oder im Falle hinterzogener Kapitalertragsteuer mit der Einziehung des gesamten Stammkapitals geahndet werden. Für den Fall der freiwilligen Nachmeldung und -zahlung könnte die Buße auf moderate Hinterziehungszuschläge und Zinsen reduziert werden.

Ungeachtet der zwangsläufig subjektiven Beantwortung der Frage, wie eine derartige Entkriminalisierung unter dem Aspekt der materiellen Gerechtigkeit zu bewerten wäre, zeigt die aktuelle Debatte über die Selbstanzeige, dass eine solch umfassende Entkriminalisierung, insbesondere im Hinblick auf große Hinterziehungssummen mehrheitlich nicht gewollt, öffentlich nicht vertretbar und letztlich politisch nicht durchsetzbar wäre.

Da die intensive Auseinandersetzung mit weiteren rechtspolitischen Optionen ein weites Feld ist und den Rahmen dieser Arbeit, welche primär die Darstellung und Bewertung der bisherigen Praxis auf Basis bestehender Gesetze zum Inhalt hat, bei Weitem sprengen würde, seien im Folgenden lediglich drei naheliegende Aspekte herausgegriffen, um zu diesen Stellung zu beziehen. Dabei wollen sich diese Stellungnahmen eher als Denkanstöße denn als konkrete Lösungsvorschläge verstanden wissen.

---

1004 Vgl. BVerfGE 22, 49 (78 ff.); BVerfGE 27, 18 (28).

## I. Zukunft der Selbstanzeige

Eine Abschaffung der Selbstanzeige nach § 371 AO scheint verfehlt. Stärkstes Argument für ihre Beibehaltung bleibt das immanente Spannungsverhältnis zwischen strafprozessualem *nemo tenetur*-Grundsatz und steuerrechtlicher Offenbarungspflicht.[1005] Zudem kann unabhängig davon, dass valide Statistiken über die Anzahl von Selbstanzeigen erst seit Neuestem vorliegen, wenn auch weiterhin nicht flächendeckend,[1006] Zahlen zu dem aufgrund dieser doch noch generiete zusätzliche Steueraufkommen nach wie vor fehlen,[1007] davon ausgegangen werden, dass es sich um erquickliche Summen handelt. Darüber hinaus ist zu bedenken, dass gerade die Ungewissheit und die im Einzelfall vielleicht realistischerweise unbegründete Entdeckungsangst etwa auf Seiten der potentiell durch das gescheiterte Steuerabkommen betroffenen Steuerhinterzieher erst aufgrund der von diesen in vorauseilendem Gehorsam erstatteten Selbstanzeigen doch noch Wirkung entfalten konnte, dieses insofern aus fiskalischer Sicht nicht ganz vergeblich war. Gleiches gilt für den psychologischen Druck, welchen die Berichte über den Ankauf von Steuer-CDs auslösten, gleich wie man diesen selbst juristisch bewerten mag. Solche „Mitnahmeeffekte“ in Fällen, da den Ermittlungsbehörden tatsächlich keine für eine Entdeckung ausreichenden Daten vorlagen, würden dem Staatshaushalt ohne die Möglichkeit der Selbstanzeige entgangen sein.[1008]

---

1005 Vgl. *Breyer*, Selbstanzeige, 1999, S. 64 f.; *Salditt*, StV 2002, S. 214 (217); *Stahl*, Selbstanzeige, 2011, Rn. 17, 22. Vgl. zu dem Problem *Joecks*, in: Festschrift für Günter Kohlmann, Hirsch (Hrsg.), 2003, S. 451 (457).

1006 Vgl. Anhang 1: Länderstatistiken zu Selbstanzeigevorgängen.

1007 Vgl. D.III.2.c).

1008 *Die Zeit* etwa berichtete (ohne Angabe einer Quelle) von bundesweit 26.000 Selbstanzeigen im Jahr 2013, *Blasberg/Kirbach/Lebert u. a.*, DIE ZEIT vom 06.02.2014, S. 13 (15), weiter wird auf die Tabelle des Anhangs 1 verwiesen. Zwar weisen nur die Statistiken des Bundes und des Landes Rheinland-Pfalz bereits Zahlen für das Jahr 2009 auf, allerdings ist in beiden Fällen ein signifikanter Anstieg der Selbstanzeigen zwischen 2009 und 2010 zu verzeichnen. Dieser kann allerdings nur mit den Ankäufn von Steuer-CDs erklärt werden, da das Abkommen erst im September 2011 bekannt wurde. Kausale Zusammenhänge zwischen der Entwicklung der Zahlen eingegangener Selbstanzeigen und möglichen konkreten Auslösern wie den Steuer-CDs, dem Bekanntwerden des Abkommens oder den Berichterstattung über prominente Selbstanzeigeerstatter in den Medien sollten sich dabei schon deshalb nicht eindeutig nachweisen lassen, weil die Vorbereitung einer Selbstanzeige, nachdem die Entscheidung zu einer solchen gefallen ist, – nicht zuletzt aufgrund des Vollständigkeitgebots – in vielen Fällen längere Zeit in Anspruch nehmen dürfte.

Anderes gilt für jene Fälle, in welchen den Ermittlungsbehörden bereits ausreichend Informationen vorlagen, um Steuerhinterzieher überführen zu können. Freilich nur unter der Prämisse, dass ein Beweisverwertungsverbot für die angekauften Daten nicht besteht, lässt sich weder fiskalisch noch auf andere Weise ein Strafaufhebungsgrund in solchen Konstellationen rechtfertigen, in denen der Staat auf die Mitwirkung der Selbstanzeigenden nicht mehr angewiesen war und eine Überführung zeitnah, vor Verjährungseintritt möglich gewesen wäre. Insofern ist gegen die immer noch herrschende Meinung in der Literatur eine strengere Auslegung des Ausschlussgrundes der Entdeckung nach § 371 Abs. 2 Nr. 2 AO zu befürworten, was sich wohl mit den letzten Tendenzen der Rechtsprechung des BGH decken würde.[1009] Im Sinne der Rechtssicherheit vorzugswürdig wäre jedoch eine gesetzgeberische Klarstellung durch Ergänzung des Abs. 2 Nr. 2 der Vorschrift *de lege ferende:*

> *Von einer Entdeckung im Sinne dieser Vorschrift ist insbesondere auch dann auszugehen, wenn der zuständigen Ermittlungsbehörde bereits Informationen vorlagen, durch deren Auswertung die Tat entdeckt worden wäre, soweit eine Auswertung bei normalem Verfahrensablauf vor Verjährungseintritt zu erwarten gewesen wäre.*

Eine ähnliche Regelung hatte bereits § 410 AO in der bis zum 20.04.1949 geltenden Fassung[1010] enthalten. Auch der Sperrtatbestand des gescheiterten Abkommens war grundsätzlich weiter gefasst, als hier auf die Definition des Anfangsverdachts des § 152 Abs. 2 StPO abgestellt wurde.[1011]

Soweit darüber hinaus Verschärfungen der Vorschrift im Raum stehen, ist festzustellen, dass etwa einer deutlichen Anhebung der Strafzinssätze keine wesentlichen Gründe entgegenstehen – außer dass sich der Gesetzgeber bewusst machen muss, dass mit jeder „Verteuerung“ der Selbstanzeige deren Attraktivität sinkt. Die ebenfalls diskutierte Beschränkung auf Fälle bis zu einer bestimmten

---

1009 Siehe unter D.II.5.b).

1010 Fassung vom 22.05.1931, RGBl. Nr. 20, S. 161 (213); vgl. C.IV.5.a).

1011 Dieser hätte nach Ansicht von *Joecks* und *Schauf* auch zum Ausschluss der Straffreiheit beim Vorliegen von Informationen auf Steuer-CDs geführt, deren Ankauf vor dem 21.09.2011 bekannt geworden war, *Schauf* in: Kohlmann-Steuerstrafrecht, vor § 371 AO, Rn. 5, Lfg. 46, Juli 2012; *Joecks*, Wistra 2011, S. 441 (442). Gleichzeitig kann nicht davon ausgegangen werden, dass gesetzgeberisch bewußt beabsichtigt war, die Entdeckungshürde niedriger als im Falle des § 371 AO anzusetzen, vgl. D.II.5.b). Jedenfalls ist davon auszugehen, dass die Politik den Ermittlungsbehörden hier aus diplomatischen Gründen wohl Zurückhaltung auferlegt hätte, wenn das Abkommen ratifiziert worden wäre.

Betragsobergrenze, namentlich die Streichung[1012] des § 398a AO, womit der Ausschlusstatbestand des § 371 Abs. 2 Nr. 3 AO für hinterzogene Beträge von über 50.000 Euro je Tat absolut würde, könnte hingegen das Ende der Selbstanzeige einläuten. Gerade die Selbstanzeigen von hohen Hinterziehungsbeträgen dürften es nämlich sein, welche zur Erreichung des Ziels der Generierung staatlicher Mehreinnahmen im Wesentlichen beitragen.

Einer weiteren Verlängerung der steuer- wie strafrechtlichen Verjährungsfristen, wie sie etwa von *Jarass* gefordert wird,[1013] ist mit einer gewissen Skepsis zu begegnen, dienen solche Fristen doch auch der Rechtssicherheit und dem Rechtsfrieden.

## II. Effektivierung der Finanzverwaltung

Es kann zudem davon ausgegangen werden, dass die Möglichkeiten, die Steuererfassung und Steuerfahndung bei vertretbarer Kosten-Nutzen-Relation massiv zu intensivieren und hierdurch einerseits erhebliche Mehreinnahmen zu generieren, gleichzeitig der Förderung des Ideals der Steuergerechtigkeit zu dienen, bei Weitem nicht ausgeschöpft sind – ein weiterer Aspekt, der an der Notwendigkeit von Steueramnestien, da vermeintlich *ultima ratio*, zweifeln lässt. Soweit die seit Jahren immer wieder durch Mitarbeiter der Finanzämter und der Steuerfahndungsstellen geäußerte Kritik zutrifft, sind diese chronisch unterfinanziert, um 40 % unterbesetzt – und dies, obwohl es sich um eine der ganz wenigen Behörden handeln dürfte, die den Staat kein Geld kosten, sondern dieses für ihn hereinholen. Schätzungen zu Folge generiert ein durchschnittlicher Steuerfahnder Mehreinnahmen von einer Millionen Euro pro Jahr.[1014] Hinzu kommt, dass technischer Stand und Ausstattung weit hinter denen vergleichbarer Behörden zurück bleiben. Man lebe *„fahndungstechnisch noch in den siebziger Jahren“*.[1015] Außendienstmitarbeiter der Steuerfahndung verfügen so teilweise bis heute nicht über Laptops, die in den Behörden verwendete Software wird für unausgereift gehalten.[1016]

Neben allgemeinem politischen Unwillen, an dieser Situation etwas zu ändern, wird auf einige strukturelle Probleme und falsche Anreizsetzungen hingewiesen,

---

1012 Vgl. BT-Drs 18/551, hier Frage 4; BT-Drs 18/556.

1013 *Jarass*, Stellungnahme Finanzausschuss vom 22.09.2012, S. 6 (Int.Q.).

1014 *Blasberg/Kirbach/Lebert u. a.*, DIE ZEIT vom 06.02.2014, S. 13 (14).

1015 So Steuerfahnder Werner Stupka in: *Blasberg/Kirbach/Lebert u. a.*, DIE ZEIT vom 06.02.2014, S. 13 (14).

1016 *Blasberg/Kirbach/Lebert u. a.*, DIE ZEIT vom 06.02.2014, S. 13 (14).

die für diesen Zustand mit verantwortlich zu machen seien. Zum einen sei die föderale Organisation der Steuerverwaltung ineffektiv, gerade im Bereich der Steuerfahndung dürften im Falle landesübergreifender Sachverhalte entweder ressourcenzehrende Ermittlungen teilweise doppelt geführt werden, teilweise Erkenntnisse den Behörden verborgen bleiben, wenn die eine Landesbehörde nicht weiß, was die andere macht. So fordern Mitarbeiter der Finanzverwaltung eine bundesweite Fallkartei.[1017] Durch die Einrichtung einer zentralen Steuerbundesverwaltung sollen Einsparungen in zweistelliger Milliardenhöhe möglich sein.[1018] Weiter wurde am Beispiel Bayerns kritisiert, wo die Kontrolldichte für Unternehmen im Bundesvergleich am niedrigsten sei, dass dies einerseits von diesen als Standortvorteil wahrgenommen würde, mithin als Argument dafür, sich in Bayern niederzulassen. Gleichzeitig sehe die Rechnung aus Sicht des bayrischen Fiskus so aus, dass aufgrund des Länderfinanzausgleichs nur 10 bis 40 Cent von jedem zusätzlich generierten Euro im Land verblieben, während man die Kosten jedes zusätzlichen Finanzbeamten alleine tragen müsse.[1019]

Ohne dem Überwachungsstaat das Wort reden zu wollen, erscheint die Behebung der vorbezeichneten Missstände bereits ein Gebot der sozialen Gerechtigkeit sowie aus fiskalpolitischer Sicht dringender und vielversprechender als Steueramnestien oder das Herumschrauben an der Selbstanzeigevorschrift. Zudem darf nicht vergessen werden, dass durch eine Intensivierung der Steuerfahndung zusätzliche Einnahmen sich nicht nur aus den Nachzahlungen aufgrund der entdeckten Fälle ergeben dürften, sondern auch die Steuermoral insgesamt steigen, Steuerdelinquenz zurückgehen dürfte, soweit das Entdeckungsrisiko signifikant steigt oder dies zumindest in der Bevölkerung so wahrgenommen wird. Was die Ansätze bundeszentraler Steuerverwaltung anbelangt, so scheint hier wie in vielen anderen Bereichen – etwa der Sozialstaatlichkeit –, nämlich überall dort, wo Föderalismus nicht erforderlich oder auch nur geeignet scheint, regionalen Besonderheiten und Bedürfnissen Rechnung zu tragen, dieser in einer globalisierten Welt nicht mehr zeitgemäß und einer Überprüfung wert.

---

1017 So Steuerfahnder Werner Stupka in: *Blasberg/Kirbach/Lebert u. a.*, DIE ZEIT vom 06.02.2014, S. 13 (14).

1018 *Blasberg/Kirbach/Lebert u. a.*, DIE ZEIT vom 06.02.2014, S. 13 (15).

1019 So Gerhard Wipijewski, Vorsitzender der Bayrischen Finanzgewerkschaft in: *Blasberg/Kirbach/Lebert u. a.*, DIE ZEIT vom 06.02.2014, S. 13.

## III. Ausweitung von Wiedergutmachungstatbeständen mit strafbefreiender Wirkung

Regelmäßig wird im Rahmen wissenschaftlicher Auseinandersetzung mit der Selbstanzeige nach § 371 AO auf den im österreichischen Strafrecht existierenden allgemeinen Tatbestand der tätigen Reue nach § 167 öStGB[1020] verwiesen[1021] und teils unter Bezugnahme auf diesen, teils dadurch, dass dem deutschen § 371 AO Vorbildfunktion beigemessen wird, die Übernahme einer entsprechenden Regelung in das deutsche StGB gefordert[1022] oder zumindest in den Raum gestellt.[1023] Die österreichische Vorschrift ordnet für eine Vielzahl abschließend aufgezählter Straftatbestände Straffreiheit im Falle der freiwilligen Schadenswiedergutmachung vor Entdeckung an, wobei es sich mehrheitlich um Vermögens- und Eigentumsdelikte handelt. Die Frage ist folglich, ob die Einführung eines entsprechenden Strafaufhebungsgrundes in Deutschland *de lege ferenda* zu begrüßen wäre.

### 1. Grundsätzliche Erwägungen

Derartigen Forderungen ist grundsätzlich beizupflichten. Dies ergibt sich bereits als logische Konsequenz aus der vorherigen Stellungnahme zu den Strafzwecken,[1024] wonach unter diesen dem Rechtsgüterschutz uneingeschränkter Vorrang einzuräumen ist. Dies bedeutet aber auch, dass sobald das Kind einmal in den Brunnen gefallen ist, die Prävention durch Strafandrohung im Einzelfall beim Schutz eines Rechtsguts (vorerst) versagt hat, dieses Ziel nicht aufgegeben werden muss,

---

1020 Siehe Anhang 2: Tätige Reue nach § 167 StGB / Österreich. Daneben existiert schon wesentlich länger § 29 öFinStrG als österreichisches Pendant zur deutschen Vorschrift des § 371 AO, als Selbstanzeigevorschrift des Steuerrechts, zu diesem *Scheil*, Selbstanzeige § 29 FinStrG, 1995.

1021 *Hoffschmidt*, Selbstanzeige, 1988, S. 246; *Frees*, Selbstanzeige, 1991, S. 121 ff.; *Löffler*, Selbstanzeige, 1992, S. 126 ff.; *Hunsmann*, Selbstanzeigeprivileg, 2006, S. 48; *Patzschke*, Selbstanzeige, 2012, S. 47.

1022 Vgl. *Abramowski*, Selbstanzeige, 1991, S. 248 ff.; *Hoffmann*, Selbstanzeige, 1998, S. 54; *Breyer*, Selbstanzeige, 1999, S. 11; *Patzschke*, Selbstanzeige, 2012, S. 230 ff.; ablehnend: *Hoffschmidt*, Selbstanzeige, 1988, S. 253; *Frees*, Selbstanzeige, 1991, S. 129.

1023 *Löffler*, Selbstanzeige, 1992, S. 147. Die Hessische Kommission „Kriminalpolitik" zur Reform des Strafrechts schlug vor: *„Eine Schadenswiedergutmachung vor Kenntnisnahme der Tat durch die Strafverfolgungsbehörden soll als ‚tätige Reue' bewertet werden"* *Albrecht/Hassemer/Voß* (Hrsg.), Entkriminalisierung, 1992, S. 101, vgl. auch a.a.O. S. 49, 56.

1024 Siehe unter D.III.3.e).

sondern lediglich modifiziert, nunmehr in Form der Intention, das Rechtsgut zu restituieren, fortleben sollte. Dabei stünde dies auch nicht in Widerspruch zur Präventionswirkung. Diese kann vielmehr fortwirken, als die Strafandrohung dem Täter – reuig muss er nicht sein, ängstlich reicht vollkommen aus – den entscheidenden Anreiz bieten mag, sich für eine Wiedergutmachung zu entscheiden. Die Befürchtung, eine solche Regelung könnte der ursprünglichen Präventionswirkung derart einen Abbruch tun, dass sie als Anreiz zur Tatbegehung angesehen würde, erscheint unrealistisch. Wer bereits vor Tatbegehung mit dem Gedanken spielt, seine Tat zu offenbaren und das aus ihr Erlangte zurückzugeben, wird diese gleich ganz sein lassen. Wofür sollte er das Risiko auf sich nehmen, noch vor diesem Schritt ertappt zu werden und für ein Vergehen zur Rechenschaft gezogen zu werden, dessen Früchte er ohnehin zurückzugeben beabsichtigte.[1025]

Eine solche Forderung deckt sich auch mit modernen Tendenzen von Kriminologie und Strafrechtspflege, der Stellung und den Interessen der Opfer von Straftaten größeres Gewicht beizumessen.[1026] Soweit höchstpersönliche Rechtsgüter betroffen sind, wie etwa im Falle von Körperverletzung oder Raub, ist die Gemengelage eine andere. Den einmal erlittenen Schmerz, die Angst oder Ohnmacht des Opfers während oder in der Folge der Tat kann der Täter nicht ungeschehen machen, eine äquivalente Entschädigung in Geld scheidet aus, weil ein Umrechnungskurs nicht existiert, vor allem aber der Zustand *quo ante* nicht wiederhergestellt werden kann.[1027] Im Falle erlittener Vermögens- oder Eigentumsverluste hingegen dürfte dem jeweiligen Opfer, vor die Wahl gestellt, die Kompensation des Verlustes regelmäßig wichtiger sein als die Aussicht auf Bestrafung des Täters im Falle von dessen Entdeckung und Überführung. Dass der Staat einerseits gewillt ist, sich seines Strafanspruchs wie im Falle des § 371 AO zu begeben, wenn er nur nachträglich bekommt, was ihm ursprünglich zustand, andererseits den ihm zustehenden Strafanspruch höher schätzt als die individuellen Restitutionsinteressen seiner Bürger und hier nicht bereit ist, auf diesen zu verzichten, erscheint als ein Wertungswiderspruch.

---

1025 Vgl. hierzu D.III.3.f); mit anderer Begründung, aber gleichem Ergebnis *Patzschke*, Selbstanzeige, 2012, S. 224 ff.

1026 Vgl. *Abramowski*, Selbstanzeige, 1991, S. 248; *Albrecht/Beckmann/Frommel u. a.*, Empfehlungen, 1992, S. 24 ff.; *Albrecht/Hassemer/Voß* (Hrsg.), Entkriminalisierung, 1992, S. 56; *Frees*, Selbstanzeige, 1991, S. 120; *Patzschke*, Selbstanzeige, 2012, S. 222.

1027 Vgl. *Patzschke*, Selbstanzeige, 2012, S. 208 f.

## 2. Freiwilligkeit und Entdeckung

Bezüglich der Frage, wie ein solcher allgemeiner Strafaufhebungsgrund durch Widergutmachung ausgestaltet sein könnte, scheinen der Phantasie zunächst keine Grenzen gesetzt. Unabdingbar erscheint ein Ausschluss für den Fall der tatsächlichen Entdeckung, da andernfalls die ursprüngliche Präventionswirkung der Strafandrohung massiv tangiert wäre. Gleichzeitig kann nicht unberücksichtigt bleiben, dass die Legitimität der Gewährung von Straffreiheit im Einzelfall sich aus kriminalpolitischer Sicht antiproportional zur Entdeckungswahrscheinlichkeit verhält. Das Täterverhalten erscheint grundsätzlich nur dann privilegierungswürdig, wenn zwei Bedingungen erfüllt sind. Zum einen muss der Täter den Schaden restituieren, zum anderen müssen die Ermittlungsbehörden bei Entdeckung der Tat noch auf seine Mithilfe „angewiesen" gewesen sein. Ob eine Sperrwirkung allerdings bereits dann greifen sollte, wenn bestimmte Umstände eine Entdeckung objektiv und für den Täter erkennbar oder subjektiv für diesen zwischenzeitlich als wahrscheinlicher erscheinen lassen, ist eine Frage, welche auf Basis einer intensiven kriminologischen Diskussion beantwortet werden müsste. Ein ausdrückliches Freiwilligkeitserfordernis scheint schon deshalb nicht zielführend,[1028] weil zum einen die Definition der Freiwilligkeit im Sinne autonomer oder auch heteronomer Motive ebenso Probleme bereitet, wie die Ergründung der subjektiven Tätervorstellungen insgesamt ebenfalls von der immanent subjektiven tatrichterlichen Bewertung abhängt. Gegen sämtliche derartigen, nicht gänzlich objektivierbaren Kriterien spricht jedenfalls die mögliche Ungewissheit, zu der diese beim Täter führen können, ob seine Entscheidung zur Umkehr letztlich wirklich honoriert werden würde. Sofern ein solcher allgemeiner Strafaufhebungsgrund kriminalpolitisch gewollt sein sollte, wären solche Ungewissheiten kontraproduktiv. Eine weitere zu klärende Frage wäre die, inwieweit Offenbarung des Täters gegenüber der Behörde oder zumindest gegenüber dem Opfer zu fordern wäre oder ob selbst die anonyme Wiedergutmachung zur Strafbefreiung führen soll.

Hierbei sei noch ein Blick auf die eingangs erwähnte Vorschrift des § 167 öStGB[1029] gewagt. Dieser Strafaufhebungsgrund, der in Österreich *„offenbar seinen [festen] Platz im allgemeinen Rechtsbewusstsein gefunden"* hat,[1030] ist in Bezug auf die zuvor aufgeworfenen Fragen sehr großherzig ausgestaltet. Dessen Abs. 2 ordnet eine Sperrwirkung nur bei positiver Kenntnis der Behörde an, während

1028 A.A. *Patzschke*, Selbstanzeige, 2012, S. 221, 232 f.

1029 Siehe Anhang 2: Tätige Reue nach § 167 StGB / Österreich.

1030 *Frees*, Selbstanzeige, 1991, S. 126; *Löffler*, Selbstanzeige, 1992, S. 127.

die Kenntnis des Geschädigten um die Person des Täters, welche üblicherweise der ersten ja nur um einen Schritt, nämlich den der Anzeige, vorgelagert ist, als unschädlich erachtet wird. Selbst das „*Andringen des Verletzten*" schadet nicht, soweit der Täter nur zur Schadenswiedergutmachung nicht „*gezwungen*" sei. Einer Offenbarung der Tat in Form einer expliziten Selbstanzeige gegenüber der Behörde bedarf es hingegen nicht. Diese stellt vielmehr nach Abs. 3 in Verbindung mit Wiedergutmachung „*durch Erlag bei [der] Behörde*" eine weitere Alternative zur Erlangung der Straffreiheit dar.

Hier scheint eine restriktivere Handhabung vorzugswürdig, wonach die Kenntnis des Geschädigten um die Identität des Täters eine obligatorische Strafbefreiung ausschließt, jedenfalls insofern als aufgrund dieser Informationen eine Überführung möglich wäre. Andernfalls ließe sich eben doch nicht sicher ausschließen, dass ein dreist-gewiefter Täter die Selbstanzeige in sein kriminelles Kalkühl einbeziehen würde. Nach Entdeckung des Täters durch den Geschädigten könnte es sonst zu einem Anzeigewettlauf zwischen diesen kommen. Etwa dem auf frischer Tat ertappten Dieb sollte folglich, soweit das Versuchsstadium überschritten und Deliktsvollendung bereits eingetreten wäre, auch eine Selbstanzeige nicht mehr möglich sein.

### 3. Erforderins einer förmlichen Selbstbezichtigung und Umfang der Kompensation

Eine förmliche Selbstanzeige des Täters ist als überflüssig zu erachten. Eine dem Steuerrecht vergleichbare Interessenlage, wo nach verbreiteter Ansicht zumindest auch die „*rechtzeitige und richtige Mitteilung des steuerlich erheblichen Sachverhalts an die zuständige Behörde*"[1031] durch die §§ 369 ff. AO geschützt werden soll, besteht bei sonstigen Vermögens- oder Eigentumsdelikten nicht. Es erscheint zur Wiederherstellung des Rechtsfriedens ausreichend, dass der Täter gegenüber einer Behörde oder dem Geschädigten auch nur konludent seine Täterschaft offenbahrt, wenn er sodann den entstandenen Schaden wiedergutmacht.

Letztlich ist noch zu bedenken, dass auch Vermögens- und Eigentumsdelikte bei den Opfern bisweilen zu Folgeschäden materieller und immaterieller Art führen können, die weit über den Wert der tatrelevanten Vermögensschädigung hinausgehen können. Das sei pauschal an dem Beispiel verdeutlicht, dass der Geschädigte eines Kapitalanlagebetrugs in dessen Folge Haus und Hof verliert. Hier erscheint eine Differenzierung notwendig, wonach eine vollständige

---

1031 *Ehlers*, FR 1976, S. 504 (505); vgl. hierzu auch *Schulze*, DStR 1964, S. 416 (419); *Isensee*, NJW 1985, S. 1007 (1008); vgl. außerdem Fn. 722.

Kompensation des unmittelbaren Schadens nur fakultative Straffreiheit oder Strafmilderung zur Folge hat, hingegen erst der Ersatz auch der Folgeschäden zu obligatorischer Straffreiheit führt.

Analog des § 371 Abs. 3 AO sollte die Kompensation innerhalb einer durch die Verfolgungsbehöre zu setzenden angemessenen Frist erfolgen. Ein bloß ernsthaftes, jedoch im Ergebnis fruchtloses Bemühen des Täters, den Schaden wiedergutzumachen, kann dabei ebenfalls nur zu fakultativer Straffreiheit führen, da hier das Tatunrecht nicht vollständig beseitigt wird. In Fällen, da die Schadenshöhe und die wirtschaftliche Situation des Täters eine zeitnahe Wiedergutmachung ausschließen, dieser jedoch willens ist, auch über einen längeren Zeitraum Ratenzahlung zu leisten, erscheint eine Lösung vorzugswürdig, wonach analog einer Bewährungsauflage nach § 56b StGB und ähnlich der Verwarnung mit Strafvorbehalt[1032] nach § 59 StGB eine Strafe gegen den Täter unter dem Vorbehalt der vollumfänglichen Kompensation durch jeweils fristgerechte Ratenzahlungen verhängt würde.

Um dem Geschädigten gegenüber dem Täter kein unnötiges Erpressungspotential in die Hand zu geben, wäre Letzterem folglich zu empfehlen, sich zuerst den Verfolgungsbehörden zu offenbaren und dort seine Kompensationsbereitschaft zu Protokoll zu geben oder bereits das Erlangte zu hinterlegen. Im letzten Fall wäre das Verfahren dann alsbald einzustellen, wenn der Geschädigte der Verfolgungsbehörde bestätigt, dass mit der Leistung des Täters der Schaden vollständig kompensiert wurde.

## 4. Ergebnis

Die nachfolgende Tabelle fasst die vorgeschlagenen Rechtsfolgen eines allgemeinen *de lege ferende* zu schaffenden Strafaufhebungsgrund für Vermögens- und

1032 Vgl. hierzu die Empfehlungen der Niedersächsischen Kommission zur Reform des Strafrechts und des Strafverfahrensrechts, welche eine Erweiterung der Verwarnung mit Strafvorbehalt propagiert *Albrecht/Beckmann/Frommel u. a.*, Empfehlungen, 1992, S. 22 ff. und gleichzeitig feststellt, dass die „*Formulierung »Verwarnung« [...] unangemessen*" erscheine, da dieser Begriff nicht geeignet sei, die „*beabsichtigte zusätzliche Einwirkung*" auf den Delinquenten zu erreichen. Die stattdessen vorgeschlagene Formulierung „*Verurteilung mit Strafvorbehalt*" a.a.O. S. 23, erscheint auch in Bezug auf eine Kombination mit einer Kompensationsauflage als angemessener. Dem Täter wird unmissverständlich vor Augen geführt, dass er verurteilt wurde – nur eben unter einer auflösenden Bedingung. Soweit er diese Bedingung erfüllt, wäre sodann konsequenterweise auch eine Löschung des Registereintrags zu bewirken, vgl. a.a.O. S. 24.

Eigentumsdelikte zusammen, wobei, wie dargestellt wurde, auf ein Freiwilligkeitserfordernis zu verzichten wäre. Als Bezeichnung für eine solche Vorschrift bietet sich der Begriff der „strafbefreienden Wiedergutmachung" an, da eine förmliche Selbstanzeige als explizite Selbstbezichtigung nicht zu fordern ist. Auch erscheint eine begriffliche Unterscheidung von den Tatbeständen der tätigen Reue vorzugswürdig, um herausszustellen, dass Dreh- und Angelpunkt, Kern und Legitimation eines solchen persönlichen Strafaufhebungsgrundes die Kompensation der Schäden wäre.

*Tabelle 5: Allgemeiner Strafaufhebungsgrund* de lege ferenda – *Matrix*

| | **Vollständige Kompensation auch von Folgeschäden** | **Kompensation nur der unmittelbaren Schäden** | **Versprechen der Kompensation durch Ratenzahlung** | **Keine Kompensation** |
|---|---|---|---|---|
| **Keine Tatentdeckung** | obligatorische Straffreiheit | fakultative Straffreiheit | obligatorischer Strafvorbehalt | – |
| **Kenntnis des Opfers** | fakultative Straffreiheit | fakultative Straffreiheit | fakultativer Strafvorbehalt | – |
| **Tatentdeckung durch Behörden** | obligatorische Strafmilderung | fakultative Strafmilderung | fakultative Strafmilderung | – |

# G. Gesamtergebnis

## I. Resümee

### 1. Amnestie als rechtspolitisches Werkzeug

Das Institut der Amnestien als rechtspolitisches Mittel, das Straffreiheitsgesetz als deren Vehikel, kriminalpolitischer Akt und Maßnahmengesetz haben zweifelsohne ihre grundsätzliche Daseinsberechtigung. Dies aber nur als geeignetes Mittel zur rechten Zeit, in angemessener Beantwortung eines aus der Reihe fallenden, außergewöhnlichen Umstandes, dem mit dem geltenden Recht nicht beizukommen ist oder dem das geltende Recht zumindest nicht gerecht wird. Wie herausgearbeitet wurde, handelt es sich dabei in gewisser Weise immer um eine Durchbrechung des Rechts, wenn auch mit den Mitteln des Rechts, da durch Gesetz.[1033]

> *„[…] und wie der Schiffer die Ladung über Bord wirft, wenn es gilt, Schiff und Mannschaft zu retten, so darf und soll es auch die Staatsgewalt mit dem Gesetz thun, wenn dies der einzige Weg ist, um die Gesellschaft vor schwerer Gefahr zu bewahren.“*[1034]

Der Amnestie ist dabei stets eine tiefgreifende Beeinträchtigung der Gewaltenteilung zu eigen. Das Problem wirft Parallelen auf zu der Frage, ob es verfassungswidriges Verfassungsrecht geben kann oder nur in sich widersprüchliches, ob mit entsprechender verfassungsrechtlicher Mehrheit jede Verfassungsänderung möglich werden könnte. Ohne dies weiter vertiefen zu wollen, sei zu bedenken gegeben, dass selbst eine „Ewigkeitsgarantie“ in dem Augenblick nicht mehr das Papier wert wäre, auf dem sie gedruckt war, wenn, unter der Präambel, dass sich ein *„Volk kraft seiner verfassungsgebenden Gewalt [nachfolgende neue Verfassung] gegeben“* habe, nunmehr diese und nicht mehr die alte befolgt und anerkannt würde.

Die Einmischung des Gesetzgebers in die Sphären der Judikativen und Exekutiven durch rückwirkende Änderung seines eigenen Gesetzes, an das er sich nun selbst nicht mehr gebunden fühlen will, stellt zwar einen ungleich weniger radikalen Eingriff in die Rechtsordnung dar als die Überwindung einer Verfassung, jedoch immer noch einen derart schwerwiegenden, dass von diesem

---

1033 Siehe unter C.VI.4.

1034 *Jhering*, Zweck im Recht, 1893, Bd. 1, S. 425, wobei dieser hier eher exekutiv staatliches Handeln vor Augen hat, das sich in Notstandssituationen über das Gesetz hinwegsetzen (dürfen) soll.

Werkzeug – einem starken Schmerzmittel gleich – nur wohlüberlegt und keinesfalls beim ersten Anlass oder gar inflationär Gebrauch gemacht werden darf. Gewöhnung gilt es tunlichst zu vermeiden.

Dies ergibt sich zum einen aus dem Vertrauen der Bevölkerung in die Unverbrüchlichkeit der Rechtsordnung, das nicht erschüttert werden soll, und aus der Erwägung, dass die regelmäßige Wiederkehr von Amnestien kriminalpolitisch kontraindiziert wäre, als eine solche die Verwässerung der durch die Strafe intendierten Abschreckungswirkung zur Folge haben kann.

Darüber hinaus kann, teilweise an das Argument der Erschütterung des Vertrauens in die Rechtsordnung als Ganzes anknüpfend und dieses erweiternd, auch noch ein rechts- wie verfassungstranszendentales Argument ins Felde geführt werden, wonach es schlechterdings für Staat und Rechtsordnung nicht gut sein kann, ihre schwersten Geschütze regelmäßig beim ersten Anlass und ohne Not aufzufahren, um dann damit auf Spatzen zu schießen. Der Rechtsstaat läuft dabei Gefahr, häppchenweise seine Seele zu verkaufen.

Grundsätzlich sollten Amnestien daher solchen Fällen vorbehalten bleiben, da der Gesetzgeber entweder an der materiellen Gerechtigkeit einer Strafnorm aufgrund einer neuen sozial-ethischen Bewertung selbst nachträglich zweifelt oder die Befriedung eines nicht unerheblichen inner- oder zwischenstaatlichen Konflikts intendiert ist. Hierzu zählt auch die von Entgegenkommen und gesetzgeberischer Einsicht getragene Aussöhnung mit einzelnen gesellschaftlichen Gruppen. Für Fälle des politischen Umsturzes und staatlicher Neuordnung stellt sich die Frage nach der Zulässigkeit einer Amnestie dagegen nicht. Es wäre jedenfalls keine rechtliche Frage, soweit sich die neuen Inhaber der Gewalten nicht an das Recht und die Gesetze des scheidenden Regimes gebunden fühlen.

## 2. Steueramnestien

Die Gefahren der Erschütterung des Vertrauens in die Rechtsordnung und Unterminierung der Abschreckungswirkung schlagen im Falle einer Steueramnestie doppelt zu Buche. Das Double aus Strafamnestie und Steuerverzicht ist geeignet, dazu zu führen, dass der Bürger als Normadressat im Allgemeinen sich veranlasst fühlen könnte, zukünftig ebenfalls Steuern zu hinterziehen, der bereits Steuerunehrliche als Normadressat im Speziellen, diese auch zukünftig weiterhin zu hinterziehen, wenn er davon ausgehen kann, die nächste Steueramnestie komme sicher und auf diesem Wege würden sich Steuern nachhaltig und letzten Endes offiziell legal sparen lassen.

Noch gravierender jedoch als mögliche negative Folgen für die Abschreckungswirkung erscheinen die potentiellen Auswirkungen moralischer Art, das allgemeine Rechtsempfinden, das persönliche Unrechtsbewusstsein und die Steuermoral betreffend. Denn im schlimmsten Fall leidet nicht nur die Bereitschaft der bisher steuerehrlichen Bürger, der auch ihnen seit jeher lästigen Pflicht zur ordnungsgemäßen und vollständigen Steuerzahlung weiterhin nachzukommen, sondern auch die Einsicht, dass dies richtig und gerecht sei. Das Unrechtsbewusstsein der bisher Rechtstreuen wird sicher nicht gestärkt, wenn sie wiederholt Zeuge davon werden, dass der Staat den Rechtsbrechern nicht nur verzeiht, sondern diese gar noch belohnt. Nicht fern liegt da der Gedanke des bisher Steuerehrlichen, irgendwann müsse auch er einmal zum Zuge kommen, habe er doch eigentlich noch eine Hinterziehung gut.

Vor diesem Hintergrund ist die deutsche Amnestiepraxis, an den gebotenen Anlass von Amnestien nur niedrigste Anforderungen zu stellen, kritisch und im Ergebnis als unglücklich zu betrachten. Nach hier vertretener Auffassung erfüllen die fiskalischen Interessen, welche Steueramnestien primär zugrunde liegen, regelmäßig nicht die Voraussetzung zum Erlass eines Straffreiheitsgesetzes, der nachträglichen Rücknahme der Strafandrohung, welche auch ein Strafversprechen gegenüber der Allgemeinheit war. Etwas anderes mag in ganz besonderen Ausnahmesituationen gelten, wenn das aktuelle staatliche Interesse an einer zusätzlichen Generierung von Einnahmen weit über das übliche Maß hinausgeht und der Fortbestand oder wenigstens die Handlungsfähigkeit des Staates mit dem erstrebten Amnestieerfolg stünde und fiele. Ein solches wäre etwa denkbar angesichts eines unmittelbar drohenden Staatsbankrotts sowie in weiteren theoretischen Konstellationen, wenn beispielsweise eine verfehlte, übermäßige Steuererhöhung zu einem breiten Steuerboykott in der Bevölkerung in Form der massenweisen Hinterziehung geführt hätte oder wenn eine Generalmobilmachung die Erschließung letzter Ressourcen erforderte.

Soweit man die Hürde für Steueramnestien weniger hochhängen mag, bieten sich diese jedenfalls im Zuge umfassender Neuregelungen an. In Zusammenhang mit Verschärfungen des Steuerstrafrechts oder Intensivierungen der Ermittlungen scheinen sie zumindest geeignet, gerade dann positive Effekte mitzunehmen, wenn der damit verbundene psychologische Druck auf Delinquenten größer ist, als die Maßnahmen dies tatsächlich rechtfertigen würden, wenn also etwa die Erhöhung der Entdeckungsgefahr überschätzt wird. Ein signifikanter Rabatt auf hinterzogene Steuern ist derart aber kaum zu rechtfertigen. Gleichzeitig bedarf es solcher Begleitmaßnahmen in Form von Steueramnestien bei bestehender Möglichkeit zur Selbstanzeige nach § 371 AO eigentlich nicht.

Letztlich besteht aufgrund der jüngsten Fortschritte bei den internationalen Bestrebungen, Steueroasen weltweit auszutrocknen und der sich abzeichnenden Bereitschaft selbst von Staaten und Territorien wie Liechtenstein, Luxenburg,

Singapur, den britischen Kanalinseln und Überseegebieten sich dem OECD-Regime zu fügen,[1035] eine berechtigte Hoffnung, dass es für den Erlass von Steueramnestien in Deutschland in absehbarer Zeit keinen Anlass mehr geben wird.

### 3. Zusammenfassende Beurteilung des gescheiterten Steuerabkommens

Das gescheiterte Abkommen erscheint in der Summe seiner Regelungen, insbesondere aber aufgrund der Möglichkeit der anonymen Abgeltung mit strafbefreiender Wirkung, verfassungsrechtlich höchst bedenklich. Selbst wenn man davon ausgeht, dass die Intention, ansonsten unzugängliche Steuerquellen zu erschließen, einer Amnestieregelung als legitimer Zweck grundsätzlich genügen kann, so bleibt es doch bei einer eklatanten Ungleichbehandlung der vergleichbaren Gruppen von Steuerhinterziehern, jenen mit Schwarzgeld in der Schweiz und jenen mit Schwarzgeld in anderen Staaten. Zudem gehen Abgeltung der Steuerschuld und Erlangung von Straffreiheit aufgrund der anonymen Erhebung zu weit. Den Begünstigten wird nicht abverlangt, aus der Anonymität herauszutreten und die tatsächlichen, Steuerpflicht begründenden Tatsachen zu offenbaren – eines der wesentlichen Argumente, mit denen das BVerfG die Steueramnestie 1990 für verfassungskonform befand.[1036] Die Nichtoffenbarung der Quellen unversteuerter Einkünfte führt aber dazu, dass gerade nicht ausgeschlossen werden kann, dass diese auch in Zukunft weiter unversteuert sprudeln. Insofern muss auch an einer wirksamen Schlussstrichziehung, wie sie als Voraussetzung für verfassungskonforme Straffreiheitsgesetze vielfach gefordert wird, gezweifelt werden.

Der Umstand, dass die in Frage stehenden Vergünstigungen gleichsam zur Verhandlungsmasse beim „Feilschen" des deutschen Staates mit einem anderen souveränen Völkerrechtssubjekt gehören, muss zwar im Rahmen der verfassungsmäßigen Bewertung seine Berücksichtigung finden. Gleichwohl hat die Ratifizierung auch eines solchen bilateralen Abkommens grundsätzlich zu unterbleiben, soweit eine deutschen Verfassungsmaßstäben genügende Regelung im Wege der Verhandlung nicht erzielt werden kann.

---

1035 Vgl. *Scherff*, FAS vom 14.09.2014, S. 31. *Zucman*, Steueroasen, 2014 etwa sieht dies deutlich pessimistischer, wenngleich auch er in den jüngsten Fortschritten beim automatischen Informationsaustausch einen Hoffnungsschimmer zu erkennen vermeint.

1036 BVerfGE 84, 233 = NJW 1991, 2133.

Aufgrund seiner redaktionellen Mängel, die besonders deutlich im Falle des Art. 17 Abs. 1 zu Tage treten,[1037] hätte das Abkommen zudem Verfolgungsverzicht in einem Umfang zur Folge gehabt, der in diesem Ausmaß von den Autoren so sicher nicht intendiert war. Im Falle einer restkriktiven Auslegung dieser Bestimmungen durch die Strafverfolgungsbehörden hätten diese Auslegungsfragen mit Sicherheit vielfach die Gerichte beschäftigt.

## II. Zusammenfassung wesentlicher Erkenntnisse

- Wesen und Gestalt der Amnestie sind amorph. (C.II., VI.)
- In Deutschland sind Amnestien nur in Form eines Straffreiheitsgesetzes zulässig. (C.I.3., E.I.1.)
- Es bestehen praktisch keine gesetzlichen oder gar verfassungsrechtlichen Normen, aus denen sich Mindestvoraussetzungen oder Grenzen eines solchen ableiten lassen, lediglich anerkannte Amnestieverbote, deren Verletzung von Fall zu Fall zu eruieren, deren Umfang dabei allerdings hoch umstritten ist. (C.1., E.I.2.)
- Dabei muss die Abolitionswirkung von Straffreiheitsgesetzen, also soweit solche in ihren Rechtsfolgen auch oder ausschließlich zur Niederschlagung anhängiger oder zur Nichteinleitung von Strafverfahren führen, unter verfassungsrechtlichen respektive rechtstaatlichen Gesichtspunkten als besonders problematisch angesehen werden. (E.I.4.)
- Grundsätzlich bedürfen Amnestien als rechts- und kriminalpolitisches Instrument – Straffreiheitsgesetze als Maßnahmegesetze Vehikel zu deren Umsetzung – einer *justa causa*, eines gerechten Grundes, der geeignet ist, die mit ihnen einhergehenden verfassungsrechtlichen Eingriffe zu rechtfertigen, welche zumindest regelmäßig in Form der Einschränkung des Gleichheitssatzes aus Art. 3 GG und einer Tangierung des Gewaltenteilungsprinzips als Ausformung der Rechtstaatlichkeit aus Art. 20, 103 GG zu sehen sein werden. (C.II.1.d, E.I.3.c)
- Von der herrschenden Meinung werden zutreffend seit jeher neben oder als Aspekt der *justa causa* außerdem außergewöhnliche staatliche oder gesellschaftliche Umstände gefordert, denen die Amnestie im Sinne der Schlussstrichziehung, Neuordnung oder Beendigung eines rechtslosen, anarchischen Zustandes Rechnung tragen soll. (C.II.1.d, E.I.3.c)

---

1037 Vgl. B.III.4; *Samson/Wulf*, Wistra 2012, S. 245 (247 ff.).

- Als abstraktes Kriterium zur Bewertung der formalen Amnestiewürdigkeit eines politisch-gesellschaftlichen Sachverhalts bietet sich dabei die Forderung an, dass es unbedingtes Ziel einer jeden Amnestie sein muss, einen konkreten Missstand nachhaltig zu beheben, mithin ein aktuelles Problem auf absehbare Zeit zu lösen, wobei der Eintritt von weiteren Ausnahmesituationen vergleichbarer Intensität, die bei Anlegung derselben Maßstäbe sodann wieder den Erlass einer Amnestie rechtfertigen würden, zumindest im Zeitpunkt des Amnestieerlasses als sehr unwahrscheinlich gelten muss, sich jedenfalls noch in keiner Weise abzeichnen darf. (E.I.3.c)
- Ob einerseits in vielfacher systematischer Steuerhinterziehung solche außergewöhnlichen Umstände zu erkennen sind, die fiskalischen Nachteile, die sich hieraus ergeben, zum Staatsnotstand hochstilisiert werden können, ob andererseits einzelne Steueramnestien dem geforderten Maß an Nachhaltigkeit genügen, ist mehr als fraglich. (E.II.)
- Daher sind erhebliche Bedenken bezüglich der verfassungsrechtlichen Zulässigkeit von Steueramnestien insgesamt anzumelden, zumal diese Appellamnestien meist als Gegenleistung für die teilweise Nachzahlung hinterzogener Beträge nicht nur nachträglich und rückwirkend Straferlass für vollendete Delikte, sondern gleichzeitig einen Teilerlass der restlichen Steuerschuld gewähren, die straflosen Delinquenten damit auch noch finanziell belohnt werden. (E.II.2., 3.)
- Der gängigen Herleitung der Bundeskompetenz für den Erlass von Straffreiheitsgesetzen wurde aufgrund der Föderalismusreform 2006 durch Änderung des Art. 74 Ziff. 1 GG die Grundlage entzogen. Die Gesetzgebungsbefugnis des Bundes ergab sich danach, soweit durch ein Straffreiheitsgesetz Niederschlagung von Verfahren angeordnet wurde, aus dessen konkurrierender Gesetzgebungskompetenz auf dem Gebiet des gerichtlichen Verfahrens gemäß Art. 74 Ziff. 1 GG. Soweit der Erlass bereits rechtskräftig erkannter Strafen angeordnet werde, sollte sie sich aus dessen Befugnis zur Rechtsetzung für den Bereich des Strafvollzugs gemäß Art. 74 Ziff. 1 GG a.F. ergeben. Diese Begründung des BVerfG, welches mit seinem Urteil im Jahre 1953 einen alten Streit über die Gesetzeskompetenz, der in die Zeiten der Weimarer Republik zurückreicht, praktisch für ein halbes Jahrhundert beendete, wurde mit Überführung des Strafvollzugs in die alleinige Gesetzgebungskompetenz der Länder obsolet und verfängt daher nicht mehr. (C.V, E.III.1.a)
- Als alternative Begründung der Bundeskompetenz, nachdem die alte keine Gültigkeit mehr hat, kommt dabei – neben der Notlösung, diese als Annexkompetenz oder als Kompetenz kraft Sachzusammenhangs herzuleiten – in erster

Linie in Betracht, die Amnestiekompetenz im Sinne einer Spiegelkompetenz zur Strafrechtskompetenz zu verstehen, wonach es sich bei Amnestierung als Rücknahme der Strafandrohung um einen Akt negativer Strafrechtsetzung handele. Danach ergibt sich aus der Kompetenz, Strafrecht zu setzen, auch die negative Strafrechtskompetenz, es wieder zurückzunehmen. (E.III.1.a)ff)

- o Das gescheiterte Deutsch-Schweizer-Steuerabkommen stellt in vielerlei Hinsicht eine Ausnahmeerscheinung unter allen in Deutschland jemals geplanten wie verwirklichten Amnestien dar. Die Gründe hierfür sind in seiner Eigenschaft als Produkt bilateraler Verhandlungen zwischen zwei souveränen Staaten zu finden, wobei weites Entgegenkommen gegenüber den deutschen Amnestieprofiteueren nur als Konzession gegenüber der Schweizerischen Eidgenossenschaft und als Rücksichtnahme auf deren spezifische Interessen (Bankgeheimnis, Vertrauensschutz gegenüber ihren deutschen Bankkunden) zu verstehen ist. Dass den Adressaten einer Steueramnestie Straffreiheit auch anonym gewährt werden sollte, wie es Art. 8 des Steuerabkommens vorsah, hatte es in Deutschland zuvor nur zwei mal gegeben, bei der Steueramnestie durch Erwerb von Reichsbahnanleihen 1931 und im Fall des Arbeitsspendengesetzes 1933. (B., C.IV.7.a), E.III.2.c)bb)
- o Davon abgesehen, dass unterstellt werden kann, dass das gesetzgeberische Motiv, Steueramnestien zu erlassen, sich tatsächlich stets mehr oder weniger in fiskalischen Interessen erschöpfen wird, ist aufgrund der Möglichkeit, die Voraussetzung für die Gewährung von Straffreiheit sogar anonym erfüllen zu können, der rechtstaatliche „Rubikon" insofern überschritten, als hier das strafrechtsdogmatische Argument der „Goldenen Brücke" zur Rückkehr in die Steuerehrlichkeit, die dem Hinterzieher gebaut werden soll, jede Grundlage entzogen wurde. Dieses Argument, das den Theorien zur Rücktrittslehre und der tätigen Reue entliehen ist und seit jeher neben den sonst nur verbleibenden rein fiskalischen Argumenten zur Rechtfertigung der Selbstanzeige nach § 371 AO und vorangegangener Steueramnestien ins Felde geführt wurde, taugt somit in Bezug auf das gescheiterte Steuerabkommen nicht einmal als Alibiargument oder Hilfsbegründung zur Rechtfertigung der primär fiskalischen *ratio legis*. (E.III.2.c)ff)
- o Aufgrund der zahlreichen, in ihrer Summe nicht zu rechtfertigenden Ungleichbehandlungen durch das Abkommen ist dessen Verfassungsmäßigkeit im Ergebnis zu bezweifeln und sein Scheitern zu begrüßen. Diese wären, allen voran, die Gewährung von Straffreiheit bei gleichzeitigem Steuererlass und die Möglichkeit, in deren Genuss sogar anonym zu gelangen, ohne sich deutschen Behörden offenbaren zu müssen. Darüber hinaus bestehen weitere

Bedenken generellerer Art, das archaische, wie stets rechtsstaatliche Grenzen strapazierende Mittel der Amnestie ohne wahre Not, um einiger zusätzlicher Steuereinnahmen willen, einzusetzen und es damit auch zu Markte zu tragen. Großes Unbehagen bereitet zudem die konkrete Ausgestaltung der Amnestie, in Form der abolitionistischen Wirkung, die das Abkommen bei Umsetzung in den allermeisten Fällen gezeitigt haben dürfte. (E.III.3, G.I.3.)

# Anhang 1: Länderstatistiken zu Selbstanzeigevorgängen

*Tabelle 6: Länderstatistiken zu Selbstanzeigevorgängen*[1038]

| | 2009 | 2010 | 2011 | 2012 | 2013 | 2014 |
|---|---|---|---|---|---|---|
| **Bund**<br>Aufgrund von Selbstanzeigen eingestellte Steuerstrafverfahren | 8.172 | 16.014 | 16.059 | 11.802 | 18.032 | 28.782 |
| **Bayern**<br>Selbstanzeigen iVm Geldanlagen in der Schweiz | – | 3.884 | 508 | 1.038 | 3.973 | 5.927 |
| **Berlin**<br>Selbstanzeigen iVm Geldanlagen in der Schweiz, in LUX und LIE | – | 854 | 193 | 303 | 966 | 1272 |
| **Brandenburg**<br>Selbstanzeigen mit ausländischem Kapitalbezug | – | 67 | 21 | 16 | 114 | 258 |
| **Bremen**<br>Selbstanzeigen insgesamt | – | 151 | 17 | 42 | 181 | 415 |
| **Hamburg**<br>Selbstanzeigen insgesamt | – | 762 | 402 | 715 | 1.021 | – |
| Davon Einstellungen nach § 170 Abs. 2 StPO iVm § 371 AO | – | 142 | [sic!] 529 | 212 | 381 | – |
| Einstellungen nach § 398a AO | – | – | – | 5 | 5 | – |

1038 Die Finanzministerien der nicht benannten Bundesländer haben auf die Anfrage des Verfassers vom 05.06.2014 entweder nicht reagiert oder die Anfrage abschlägig beschieden. Das thüringische Finanzministerium verweist auf die Medieninformationen seiner Internetseite, wonach zwischen dem 01.02.2010 und dem 16.08.2013 insgesamt 111 Selbstanzeigen im Zusammenhang mit ausländischen Kapitalanlagen eingegangen seien. Das Steuermehrergebnis aus den Selbstanzeigen für diesen Zeitraum belaufe sich auf rund 3,57 Millionen Euro. Vom 01.01.2013 bis zum 16.08.2013 seien 29 Selbstanzeigen eingegangen, *Thüringer Finanzministerium*, Medieninformation vom 16.08.2013 (Int.Q.).

| | 2009 | 2010 | 2011 | 2012 | 2013 | 2014 |
|---|---|---|---|---|---|---|
| **Hessen**<br>Selbstanzeigen mit Kapitalbezug Schweiz | – | 3.467 | 450 | 492 | 2.844 | 3.495 |
| **Mecklenburg-Vorpommern**<br>Selbstanzeigen insgesamt | – | 82 | 29 | 3 | 49 | 92 |
| Selbstanzeigen mit ausländischem Kapitalbezug | – | 15 | 0 | 11 | 35 | 43 |
| **Niedersachsen**<br>Selbstanzeigen insgesamt | – | 2.941 | 1.187 | 1.206 | 2.862 | 3.797 |
| **Rheinland-Pfalz**<br>Selbstanzeigen insgesamt | 303 | 2.693 | 832 | 1.359 | 3.241 | 5.193 |
| Selbstanzeigen mit ausländischem Kapitalbezug | – | 1.858 | 344 | 730 | 2.409 | 4.196 |
| **Sachsen**<br>Selbstanzeigen iVm Geldanlagen in der Schweiz | | 80 | ca. 10 | ca. 30 | 156 | 287 |

# Anhang 2: Tätige Reue nach § 167 StGB / Österreich

*§ 167 öStGB – Tätige Reue*

*(1) Die Strafbarkeit wegen Sachbeschädigung, Datenbeschädigung, Störung der Funktionsfähigkeit eines Computersystems, Diebstahls, Entziehung von Energie, Veruntreuung, Unterschlagung, dauernder Sachentziehung, Eingriffs in fremdes Jagd- oder Fischereirecht, Entwendung, Betrugs, betrügerischen Datenverarbeitungsmißbrauchs, Erschleichung einer Leistung, Notbetrugs, Untreue, Geschenkannahme durch Machthaber, Förderungsmißbrauchs, betrügerischen Vorenthaltens von Sozialversicherungsbeiträgen und Zuschlägen nach dem Bauarbeiter- Urlaubs- und Abfertigungsgesetz, Wuchers, betrügerischer Krida, Schädigung fremder Gläubiger, Begünstigung eines Gläubigers, grob fahrlässiger Beeinträchtigung von Gläubigerinteressen, Vollstreckungsvereitelung und Hehlerei wird durch tätige Reue aufgehoben.*

*(2) Dem Täter kommt tätige Reue zustatten, wenn er, bevor die Behörde (§ 151 Abs. 3) von seinem Verschulden erfahren hat, wenngleich auf Andringen des Verletzten, so doch ohne hiezu gezwungen zu sein,*

1. *den ganzen aus seiner Tat entstandenen Schaden gutmacht oder*
2. *sich vertraglich verpflichtet, dem Verletzten binnen einer bestimmten Zeit solche Schadensgutmachung zu leisten.*

*In letzterem Fall lebt die Strafbarkeit wieder auf, wenn der Täter seine Verpflichtung nicht einhält.*

*(3) Der Täter ist auch nicht zu bestrafen, wenn er den ganzen aus seiner Tat entstandenen Schaden im Zug einer Selbstanzeige, die der Behörde (§ 151 Abs. 3) sein Verschulden offenbart, durch Erlag bei dieser Behörde gutmacht.*

*(4) Der Täter, der sich um die Schadensgutmachung ernstlich bemüht hat, ist auch dann nicht zu bestrafen, wenn ein Dritter in seinem Namen oder wenn ein anderer an der Tat Mitwirkender den ganzen aus der Tat entstandenen Schaden unter den im Abs. 2 genannten Voraussetzungen gutmacht.*

# Verzeichnis der Internetquellen

*BDO*, Steuerabkommen Deutschland/Schweiz, Impressum: Günther Wagner, Florian Modlinger, Christian Ebner, Tobias Ebel vom 29.09.2011, http://www.bdo-awt.de/de/fachinformationen/publikationen/steuerabkommen-d-ch (zuletzt geprüft am 03.07.2014).

*Benz, Matthias*, Die Welle deutscher Selbstanzeigen rollt, Bereinigung des Steuerstreits, Neue Zürcher Zeitung – Online-Ausgabe vom 12.12.2013, Zürich, http://www.nzz.ch/wirtschaft/wirtschaftspolitik/die-welle-deutscher-selbstanzeigen-rollt-1.18202763 (zuletzt geprüft am 02.09.2014).

*Blick*, Steuer-Krieg, Deutsche Finanzbeamte haben jetzt Angst, in der Schweiz Ferien zu machen vom 04.04.2012, http://www.blick.ch/news/politik/deutsche-finanzbeamte-haben-jetzt-angst-in-der-schweiz-ferien-zu-machen-id1835820.html (zuletzt geprüft am 13.02.2014).

*Bucerius, Angelika*, Bundeshaushalt 2008, Reihe Volkswirtschaft 15/2007 Meinung, Analysen, Fakten – spezial, hrsg. vom Bundesverband der Deutschen Volksbanken und Raiffeisenbanken e.V. (BVR) vom 11.09.2007, Berlin, http://www.bvr.de/www-new/foeffent.nsf/87BD41011A1344A0C12573530033D11B/$File/BVR%20Special%20Nr%2015.pdf?OpenElement (zuletzt geprüft am 02.09.2014).

*Bundeszentralamt für Steuern*, EU-Zinsrichtlinie, ohne Jahr, http://www.bzst.de/DE/Steuern_ International/EU_Zinsrichtlinie/EU_Zinsrichtlinie_node.html (zuletzt geprüft am 02.09.2014).

*Burkhard, Jörg*, Das Vollständigkeitspostulat des BGH, ohne Jahr, http://www.drburkhard.de/resources/Das+Vollst$C3$A4ndigkeitspostulat+des+BGH.pdf.pdf (zuletzt geprüft am 08.07.2014).

*Dunsch, Jürgen*, Schweiz bestellt deutschen Botschafter ein, Streit um Steueroasen, FAZ.NET vom 22.10.2008, http://www.faz.net/aktuell/politik/ausland/streit-um-steueroasen-schweiz-bestellt-deutschen-botschafter-ein-1713566.html (zuletzt geprüft am 08.07.2014).

*Eidgenössische Steuerverwaltung*, Wegleitung zu den Abkommen über die Zusammenarbeit mit anderen Staaten im Steuerbereich und dem Bundesgesetz über die internationale Quellenbesteuerung, Entwurf vom 31. Juli 2012, http://www.askwiki.ch/files/4313/4847/9474/Wegleitung_Regulierung_Vergangenheit_ESTV_Juli.pdf (zuletzt geprüft am 02.09.2014).

*FAZ.NET*, Zu wenig Unterschriften: Keine Volksabstimmung in der Schweiz über Steuerabkommen vom 02.10.2012, http://www.faz.net/aktuell/wirtschaft/zu-wenig-unterschriften-keine-volksabstimmung-in-der-schweiz-ueber-steuerabkommen-11911724.html (zuletzt geprüft am 08.07.2014).

*Finanzministerium NRW*, Strafbefreiende Selbstanzeige wird deutlich verschärft vom 09.05.2014, http://www.fm.nrw.de/presse/2014_05_09_Strafbefreiende-Selbstanzeige. php (zuletzt geprüft am 26.08.2014).

*Focus online*, Streit um Steuerabkommen vom 23.09.2012, http://www.focus.de/finanzen/steuern/experten-streiten-ueber-schwarzgeld-verstecken-deutsche-250-milliarden-euro-in-der-schweiz_aid_825137.html (zuletzt geprüft am 16.08.2014).

*Hechtner, Frank*, Stellungnahme zum Gesetzentwurf der Bundesregierung: Entwurf eines Gesetzes zu dem Abkommen vom 21. September 2011 zwischen der Bundesrepublik Deutschland und der Schweizerischen Eidgenossenschaft über Zusammenarbeit in den Bereichen Steuern und Finanzmarkt in der Fassung vom 5. April 2012, Freie Universität Berlin vom 19.09.2012, http://www.askwiki.ch/files/6613/4848/7131/FA_des_Bundestages_Prof._Hechtner.pdf (zuletzt geprüft am 17.08.2014).

*Hinrichs, Jutta*, Die Verschuldung des Bundes 1962–2001, Arbeitspapier, hrsg. von der Konrad-Adenauer-Stiftung e.V. im Juni 2002, Sankt Augustin, http://www.kas.de/wf/doc/kas_465-1522-1-30.pdf?040415175627 (zuletzt geprüft am 02.09.2014).

*Jarass, Lorenz*, Deutsch-Schweizer Steuerabkommen würde Steuerhinterziehung erleichtern, Stellungnahme für die Anhörung des Finanzausschusses des Deutschen Bundestages am 24.09.2012 vom 22.09.2012, http://www.jarass.com/Steuer/C/Fin.aus.,%2024.09.2012,%20Stellungnahme.pdf (zuletzt geprüft am 17.08.2014).

*Joecks, Wolfgang*, Stellungnahme gegenüber dem Finanzausschuss zur Anhörung am 24.09.2012 vom 12.09.2012, http://www.bundestag.de/bundestag/ausschuesse17/a07/anhoerungen/2012/098/Stellungnahmen/12_-_Prof__Joecks.pdf (zuletzt geprüft am 30.01.2014 – Das Pdf-Dokument ist auf der Internetseite des Bundestages zwischenzeitlich nicht mehr abrufbar, kann jedoch beim Verfasser unter info@kanzlei-raue.de angefordert werden.).

*Parlamentsfernsehen, Deutscher Bundestag*, Filmmitschnitt der öffentlichen Ausschusssitzung vom 24.09.2012, Steuerabkommen mit der Schweiz bleibt umstritten, http://www.bundestag.de/dokumente/textarchiv/2012/39798029_kw39_pa_finanzen_steuerabkommen/209042 (zuletzt geprüft am 02.09.2014).

*Roland, Pichler / Herbermann, Jan Dirk*, Steuerstreit mit der Schweiz: Deutschland will Streit mit Schweiz beenden, Stuttgarter Zeitung vom 02.04.2012, http://www.stuttgarter-zeitung.de/inhalt.steuerstreit-mit-der-schweiz-deutschland-will-streit-mit-schweiz-beenden.0d4705f5-2ffb-432d-b0c7-8cba808d19ae.html (zuletzt geprüft am 13.02.2014).

*Süddeutsche.de*, Steinbrück will im Steuerstreit „die Pferde satteln", SPD gegen Steuerabkommen mit der Schweiz vom 21.11.2011, http://www.sueddeutsche.

de/politik/spd-gegen-steuerabkommen-mit-der-schweiz-steinbrueck-will-im-steuerstreit-die-pferde-satteln-1.1146971 (zuletzt geprüft am 02.09.2014).

*SwissBanking*, Abkommen zwischen der Schweiz und Deutschland zur Lösung von bilateralen Steuerfragen vom 10.08.2011, http://www.swissbanking.org/20110808-5000-masterdoku-einigung_deutschland_d_final-rga.pdf (zuletzt geprüft am 02.09.2014).

*SwissBanking*, Kommentar zur Vereinbarung über die Standesregeln zur Sorgfaltspflicht der Banken (VSB 08), 2008 / 2009 / 2010, http://www.swissbanking.org/20080407-veb-kommentar_vsb08-cwe.pdf (zuletzt geprüft am 03.09.2014).

*SwissBanking*, Vereinbarung über die Standesregeln zur Sorgfaltspflicht der Banken (VSB 08) vom 07.04.2008, http://www.swissbanking.org/20080410-vsb-cwe.pdf (zuletzt geprüft am 02.09.2014).

*swissinfo*, Referendum gescheitert: Steuerabkommen gelangen nicht an die Urne vom 02.10.2012, http://www.swissinfo.ch/ger/politik_schweiz/Steuerabkommen_gelangen_ nicht_an_die_Urne.html?cid=33638110 (zuletzt geprüft am 03.09.2014).

*Tax Alert*, Abkommen zwischen der Schweiz und Deutschland über die Abgeltungssteuer wurde unterzeichnet, Impressum: – Ernst & Young AG vom 21.09.2011, https://www2.eycom.ch/publications/items/tax_news/20110921_taxalert/20110921_EY_Tax_Alert_d.pdf (zuletzt geprüft am 03.07.2014).

*Tax Justice Network*, Für eine Handvoll Euro und Daten – Deutschland kapituliert vor dem Schweizer Bankgeheimnis, Analyse des „Abkommens zwischen der Schweizerischen Eidgenossenschaft und der Bundesrepublik Deutschland über Zusammenarbeit in den Bereichen Steuern und Finanzmarkt in der Fassung vom 5. April 2012“, von Markus Henn, Markus Meinzer, Susanne Jacoby, überarbeitet am 19.07.2012, http://www.taxjustice.net/cms/upload/pdf/Deutsch/2012-Deutsch-Schweizer-Steuerabkommen-Analyse-Update.pdf (zuletzt geprüft am 03.09.2014).

*Tax Justice Network*, Das Deutsch-Schweizer Steuerabkommen als Falle, Stellungnahme von Tax Justice Network, Markus Meinzer (unter Beinhaltung von Passagen, erarbeitet mit Susanne Jacoby und Markus Henn) vom 17.09.2012, http://www.harald-koch-mdb.de/dokumente/Tax%20Justice%20Network_Steuerabkommen%20D-CH_24092012.pdf (zuletzt geprüft am 03.07.2014).

*Thüringer Finanzministerium*, Medieninformation, 111 Selbstanzeigen wegen Steuerhinterziehung in Thüringen vom 16.08.2013, Erfurt, http://www.thueringen.de/th5/tfm/aktuell/ai/73726/index.aspx (zuletzt geprüft am 02.09.2014).

# Literaturverzeichnis


*Abramowski, Jasper*, Die strafbefreiende Selbstanzeige – eine verfassungswidrige Privilegierung? Zugleich ein Beitrag zur Harmonisierung der Nachtatverhaltensvorschriften, Frankfurt am Main 1991.

*Adick, Markus*, Zur Neuregelung der Selbstanzeige (§ 371 AO) im Jahr 2011, Onlinezeitschrift für Höchstrichterliche Rechtsprechung zum Strafrecht 2011, Heft 5, S. 197–203.

*Albrecht, Peter-Alexis / Beckmann, Heinrich / Frommel, Monika / Goy, Alexandra / Grünwald, Gerald / Hannover, Heinrich / Holtfort, Werner / Ostendorf, Heribert* (Mitglieder der Kommission), Strafrecht – ultima ratio, Empfehlungen der Niedersächsischen Kommission zur Reform des Strafrechts und des Strafverfahrensrechts, Baden-Baden 1992.

*Albrecht, Peter-Alexis / Hassemer, Winfried / Voß, Michael* (Hrsg.), *Baltzer, Ulrich / Frerichs, Peter / Frischkorn, Roland / Hamm, Rainer / Jakubski, Wolfgang / Maurer, Manfred / Weider, Hans-Joachim* (weitere Mitglieder der Kommission), Rechtsgüterschutz durch Entkriminalisierung, Vorschläge der Hessischen Kommission „Kriminalpolitik" zur Reform des Strafrechts, Baden-Baden 1992.

*Albrecht, Peter-Alexis*, Der Weg in die Sicherheitsgesellschaft, Auf der Suche nach staatskritischen Absolutheitsregeln, Berlin 2010.

*Albrecht, Peter-Alexis*, Die vergessene Freiheit, Strafrechtsprinzipien in der europäischen Sicherheitsdebatte, 3. Aufl., Berlin 2011.

*Amann, Melanie / Hank, Rainer*, Die Jagd, Ein Steuerfahnder aus Wuppertal hat schon viele Banken das Fürchten gelehrt. Jetzt will die Schweiz ihn dingfest machen. Er nimmt's sportlich. Frankfurter Allgemeine Sonntagszeitung vom 08.04.2012, S. 29.

*Ambos, Kai*, Die Chance nutzen, Gastbeitrag, Frankfurter Allgemeine Zeitung vom 10.02.2010, S. 6.

*Anschütz, Gerhard*, Der Aufbau der obersten Gewalten im Entwurf der deutschen Reichsverfassung, Deutsche Juristen-Zeitung 1919, Heft 5/6, Sp. 199–205.

*Anschütz, Gerhard*, Die kommende Reichsverfassung, Deutsche Juristen-Zeitung 1919, Heft 3/4, Sp. 113–123.

*Anschütz, Gerhard*, Die Verfassung des Deutschen Reichs vom 11. August 1919, Ein Kommentar für Wissenschaft und Praxis, 14. Aufl., Berlin 1933.

*Anschütz, Gerhard*, Aus meinem Leben, hrsg. und eingeleitet von Walter Pauly, 2. Aufl., Frankfurt am Main 2008.

*Bachof, Otto*, Über Fragwürdigkeiten der Gnadenpraxis und der Gnadenkompetenz, Juristen-Zeitung 1983, Heft 13, S. 469–475.

*Balke, Michael*, Zins-Steueramnestie auch für Steuerehrliche?, Finanz Rundschau 1989, Heft 2, S. 33–34.

*Baum, Michael*, Strafbefreiungserklärungsgesetz: Der Weg in die Steuerehrlichkeit, Erläuterungen und ergänzende Hinweise zum BMF-Merkblatt, Fach 2, S. 8435–8482, Neue Wirtschafts Briefe 2004, Heft 28, S. 2141–2188.

*Beccaria, Cesare*, Dei Delitti e Delle Pene, nuova edizione corretta e accresciuta, Paris 1786, zuerst: 1764.

*Beckemper, Katharina / Schmitz, Roland / Wegner, Carsten / Wulf, Martin*, Neuregelung der strafbefreienden Selbstanzeige, Zeitschrift für Wirtschaft, Steuer und Strafrecht 2011, Heft 8, S. 281–289.

*Becker, Enno*, Die Reichsabgabenordnung vom 13. Dezember 1919 nebst Ausführungsverordnungen, Erläuterte Handausgabe, 2. Aufl., Berlin 1922.

*Bilsdorfer, Peter*, Verfassungswidrigkeit der Selbstanzeigevorschrift (§ 371 AO)?, Die steuerliche Betriebsprüfung 1983, Heft 4, S. 88–89.

*Bilsdorfer, Peter*, Aktuelle Tendenzen des Steuerstrafrechts, Deutsche Steuer-Zeitung 1985, Heft 8, S. 184–191.

*Birk, Dieter / Pöllath, Reinhard / Saenger, Ingo* (Hrsg.), Forum Steuerrecht 2004, aus dem Münsteraner LL.M.-Studiengang Bd. 15, Aachen 2005.

*Birkhoff, Hansgeorg / Lemk, Michael*, Gnadenrecht, ein Handbuch, München 2012.

*Blasberg, Anita / Kirbach, Roland / Lebert, Stephan / Lobenstein, Caterina*, Wir jagen Ferraris mit dem Fahrrad, Aus dem Alltag deutscher Steuerfahnder, Die Zeit vom 06.02.2014, S. 13–15.

*Bloy, René*, Die dogmatische Bedeutung der Strafausschließungs- und Strafaufhebungsgründe, Berlin 1976.

*Blum, Andreas-Michael*, Strafbefreiungsgründe und ihre kriminalpolitischen Begründungen, bei den Strafbefreiungsgründen im Strafrecht, Nebenstrafrecht und Strafprozessrecht einschließlich der Straffreiheitsgesetze der Bundesrepublik Deutschland seit 1949, eine kriminalpolitische Bestandsaufnahme in kritischer Absicht, Hamburg 1996.

*Böckenförde, Werner*, Der allgemeine Gleichheitssatz und die Aufgabe des Richters, Ein Beitrag zur Frage der Justitiabilität von Art. 3 Abs. 1 des Bonner Grundgesetzes, Berlin 1957.

*Bolz, Norbert*, Steueramnestie 2004/2005, aktueller Leitfaden zum Strafbefreiungserklärungsgesetz (StraBEG), hrsg. vom Steuerberaterverband Niedersachsen, Sachsen-Anhalt e.V., Stuttgart 2004.

*Brandstetter, Elmar*, Gesetz über die Gewährung von Straffreiheit vom 31. Dezember 1949, unter besonderer Hervorhebung der allgemeinen Grundsätze des Amnestierechts, Kommentar, Straubing 1950.

*Brandstetter, Elmar*, Das Straffreiheitsgesetz 1954, Juristen-Zeitung 1954, Heft 15/16, S. 477–483.

*Brandstetter, Elmar*, Die verfahrensrechtlichen Vorschriften im Straffreiheitsgesetz 1954, Juristen-Zeitung 1954, Heft 19, S. 597–604.

*Brandstetter, Elmar*, Straffreiheitsgesetz 1954, Gesetz über den Erlass von Strafen und Geldbußen und die Niederschlagung von Strafverfahren und Bußgeldverfahren, unter besonderer Hervorhebung der allgemeinen Grundsätze des Amnestierechts, Berlin 1954.

*Brauns, Uwe*, Die Auslegung des § 371 AO im Spannungsfeld strafrechtlicher und steuerpolitischer Zielsetzungen, – Grundsätze für den Ausgleich eines Zielkonflikts –, Zeitschrift für Wirtschaft, Steuer und Strafrecht 1985, Heft 5, S. 171–179.

*Brauns, Uwe*, Materiell-strafrechtliche Wertaspekte der Selbstanzeige (§ 371 AO), – Der Nutzen der Rücktrittslehren für eine „erweiterte Abwägung" –, Zeitschrift für Wirtschaft, Steuer und Strafrecht 1987, Heft 7, S. 233–242.

*Breyer, Jörg*, Der Inhalt der strafbefreienden Selbstanzeige, Jörg Breyer, Berlin 1999.

*Brugger, Winfried*, Das umstrittene Amnestiegesetz, Der praktische Fall – Öffentliches Recht, Juristische Schulung 1984, Heft 10, S. 793–799.

*Bücker, Joseph*, Die Zulässigkeit von Individualgesetzen nach dem Grundgesetz, Bonn 1965.

*Bundesministerium der Finanzen*, Ergänzenden Informationen zum StraBEG IV A 4 –S. 1928 – 12/04, vom 20.07. /16.09.2004 (abgedruckt bei Bolz, Steueramnestie, 2004, S. 97 ff.) 2004.

*Bundesministerium der Finanzen*, Merkblatt zum Gesetzes über die strafbefreiende Erklärung – Strafbefreiungserklärungsgesetz (StraBEG) – IV A 4 – S 1928 – 18/04, vom 03.02.2004 – (abgedruckt bei Bolz, Steueramnestie, 2004, S. 69 ff.) 2004.

*Bundeszentrale für politische Bildung / bpp* (Hrsg.), Weimarer Republik, 2. Aufl. 2003.

*Canaris, Claus-Wilhelm*, Systemdenken und Systembegriff in der Jurisprudenz, Entwickelt am Beispiel des deutschen Privatrechts, 2. Aufl., Berlin 1983.

*Chaniotis, Angelos*, Normen Stärker als Emotionen? Der kulturhistorische Kontext der griechischen Amnestie, in: *Harter-Uibopuu, Kaja/Mitthof, Fritz* (Hrsg.), Vergeben und Vergessen?, Amnestie in der Antike, Beiträge zum 1. Wiener Kolloquium zur Antiken Rechtsgeschichte, Bd. 1, Wien 2013, S. 47–70.

*Christoph, Jürgen*, Die politischen Reichsamnestien 1918 – 1933, Frankfurt am Main 1988.

*Debatin, Helmut*, Doppelbesteuerungsabkommen und innerstaatliches Recht, Beihefter zu Heft 23, S. 1 – 8, Deutsches Steuerrecht 1992.

*Degen, Stephan*, Das Ergänzungsprotokoll vom 5.4.2012 zum Steuerabkommen zwischen Deutschland und der Schweiz, Betriebs-Berater 2012, Heft 23, S. 1453–1457.

*Delaquis, Ernst*, Die Rehabilitation im Strafrecht, Berlin 1907.

*Der Spiegel*, Kollision in Karlsruhe, Amnestie, Titelgeschichte ohne Benennung des Autors in der Ausgabe vom 12.01.1955, S. 15–21.

*Dreier, Horst* (Hrsg.), Grundgesetz, Kommentar, 3. Aufl., Tübingen 2013.

*Duden*, Das Fremdwörterbuch, redaktionelle Bearbeitung: Ursula Kraif und Anja Steinhauer, 9. Aufl., Mannheim 2006.

*Duden*, Das Herkunftswörterbuch, Etymologie der deutschen Sprache, auf der Grundlage der neuen amtlichen Rechtschreibregeln, die Geschichte der deutschen Wörter bis zur Gegenwart, redaktionelle Bearbeitung: Brigitte Alsleben, 4. Aufl., Mannheim 2007.

*Düll, Sebastian*, Verfassungsrechtliche Voraussetzungen einer Steueramnestie im Rahmen der Neuordnung der Zinsbesteuerung, Bonn 2003.

*Ebermayer, Ludwig / Lobe, Adolf / Rosenberg, Werner* (Hrsg.), Leipziger Kommentar, Reichs-Strafgesetzbuch mit besonderer Berücksichtigung der Rechtsprechung des Reichsgerichts, 3. Aufl., Berlin 1925.

*Ebermayer, Ludwig*, Zur Amnestie, Deutsche Juristen-Zeitung 1927, Heft 7, Sp. 481–485.

*Ebner, Christian / Ebel, Tobias / Hartrott, Sebastian*, Handlungsoptionen des „Schwarzgeldabkommens" zwischen Deutschland und der Schweiz, Eine Gegenüberstellung von Nachversteuerung und Selbstanzeige, Betriebs-Berater 2012, Heft 5, S. 287–294.

*Ehlers, Hans*, Steuerhinterziehung nach zukünftigem Recht, Finanz Rundschau 1976, Heft 20, S. 504–505.

*Ehlers, Hans / Lohmeyer, Heinz*, Steuerstraf- und Steuerordnungswidrigkeitenrecht einschließlich Verfahrensrecht, 5. Aufl., Stuttgart 1982.

*Eschweiler, Wilhelm*, Das deutsche und schweizerische Steuerstrafrecht im Vergleich und die internationale Rechtshilfe der Schweiz bei Fiskaldelikten, Köln 1993.

*FAZ*, Frankfurter Allgemeine Zeitung, Auswirkung der Amnestieankündigungen, Drei Verfahren gegen Demonstrationsteilnehmer angehalten / Richter zitiert Willy Brandt, ohne Benennung des Autors „x" in der Ausgabe Nr. 297 vom 23.12.1969, S. 21.

*FAZ*, Frankfurter Allgemeine Zeitung, Sommerkrieg, ohne Benennung des Autors „J.A." in der Ausgabe Nr. 194 vom 22.08.2011, S. 23.

*Feuerbach, Paul Johann Anselm*, Lehrbuch des peinlichen Rechts, Gießen 1801, unveränderte Nachdrucke: Keip Verlag, Frankfurt am Main 1985, Goldbach bei Aschaffenburg 1996.

*Feuerbach, Paul Johann Anselm*, Kritik des Kleinschrodischen Entwurfs zu einem peinlichen Gesetzbuche für die Chur-Pfalz-Bayrischen Staaten, Gießen 1804, unveränderter Nachdruck: Keip Verlag, Frankfurt am Main 1988.

*Feuerbach, Paul Johann Anselm*, Lehrbuch des peinlichen Rechts, 11. Aufl., Gießen 1832, unveränderter Nachdruck: Keip Verlag, Goldbach bei Aschaffenburg 1997.

*Filangieri, Gaetano*, La Scienza della Legislazione, Libro III, prima edizione siciliana, nelle Stampe della Acc. Etnea, presso Francesco Pastore, Catania 1788, zuerst: 1783.

*Firnhaber, Burkhard*, Die strafbefreiende Selbstanzeige im Steuerrecht (§§ 410, 411 AO), Düsseldorf 1962.

*Fischer, Daniela C. / Michaelis, Bettina / Arnold, Reto / Federspiel, Katya*, Die Verrechnungssteuer und die Stempelabgaben, 5. Aufl., Zürich 2012.

*Fischer, Thomas*, Strafgesetzbuch mit Nebengesetzen, Kommentar, 61. Aufl., München 2014.

*Franzen, Klaus / Joecks, Wolfgang / Gast-de Haan, Brigitte* (Hrsg.), Steuerstrafrecht, mit Zoll- und Verbrauchsteuerstrafrecht, Kommentar §§ 369–412 AO, § 32 ZollVG, 7. Aufl., München 2009.

*Frees, Christian-Peter*, Die steuerrechtliche Selbstanzeige, zur kriminalpolitischen Zweckmäßigkeit des § 371 AO, Frankfurt am Main 1991.

*Gamauf, Richard*, Zu den Rechtsfolgen der Abolitio im klassischen Römischen Recht, in: *Harter-Uibopuu, Kaja / Mitthof, Fritz* (Hrsg.), Vergeben und Vergessen?, Amnestie in der Antike, Beiträge zum 1. Wiener Kolloquium zur Antiken Rechtsgeschichte, Bd. 1, Wien 2013, S. 299–318.

*Giese, Friedrich*, Deutsches Staatsrecht, Allgemeines, Reichs- und Landes-Staatsrecht, Berlin 1930.

*Göbel, Heike / Schäfer, Manfred*, Mich ärgert der Bruch des Steuergeheimnisses, Interview mit Bundesfinanzministers Wolfgang Schäuble, Frankfurter Allgemeine Zeitung vom 07.02.2014, S. 15.

*Götz, Albrecht / Tolzmann, Gudrun*, Bundeszentralregistergesetz, Kommentar, Nachtrag zur 4. Aufl. mit Verwaltungsvorschriften, Stuttgart 2003.

*Grewe, Wilhelm*, Gnade und Recht, Hamburg 1936.

*Grimm, Friedrich*, Generalamnestie als völkerrechtliches Postulat, Köln 1951.

*Gusy, Christoph*, Die Weimarer Reichsverfassung, Tübingen 1997.

*Hachenburg, Max*, „Juristische Rundschau 1921", Deutsche Juristen-Zeitung 1921, Heft 13/14, Sp. 471–475.

*Hachenburg, Max*, „Juristische Rundschau 1928", Deutsche Juristen-Zeitung 1928, Heft 7, Sp. 497–502.

*Hammel, Frank Achim*, Innerstaatliche Amnestien, Grundlagen und Grenzen aufgrund des internationalen Rechts, Frankfurt am Main 1993.

*Hannich, Rolf* (Hrsg.), Karlsruher Kommentar zur Strafprozessordnung, mit GVG, EGGVG und EMRK, 7. Aufl., München 2013.

*Hassemer, Winfried*, Einführung in die Grundlagen des Strafrechts, 2. Aufl., München 1990.

*Hassemer, Winfried*, Warum Strafe sein muss, ein Plädoyer, Berlin 2009.

*Hatschek, Julius*, Deutsches und preussisches Staatsrecht, Berlin 1922.

*Haug, Michael / Hölscher, Luise / Schweinberger, Andreas*, Analyse von Steueramnestiedaten, Working Paper No. 99, Frankfurt School of Finance & Management, Frankfurt am Main 2008.

*Herzberg, Rolf Dietrich*, Zum Grundgedanken des § 24 StGB, Neue Zeitschrift für Strafrecht 1989, S. 49–55.

*Heydte, Friedrich-August Johannes Wilhelm Ludwig Alfons Maria Frhr. v. d.*, Anmerkung zu BVerfG, Beschluss v. 22.04.1953 – 1BvL 18/52, Juristen-Zeitung 1953, S. 508–509.

*Hildebrandt, Günter Rolf*, Amnestien in Deutschland in der Zeit vom 1. September 1939 bis 31. Dezember 1949, Tübingen 1951.

*Hoche, Werner*, Die neuesten innerpolitischen Verordnungen, Deutsche Juristen-Zeitung 1933, Heft 7, Sp. 469–472.

*Hoffmann, Albrecht*, Kommentar zum Wehrbeitragsgesetz, unter Einarbeitung der Ausführungsbestimmungen des Bundesrates, Berlin 1913.

*Hoffmann, Heiko*, Die Ausschlußtatbestände der Selbstanzeige bei Steuerhinterziehung, zur Sperrwirkung des § 371 Abs. 2 AO, Berlin 1998.

*Hoffschmidt, Dieter*, Über die Rechtfertigung der strafbefreienden Selbstanzeige im Steuerstrafrecht (§ 371 AO), Bielefeld 1988.

*Höfig, Karl-Heinz*, Die materiellrechtliche Problematik der Reichs- und Bundesamnestien seit 1933, Bonn 1963.

*Holenstein, Daniel*, Das Steuerabkommen mit der Schweiz: ein Meilenstein oder roter Teppich für Steuersünder – oder beides?, Deutsches Steuerrecht 2012, Heft 4, S. 153–208.

*Holtz, Axel*, Der politische Entscheidungsprozeß zu den Strafrechtsreformen in der Zeit von 1962 bis 1975 1989.

*Hübschmann, Walter / Hepp, Ernst / Spitaler, Armin* (Hrsg.), Abgabenordnung – Finanzgerichtsordnung, Kommentar, Loseblattsammlung, Köln.

*Hufen, Friedhelm*, Staatsrecht II, Grundrechte, 4. Aufl., München 2014.

*Hunsmann, Daniel*, Das steuerstrafrechtliche Selbstanzeigeprivileg im Lichte des § 370a S. 3 AO, Baden-Baden 2006.

*Hüser, Klaus*, Begnadigung und Amnestie als kriminalpolitisches Instrument, mit Untersuchungen aus dem Hamburger Bereich 1973.

*Ipsen, Jörn*, Grundrechte, 16., überarb. Aufl, München 2013.

*Isensee, Josef*, Aussetzung des Steuerstrafverfahrens – rechtsstaatliche Ermessensdirektiven, Neue Juristische Wochenschrift 1985, Heft 18, S. 1007–1010.

*Isensee, Josef / Kirchhof, Paul* (Hrsg.), Handbuch des Staatsrechts, Band VIII, Grundrechte: Wirtschaft, Verfahren, Gleichheit, Heidelberg 2010.

*Jescheck, Hans-Heinrich / Weigend, Thomas*, Lehrbuch des Strafrechts, Allgemeiner Teil, 5. Aufl., Berlin 1996.

*Jhering, Rudolph von*, Der Zweck im Recht, 3. Aufl., Leipzig 1893, unveränderter Nachdruck: Keip Verlag, Goldbach bei Aschaffenburg 1997.

*Joecks, Wolfgang*, Die neue Verwaltungsregelung zum Steuer-Amnestiegesetz, Leitfaden zur neuen Verwaltungsregelung zum Gesetz über die strafbefreiende Erklärung von Einkünften aus Kapitalvermögen und von Kapitalvermögen, Wortlaut, Erläuterungen, Empfehlungen, Köln 1989.

*Joecks, Wolfgang*, Der nemo-tenetur-Grundsatz und das Steuerstrafrecht, in: *Hirsch, Hans Joachim* (Hrsg.), Festschrift für Günter Kohlmann zum 70. Geburtstag, Köln 2003, S. 451–464.

*Joecks, Wolfgang / Randt, Karsten*, Steueramnestie 2004/2005, Erläuterungen, Checklisten, Materialien, München 2004.

*Joecks, Wolfgang / Randt, Karsten*, Strafbefreiungserklärungsgesetz: Das Merkblatt des BMF, Deutsches Steuerrecht 2004, Heft 9, S. 337–341.

*Joecks, Wolfgang*, Das deutsch-schweizerische Steuerabkommen – verfassungsgemäß?, Zeitschrift für Wirtschaft, Steuer und Strafrecht 2011, Heft 12, S. 441–445.

*Jung, Heike*, Zur Strafzumessung in Steuerstrafsachen, in: *Joecks, Wolfgang* (Hrsg.), Recht – Wirtschaft – Strafe, Festschrift für Erich Samson zum 70. Geburtstag, Heidelberg, München, Landsberg, Frechen, Hamburg 2010, S. 55–64.

*Kahl, Wilhelm*, Amnestien, Deutsche Juristen-Zeitung 1918, Heft 21/22, Sp. 665–666.

*Kahl, Wilhelm*, Die jüngste Amnestie, Deutsche Juristen-Zeitung 1925, Heft 17, Sp. 1281–1285.

*Kaligin, Thomas*, Strafbefreiungserklärungsgesetz, StraBEG, Praktikerkommentar, Kommentar zum Einkommensteuergesetz, Stuttgart 2004.

*Kant, Immanuel*, Die Metaphysik der Sitten, Königsberg 1797, Nachdruck: Reclam-Ausgabe, Stuttgart 1990.

*Katz, Alfred*, Staatsrecht, Grundkurs im öffentlichen Recht, 18. Aufl., Heidelberg 2010.

*Kempny, Simon / Reimer, Philipp*, Die Gleichheitssätze, Versuch einer übergreifenden dogmatischen Beschreibung ihres Tatbestands und ihrer Rechtsfolgen, Tübingen 2012.

*Kippenberg, Johannes*, Europäische und Internationale Rechtsentwicklung im Überblick, iStR-Länderbericht 2011, Heft 17, S. 89–91.

*Kirchheimer, Otto*, Politische Justiz, Verwendung juristischer Verfahrensmöglichkeiten zu politischen Zwecken, aus dem Amerikanischen übersetzt von A. R. L. Gurland, Neuaufl., Hamburg 1993.

*Kirchhof, Ferdinand*, Grundriß des Steuer- und Abgabenrechts, 2. Aufl., Heidelberg 2001.

*Klein, Franz / Orlopp, Gerd* (Begr.), Abgabenordnung, einschließlich Steuerstrafrecht, Kommentar, 12. Aufl., München 2014.

*Kleinknecht, Theodor / Müller, H. / Reitbergerger, L.* (Begr.), Kommentar zur Strafprozessordnung, *Heintschel-Heinegg, Bernd / Stöckel, Heinz* (Hrsg.), Loseblattsammlung, Köln.

*Koblenzer, Thomas / Günther, Carina*, Auslegung von Art. 27 DBA-Schweiz im Lichte des geänderten OECD- Musterkommentars zu Art. 26 OECD-MA: Möglichkeit von rückwirkenden Gruppenanfragen zur Aufdeckung sogenannter „Abschleicher", Internationales Steuerrecht 2012, Heft 22, S. 872–877.

*Kohlmann, Günter* (Begr.), Kohlmann – Steuerstrafrecht, Mit Ordnungswidrigkeiten und Verfahrensrecht: Kommentar zu den 369–412 AO, *Hilgers-Klautzsch, Brigitte / Matthes, Marko / Ransiek, Andreas / Schauf, Jörg* (Hrsg.), Loseblattsammlung, Köln.

*Kölbel, Ralf*, Zur Verwertbarkeit privat-deliktisch beschaffter Bankdaten, – Ein Kommentar zur causa „Kieber" –, Neue Zeitschrift für Strafrecht 2008, Heft 5, S. 241–244.

*Kopacek, Werner*, Steuerstraf- und Bussgeldfreiheit, Schuldausschliessungs- und Rechtfertigungsgründe und die straf- und bussgeldbefreienden Selbstanzeigen, 2. Aufl., Berlin 1970.

*Kratzsch, Dietrich*, Die Schwierigkeiten im Umgang mit der Selbstanzeige, in: *Kohlmann, Günter* (Hrsg.), Strafverfolgung und Strafverteidigung im Steuerstrafrecht, Grundfragen des Steuerstrafrechts heute, Köln 1983, S. 283–306.

*Kubaile, Heiko / Probst, Nadja*, Das Steuerabkommen zwischen der Schweiz und Deutschland, Analyse der Abkommensregelungen, Internationale Wirtschaftsbriefe 2011, Heft 20, S. 753–766.

*Kubaile, Heiko*, DBA-Änderungen und Erklärung zur Aufnahme von Steuerverhandlungen, Weitere Analyse des neuen DBA mit der Schweiz, Internationale Wirtschaftsbriefe 2011, Heft 1, S. 20–25.

*Lang, Joachim*, Das Zinssteueramnestiegesetz, Finanz Rundschau 1989, Heft 12, S. 349–358.

*Langenscheidt*, Großes Schulwörterbuch Lateinisch-Deutsch, hrsg. von der Langenscheidt-Redaktion auf der Grundlage des Menge-Güthling, Berlin 2008.

*Langer, Winrich*, Die Sonderstraftat, eine gesamtsystematische Grundlegung der Lehre vom Verbrechen, 2. Aufl., Berlin 2007.

*Laufhütte, Heinrich Wilhelm / Rissing-van Saan, Ruth / Tiedemann, Klaus* (Hrsg.), Strafgesetzbuch Leipziger Kommentar, Großkommentar, 12. Aufl. 1 Einleitung; §§ 1 bis 31, Berlin 2007.

*Lausterer, Martin / Haisch, Martin*, Die Steueramnestie nach dem Strafbefreiungserklärungsgesetz (StraBEG), Deutsche Steuer-Zeitung 2004, Heft 7, S. 215–229.

*Lenckner, Theodor / Schuhmann, Heribert / Winkelbauer, Wolfgang*, Grund und Grenzen der strafrechtlichen Selbstanzeige im Steuerrecht und das Wiederaufleben der Berichtigungsmöglichkeit im Fall der Außenprüfung (1. Teil)*, Zeitschrift für Wirtschaft, Steuer und Strafrecht 1983, Heft 4, S. 123–128.

*Lennert, Philipp*, Die Unternehmensnachfolgebesteuerung am Scheideweg, Entwicklung und Ausgestaltung der Besteuerung der Unternehmensnachfolge aus Sicht des Vertrages über die Europäische Gemeinschaft und des deutschen Verfassungsrechts, Berlin 2006.

*Lersch, Paul / Palmer, Hartmut*, Die gepflegte Landschaft, Der Spiegel vom 13.12.1999, S. 36–48.

*List, Heinrich*, Die Selbstanzeige im Steuerstrafrecht, 2. Aufl., Stuttgart 1963.

*Löffler, Christian*, Grund und Grenzen der steuerstrafrechtlichen Selbstanzeige, über die strafrechtliche Erklärung des § 371 AO, Baden-Baden 1992.

*Löwe, Ewald / Rosenberg, Werner* (Begr.), *Erb, Volker / Esser, Robert / Franke, Ulrich / Graalmann-Scheerer, Kirsten / Hilger, Hans / Ignor, Alexander* (Hrsg.), Die Strafprozeßordnung und das Gerichtsverfassungsgesetz, Großkommentar, 7. Band, 2. Teilband §§ 312–373a, 26. Aufl., 2013; 10. Band, GVG, EGGVG, 26. Aufl., 2010 Berlin.

*Lüderssen, Klaus*, Auf der schiefen Ebene, Gastbeitrag, Frankfurter Allgemeine Zeitung vom 10.02.2010, S. 6.

*Mahlberg, Lothar / Braun, Bernd / Jöckel, Rainer M.*, Steuer-Amnestie 2004, Grundriss mit Beispielen, mit vollständigem Gesetzeswortlaut sowie BMF-Merkblatt vom 3.2.2004, Frankfurt am Main 2004.

*Marxen, Klaus*, Rechtliche Grenzen der Amnestie, Heidelberg 1984.

*Marxen, Klaus / Tiemann, Frank*, Die Wiederaufnahme in Strafsachen, 3. Aufl., Heidelberg 2014.

*Meier, Horst*, Protestfreie Zonen? Variationen über Bürgerrechte und Politik, Berlin 2012.

*Menschell, Wolfgang*, Das gesamte deutsche Gnadenrecht nebst verwandten Gebieten, Texte mit Anmerkungen, 5. Aufl., Berlin 1943.

*Merten, Detlef*, Rechtsstaatlichkeit und Gnade, Berlin 1978.

*Merten, Detlef / Papier, Hans-Jürgen* (Hrsg.), Handbuch der Grundrechte, Band V, Grundrechte in Deutschland: Einzelgrundrechte II, Heidelberg 2013.

*Meyer, Karl*, Amnestien, Deutsche Juristen-Zeitung 1933, Heft 2, Sp. 129–134.

*Meyer-Goßner, Lutz / Schmitt, Bertram*, Strafprozessordnung, Gerichtsverfassungsgesetz, Nebengesetze und ergänzende Bestimmungen, 57. Aufl., München 2014.

*Michael, Peter J.*, Der Steuer- und Abgabebetrug im schweizerischen Recht, Bern 1992.

*Mittelbach, Hans Hermann*, Zur Bundesamnestie, Kleine Beiträge, Neue Juristische Wochenschrift 1950, Heft 5, S. 172–173.

*Möllers, Christoph*, Die drei Gewalten, Legitimation der Gewaltengliederung in Verfassungsstaat, Europäischer Integration und Internationalisierung, Weilerswist 2008.

*Montesquieu, Charles Louis de Secondat de*, Vom Geist der Gesetze, im Original: De l'esprit des loix, zuerst: Genf 1748, aus dem Französischen von Kurt Weigand, Reclam-Ausgabe, Stuttgart 2011.

*Naucke, Wolfgang*, Auf der Grenze zwischen Strafbarkeit und Straflosigkeit, Juristische Ausbildung 1979, S. 426.

*Naucke, Wolfgang*, Gesetzlichkeit und Kriminalpolitik, Abhandlungen zum Strafrecht und zum Strafprozeßrecht, Frankfurt am Main 1999.

*Naucke, Wolfgang*, Strafrecht, eine Einführung, 10. Aufl., Neuwied 2002.

*Neumann, Rudolf*, System der strafprozessualen Wiederaufnahme, Berlin-Grunewald 1932.

*Ogorek, Regina*, Richterkönig oder Subsumtionsautomat? Zur Justiztheorie im 19. Jahrhundert, Frankfurt am Main 1986.

*Oppelt, Rainer*, Die Amnestiegesetzgebung in Deutschland 1918–1954, Würzburg 1957.

*Pallmer, Kim-André*, Der materielle und prozessuale Begriff der „Tat“ im Steuerstrafrecht, Berlin 2008.

*Parlamentarischer Rat*, (Hrsg.), Verhandlungen des Hauptausschusses, Bonn 1948/49, verlegt durch den Universitäts-Buchdruck Scheuer (im Bestand der Deutschen Nationalbibliothek Leipzig, Signatur: 1956 B 1271), Bonn 1949.

*Patzschke, Andrew*, Die Selbstanzeige als Strafaufhebungsgrund des allgemeinen Strafrechts, Andrew Patzschke, Hamburg 2012.

*Petrick-Rump, Barbara*, Ökonomische Wirkungen von Steueramnestien, Untersuchung konkreter Erfahrungen ausgewählter Länder mit dem Einsatz von Steueramnestien anhand eines effizienten Steueramnestieprogramms, Frankfurt am Main 1996.

*Pezzer, Heinz-Jürgen*, Die geplante Steueramnestie – ein gut gemeinter Schlag ins Wasser?, Deutsche Steuer-Zeitung 2003, Heft 20, S. 724–729.

*Pieroth, Bodo / Schlink, Bernhard / Kingreen, Thorsten / Poscher, Ralf*, Grundrechte, 29. Aufl., Heidelberg, München, Landsberg u.a. 2013.

*Poetzsch-Heffter, Fritz*, Handkommentar der Reichsverfassung vom 11. August 1919, Ein Handbuch für Verfassungsrecht und Verfassungspolitik, 3. Aufl., Berlin 1928.

*Puppe, Ingeborg*, Zur Unterscheidung von unbeendetem und beendetem Versuch beim Rücktritt, Zugleich eine Besprechung der Entscheidung des BGH vom 22.8.1985 – 4 StR 326/85 – NStZ 1986, 25, Neue Zeitschrift für Strafrecht 1986, Heft 1, S. 14–18.

*Radbruch, Gustav*, Rechtsphilosophie, Studienausgabe, 2. Aufl., Heidelberg 2003.

*Randt, Karsten / Schauf, Jörg*, Selbstanzeige und Liechtenstein-Affäre, Ist der Weg in die Straflosigkeit noch möglich oder sind die Taten schon entdeckt?, Deutsches Steuerrecht 2008, Heft 11, S. 489–491.

*Rebmann, Kurt / Uhlig, Siegmar*, Bundeszentralregistergesetz, Gewerbezentralregister, Verkehrszentralregister und ergänzende Bestimmungen, München 1985.

*Richter, Heinz*, Beratungs-Leitfaden zur Steuerreform 1990, Auswirkungen auf die Praxis, Gestaltungsmöglichkeiten und Empfehlungen unter Berücksichtigung aller zwischenzeitlich ergangenen gesetzlichen Neuerungen, Steuer-Telex, 2. Aufl., Köln 1989.

*Rohmer, Erich*, Steuerkalender für April 1934, Pharmazeutische Zeitung 1934, Heft 26, S. 335–336.

*Rolletschke, Stefan / Kemper, Jutta* (Hrsg.), Steuerstrafrecht, Loseblattsammlung, Köln 2014.

*Rose, Gerd*, Die Entstehung von „Dummensteuern“ und ihre Vermeidung, in: *Lang, Joachim* (Hrsg.), Die Steuerrechtsordnung in der Diskussion, Festschrift für Klaus Tipke zum 70. Geburtstag, Köln 1995, S. 153–164.

*Rüffelmacher, Günter*, Die strafbefreiende Wiedergutmachung im Steuerstrafrecht, Würzburg 1956.

*Ruthenberg, Otto*, Verfassungsgesetze des Deutschen Reichs und der deutschen Länder nach dem Stande vom 1. Februar 1926, Text nebst Materialien, Schrifttum und einem ausführlichen Sachverzeichnis, Berlin 1926.

*Sachs, Michael* (Hrsg.), Grundgesetz, Kommentar, 6. Aufl., München 2011.

*Salditt, Franz*, Die Hinterziehung ungerechter Steuern, in: *Lang, Joachim* (Hrsg.), Die Steuerrechtsordnung in der Diskussion, Festschrift für Klaus Tipke zum 70. Geburtstag, Köln 1995, S. 475–485.

*Salditt, Franz*, Die Schlingen des neuen Steuerstrafrechts, Strafverteidiger 2002, Heft 4, S. 214–219.

*Samson, Erich / Langrock, Marc*, „Pecunia non olet“? Staatlicher Ankauf von entwendeten Daten deutscher Steuerhinterzieher, Zeitschrift für Wirtschaft, Steuer und Strafrecht 2010, Heft 6, S. 201–205.

*Samson, Erich / Wulf, Martin*, Steuerstrafrecht und deutsch-schweizerisches Steuerabkommen, Ein Exkurs über die steuerstrafrechtliche Kompetenz des BMF, Zeitschrift für Wirtschaft, Steuer und Strafrecht 2012, Heft 7, S. 245–251.

*Schäfer, Karl*, Wiederaufnahmeverfahren und Amnestie, Juristische Rundschau 1929, Heft 6, S. 65–70.

*Schäfer, Karl*, Wiederaufnahmeverfahren und Erlöschen des Strafanspruchs, Juristische Rundschau 1933, Heft 2, S. 18–22.

*Schätzler, Johann-Georg*, Handbuch des Gnadenrechts, Gnade – Amnestie – Bewährung, eine systematische Darstellung mit den Vorschriften des Bundes und der Länder, 2. Aufl., München 1992.

*Scheil, Andreas*, Die Selbstanzeige nach § 29 FinStrG, Wien 1995.

*Scherff, Dyrk*, Letzte Chance für Steuersünder, Frankfurter Allgemeine Sonntagszeitung vom 14.09.2014, S. 31.

*Schmidhäuser, Eberhard*, Vom Sinn der Strafe, 2. Aufl., Berlin 2004.

*Schmidt-Bleibtreu, Bruno / Klein, Franz* (Begr.), Kommentar zum Grundgesetz, *Hofmann, Hans / Hopfauf, Axel* (Hrsg.), 12. Aufl., Köln 2011.

*Schmidt-Leichner, Erich*, Die Bundesamnestie, Neue Juristische Wochenschrift 1950, Heft 2, S. 41–46.

*Schönke, Adolf / Schröder, Horst* (Begr.), Strafgesetzbuch, Kommentar, 29. Aufl., München 2014.

*Schulze, Joachim*, Steuerhinterziehung durch Unterlassen der Abgabe von Steuer[sic!]klärungen (II), Ein Beitrag zur Auslegung des ungeschriebenen Tatbestandsmerkmals der Steuerunehrlichkeit, Deutsches Steuerrecht 1964, Heft 15, S. 416–422.

*Schumann, Antje*, Zum Standort des Rücktritts vom Versuch im Verbrechensaufbau, eine Untersuchung anhand der Dogmatik zum System von Versuch und Rücktritt seit dem 19. Jahrhundert, Berlin 2006.

*Schünemann, Bernd*, Die Zinssteueramnestie – Totgeburt oder Schlußstein der Steuerreform?, Steuerliche Vierteljahresschrift 1989, S. 3–40.

*Schünemann, Bernd*, Förderung der Steuerehrlichkeit durch Amnestierung der Steuerhinterziehung?, Zeitschrift für Rechtspolitik 2003, S. 433–439.

*Schünemann, Bernd*, Die Liechtensteiner Steueraffäre als Menetekel des Rechtsstaats, Neue Zeitschrift für Strafrecht 2008, Heft 6, S. 305–310.

*Schwartz, Tobias / Tippelhofer, Martina*, Informationsaustausch in Steuersachen mit der Schweiz, Internationales Steuerrecht 2011, Heft 7, S. 249–255.

*Schwedhelm, Rolf / Spatscheck, Rainer*, Steueramnestie 2004, Das Strafbefreiungserklärungsgesetz (StraBEG) nach den Änderungen durch den Vermittlungsausschuss, Deutsches Steuerrecht 2004, Heft 4, S. 109–118.

*Seckel, Carola*, Die Steuerhinterziehung (§ 370 AO 1977), Eine strafrechtliche kriminologische und kriminalistische Untersuchung unter besonderer Berücksichtigung von Vermögens- und Einnahmesteuerhinterziehungen, 2. Aufl., Lübeck 1979.

*Seibert, Claus*, Zum Begriff der ehrlosen Gesinnung im Amnestiegesetz, Kleine Beiträge, Neue Juristische Wochenschrift 1950, Heft 5, S. 173–174.

*Sieverts, Rudolf* (Hrsg.), Handwörterbuch der Kriminologie, 2. Aufl. Bd. 2, Berlin 1977.

*Simon, H. Eberhard / Vogelberg, Claus-Arnold*, Steuerstrafrecht, 3. Aufl., Stuttgart 2011.

*Spies, Axel*, Amnestiemaßnahmen und deren Verfassungsmäßigkeit in Frankreich und Deutschland, Frankfurt am Main 1991.

*Stahl, Rudolf*, Selbstanzeige, Unter Berücksichtigung des Schwarzgeldbekämpfungsgesetzes und des deutsch-schweizerischen Steuerabkommens, Beratungswissen, Beratungshinweise, Beratungspraxis, 3. Aufl., Bonn 2011.

*Stein, Leon*, Das Begnadigungsrecht, insbesondere die Abolition unter Berücksichtigung der Kriegs-Amnestien, Berlin 1919.

*Steinbrück, Peer*, Sattelt die Pferde! Der Entwurf zum Steuerabkommen mit der Schweiz ist rechtlich dubios, lückenhaft und nachlässig, Kolumne, Die Zeit vom 21.09.2011, S. 37.

*Stier-Somlo, Fritz*, Deutsches Reichs- und Landesstaatsrecht, 1. Teil, Berlin 1924.

*Stöckli, Beat*, Abgeltungssteuer – Lösung mit Modellcharakter, Recht & Steuer, Private – Das Geld-Magazin 2011, Heft 5, S. 28–29.

*Streck, Michael* (Hrsg.), Berater-Kommentar zur Steueramnestie, Gesetz zur Förderung der Steuerehrlichkeit, Köln 2004.

*Strobel, Karl*, Herrscherwechsel, politische Verfolgung, Bürgerkriege in der Römischen Kaiserzeit: Zwischen Rekonziliation, Amnestie und Säuberung, in: *Harter-Uibopuu, Kaja/Mitthof, Fritz* (Hrsg.), Vergeben und Vergessen?, Amnestie in der Antike, Beiträge zum 1. Wiener Kolloquium zur Antiken Rechtsgeschichte, Bd. 1, Wien 2013, S. 286–298.

*Suhr, Christian*, Rechtsgut der Steuerhinterziehung und Steuerverkürzung im Festsetzungsverfahren, Frankfurt am Main 1989.

*Süß, Frank*, Studien zur Amnestiegesetzgebung, Berlin 2001.

*Terstegen, Walter Otto Wilhelm*, Das Steuerstrafrecht in soziologischer Sicht, Steuerberater-Jahrbuch 1953, S. 15–50.

*Terstegen, Walter Otto Wilhelm*, Steuer-Strafrecht, einschließlich Verfahrensrecht, Köln 1956.

*Thomsen, Birger*, Das Amnestiegesetz aus steuerstrafrechtlicher Sicht, Aachen 1995.

*Thöns, Nikolaus*, Deutsches Außensteuerrecht, Verhandlungen mit Liechtenstein, Österreich und der Schweiz, iStR-Länderbericht 2011, Heft 11, S. 3–4.

*Tiedemann, Klaus*, Anmerkung zum Urteil des BGH vom 05.09.1974 – 4 StR 369/74, Juristische Rundschau 1975, Heft 9, S. 385–387.

*Tipke, Klaus*, Die Steuerrechtsordnung, Band I, Wissenschaftsorganisatorische, systematische und grundrechtlich-rechtsstaatliche Grundlagen, 1. Aufl., Köln 1993.

*Tipke, Klaus*, Die Steuerrechtsordnung, Band II, Föderative Steuerverteilung, Rechtsanwendung und Rechtsschutz, Gestalter der Steuerrechtsordnung, 2. Aufl., Köln 1993.

*Tipke, Klaus*, Die Steuerrechtsordnung, Band I, Wissenschaftsorganisatorische, systematische und grundrechtlich-rechtsstaatliche Grundlagen, 2. Aufl., Köln 2000.

*Tipke, Klaus*, Die Steuerrechtsordnung, Band III, Steuerrechtswissenschaft, Steuergesetzgebung, Steuervollzug, Steuerrechtsschutz, Steuerreformbestrebungen, 2. Aufl., Köln 2012.

*Tippelhofer, Martina*, Überblick über das Steuerabkommen Schweiz – Deutschland, Internationales Steuerrecht 2011, Heft 24, S. 945–951.

*Trüg, Gerson / Habetha, Jörg*, Die „Liechtensteiner Steueraffäre" – Strafverfolgung durch Begehung von Straftaten?, Neue Juristische Wochenschrift 2008, Heft 13, S. 887–890.

*Trüg, Gerson*, Steuerdaten-CDs und die Verwertung im Strafprozess, Strafverteidiger 2011, Heft 2, S. 111–122.

*Uhle, Edgar*, Die Amnestie nach altem und neuem Gnadenrecht, Breslau-Neukirch 1935.

*van Bühren, Hubert*, Der Zweck heiligt (nicht) die Mittel?, Die Schweizer Steuerdaten und der deutsche Rechtsstaat, Kommentar, Anwaltsblatt 2012, Heft 11, S. 906.

*Vogel, Klaus* (Begr.), Doppelbesteuerungsabkommen der Bundesrepublik Deutschland auf dem Gebiet der Steuern vom Einkommen und Vermögen, Kommentar auf der Grundlage der Musterabkommen, *Lehner, Moris* (Hrsg.), 5. Aufl., München 2008.

*Vogt, Fritz Johannes*, Formlose tätige Reue, Finanz Rundschau 1951, S. 44–45.

*Waldstein, Wolfgang*, Untersuchungen zum römischen Begnadigungsrecht, Abolitio-indulgentia-venia, Innsbruck 1964.

*Wassermann, Rudolf* (Hrsg.), Kommentar zur Strafprozessordnung, Reihe Alternativkommentare Bd. 3, Neuwied 1996.

*Wassmann, Hans Jörg*, Die Selbstanzeige im Steuerrecht, Kommentar zu § 371 AO mit Rechtsprechungsanhang, Stuttgart, München, Hannover, Berlin 1991.

*Wege, Heike*, Rücktritt und Normgeltung, zum Einfluss glaubwürdiger Umkehr auf die Rechtsfolgebestimmung, Berlin 2011.

*Wegner, Carsten*, Strafrechtliche Merkwürdigkeiten im Recht der staatlichen Parteienfinanzierung, Deutsches Verwaltungsblatt 2013, S. 422–426.

*Weinert, Jasmin*, Der neue Steuerfriede Schweiz – Deutschland: Einführung der anonymen Abgeltungssteuer, Recht & Steuern, Private – Das Geld-Magazin 2011, Heft 5, S. 30–32.

*Wenzler, Thomas*, Die Selbstanzeige, Ratgeber Steuerstrafrecht, Wiesbaden 2010.

*Wessels, Johannes*, Strafrecht, allgemeiner Teil, die Straftat und ihr Aufbau, 24. Aufl., Heidelberg 1994.

*Wessels, Johannes / Beulke, Werner*, Strafrecht, allgemeiner Teil, die Straftat und ihr Aufbau, 41. Aufl., Heidelberg 2011.

*Westpfahl, Marion*, Die strafbefreiende Selbstanzeige im Steuerrecht, zum persönlichen Umfang der Sperrwirkung des § 371 Abs. 2 Nr. 1 a AO, München 1987.

*Widmer, Joel / Burg, Denis von*, Bankgeheimnis: Volk steht hinter Steuerdeal mit Deutschland, 70 Prozent befürworten in Umfrage das Abkommen mit der Abgeltungssteuer, SonntagsZeitung vom 22.07.2012, S. 1.

*Wittreck, Fabian*, Weimarer Landesverfassungen, die Verfassungsurkunden der deutschen Freistaaten 1918 – 1933, Tübingen 2004.

*Wulf, Martin*, Auf dem Weg zur Abschaffung der strafbefreienden Selbstanzeige (§ 371 AO)?, Zeitschrift für Wirtschaft, Steuer und Strafrecht 2010, Heft 8, S. 286–291.

*Wunderlich, Johannes*, Vermischtes, Aus dem Reichstage, Deutsche Juristen-Zeitung 1928, Heft 16/17, Sp. 1171–1173.

*Würtenberger, Oliver*, Selbstanzeige oder Steueramnestie – Indifferenzüberlegungen, Diplomarbeit als Elektronische Ressource oder Druckwerk on demand, München 2004.

*Zachariä, Heinrich Albert*, Die Lehre vom Versuche der Verbrechen, Zweiter Theil, Göttingen 1839, unveränderter Nachdruck: Goldbach bei Aschaffenburg 1997.

*Zucman, Gabriel*, Steueroasen, Wo der Wohlstand der Nationen versteckt wird, aus dem Französischen von Ulrike Bischoff, 2. Aufl., Berlin 2014.

**FRANKFURTER KRIMINALWISSENSCHAFTLICHE STUDIEN**

Band 1 Peter Böning: Die Lehre vom Unrechtsbewußtsein in der Rechtsphilosophie Hegels 100 S., 1978.

Band 2 Wolfgang Schneider: Kriminelle Straßenverkehrsgefährdung (§ 315c Abs. 1 Ziff. 2, Abs. 3 StGB). Eine kriminologische und strafrechtliche Untersuchung zur Problematik dieser Verkehrsstraftaten unter Berücksichtigung ausländischer Rechte. 342 S., 1978.

Band 3 Lothar Kuhlen: Die Objektivität von Rechtsnormen. Zur Kritik des radikalen labeling approach in der Kriminalsoziologie. 178 S., 1978.

Band 4 Günther Grewe: Straßenverkehrsdelinquenz und Marginalität. Untersuchungen zur institutionellen Regelung von Verhalten. 148 S., 1978.

Band 5 Dieter Haberstroh: Strafverfahren und Resozialisierung. Eine Studie über Verstehen und Nicht-Verstehen, über Verstanden-Werden und Nicht-Verstanden-Werden und deren Bedingungen in der Hauptverhandlung. 202 S., 1979.

Band 6 Thomas Vogt: Die Forderungen der psychoanalytischen Schulrichtungen für die Interpretation der Merkmale der Schuldunfähigkeit und der verminderten Schuldfähigkeit (§§ 51 a.F., 20, 21 StGB). 182 S., 1979.

Band 7 Andreas Michael: Der Grundsatz in dubio pro reo im Strafverfahrensrecht. Zugleich ein Beitrag über das Verhältnis von materiellem Recht und Prozeßrecht. 214 S., 1981.

Band 8 Ilias G. Anagnostopoulos: Haftgründe der Tatschwere und der Wiederholungsgefahr (§§ 112 Abs. 3, 112 a StPO). Kriminalpolitische und rechtssystematische Aspekte der Ausweitung des Haftrechts. 1984.

Band 9 Helga Müller: Der Begriff der Generalprävention im 19. Jahrhundert. Von P.J.A. Feuerbach bis Franz v. Liszt. 1984.

Band 10 Frowin Jörg Kurth: Das Mitverschulden des Opfers beim Betrug. 1984.

Band 11 Martin J. Worms: Die Bekenntnisbeschimpfung im Sinne des § 166 Abs. 1 StGB und die Lehre vom Rechtsgut. 1984.

Band 12 Jong-Dae Bae: Der Grundsatz der Verhältnismäßigkeit im Maßregelrecht des StGB. 1985.

Band 13 Helmut Fünfsinn: Der Aufbau des fahrlässigen Verletzungsdelikts durch Unterlassen im Strafrecht. 1985.

Band 14 Christoph Krehl: Die Ermittlung der Tatsachengrundlage zur Bemessung der Tagessatzhöhe bei der Geldstrafe. 1985.

Band 15 Walter-Hermann Kiehl: Strafrechtliche Toleranz wechselseitiger Ehrverletzungen - Zur ratio legis der §§ 199, 233 Strafgesetzbuch -. 1986.

Band 16 Matthias Krahl: Die Rechtsprechung des Bundesverfassungsgerichts und des Bundesgerichtshof zum Bestimmtheitsgrundsatz im Strafrecht (Art. 103 Abs. 2 GG). 1986.

Band 17 Patrick Carroll Campbell: § 220a StGB. Der richtige Weg zur Verhütung und Bestrafung von Genozid? 1986.

Band 18 Winfried Hassemer (Hrsg.): Strafrechtspolitik. Bedingungen der Strafrechtsreform. 1987.

Band 19 Felix Herzog: Prävention des Unrechts oder Manifestation des Rechts. Bausteine zur Überwindung des heteronom-präventiven Denkens in der Strafrechtstheorie der Moderne. 1987.

Band 20 Astrid Michalke-Detmering: Die Mindestanforderungen an die rechtliche Begründung des erstinstanzlichen Strafurteils. Zur Auslegung des § 267 StPO. 1987.

Band 21 Lothar Kuhlen: Die Unterscheidung von vorsatzausschließendem und nichtvorsatzausschließendem Irrtum. 1987.

Band 22 Michael Buttel: Kritik der Figur des Aufklärungsgehilfen im Betäubungsmittelstrafrecht (§ 31 BtMG). 1988.

Band 23 Matthias Kögler: Die zeitliche Unbestimmtheit freiheitsentziehender Sanktionen des Strafrechts. Eine vergleichende Untersuchung zur Rechtslage und Strafvollstreckungspraxis in der Bundesrepublik Deutschland und den USA. 1988.

Band 24 Klaus Lüderssen / Cornelius Nestler-Tremel / Ewa Weigend(Hrsg.): Modernes Strafrecht und ultima-ratio-Prinzip. 1990.

Band 25 Jürgen Taschke: Die behördliche Zurückhaltung von Beweismitteln im Strafprozeß. 1989.

Band 26 Daniela Westphalen: Karl Binding (1841-1920). Materialien zur Biographie eines Strafrechtsgelehrten. 1989.

Band 27 Sigrid Jans: Die Aushöhlung des Klageerzwingungsverfahrens. 1990.

Band 28 Dimitris Spirakos: Folter als Problem des Strafrechts. Kriminologische, kriminalsoziologische und (straf-)rechtsdogmatische Aspekte unter besonderer Berücksichtigung der Folterschutzkonvention und der Pönalisierung der Folter in Griechenland. 1990.

Band 29 Stephan Moll: Strafrechtliche Aspekte der Behandlung Opiatabhängiger mit Methadon und Codein. 1990.

Band 30 Stefan Werner: Wirtschaftsordnung und Wirtschaftsstrafrecht im Nationalsozialismus. 1991.

Band 31 Xanthi Bassakou: Beiträge zur Analyse und Reform des Absehens von Strafe nach § 60 StGB. 1991.

Band 32 Rainer Runte: Die Veränderung von Rechtfertigungsgründen durch Rechtsprechung und Lehre. Moderne Strafrechtsdogmatik zwischen Rechtsstaatsprinzip und Kriminalpolitik. 1991.

Band 33 Olaf Hohmann: Das Rechtsgut der Umweltdelikte. Grenzen des strafrechtlichen Umweltschutzes. 1991.

Band 34 Klaus Jochen Müller: Das Strafbefehlsverfahren (§§ 407 ff. StPO). Eine dogmatisch-kriminalpolitische Studie zu dieser Form des schriftlichen Verfahrens unter besonderer Berücksichtigung der geschichtlichen Entwicklung – zugleich ein Beitrag zum StVÄG 1987. 1993.

Band 35 Sang-Don Yi: Wortlautgrenze, Intersubjektivität und Kontexteinbettung. Das strafrechtliche Analogieverbot. 1991.

Band 36 Birgit Malsack: Die Stellung der Verteidigung im reformierten Strafprozeß. Eine rechtshistorische Studie anhand der Schriften von C. J. A. Mittermaier. 1992.

Band 37 Rüdiger Schäfer: Die Privilegierung des "freiwillig-positiven" Verhaltens des Delinquenten nach formell vollendeter Straftat. Zugleich ein Beitrag zum Grundgedanken des Rücktritts vom Versuch und zu den Straftheorien. 1992.

Band 38 Cornelius Nestler-Tremel: AIDS und Strafzumessung. 1992.

Band 39 Christine Gutmann: Freiwilligkeit und (Sozio-)Therapie – notwendige Verknüpfung oder Widerspruch? 1993.

Band 40 Walter Kargl: Der strafrechtliche Vorsatz auf der Basis der kognitiven Handlungstheorie. 1993.

Band 41 Jürgen Rath: Zur strafrechtlichen Behandlung der aberratio ictus und des error in objecto des Täters. 1993.

Band 42 Martin Fischer: Wille und Wirksamkeit. Eine Untersuchung zum Problem des *dolus alternativus*. 1993.

Band 43 Regina Harzer: Der Naturzustand als Denkfigur moderner praktischer Vernunft. Zugleich ein Beitrag zur Staats- und Rechtsphilosophie von Hobbes und Kant. 1994.

Band 44 Helmut Pollähne: Lockerungen im Maßregelvollzug. Eine Untersuchung am Beispiel der Anwendung des nordrhein-westfälischen Maßregelvollzugsgesetzes im Westfälischen Zentrum für Forensische Psychiatrie (Lippstadt). 1994.

Band 45 Hans-Joachim Leonhardt: Rechtsmittelermessen der Staatsanwaltschaft. Eine Gegenüberstellung von § 296 StPO mit Nummern 147 und 148 Richtlinien für das Strafverfahren und das Bußgeldverfahren (RiStBV). 1994.

Band 46 Rolf Grünebaum: Zur Strafbarkeit des Therapeuten im Maßregelvollzug bei fehlgeschlagenen Lockerungen. 1996.

Band 47 Barbara Bialas: Promille-Grenzen, Vorsatz und Fahrlässigkeit. 1996.

Band 48 Christine Pott: Die Außerkraftsetzung der Legalität durch das Opportunitätsdenken in den Vorschriften der §§ 154, 154a StPO. Zugleich ein Beitrag zu einer kritischen Strafverfahrensrechtstheorie. 1996.

Band 49 Wolfgang Köberer: *Iudex non calculat.* Über die Unmöglichkeit, Strafzumessung sozialwissenschaftlich-mathematisch zu rationalisieren. 1996.

Band 50 Institut für Kriminalwissenschaften Frankfurt a.M. (Hrsg.): Vom unmöglichen Zustand des Strafrechts. 1995.

Band 51 Petra Kamberger: Treu und Glauben (§ 242 BGB) als Garantenstellung im Strafrecht? 1996.

Band 52 Anastassios Triantafyllou: Das Delikt der gefährlichen Körperverletzung (§ 223a StGB) als Gefährdungsdelikt. (Zugleich ein Beitrag zur Dogmatik der Gefährdungsdelikte). 1996.

Band 53 Norbert Kissel: Aufrufe zum Ungehorsam und § 111 StGB. Grundrechtlicher Einfluß bei der Feststellung strafbaren Unrechts. 1996.

Band 54 Susanne Ehret: Franz von Liszt und das Gesetzlichkeitsprinzip. Zugleich ein Beitrag wider die Gleichsetzung von Magna-charta-Formel und Nullum-crimen-Grundsatz. 1996.

Band 55 Stefan Braum: Geschichte der Revision im Strafverfahren von 1877 bis zur Gegenwart. Zugleich eine Kritik der Kontinuität politischer Macht im Recht. 1996.

Band 56 Katja Diel: Das Regreßverbot als allgemeine Tatbestandsgrenze im Strafrecht. 1997.

Band 57 Christoph Koller: Die Staatsanwaltschaft – Organ der Judikative oder Exekutivbehörde? Die Stellung der Anklagebehörde und die Gewaltenteilung des Grundgesetzes. 1997.

Band 58 Frank Schößler: Anerkennung und Beleidigung. Rechtsgut und Strafzweck des § 185 StGB. 1997.

Band 59 Regina Engelstädter: Der Begriff des Unfallbeteiligten in § 142 Abs. 4 StGB. Zugleich eine Kritik an aktuellen Zurechnungslehren. 1997.

Band 60 Jörg Reinhardt: Der Ausschluß und die Ablehnung des befangen erscheinenden Staatsanwaltes. 1997.

Band 61 Jens Christian Müller-Tuckfeld: Integrationsprävention. Studien zu einer Theorie der gesellschaftlichen Funktion des Strafrechts. 1998.

Band 62 Peter Maria Rohe: Verdeckte Informationsgewinnung mit technischen Hilfsmitteln zur Bekämpfung der Organisierten Kriminalität. Zugleich eine rechtsvergleichende Analyse der polizeilichen Abhörbefugnisse in den U.S.A. 1998.

Band 63 Dirk Fabricius: Was ein Lehrbuch lehrt ... Eine exemplarische Untersuchung von Jakobs *Strafrecht – Allgemeiner Teil*. 1998.

Band 64 Stefan Sinner: Der Vertragsgedanke im Strafprozeßrecht. 1999.

Band 65 Sebastian Schattenfroh: Die Staatsphilosophie Giovanni Gentiles und die Versuche ihrer Verwirklichung im faschistischen Italien. 1999.

Band 66 Athanassia Dionyssopoulou: Der Tatbestand der Geldwäsche. Eine Analyse der dogmatischen Grundlagen des § 261 StGB. 1999.

Band 67 Klaus von Lampe: *Organized Crime*. Begriff und Theorie organisierter Kriminalität in den USA. 1999.

Band 68 Christian Hanssen: "Trennung der Märkte". Rechtsdogmatische und rechtspolitische Probleme einer Liberalisierung des Drogenstrafrechts. 1999.

Band 69 Institut für Kriminalwissenschaften und Rechtsphilosophie Frankfurt a.M. (Hrsg.): Irrwege der Strafgesetzgebung. 1999.

Band 70 Konstantinos Chatzikostas: Die Disponibilität des Rechtsgutes Leben in ihrer Bedeutung für die Probleme von Suizid und Euthanasie. 2000.

Band 71 Bettina Wirmer-Donos: Die Strafrechtstheorie Karl Christian Friedrich Krauses als theoretische Grundlage des spanischen Korrektionalismus. 2001.

Band 72 Christine Löw: Die Erkundigungspflicht beim Verbotsirrtum nach § 17 StGB. 2001.

Band 73 Florian Ufer: Der Verwertungswiderspruch in Theorie und Praxis. Prozessuale Obliegenheiten des Verteidigers und ihre Bedeutung für die Rechtsposition des Beschuldigten. 2002.

Band 74 Katja Melzer: Psychisch kranke Straftäterinnen. Frauen im Maßregelvollzug. 2001.

Band 75 Gregor Kuntze-Kaufhold: Lebenswelt und Unparteilichkeit. Kriterien für eine Rechtsanwendungslehre am Beispiel der Analyse von fünf Hauptverhandlungen in Strafverfahren. 2002.

Band 76 Iris Kristina Passek: Die erstinstanzliche Zuständigkeit der Oberlandesgerichte in Staatsschutzstrafsachen. Historische Entwicklung und aktuelle Probleme. 2002.

Band 77 Michael Krebs: Die Weisungsgebundenheit des Staatsanwalts unter besonderer Berücksichtigung des rechtstatsächlichen Aspekts. 2002.

Band 78 Kerstin Degenhardt: Europol und Strafprozeß. Die Europäisierung des Ermittlungsverfahrens. 2003.

Band 79 Domenico Siciliano: Das Leben des fliehenden Diebes: Ein strafrechtliches Politikum. 2., überarbeitete und ergänzte Auflage. 2013.

Band 80 Marc Colussi: Produzentenkriminalität und strafrechtliche Verantwortung. 2003.

Band 81 Thilo Lars Hild: Grenzen einer strafrechtlichen Regulierung des Kapitalmarktes. Eine kriminalrechtliche Untersuchung von Börsengängen und Aktienhandel in Deutschland und den USA. 2004.

Band 82 Philipp Rau: Schweigen als Indiz der Schuld. Ein Vergleich des deutschen und englischen Rechts zur Würdigung des Schweigens des Beschuldigten. 2004.

Band 83 Alexandra Pfeiffer: Die Regelung der Lebendorganspende im Transplantationsgesetz. 2004.

Band 84 Elena Fischer: Recht auf Sterben?! Ein Beitrag zur Reformdiskussion der Sterbehilfe in Deutschland unter besonderer Berücksichtigung der Frage nach der Übertragbarkeit des Holländischen Modells der Sterbehilfe in das deutsche Recht. 2004.

Band 85 Jörg Ziethen: Grundlagen probabilistischer Zurechnung im Strafrecht. 2004.

Band 86 Stefanie Schork: Ausgesprochen schuldig. Dogmatische und metadogmatische Untersuchungen zum Schuldspruch. 2005.

Band 87 Claudia Schubert: Verbotene Worte? Versuch einer Neubestimmung im Umgang mit rassistischen Äußerungen jenseits des Strafrechts. 2005.

Band 88 Ulfrid Neumann / Cornelius Prittwitz (Hrsg.): Kritik und Rechtfertigung des Strafrechts. 2005.

Band 89 Denis Basak: Die Zuständigkeitsregeln internationaler Strafgerichte und Art. 101 GG. Zum Verhältnis der deutschen Strafgerichtsbarkeit zu den Internationalen Tribunalen für Jugoslawien und Ruanda sowie zum Ständigen Internationalen Strafgerichtshof. 2005.

Band 90 Hsiao-Wen Wang: Der universale Strafanspruch des nationalen Staates. Eine Untersuchung über das Weltrechtsprinzip im Internationalen Strafrecht. 2005.

Band 91 Leonie Frenz: Faktizität des Rechts in der forensischen Psychiatrie. Eine Untersuchung im LKH Moringen. 2005.

Band 92 Eva-Maria Unger: Schutzlos ausgeliefert? Der Europäische Haftbefehl. Ein Beispiel für die Missachtung europäischer Bürgerrechte. 2005.

Band 93 Marcus Bastelberger: Die Legitimität des Strafrechts und der *moralische Staat*. Utilitaristische und retributivistische Strafrechtsbegründung und die rechtliche Verfassung der Freiheit. 2006.

Band 94 Marc Reiß: Rechtliche Aspekte der Präimplantationsdiagnostik. Unter besonderer Berücksichtigung der Rechte der von einem Verbot betroffenen Paare. 2006.

Band 95 Alexander Kolz: Einwilligung und Richtervorbehalt. 2006.

Band 96 Vasco Reuss: Eine Kritik der juristischen Vernunft. Rezeptionsversuche der Negativen Dialektik Adornos für die Dogmatik des Strafrechts. 2007.

Band 97 Lutz Eidam: Die strafprozessuale Selbstbelastungsfreiheit am Beginn des 21. Jahrhunderts. 2007.

Band 98 Christiane Rüdiger: Schutzinteresse und Deliktsstruktur der „Bestechungsdelikte“ (§§ 331 ff. StGB). 2007.

Band 99 Urte Eisenhardt: Das nemo tenetur-Prinzip: Grenze körperlicher Untersuchungen beim Beschuldigten. Am Beispiel des § 81a StPO. 2007.

Band 100 Institut für Kriminalwissenschaften und Rechtsphilosophie Frankfurt a. M. (Hrsg.): Jenseits des rechtsstaatlichen Strafrechts. 2007.

Band 101 Nils Möckelmann: Die rechtliche, psychiatrische und gesellschaftliche Beurteilung jugendlicher Straftäter in der jüngeren deutschen Geschichte. Eine Analyse anhand zweier Strafverfahren mit Gutachten des Psychiaters Ernst Rüdin aus den Jahren 1915/1917 unter Berücksichtigung der Entwicklungen bis zur Gegenwart. 2007.

Band 102 Alexa Albrecht: Zur Erosion der Menschenrechte im demokratischen Rechtsstaat. Reaktionen der Systeme und der Zivilgesellschaft. 2007.

Band 103 Dirk Lange: Die politisch motivierte Tötung. 2007.

Band 104 Ulfrid Neumann / Cornelius Prittwitz (Hrsg.): „Personale Rechtsgutslehre“ und „Opferorientierung im Strafrecht“. 2007.

Band 105 Lisa Kathrin Sander: Grenzen instrumenteller Vernunft im Strafrecht. Eine Kritik der Präventionsdoktrin aus strafrechtsgeschichtlicher und empirischer Perspektive. 2007.

Band 106 Stephan Werner: Zur Notwendigkeit der Verteidigeranwesenheit während der polizeilichen Beschuldigtenvernehmung. 2008.

Band 107 Inti Schubert: Europol und der virtuelle Verdacht. Die Suspendierung des Rechts auf informationelle Selbstbestimmung. 2008.

Band 108 Bong-Jin Ko: Menschenwürde und Biostrafrecht bei der embryonalen Stammzellenforschung. 2008.

Band 109 Wanja Andreas Welke: Die Repersonalisierung des Rechtskonflikts. Zum gegenwärtigen Verhältnis von Straf- und Zivilrecht. 2008.

Band 110 Jan Helmrich: Die Berufung gewerblicher Sicherheitskräfte auf Notwehr und Nothilfe. Zugleich ein Beitrag zu den Grundlagen des Notwehr- und Nothilferechts. 2008.

Band 111 Alexander Köstler-Loewe: Strafrecht US-Style: „Three Strikes and You're Out!" Baseball, Rückfall und Kriminalpolitik? 2008.

Band 112 Christina Bott: Die Medienprivilegien im Strafprozess. Zeugnisverweigerungsrecht und Beschlagnahmeverbot zum Schutz der Medien im Strafverfahren. 2009.

Band 113 Mario Riechmann: Organisierte Kriminalität und Terrorismus. Zur Funktionalisierung von Bedrohungsszenarien beim Abbau eines rechtsstaatlichen Strafrechts. 2009.

Band 114 Dirk Simon: Präzeptoraler Sicherheitsstaat und Risikovorsorge. 2009.

Band 115 Stefan Kirsch: Der Begehungszusammenhang der Verbrechen gegen die Menschlichkeit. 2009.

Band 116 Heng-da Hsu: Zurechnungsgrundlage und Strafbarkeitsgrenze der Fahrlässigkeitsdelikte in der modernen Industriegesellschaft. 2009.

Band 117 Dennis Teschner: Die soziale Kontrolle im virtuellen Raum. Eine juristische, soziologische und soialpsychologische Untersuchung der Instrumentalisierbarkeit von Internetkriminalität. 2009.

Band 118 Daniel Schilling: Fragmentarisch oder umfassend? Wege strafrechtlichen Zugriffs bei der Veruntreuung fremden Vermögens am Beispiel des deutschen und des italienischen Untreuestrafrechts. 2009.

Band 119 Andreas Stüdemann: Die Entwicklung der zwischenstaatlichen Rechtshilfe in Strafsachen im nationalsozialistischen Deutschland zwischen 1933 und 1945. Kontinuität und Diskontinuität im Auslieferungsrecht am Beispiel der Rechtsentwicklung im NS-Staat. 2009.

Band 120 Matthias Achenbach: Strafrechtlicher Schutz des Wettbewerbs? Eine kritische Analyse von Sinn und Zweck der Straftatbestände zum Schutz des Wettbewerbs. 2009.

Band 121 Vera Backhaus: Der gesetzliche Richter im Staatsschutzstrafrecht. Zur Verfassungsmäßigkeit des § 120 Abs. 2 GVG. 2010.

Band 122 Verena Maria Brenneis: Rechtspolitische Implikationen von Gefährlichkeitsprognosen im Vollzug von Maßregeln nach § 63 StGB. Zum Subjektstatus von Eingewiesenen. 2010.

Band 123 Maike Hoenigs: Zur Existenzberechtigung des Straftatbestandes der Rechtsbeugung. Korrelat oder Widerspruch zur richterlichen Unabhängigkeit. 2010.

Band 124 Christine Würfel: Freiheit als Grundlage der Schuld. 2012.

Band 125 Charlotte Rau: Compliance und Unternehmensverantwortlichkeit. Materiellrechtliche Fragen der sanktionsrechtlichen Unternehmensverantwortlichkeit unter Berücksichtigung von Compliance-Maßnahmen. 2010.

Band 126 Marc Fornauf: Die Marginalisierung der Unabhängigkeit der Dritten Gewalt im System des Strafrechts. 2010.

Band 127 Sabine Benthin: Subventionspolitik und Subventionskriminalität. Zur Legitimität und Rationalität des Tatbestandes zum Subventionsbetrug (§ 264 StGB). 2011.

Band 128 Philipp Horrer: Bestechung durch deutsche Unternehmen im Ausland. Strafrechtsentwicklung und Probleme. 2011.

Band 129 Marianne Varwig: Zum Tatbestandsmerkmal des Vermögensschadens (§ 263 StGB). Eine kritische Untersuchung mittels der vier klassischen Auslegungsmethoden. 2011.

Band 130 Alexander Rieger: Verfassungsrechtliche Legitimationsgrundlagen richterlicher Unabhängigkeit. Zugleich eine Auseinandersetzung mit der Debatte um eine Selbstverwaltung der Justiz. 2011.

Band 131 Moritz von Schenck: Pönalisierung der Folter in Deutschland – de lege lata et ferneda. 2011.

Band 132 Kerstin Bohn: Der gesetzliche Richter als rechtsstaatstragendes Prinzip in europäischen Staaten. Eine Untersuchung der Fallzuteilung unter besonderer Berücksichtigung Englands. 2011.

Band 133 Cornelius Trendelenburg: Ultima ratio? Subsidiaritätswissenschaftliche Antworten am Beispiel der Strafbarkeit von Insiderhandel und Firmenbestattungen. 2011.

Band 134 Susana Campos Nave: Rechtsstaatliche Regeltreue? Corporate Compliance als zwingende Antwort des freiheitsliebenden Unternehmens im Wirtschaftsstrafrecht. 2012.

Band 135 Christine Ditscher: Europäische Beweise. Der Rahmenbeschluss über die Europäische Beweisanordnung zur Erlangung von Sachen, Schriftstücken und Daten zur Verwendung in Strafsachen. 2012.

Band 136 Fedor Brunner: Das Phänomen des Mietnomaden in der Rechtspraxis. Strukturelle Hintergründe, zivilrechtliche Mechanismen und Perspektiven. 2012.

Band 137 Konstantinos Diakonis: Die Geringfügigkeitsvorschriften als Teil der Problematik der Kollision zwischen primären und sekundären Prinzipien des Rechts. 2012.

Band 138 Gustavo Chan Mora: Kritik des Schuldbegriffs im Jugendstrafrecht. Eine metadogmatische Begründung des Schuldfähigkeits- und Verbotsirrtumsbegriffs. 2012.

Band 139 Julia Anna Bargenda: *Australian Law Reform Commission.* Ein Modell für Deutschland? 2012.

Band 140 Katharina Schermuly: Grenzen funktionaler Integration. Anforderungen an die Kontrolle europäischer Strafgesetzgebung durch den EuGH. 2013.

Band 141 Florian Conradi: Die Sicherungsverwahrung – Ausdruck einer zunehmenden Sicherheitsorientierung im Strafrecht? Die Entwicklung der Sicherungsverwahrung im Kontext des Spannungsverhältnisses von Freiheit und Sicherheit. 2013.

Band 142 Hyun Kyong Joo: Die positive Generalprävention im Straßenverkehr. 2013.

Band 143 Ulfrid Neumann / Cornelius Prittwitz / Paulo Abrão / Lauro Joppert Swensson Jr. / Marcelo D. Torelly (Hrsg.): Transitional Justice. Das Problem gerechter strafrechtlicher Vergangenheitsbewältigung. 2013.

Band 144 Frederico Figueiredo: Zur Möglichkeit des unmöglichen Strafrechts. Ein Versuch über die Dissonanz im System der ultima ratio. 2014.

Band 145 Moritz Bermel: Banken und Pflichten. Moderne Bankmanager und traditionelles Strafrecht. 2014.

Band 146 Björn Kruse: Compliance und Rechtsstaat. Zur Freiheit von Selbstbelastung bei Internal Investigations. 2014.

Band 147 Charlotte Schultz: Spiegelungen von Strafrecht und Gesellschaft. Eine systemtheoretische Kritik der Sicherungsverwahrung. 2014.

Band 148 Daniel Wegerich: Moderne Kriminalgesetzgebung: Produzent von Parteiverrat? Auswirkungen strafprozessualer Absprachen und Aufklärungshilfen auf den Parteiverrat in Strafsachen (§ 356 StGB). 2015.

Band 149 Lauro Joppert Swensson Jr: Vor dem Gesetz. *Transitional Justice* in Brasilien und die Problematik der strafrechtlichen Verantwortung für Straftaten der Militärdiktatur. 2015

Band 150 Frederic Raue: Steueramnestien, Selbstanzeige und die verfassungsrechtliche Bewertung von Straffreiheitsgesetzen. Eine Untersuchung anlässlich des gescheiterten deutsch-schweizerischen Steuerabkommens. 2015

www.peterlang.com

www.ingramcontent.com/pod-product-compliance
Ingram Content Group UK Ltd.
Pitfield, Milton Keynes, MK11 3LW, UK
UKHW021834290926
8980IPUK00004B/447

9 783631 664599